Schweitzer/Biesinger/Edelbrock (Hrsg.)
Mein Gott – Dein Gott

Mein Gott – Dein Gott

Interkulturelle und interreligiöse Bildung
in Kindertagesstätten

Herausgegeben von
Friedrich Schweitzer, Albert Biesinger und Anke Edelbrock

Beltz Verlag · Weinheim und Basel

Die Herausgeber:

Dr. *Friedrich Schweitzer* ist Professor an der Evangelisch-Theologischen Fakultät der Universität Tübingen, Lehrstuhl für Religionspädagogik.

Dr. *Albert Biesinger* ist Professor an der Katholisch-Theologischen Fakultät der Universität Tübingen, Lehrstuhl für Religionspädagogik.

Dr. *Anke Edelbrock* ist Studienrätin am Ökumenischen Institut für Theologie und Religionspädagogik an der Pädagogischen Hochschule Schwäbisch Gmünd.

Redaktion: *Ralf Gaus*

2., unveränderte Auflage 2009

www.beltz.de
Herstellung: Ivonne Domnick
Druck: Druck Partner Rübelmann, Hemsbach
Umschlagabbildung: aus: WIESO? WESHALB? WARUM? UNSERE RELIGIONEN

Printed in Germany

ISBN 978-3-407-25483-2

Inhaltsverzeichnis

Dorothee Hess-Maier

Mein Gott – Dein Gott

In einer kleiner gewordenen und vernetzten Welt leben Religionen nicht mehr in abgegrenzten Kulturräumen. In Deutschland erleben wir neben den jüdischen Gemeinden, den beiden großen christlichen Kirchen auch eine Vielzahl christlicher Gruppierungen, verschiedene orthodoxe Kirchen und christliche Freikirchen. Andere Religionsgemeinschaften haben, auch durch Zuwanderungen, deutlich zugenommen. Vor Juden und Buddhisten stehen die Muslime zahlenmäßig an der Spitze als drittgrößte Glaubensgemeinschaft nach der römisch-katholischen Kirche und den evangelischen Landeskirchen. Rund 3,4 Millionen Muslime leben heute in Deutschland.

Kindertagesstätten bieten die früheste Chance zur Integration, weil sich dort erstmals in ihrem Leben Kinder aus christlichen, muslimischen und konfessionslosen Familien treffen. Eine gewünschte klare Werteorientierung für Kinder ist ohne religiöse Begleitung schwierig, wenn nicht unmöglich. Erziehung zur Integration und zur politischen Mündigkeit bedeutet konkret, Kindern zu ermöglichen, die Verschiedenheit und Gemeinsamkeit der Religionen zu erleben und zu erkennen, um Respekt füreinander zu entwickeln.

Diese Grundeinstellung hat die Stiftung Ravensburger Verlag bewogen, zusammen mit der Tübinger Forschungsgruppe »Interkulturelles und interreligiöses Lernen in Kindertagesstätten« im Frühjahr 2007 in Köln ein interdisziplinäres wissenschaftliches Symposion zu veranstalten, an dem etwa 100 Fachleute aus Forschung, Politik, Kirchen und Kommunen, Bildung und Erziehung teilgenommen haben. Eine von der Stiftung Ravensburger Verlag geförderte Pilotstudie – die erste Untersuchung überhaupt zu dieser Thematik – bereitete den Boden für einen fruchtbaren Dialog und für die in diesem Band versammelten Beiträge. Dem wissenschaftlichen Austausch folgt ein Kongress für Erzieherinnen, um die Ergebnisse aus dem Symposion in die Praxis zu tragen.

Die Stiftung Ravensburger Verlag, als gemeinnützige Stiftung von der Unternehmensgruppe Ravensburger AG und ihren Gesellschaftern errichtet, fördert Projekte im Bereich Erziehung und Bildung. Sie unterstützt sowohl Forschungs- als auch Praxisprojekte. Die Stiftung möchte mit ihrem Engagement Impulse in die Bildungslandschaft geben, beispielsweise – wie in diesem Projekt –, um frühe Integrationschancen zu ermöglichen.

Integration ist derzeit eine der wichtigsten innenpolitischen Herausforderungen. Islamkonferenz und Koordinierungsrat der Muslime sind aufgefordert, Fragen zu diskutieren, wie das Zusammenleben der Religions-Nachbarn verbessert werden kann, wie aus Muslimen in Deutschland deutsche Muslime werden können. Dabei sind sich alle im Klaren, dass Integrationsversäumnisse und Bildungslücken nicht von heute auf morgen geschlossen werden.

Beginnen müssen wir bei den Anfängen. Die Kindertagesstätte ist die erste Chance zur Integration. Hier werden die ersten Erfahrungen gemacht und die ersten Unterschiede wahrgenommen. Religiöse und interreligiöse Erziehung und Bildung manifestieren sich in Festen und Feiern im Jahresverlauf, die dem Kindergartenalltag eine Struktur geben, sowohl in der konfessionell gebundenen als auch in der nicht konfessionell gebundenen Einrichtung. Allerdings brauchen die Erzieherinnen Hilfe, Fortbildung und vor allem Unterstützung durch die Träger. In den Orientierungsplänen für den vorschulischen Bereich, wie sie jetzt in den meisten Bundesländern erprobt werden, ist das Bemühen erkennbar, religiöse und ethische Bildung und Erziehung vor dem Hintergrund der verfassungsmäßig garantierten Glaubens- und Gewissensfreiheit zu artikulieren und damit auch einen Beitrag zur Integration zu leisten.

Mit den Lehrstühlen Evangelische Religionspädagogik und Katholische Religionspädagogik an der Universität Tübingen ist die Stiftung Ravensburger Verlag nun schon zum zweiten Mal verbunden. Im Jahr 2005 veranstalteten wir gemeinsam das Symposion »Brauchen Kinder Religion?«, in dem die Wirkungen religiöser Familienerziehung und die religionspädagogischen Konsequenzen erörtert wurden. Die Stiftung bedankt sich für diese Initiative der Tübinger Forschungsgruppe, bei Herrn Professor Dr. Albert Biesinger und Herrn Professor Dr. Friedrich Schweitzer sowie bei Frau Dr. Anke Edelbrock, ihren Mitarbeiterinnen und Mitarbeitern für die Durchführung der Pilotstudie. Dank gebührt auch allen Referenten und Workshopleitern, die sich am Symposion beteiligt haben, sowie Frau Monika Benedix vom Bundesverband Evangelischer Tageseinrichtungen für Kinder (BETA) und Herrn Frank Jansen vom Bundesverband Katholischer Tageseinrichtungen für Kinder (KTK), die den Erzieherinnen-Kongress vorbereiten.

Wir hoffen, dass dieses Buch einen Anstoß in die Bildungslandschaft gibt, um die interreligiöse und interkulturelle Bildung im Kindergarten fest zu verankern.

Friedrich Schweitzer/Albert Biesinger/Anke Edelbrock

Einleitung

Herausgefordert durch die Medien und vor allem durch den Umgang mit Kindern aus anderen Kulturen und Religionen in Kindergarten oder Kindertagesstätten, sind Kinder derzeit mit den Phänomenen von Kultur und Religion in ganz anderer und vor allem stärkerer Weise befasst als frühere Generationen. Schon Kinder stehen heute vor der Herausforderung, Orientierung und schließlich auch eine eigene Position in einer kulturell und religiös pluralen Welt zu finden. Dazu setzen sie sich mit ihrer Lebenswelt eigenständig und aktiv auseinander. Kinder eignen sich selbstständig Kompetenzen an, die sie für ihr Aufwachsen in dieser pluralen Gesellschaft brauchen. Interkulturelle und interreligiöse Bildung sind Teil der Bildungsprozesse, die heute schon in der frühen Kindheit beginnen und – angesichts der Herausforderungen eines Lebens in der Pluralität – auch beginnen sollen. Deshalb sprechen wir nicht nur von interreligiöser Erziehung oder interreligiösem Lernen, sondern von interreligiöser Bildung.

Unsere Befunde, die im vorliegenden Band dargestellt werden, machen aber auch deutlich, dass eine solche Bildung nicht nur als Selbstsozialisation zu verstehen ist. Kinder bedürfen auch im Blick auf Religion und Religionen eine kompetente Begleitung. Die derzeitige Diskussion über Betreuung und Bildung im Elementarbereich zeigt die Dringlichkeit der Positionierung von religiöser Bildung für die weitere Entwicklung. Denn vielfach wird selbst dort, wo von interkultureller Bildung gesprochen wird, der religiöse Aspekt bzw. die religiöse Dimension von Kulturen ausgeblendet – weil diese Dimension wissenschaftlich nicht leicht zu reflektieren ist, aber auch weil die Bedeutung religiöser Symbolisierungen, Rituale, Voreingenommenheiten oder religiöser Überzeugungen für die Kultur falsch eingeschätzt und unterbewertet wurde. Will man den Kopf nicht weiter in den Sand stecken, so muss man Kinder schon in Kindergärten und Kindertagesstätten in diesen Bereichen fördern und unterstützen. Deshalb legen wir den Schwerpunkt auf den Zusammenhang interkultureller und interreligiöser Bildung bzw. konzentrieren uns auf die Herausforderung religiöser und interreligiöser Bildung.

Wer die religiöse Bildung von Kindern im Elementarbereich qualitativ – sowohl strukturell als auch individuell – reflektieren und weiterentwickeln will, muss religiöse Bildung derzeit neu und verändert denken. Es findet kaum Beachtung, dass Kinder religiöse Orientierung suchen, sich ihnen religiöse Fragen stellen und sie sich immer wieder interreligiös angefragt sehen.

Der nun vorliegende Band soll die damit beschriebene Lücke zumindest ein Stück weit füllen sowie Anstöße geben zur Weiterarbeit in diesem wichtigen, aber sehr vernachlässigten Bereich. Den Ausgangspunkt bildete ein von der Stiftung Ravensburger Verlag und den Lehrstühlen für evangelische und katholische Religionspädagogik in Tübingen ausgerichtetes Symposion in Köln zu diesem Thema. Dort konnte auch die von den Herausgebern ebenfalls mit Unterstützung der Stiftung durchgeführte Pilotstudie zur Situation von Kindern präsentiert werden. Zukunftsfähige Entwicklungen sind nur sinnvoll zu strukturieren und zu diskutieren, wenn die Ausgangslage präzise erhoben wird und nicht einfach Vermutungen geäußert und auf deren Basis Optionen getroffen werden. Die Pilotstudie wurde zunächst von Friedrich Schweitzer und Albert Biesinger entwickelt. In der Durchführung trat Anke Edelbrock mit in die Leitung ein und übernahm weitere Aufgaben von Befragung und Projektorganisation. Im Forschungsteam arbeiteten als wissenschaftliche Mitarbeiterinnen Margarete Patak sowie zeitweise Cornelia Frische und Viktoria Scherr mit. Als studentische Hilfskräfte unterstützten Katja Dubiski, Ibtissame Maull, Anne Rahlenbeck, Kristina Ruß, Jonas Besserer und Matthias Vögele die Erhebungs- und Auswertungsarbeiten. Die Aufgabe der Redaktion bei der Manuskripterstellung für diesen Band lag bei Ralf Gaus und Natascha Rieth. Ihnen allen sind die Herausgeber zu großem Dank verpflichtet, vor allem für die präzise und reibungslose Kooperation und für die hohe Motivation an diesem Projekt mitzuwirken.

Die Stiftung Ravensburger Verlag mit ihrer Leiterin Dorothee Hess-Maier hat durch ihr persönliches Engagement für die Kinder im Elementarbereich diese Pilotstudie ermöglicht. Damit hat die Stiftung Neuland betreten und Forschungsförderung in einem Bereich geleistet, der für unsere Gesellschaft bedeutsam ist, dem aber bisherige Projekte keine Beachtung schenkten bzw. diesen blockierten. Umso mehr ist Frau Hess-Maier und ihrer Mitarbeiterin Andrea Reidt herzlich zu danken.

Ausgehend von dieser Pilotstudie konnte auf dem Kongress ein Diskussionsprozess zwischen verschiedensten Disziplinen entstehen, der in dem vorliegenden Band zugänglich gemacht wird und entsprechend weitergeführt werden kann. Wir danken den Referentinnen und Referenten für ihre fundierten, oft überraschenden und provokativen Beiträge aus den verschiedenen Disziplinen, die nun in überarbeiteter Form veröffentlicht werden.

Der wissenschaftliche Diskurs kann künftig qualitativ hochstehend nur bewältigt werden, wenn mit dialogbereiten Vertreterinnen und Vertretern der anderen großen Weltreligionen auf gleicher Augenhöhe diskutiert wird. Nicht übereinander, sondern direkt miteinander Religionspädagogik zu entwickeln, ist ein Gebot der Stunde. Dass dabei die Kriterien des offenen Diskurses gelten und es keine Denkverbote geben darf, wurde in diesem Dialog von beiden Seiten entschieden und einfühlsam zugleich betont. So zeigt *Harry Harun Behr* aus der eigenen muslimischen Position heraus in seinem Beitrag religiöse Bildungsziele auf, die aus Sicht des Islams dringlich sind.

Auf die Verschiedenheit unter muslimischen Familien und deren Ansichten sowie den sich daraus ergebenden Sensibilitäten und Schwierigkeiten in den kommunalen Kindertagesstätten im Blick auf das Thema »Religion und interreligiöse Bildung« verweist *Renate Thiersch*.

Interkulturelles und interreligiöses Lernen kann nicht an nationalen Grenzen Halt machen, sondern bedeutet, auch von anderen Ländern und deren Umsetzungen zu lernen. *Siebren Miedema* und *Ina ter Avest* reflektieren in ihrem Beitrag Ansätze interkulturellen und interreligiösen Lernens in exemplarisch ausgewählten Kindergärten und Vorschulen in den Niederlanden.

Den bisher nicht geführten juristischen und staatskirchenrechtlichen Diskurs zur religiösen und interreligiösen Bildung im Elementarbereich arbeitet *Heinrich de Wall* auf und zeigt Lösungen für deren Begründung auf.

Ausgehend von der engen Verknüpfung von interkulturellen und interreligiösen Fragestellungen und Problemen präzisiert *Frieder Harz* interkulturelles und interreligiöses Lernen und deren Bedingungen in Kindertagesstätten.

Kindertagesstätten stehen unter Qualitätskontrolle. Welche Aufgaben an die Qualität und Evaluation von interkulturellem und interreligiösem Lernen in Kindertagesstätten zu stellen sind, legen *Monika Benedix* und *Matthias Hugoth* dar.

Aus ihrer katholischen, evangelischen und muslimischen Perspektive bringen *Elisabeth Dörler*, *Regine Froese* und *Rabeya Müller* den jeweiligen religionspädagogischen Reflexionsstand in der Arbeit mit muslimischen Eltern ein.

Volker Elsenbast berichtet über Forschungsansätze und Untersuchungsmöglichkeiten zu interreligiöser Bildung im Elementarbereich.

Auf die politische Notwendigkeit interkulturellen und interreligiösen Lernens verweist *Marion Gierden-Jülich* und entwirft entsprechende Optionen. Teil 2 des Buches dokumentiert die Ergebnisse der empirischen Studie im Einzelnen. Dass in dieser Studie nicht auch das Judentum als große Weltreligion im Besonderen und beispielsweise Buddhismus und Hinduismus als weitere in Deutschland gegenwärtige Religionen nicht ebenfalls prominent und weiterführend vorkommen, hängt mit dem Forschungsfeld zusammen: Unsere Befunde besonders aus Ballungsgebieten unterstreichen, dass sich die quantitativ größten Herausforderungen auf den Islam beziehen und dass Verständigungsprobleme und Verständigungsmöglichkeiten besonders im Blick auf den Islam zu klären sind.

Friedrich Schweitzer
Albert Biesinger
Anke Edelbrock

Teil 1
Herausforderungen und interdisziplinäre Perspektiven

Albert Biesinger/Friedrich Schweitzer/Anke Edelbrock

Neue empirische Befunde

Ergebnisse des Forschungsprojekts »Interkulturelle und interreligiöse Bildung in Kindertagesstätten« im Überblick

Die Kinder, die heute Kindertagesstätten besuchen, werden, statistisch gesehen, bis weit hinein in das 21. Jahrhundert leben und dieses Jahrhundert gestalten. Sie werden sich damit auseinanderzusetzen haben, dass Religion auch in Deutschland zu einem immer wichtiger werdenden Thema wird. Kompetenzen für die interreligiöse Verständigung und zum Dialog sind grundlegend für die Bewältigung gegenwärtiger und zukünftiger Lebenssituationen.

Nicht nur im Blick auf die gesellschaftliche Entwicklung, sondern auch im Blick auf jedes einzelne Kind, sind wir davon überzeugt, dass Kinder ein Recht auf Religion und auf religiöse Begleitung haben.[1] Eltern, Kindertagesstätten oder auch die Gesellschaft haben umgekehrt nicht das Recht, »Kinder, um Gott zu betrügen«.[2] Im Blick auf die Familie ist die Frage, ob Kinder Religion brauchen, in einem unserer früheren Projekte gestellt und zum Teil beantwortet worden.[3] Nunmehr ist weiter zu fragen, wie es in Kindertagesstätten möglich sei, eine religiöse Begleitung von Kindern zu gewährleisten, und dies unter den Voraussetzungen einer kulturell und religiös immer pluraleren Situation.

Soll diese bildungstheoretisch und gesellschaftlich sich aufdrängende Fragestellung nicht willkürlich behandelt werden, ist eine wissenschaftliche fundierte Analyse und Reflexion unerlässlich. So ist es mehr als erstaunlich, dass es zu diesem Problembereich bislang keine Ergebnisse gibt, die weiterführende Handlungsorientierungen erschließen und unterstützen. Wie sich im Folgenden zeigen wird, gibt es zwar zahlreiche Untersuchungen zum interkulturellen Lernen, aber die religiöse Dimension von Kultur bleibt weithin ausgeblendet. Deshalb legen wir selbst den Schwerpunkt nicht erneut auf Fragen von Interkulturalität, sondern stellen Religion und interreligiöse Beziehungen in den Vordergrund. Man könnte auch sagen, dass es uns um die Einheit des interkulturellen und interreligiösen Lernens geht.

1 *F. Schweitzer*, Das Recht des Kindes auf Religion. Ermutigungen für Eltern und Erzieher, Gütersloh ^{2}2005.

2 So der bewusst provozierende Titel von *A. Biesinger*, Kinder nicht um Gott betrügen. Anstiftungen für Mütter und Väter, überarb. Neuauflage Freiburg ^{14}2007.

3 *A. Biesinger/H.-J. Kerner/G. Klosinski/F. Schweitzer (Hrsg.)*, Brauchen Kinder Religion? Neue Erkenntnisse – Praktische Perspektiven, Weinheim/Basel 2005.

Im Jahr 2006 hat die Bundesregierung mit der Ausrufung eines »Bündnisses für Erziehung«[4] in Aussicht gestellt, diesen Bereich zu erforschen. Dieses Vorhaben ist jedoch noch immer nicht eingelöst. Selbst die elementarsten religionsbezogenen und religionspädagogischen Fragen im Blick auf die Kindertagesstätte lassen sich, empirisch fundiert, nicht beantworten. Deutschland braucht jedoch nicht nur wirtschaftliches Wachstum, sondern auch soziales Wachstum, kulturelle und interreligiöse Verständigung.

Im Blick auf die Kirchen, in deren Trägerschaft viele der Kindergärten und Kindertagesstätten in Deutschland stehen, stellt sich die Situation naturgemäß anders dar. Das Thema der religiösen Bildung ist hier keineswegs verdrängt. Schwieriger sieht es jedoch im Blick auf interreligiöse Bildung aus. Wie Christen und Muslime zusammenleben und sich miteinander verständigen können, wenn dabei auch der Glaube nicht ausgespart bleiben soll, diese Frage hat noch keine abschließende Antwort gefunden, weder in der Kirche noch in der Theologie.

Schließlich noch eine Vorbemerkung zu unserer Terminologie. Bewusst sprechen wir von »interreligiöser Bildung«, nicht wie sonst häufig üblich von »interreligiösem Lernen«. Wir wollen hervorheben, dass auch Religion, Religionen und Interreligiosität einen Platz in der neuen Debatte über Bildungsaufgaben in der Kindheit haben müssen. Bildung kann sich nicht nur auf sprachliche Fähigkeiten oder mathematisch-naturwissenschaftliches Denken beschränken.

Der vorliegende Beitrag versteht sich als Anstoß und Eröffnung für die Diskussion über interkulturelle und interreligiöse Bildung in diesem Band. Er bietet in der Form eines ersten Überblicks eine Einführung in Ergebnisse unseres Forschungsprojekts »Interkulturelle und interreligiöse Bildung in der Kindertagesstätten«. Auf diese Weise stellt er auch eine Art Zusammenfassung des im zweiten Teil des vorliegenden Bandes enthaltenen Forschungsberichts dar, der sich stärker an wissenschaftliche Interessenten wendet. Dies bedeutet zugleich, dass manches, was hier in knapper Form gesagt wird, dort ausführlicher nachzulesen ist. Überschneidungen zwischen beiden Texten konnten und sollten dabei nicht in jeder Hinsicht vermieden werden. Beide Texte sollten vielmehr unabhängig voneinander gelesen werden können.[5]

1. Ausgangssituation und Fragestellung

Die religiöse Pluralität unserer Gesellschaft ist groß. Auf der von REMID zusammengestellten Liste der »Religionen in Deutschland« werden mehr als 100 Kirchen,

4 Vgl. *A. Biesinger/F. Schweitzer (Hrsg.),* Bündnis für Erziehung. Unsere Verantwortung für gemeinsame Werte, Freiburg 2006.

5 Zur Aufgabenverteilung in unserem Forschungsprojekt vgl. unser Vorwort (S. 9f.). Den vorliegenden Beitrag verantworten wir gemeinsam, ohne dass die besondere Leistung von Anke Edelbrock verschwiegen werden soll.

Religionsgemeinschaften und Denominationen aufgezählt.[6] Die beiden christlichen Konfessionen und der Islam sind die in Deutschland am stärksten vertretenen Religionen: Die römisch-katholische Kirche hatte am 31. Dezember 2005 knapp 26 000 000 Mitglieder, die evangelische Kirche knapp 25 400 000 Mitglieder. Muslime sind in einer Zahl von rund 3 300 000 in Deutschland vertreten. Dabei sagen die Zahlen nur wenig über die Aktivität der Mitglieder in ihrer Religionsgemeinschaft aus. Weitere Erhebungen, die insbesondere auf evangelischer Seite durchgeführt wurden, zeigen, dass nur ein kleiner Teil der nominellen Mitglieder aktiv in ihren Gemeinden mitarbeitet.[7] Gleiches gilt für den Islam. Selbstverständlich gibt es auch im Bereich des Islams Menschen, die Kraft ihrer Herkunft als Muslime gezählt werden, für die im Lebensvollzug der Islam jedoch keine oder nur eine untergeordnete Rolle spielt. So sind auch nur rund 10 Prozent der Muslime in Deutschland Mitglied in einem Moscheeverein.[8]

Religiöse Pluralität findet sich auch in den Kindergärten und Kindertagesstätten. In den Fachzeitschriften der Kindertagesstätten wird oft die kulturelle Pluralität diskutiert,[9] die religiöse Dimension findet dabei weit weniger Berücksichtigung.[10] Ursula Neumann jedoch schreibt in den Materialien zum 12. Kinder- und Jugendbericht mit Blick auf die unter sechsjährigen Kinder mit Migrationshintergrund: »Für die Bildungsvoraussetzungen von Kindern mit Migrationshintergrund ist der Zusammenhang zwischen Sprache und Religion bedeutsam. In den Familien besteht sowohl eine starke Loyalität gegenüber den Herkunftssprachen als auch gegenüber der Religion der Herkunft. Beide Orientierungen sind verknüpft und in der Praxis der Familien oft aneinander gebunden.«[11] In diesen Äußerungen wird zwar der enge

6 REMID (Religionswissenschaftlicher Medien- und Informationsdienst e.V.): Religionen in Deutschland. Vgl. www.remid.de/remid_info-zahlen.htm.

7 Vgl. *W. Huber/J. Friedrich/P. Steinacker (Hrsg.)*, Die vierte EKD-Erhebung über Kirchenmitgliedschaft. Kirche in der Vielfalt der Lebensbezüge, München 2006.

8 Im Jahr 2005 hatten nach REMID die verschiedenen Moscheenvereine zusammen 334 350 Mitglieder. Dies entspricht Angaben aus dem Jahr 2000: Vgl. *H. Engin*, Islamischer Religionsunterricht an deutschen Schulen? Eine Bestandsaufnahme. In: Themenheft »Islam in Deutschland«. Der Bürger im Staat 51 (2001) Heft 4, hrsg. von der Landeszentrale für politische Bildung Baden-Württemberg, S. 241–245, 241.

9 *Ch. Schurian-Bremecker*, »Da redet niemand mit mir ...«. Interkulturelle Kompetenzen bei Erzieherinnen. In: Kinderzeit 1 (2006), S. 20–22; *N. Hashemi/F. Belhajamor*, Schriftbilder und Sprachmelodien. Ein Hortprojekt der Internationalen Kita Gederner Straße. In: klein&groß 7/8 (2006), S. 28f; *A. Ibrahim-Zimmermann*, Zwischen Identität und Pluralität. In: Welt des Kindes 2 (2006), S. 23–25.

10 Medi Kuhlemann, Referentin für Interkulturelle Pädagogik im Kinder- und Jugendschutz, Aktion Kinder- und Jugendschutz (AKJS) in Kiel, z.B. thematisiert in ihren Ausführungen auch die Religion. Vgl. *M. Kuhlemann*, Unvertrautem mit Neugier begegnen. Das Aufwachsen in einer multikulturellen Gesellschaft begleiten. In: klein&groß 7/8 (2006), S. 7–13, besonders S. 12f.

11 *U. Neumann*, Kindertagesangebote für unter sechsjährige Kinder mit Migrationshintergrund. In: *L. Ahnert/H.-G. Rossbach/U. Neumann/J. Jeinrich/B. Koletzko*, Bildung, Betreuung und

Zusammenhang zwischen Kultur und Religion berücksichtigt, aber entsprechende Konsequenzen für eine weitere Untersuchung dieses Zusammenhangs bleiben aus. Wie findet interkulturelle und interreligiöse Bildung in Kindertagesstätten statt? Zu dieser Fragestellung liegen bislang keine empirischen Daten vor.[12]

Auf diese Lücke zielt unsere eigene Untersuchung, die wir als Pilotstudie verstehen. In der auf ein Jahr angelegten Untersuchung war keine repräsentative Erhebung möglich. Gleichwohl konnten wir zahlreiche Einblicke und Eindrücke in sehr unterschiedlichen Einrichtungen sammeln. Hierfür haben wir Städte in ganz Deutschland ausgesucht, in denen ein großer Anteil der Bevölkerung über einen Migrationshintergrund verfügt. Es waren die Städte Berlin, Hamburg, Frankfurt am Main, Mannheim/Ludwigshafen, Stuttgart und Aachen. Wenn in Ostdeutschland auch weitaus weniger Menschen mit Migrationshintergrund leben, so war es uns doch wichtig, auch Einrichtungen im Osten Deutschlands mit im Blick zu haben. Hier fiel unsere Wahl auf die am östlichsten liegende Großstadt Dresden.

Da wir uns nicht auf bereits vorliegende Untersuchungen und Befunde stützen konnten, erschien eine sowohl qualitative als auch quantitative Vorgehensweise angezeigt. Im qualitativen Teil des Projekts haben wir 37 Interviews durchgeführt und ausgewertet. Neben Multiplikatoren, die wir besonders zu Beginn des Projektes zur Erstellung des Interviewleitfragens aufsuchten, haben wir in den genannten Städten Kindertagestätten besucht, um dort in der Regel mit der Leiterin der Einrichtung ein rund 1½-stündiges Gespräch zu führen. Diese Interviews fanden sowohl in konfessionellen als auch in nicht-konfessionellen Einrichtungen statt.

Im quantitativen Teil des Projekts erarbeiteten wir mit Hilfe der Ergebnisse aus den Interviews einen vierseitigen Fragebogen (s.u., Anhang). Sein inhaltlicher Schwerpunkt ist die interreligiöse Bildung. Den Fragebogen versandten wir 1 698-mal an Kindertagestätten in den genannten sieben Städten. 364 ausgefüllte Fragebogen wurden zurückgesandt und von uns ausgewertet. Damit haben wir einen Rücklauf von 21,4 Prozent, was ein zufriedenstellendes Ergebnis für eine Fragebogenstudie ohne Direktkontakt ist.[13]

Erziehung von Kindern unter sechs Jahren, (Materialien zum Zwölften Kinder- und Jugendbericht, Bd. 1) München 2005, S.177–226, 190.

12 Im Bereich der interkulturellen Arbeit im Elementarbereich existieren unterschiedlichste Modellversuche und Projekte. Ursula Neumann liefert eine Übersicht. Vgl. *U. Neumann,* a.a.O., S. 221–226. Hauptthemenfeld ist der Bereich der Sprache/Sprachen. Konfession und Religion wird in den Projekten so gut wie nie berücksichtigt. Eine Ausnahme bildet: *B. Dippelhofer-Stiem*: Träger, Kirchengemeinde und Eltern als Umfeld des konfessionellen Kindergartens. In: *Dies./W. Bernhard*, Ökologie des Kindergartens. Theoretische und empirische Befunde zu Sozialisations- und Entwicklungsbedingungen, Weinheim/München 1997, S. 27–50.

13 Der durchschnittliche Rücklauf bei einer postalischen Befragung liegt bei 10–20 Prozent. Vgl. J. Glatter, Vorlesungsskript, Uni Berlin 2006, http://awisog.geo.tu-dresden.de/lehre/materialien.html, Theorien und Methoden I, 9. Vorlesung, herunterzuladende PDF-Datei, Folie 8/33, (04.08.2007).

2. Ausgewählte Ergebnisse

2.1 Religion im Kindergarten

Häufig wird angenommen, religiöse und interreligiöse Erziehung oder Bildung würden vor allem in kirchlichen Kindertagesstätten praktiziert, während kommunale Einrichtungen diese Thematik aussparen oder sogar, aufgrund des Gebots der weltanschaulichen Neutralität, aussparen müssen. Bereits die qualitative Untersuchung zeigte hingegen: Nicht in jeder kirchlichen Einrichtung findet eine gezielte religiöse oder interreligiöse Erziehung statt, und nicht jede städtische Einrichtung lehnt religiöse und interreligiöse Erziehung ab.

So haben wir z.B. mit kirchlichen Einrichtungen gesprochen, in denen die christliche Identität in der »Stimmung, Atmosphäre und Haltung der Einrichtung« zum Ausdruck kommen soll. Eine Leiterin sagte z.B. »Also die Atmosphäre / Das steht über allem. Also das / [...] Das ist so wichtig für die Eltern. Also z.B.: Wie wirst du hier empfangen? Also / und das ist auch für uns ein Ausdruck christlicher – sag' ich mal dieses Wort – Nächstenliebe natürlich.«[14] Der Leiterin ist es ganz wichtig, dass Kinder und Eltern – ganz unabhängig von ihrer Nationalität – mit gleicher Freundlichkeit und Herzlichkeit angenommen werden –, christliche Nächstenliebe soll hier spürbar werden.

Eine andere Leiterin überlegt, dass die neuen Sonnenkollektoren auf dem Dach ihrer konfessionellen Einrichtung auch ein Beitrag zur Bewahrung der Schöpfung seien und somit auch ein Zeichen des christlichen Profils der Einrichtung.[15] In diesen beiden kirchlichen Einrichtungen findet keine gezielte religiöse oder interreligiöse Erziehung statt. Das christliche Profil steckt – oder soll man besser sagen: »versteckt sich?« – in impliziten, für die Kinder und Eltern nicht deutlich verbalisierten Handlungsmaximen. Der Zusammenhang des biblischen Auftrags zur Bewahrung der Schöpfung und den auf dem Dach der Einrichtung angebrachten Sonnenkollektoren wird nicht kommuniziert. Das christliche Profil der Einrichtung wird an diesen Punkten nicht erkennbar. Die impliziten Haltungsmaximen der Nächstenliebe oder des Umweltschutzes müssen nicht unbedingt auf der Grundlage des Christentums gewachsen sein, sie könnten auch Früchte eines humanistischen Weltbildes sein.

Für einen interreligiösen Austausch ist ein solches Verhalten, in dem die christliche Motivation des Handelns nicht kommuniziert wird, jedenfalls wenig hilfreich, weil es zu keinem Anstoß für ein Gespräch zwischen den Religionen kommt. Hier wurden Chancen vertan. Man hätte auf kindgerechte Weise die christlichen Themen der Schöpfung und der Bewahrung der Schöpfung ansprechen und dabei erklären können, dass die Einrichtung mit den Sonnenkollektoren ihren Beitrag dazu leistet.

14 Interview 8, Aussage 62.

15 »Da haben wir Sonnenkollektoren. Kann man natürlich auch als christliches Profil sehen. Also, Umweltschutz. Verantwortlich denken und leben.« Interview 13, Aussage 323.

In einem weiteren Schritt hätte man auch fragen können, ob und wie im Islam Schöpfung thematisiert wird. Das Thema Sonnenkollektoren wäre somit zu einem Impuls für interreligiöse Bildung geworden.

Eine ganz andere Erfahrung machten wir in einer Einrichtung in städtischer Trägerschaft: Die Einrichtung erstellt anlässlich religiöser Feste erklärende Aushänge für die Eltern. Eine muslimische Erzieherin übernahm die Aushänge für das Opferfest und für das Fest am Ende des Ramadans. Die christliche Leiterin gestaltete die Aushänge bei christlichen Festen[16]. Bei den Eltern stießen diese Aushänge auf Interesse. Ein bemerkenswerter Nebeneffekt dieser Aushänge sei im Original zitiert. Die Leiterin erzählt: »Die türkische Erzieherin [...], die hat zum Opferfest, zum türkischen Opferfest einen Aushang gemacht. Und, ähm, das war ein Ausdruck, eine Übersetzung aus dem Internet, und das war derart grottenschlecht übersetzt. Das war ein total falsches Deutsch und Grammatikfehler und dann hab ich zu ihr gesagt: ›Du, Fidan, das können wir unmöglich aushängen. Das geht nicht und ich würde doch vorschlagen, wir nehmen gleich den Text aus der Bibel.‹ Und da hat sie gesagt: ›Wie, das steht doch nicht in der Bibel?‹ Ich sag: ›Doch. Das ist die Geschichte von Abraham [...], wie der seinen Sohn Isaak opfert.‹ Und es war, also dieser Moment, ja, das selbst so am eigenen Leibe irgendwie zu erfahren: das sind ja unsere gemeinsamen Wurzeln eigentlich dieses Alte Testament. Das war so / Ich kann's gar nicht beschreiben. Es ging irgendwie so'n richtiger Aufschrei hier durch die Kita, auch bei allen Kolleginnen.« Diese Kita steht mittendrin im interreligiösen Dialog! Es handelte sich um eine Einrichtung in städtischer Trägerschaft mit einer – und das muss eigens betont werden – auf interreligiösem Gebiet extrem gut gebildeten Leiterin!

Religionszugehörigkeit der Kinder in den befragten Einrichtungen

Insgesamt betreuen die von uns befragten 364 Einrichtungen 25 789 Kinder. Gut die Hälfte (51 Prozent) dieser Kinder gehören der christlichen Religion an. Ein knappes Fünftel (19 Prozent) der Kinder gehört der islamischen Religion an. 3 Prozent der Kinder haben eine andere Religion. Ein starkes Viertel der Kinder, nämlich 27 Prozent, sind Kinder ohne Bekenntnis.

Hier nun eine Übersicht über die Religionszugehörigkeit der Kinder aufgeteilt nach konfessionellen und nicht-konfessionellen Einrichtungen.

16 Interview 14, Aussage 110.

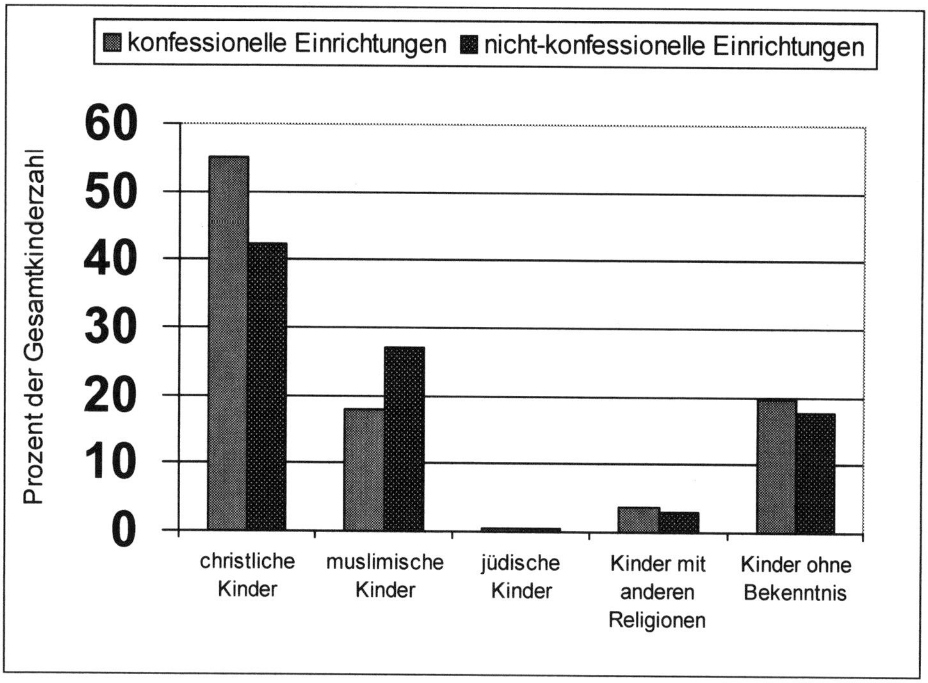

Wie zu erwarten, findet sich eine größere Anzahl christlicher Kinder in konfessionellen Einrichtungen (55 Prozent). In den nicht-konfessionellen Einrichtungen sind es 42,2 Prozent. Fast ein Fünftel der Kinder[17] in den konfessionellen Einrichtungen sind muslimische Kinder. In den Interviews hörten wir vermehrt, dass einige der muslimischen Eltern bewusst eine christliche Einrichtung wählen, da es ihnen wichtig ist, dass überhaupt eine religiöse Erziehung stattfindet. In den städtischen Einrichtungen nähern sich die Anzahl der christlichen und der muslimischen Kinder an (42,2 Prozent christliche Kinder, 27,1 Prozent muslimische Kinder). Die nächstkleinere Gruppe sind die Kinder ohne Bekenntnis (19,7 Prozent bzw. 17,7 Prozent).

Deutlich wird, dass der größte Teil der Kinder, die in den von uns befragten Einrichtungen betreut werden, einer Religionsgemeinschaft angehören. Die Grafik zeigt auch deutlich: für die interreligiöse Bildung rücken insbesondere das Christentum und der Islam in das thematische Zentrum.

Ein Beispiel aus den Interviewgesprächen verdeutlicht, dass beim Zusammensein von Kindern unterschiedlicher Religionszugehörigkeit diese Religionen dann auch zum Thema werden – und zwar nicht nur in kirchlichen Einrichtungen, wie das folgende Beispiel aus einer städtischen Einrichtung zeigt. Folgende Situation spielte sich in der Einrichtung ab: Die Kinder bringen – wie oft üblich – ihr Frühstück von zu Hause mit. Vier bis fünf Kinder sitzen in Gruppen an Tischen und nehmen gemeinsam ihr mitgebrachtes Frühstück ein. Auf einem Elternabend berichteten dann Eltern nicht-muslimischer Kinder, dass ihre Kinder keine Wurst auf

17 Genaue Prozentzahl: 17,9 Prozent.

das Frühstücksbrot für den Kindergarten haben wollten. Nur mit Marmelade, Nussnougatcreme oder Käse gäben sie sich zufrieden. Der Grund für die Ablehnung des Wurstbrotes sei, dass die muslimischen Kinder immer wieder betonen würden, es sei nicht gut, Schweinefleischwurst zu essen.

Dies ist also ein Beispiel dafür, wie interreligiöse Fragen im Alltag einer nichtkonfessionellen Kindertagesstätte von den Kindern selbst zum Thema gemacht werden. Die Kinder haben beim Frühstück in den Kleingruppen ihren Brotaufstrich thematisiert. Bei diesen Tischgesprächen sind die Kinder dann auch rasch bei der Frage angelangt: Wer hat recht? Darf man Schweinefleisch essen oder nicht? Und damit sind sie ganz nah an einer der klassischen interreligiösen Grundfragestellungen angelangt: Wo liegt die Wahrheit?

2.2 *Allgemeine Unterstützung religiöser Bildung, christliche Bildung, muslimische Bildung und interreligiöse Bildung in den befragten Einrichtungen*

In diesem Abschnitt legen wir den Schwerpunkt auf unterschiedliche Formen der religiösen Bildung. Die vier in der Überschrift zu diesem Abschnitt genannten Formen: 1. allgemeine Unterstützung religiöser Bildung, 2. christliche Bildung, 3. muslimische Bildung und 4. interreligiöse Bildung werden jedoch nicht theoretisch begründet oder aus weiterreichenden theoretischen Zusammenhängen abgeleitet. Es handelt sich vielmehr um heuristische Schwerpunktbildungen im Blick auf die von uns eingesetzten Fragen im Fragebogen.

Zunächst interessierte uns die Frage, ob eine grundsätzliche Offenheit für religiöse Bildung in den Einrichtungen vorhanden ist und ob religiöse Bildung von den Kindertagesstätten in allgemeiner Form unterstützt wird – unter Absehung von bestimmten Religionen oder Konfessionen. Sind die Erzieherinnen z.B. dazu bereit, mit den Kindern über Fragen wie »Wohin kommen die Menschen, wenn sie sterben« oder »Gibt es eine höhere Macht außerhalb der Welt« zu sprechen? Werden diese religiösen Fragen, die in der Regel früher oder später jedes Kind einmal äußert, wertgeschätzt?[18]

Folgende Grafik veranschaulicht, in welchem Maße konfessionelle und nichtkonfessionelle Einrichtungen eine allgemeine Unterstützung religiöser Bildung bieten.[19]

18 Zu diesem Punkt der allgemein religiösen Bildung zählten wir auch die Bereitschaft, bereits in den ersten Gesprächen mit den Eltern das Thema der religiösen Bildung anzusprechen, und auch die Selbsteinschätzung der Erzieherinnen, ob sie darüber Bescheid wissen, welche Rolle die Religion in den einzelnen Familien spielt.

19 Zur Art und Weise der Quantifizierung vgl. S. 183.

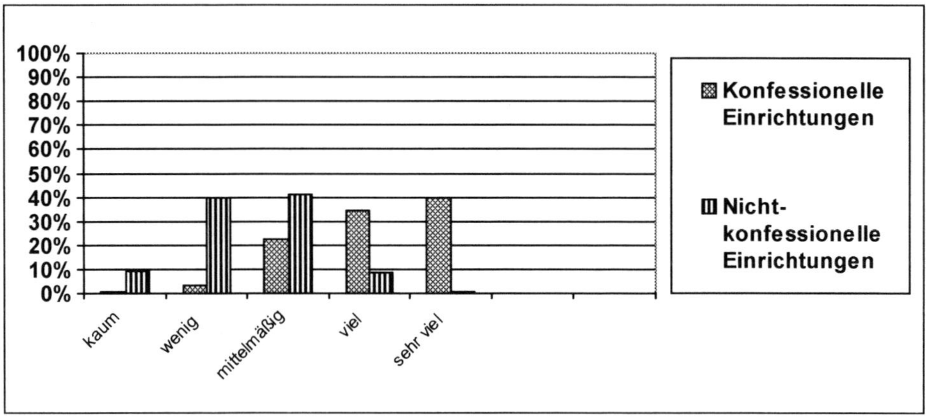

Die Grafik lässt erkennen, dass in konfessionellen Einrichtungen eine umfangreiche allgemeine Unterstützung der religiösen Bildung stattfindet: 40 Prozent der von uns befragten Einrichtungen tun in diesem Bereich »sehr viel«, 34 Prozent »viel«, 22 Prozent befinden sich im »Mittelmaß«. Und in nur 4 Prozent der konfessionellen Einrichtungen[20] findet »kaum« bis »wenig« allgemeine Unterstützung religiöser Bildung statt.

Bei den nicht-konfessionellen Einrichtungen sind die Verhältnisse anders gelagert. In rund der Hälfte der Einrichtungen findet »kaum« bis »wenig« allgemeine Unterstützung statt.[21] Die andere Hälfte der Einrichtungen aber unterstützt die religiöse Bildung: 41 Prozent mit einer »mittelmäßigen« Unterstützung, 9 Prozent mit »viel« und 1 Prozent mit »sehr viel« Unterstützung.

Die Ergebnisse für die konfessionellen Einrichtungen erstaunen nicht. Aber bei den Ergebnissen zu den nicht-konfessionellen Einrichtungen muss doch deutlich hervorgehoben werden, dass die Hälfte dieser Einrichtungen die Religiosität ihrer Kinder berücksichtigen will. Dieser Befund ist durchaus bemerkenswert. Auch wenn es nur um eine *allgemeine* Unterstützung religiöser Bildung geht, belegt dies eine prinzipielle Offenheit der befragten Erzieherinnen zumindest in ihrer Mehrheit. Gleichwohl darf diese Offenheit nicht überschätzt werden. Dies zeigen die nun zu berichtenden Befunde zu den übrigen Formen der religiösen Bildung.

Neben der allgemeinen Unterstützung religiöser Bildung haben wir mit dem Fragebogen auch erhoben, in welchem Umfang »christliche Bildung«, »islamische Bildung« und »interreligiöse Bildung« in den Einrichtungen gefördert wird.

Folgende Grafik zeigt, in welchem Maße die jeweiligen Einrichtungen christliche Bildung unterstützen bzw. realisieren.

20 Die 4 Prozent setzten sich zusammen aus: 3 Prozent »wenig«, und 1 Prozent »kaum«.

21 9 Prozent »kaum«, 40 Prozent »wenig«.

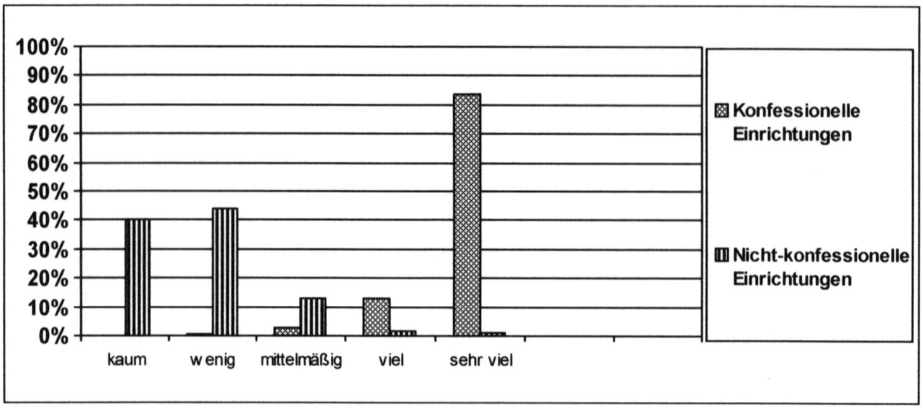

In 84 Prozent der von uns befragten konfessionellen Einrichtungen wird demnach »sehr viel« christliche Bildung vermittelt, dazu kommen noch einmal 13 Prozent, die »viel« christliche Bildung vermitteln.[22] Das heißt: die konfessionellen Einrichtungen nehmen ihren christlichen Bildungsauftrag, zumindest nach ihren eigenen Aussagen, sehr ernst.

In rund 84 Prozent der nicht-konfessionellen Einrichtungen hingegen findet »kaum« bis »wenig« christliche Bildung statt.[23] In 13 Prozent der nicht-konfessionellen Einrichtungen findet christliche Bildung eine »mittelmäßige« Berücksichtigung und in 2 Prozent der von uns befragten nicht-konfessionellen Einrichtungen findet »viel« christliche Bildung statt, in einem Prozent der Einrichtungen sogar »sehr viel«. Anders gesagt: In 16 von 100 befragten städtischen Einrichtungen wird das Christentum inhaltlich aufgenommen. Die nächste Grafik beschreibt, in welchem Maße islamische Bildung unterstützt bzw. vermittelt wird.

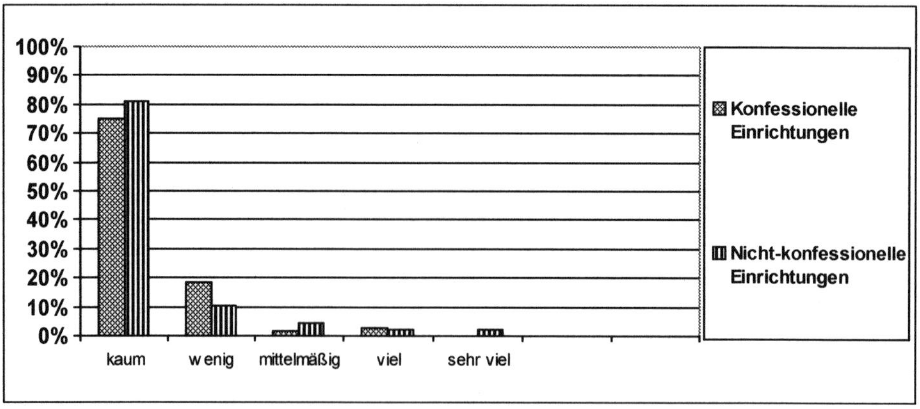

22 Weiter zu konfessionellen Einrichtungen: eine »mittelmäßige« Berücksichtigung der christlichen Bildung geben 3 Prozent der Einrichtungen an und in 0,5 Prozent der konfessionellen Einrichtungen hat christliche Bildung »kaum« einen Stellenwert.

23 D.h. genau: 40 Prozent »kaum« und 44 Prozent »wenig«.

Am auffälligsten ist hier, dass die Abstände zwischen den Werten für konfessionelle und für nicht-konfessionelle Einrichtungen nicht besonders groß sind. Das bedeutet: Bei der Berücksichtigung der islamischen Bildung gibt es kaum Unterschiede zwischen konfessionellen und nicht-konfessionellen Einrichtungen. Bei den konfessionellen Einrichtungen sind es 75 Prozent, die die islamische Bildung »kaum« berücksichtigen, und 18 Prozent, die sie »wenig« berücksichtigen. D.h. 93 Prozent der konfessionellen Einrichtungen lassen diese Thematik außen vor und bei den nicht-konfessionellen Einrichtungen sind es 91 Prozent.[24]

Denken wir in diesem Zusammenhang noch einmal an die eingangs erwähnte Kinderzahl, so können wir festhalten: Die rund 5 000 muslimischen Kinder[25], die in den von uns befragten Einrichtungen betreut werden, erhalten so gut wie keine religiöse Begleitung. Das Verständnis ihrer Religion wird fast nicht gefördert. Zugleich erhalten die in der gleichen Einrichtung anwesenden christlichen Kinder und die Kinder ohne Bekenntnis ebenfalls nur wenige Informationen über den Islam.

Folgende Grafik zeigt, in welchem Maße die Einrichtungen interreligiöse Bildung unterstützen bzw. vermitteln.

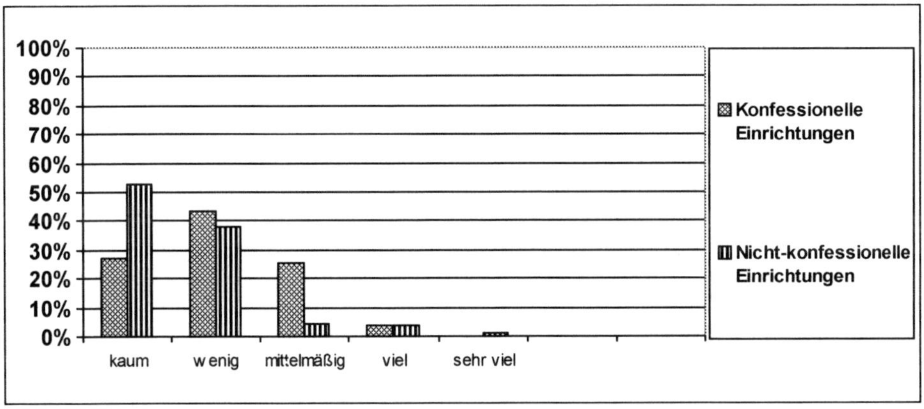

Interreligiöse Bildung findet in konfessionellen Einrichtungen eine größere Berücksichtung als in nicht-konfessionellen Einrichtungen. Rund ein Viertel[26] der von uns befragten konfessionellen Einrichtungen berücksichtigt sie in einem »mittelmäßigen« Umfang, in 4 Prozent der Einrichtungen wird »viel« interreligiöse Bildung vermittelt. Bei den nicht-konfessionellen Einrichtungen sind es nur 9 Prozent, die auf die interreligiöse Bildung eingehen: nämlich 4 Prozent »mittelmäßig«, weitere 4 Prozent »viel« und 1 Prozent »sehr viel«.

24 Nämlich: 81 Prozent, die die islamische Bildung »kaum« aufnehmen, und 10 Prozent, die sie »wenig« aufnehmen.

25 Insgesamt waren es 25 789 Kinder, davon 19 Prozent islamischer Religionszugehörigkeit, d.h. rechnerisch 4 900 muslimische Kinder.

26 Genau: 25,5 Prozent.

Andersherum lässt sich sagen: In 71 Prozent der nicht-konfessionellen Einrichtungen findet eine interreligiöse Bildung »kaum« bis »wenig« Berücksichtigung[27]. In den nicht-konfessionellen Einrichtungen liegt diese Zahl bei »91 Prozent«[28]. Diese Zahlen zeigen, dass im Bereich der interreligiösen Bildung ein besonderer Handlungsbedarf besteht.

2.3 Die Rolle der Träger

Ein weiteres Ergebnis ist, dass die Einrichtungen insbesondere bei Fragen der interreligiösen Bildung nur wenige Hilfen von ihren Trägern bekommen.

Die folgende Grafik zeigt das Engagement der Träger im Bereich der religiösen und interreligiösen Bildung nach der Einschätzung der befragten Einrichtungen.

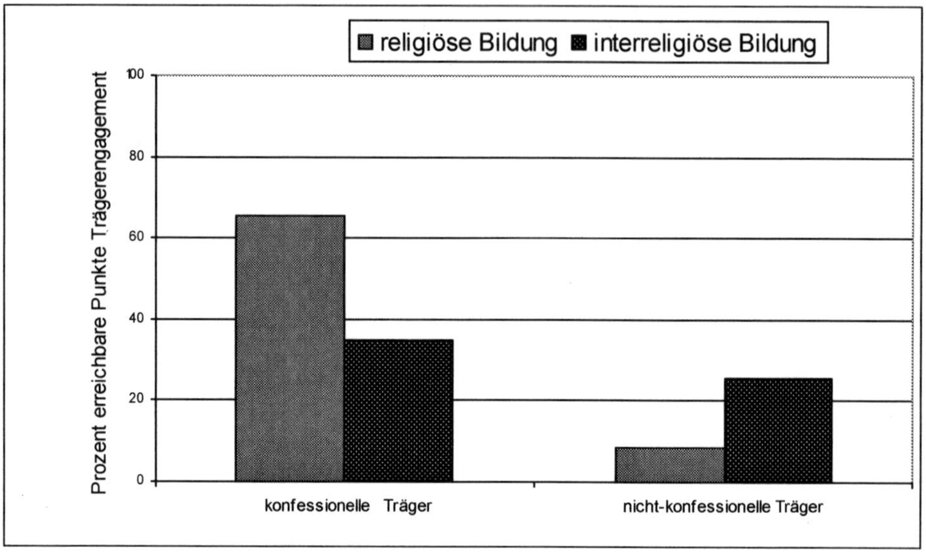

Zunächst fällt auf, dass die Träger der konfessionellen Einrichtungen sowohl im religiösen als auch im interreligiösen Bereich engagierter sind als die Träger nicht-konfessioneller Einrichtungen. Dabei sind erwartungsgemäß die Unterschiede im religiösen Engagement extrem groß, die Unterschiede im interreligiösen Bereich dagegen deutlich geringer. Die nicht-konfessionellen Träger erreichten hier 25,5 Prozent aller erreichbaren Punkte, die konfessionellen 35 Prozent.[29]

27 »kaum« = 27 Prozent und »wenig« = 44 Prozent.

28 »kaum« = 53 Prozent und »wenig« = 38 Prozent.

29 In die Werte »Trägerengagement im religiösen Bereich« und »Trägerengagement im interreligiösen Bereich« fließt zum einen die allgemeine Zielformulierung im religiösen und interreligiösen Bereich und die konkreten Ziele des Trägers darin aus der Sicht der ausfüllenden Erzieherin, zum anderen die von der Erzieherin wahrgenommene konkrete Hilfe des Trägers in

Insbesondere bei der interreligiösen Bildung besteht also Handlungsbedarf vonseiten der Träger und zwar sowohl bei konfessionellen als auch bei nicht-konfessionellen Trägern! Die nicht-konfessionellen Träger stehen zugleich auch im Bereich der religiösen Bildung in der Pflicht.

2.4 Die Aus- und Weiterbildung der Erzieherinnen und Erzieher

Abschließend noch eine Grafik, die die Zufriedenheit der Erzieherinnen mit der Aus- und Weiterbildung bei der religiösen und interreligiösen Bildung aufzeigt.

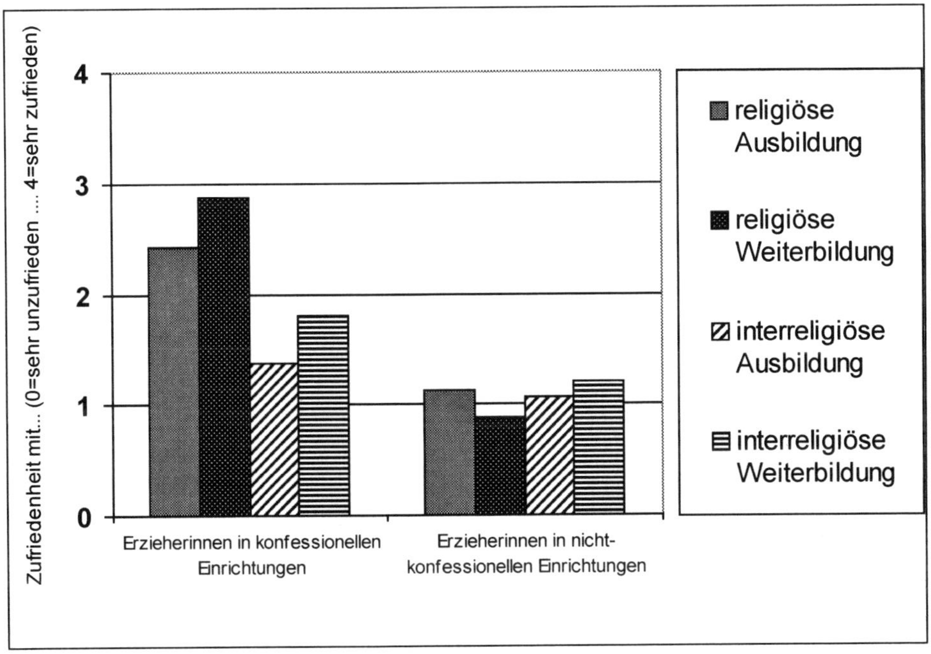

Hier ist zunächst die größere Zufriedenheit der Erzieherinnen in den konfessionell gebundenen Einrichtungen mit den Aus- und Weiterbildungsangeboten im religiösen Bereich, insbesondere im Bereich der religiösen Weiterbildung am deutlichsten.[30]

Dagegen sind die Erzieherinnen in den nicht-konfessionell gebundenen Einrichtungen mit beiden Bereichen nur mäßig zufrieden. Wenn wir an dieser Stelle daran

den entsprechenden Bereichen ein (wiederum müsste zur genauen Information Anhang 6.2.2.5 und 6.2.2.6: Zuordnung und Gewichtung der Items zu Gesamtwerten ergänzt werden).

30 Operationalisiert durch Ausprägung der Zustimmung/Ablehnung von folgenden Fragebogenitems: Item 43/53: Durch meine Ausbildung fühle ich mich für den Bereich der religiösen bzw. interreligiösen Bildung gut vorbereitet. Item 44/46: Für den Bereich der religiösen bzw. interreligiösen Bildung werden in der Weiterbildung genügend Veranstaltungen angeboten.

erinnern, dass die Hälfte der nicht-konfessionellen Einrichtungen eine Sensibilität für die Religiosität der Kinder hat, kann man die Unzufriedenheit der Erzieherinnen an diesem Punkt noch einmal besser verstehen: Sie nehmen die Religiosität bei den Kindern wahr, bekommen aber in Aus- und Weiterbildung keinerlei Hilfen für eine konkrete Aufnahme der kindlichen Religiosität für den Alltag in der Einrichtung.

Die Erzieherinnen in konfessionellen Einrichtungen sind mit den Aus- und Weiterbildungsangeboten im interreligiösen Bereich »wenig« bis »mittelmäßig« zufrieden, aber noch immer deutlich zufriedener als ihre Kolleginnen in den nicht-konfessionellen Einrichtungen.

Dies verstehen wir als ein weiteres Indiz dafür, dass die Erzieherinnen insbesondere beim Thema interreligiöse Bildung weitgehend auf sich allein gestellt sind und dies auch durchaus bedauernd wahrnehmen. Denn die zunehmende Pluralisierung unserer Gesellschaft macht eine verstärkte Thematisierung der interreligiösen Bildung – auch bereits in der Frühpädagogik – notwendig.

3. Zur Deutung der Befunde – bildungspolitische und religionspädagogische Perspektiven

Einerseits sprechen die berichteten Befunde für sich selbst. Sie belegen, wie wichtig empirisch gestützte Einsichten in den von uns untersuchten Bereichen für die Weiterarbeit sind. Andererseits werfen die Befunde zahlreiche Fragen auf, die nicht ohne Weiteres durch die Befunde selbst schon beantwortet sind. Am Ende dieses Beitrags sollen deshalb einige Deutungsmöglichkeiten hervorgehoben werden.

Angesichts der zu Beginn unseres Beitrags skizzierten Forschungslage – besser gesagt: des Fehlens einschlägiger Befunde – kommt schon einem ersten Ergebnis erhebliche Bedeutung zu. Es erweist sich ganz offenbar als unbegründet, wenn religiöse Aspekte bei Untersuchungen zur pädagogischen Praxis von Kindertagesstätten weithin ausgespart werden. Vielmehr gilt: Religiöse Fragen und Probleme werden von den Kindern und ihren Eltern aufgeworfen. Häufig betreffen sie das Verhältnis zwischen Christentum und Islam in der Erziehung. Religiöse Aspekte können nicht auf ein bestimmtes Trägerinteresse begrenzt werden, sondern müssen als allgemeine Herausforderung von Erziehung und Bildung in der Kindheit wahrgenommen werden.

Auf der Ebene von Forschung und Methodologie belegt unsere Untersuchung, dass es tatsächlich möglich ist, Erkenntnisse über Religion und Religionen in der Kindertagesstätte zu gewinnen. Es gibt keinen plausiblen methodischen Grund, auf entsprechende Fragestellungen zu verzichten.

Weiterhin belegen die Befunde, dass die fehlende Wahrnehmung interkultureller und interreligiöser Bildungsaufgaben keineswegs einfach den Erzieherinnen anzulasten ist. Eine allgemeine Offenheit für religiöse Fragen war auch bei vielen Erzieherinnen in nicht-kirchlichen Einrichtungen zu beobachten. So scheint es vor allem an einer wirkungsvollen Unterstützung für die Erzieherinnen in dieser Hinsicht zu fehlen, was erklärt, warum sie trotz der ausdrücklichen Offenheit, den Kindern dann doch am Ende keine religiöse Begleitung bieten. Bereits bei der Ausbildung, aber später auch bei der Fortbildung werden religionspädagogische Fragen besonders bei nicht-kirchlichen Einrichtungen zu wenig berücksichtigt. Vonseiten der Träger wünschen sich viele Erzieherinnen jedenfalls mehr Kooperation in dieser Hinsicht. Insgesamt fehlt es an Modellen, Materialien und Beispielen, an denen sich die Praxis besonders bei der interreligiösen Bildung orientieren könnte.

Durchweg zeigen die Befunde, dass die Unterschiede zwischen Einrichtungen in konfessioneller bzw. kirchlicher und nicht-kirchlicher Trägerschaft konsequent berücksichtigt werden müssen. Kirchliche Einrichtungen gewährleisten deutlich mehr religionspädagogische Begleitung als nicht-kirchliche Einrichtungen. Die in die Untersuchung einbezogenen kirchlichen Kindertagesstätten setzen sich mit großem Engagement für religiöse Bildung ein, beschränken sich dabei häufig aber auf den christlichen Bereich. Nur in einem geringen Maße werden dabei Fragen des interreligiösen Dialogs thematisiert. Interreligiöse Bildung wird von den kirchlichen Einrichtungen nur zu einem kleinen Teil realisiert. In den nicht-kirchlichen Einrichtungen wird christliche Bildung in weit geringerem Umfang gefördert. Ähnliches gilt hier für interreligiöse Bildung. Im Kern bedeutet dies, dass weder eine für alle Kinder zugängliche religiöse Begleitung auch nur in einem allgemeinen Sinne gesichert ist, noch eine allgemeine Wahrnehmung interreligiöser Bildungsaufgaben realisiert wird. Viele Kinder bleiben mit ihren religiösen Fragen und Orientierungsbedürfnissen einfach allein. Die zumindest in einem Teil der Bildungs- und Orientierungspläne für den Elementarbereich vorgesehene religionspädagogische Begleitung der Kinder stellt so gesehen zwar eine Zukunftsaufgabe dar, wird derzeit aber in der Praxis nur ansatzweise oder gar nicht erreicht.

Besonders wichtig ist in dieser Hinsicht der Befund, dass zumindest einzelne Einrichtungen – erfolgreiche Modelle – in religionspädagogischer Hinsicht viel leisten, und zwar nicht nur bei der Begleitung von Kindern im Bereich des Christentums, sondern auch für muslimische Kinder sowie für interreligiöse Bildung. Dabei handelt es sich offenbar noch um Ausnahmen, die aber zumindest als ein erster Beleg dafür gelten können, dass die entsprechenden Möglichkeiten von Kindertagesstätten bislang nicht ausgereizt sind. Interkulturelle und interreligiöse Bildung sind kein abstraktes oder bloß theoretisches Desiderat – von manchen Einrichtungen werden sie vielmehr auch in der alltäglichen Praxis aufgenommen, auch im Bereich nicht-konfessioneller Trägerschaft. Dies ist ein sehr ermutigendes Ergebnis, das in weiteren Untersuchungen vertieft werden sollte.

Wenn sich die Situation bei der religiösen und religionspädagogischen Begleitung der Kinder defizitär darstellt und wenn insbesondere im Blick auf den Islam sowie auf interreligiöse Bildung ein massiver Fehlbedarf zu konstatieren ist, so verweist dies insgesamt auf einen akuten Handlungsbedarf – in Praxis, Politik, Öffentlichkeit und Wissenschaft gleichermaßen. Offenbar beginnen die in Deutschland ungelösten Probleme der gesellschaftlichen Integration bereits in der Kindheit. Das öffentliche Bewusstsein dafür ist allerdings noch wenig ausgeprägt. Unsere Befunde sind aussagekräftig, aber nicht repräsentativ. Dringlich ist eine repräsentative Untersuchung zu interkultureller und religiöser bzw. interreligiöser Bildung in Kindertagesstätten. Bislang ist diese Thematik bis hinein in entsprechende Berichte auch der staatlichen Stellen und Ministerien sträflich vernachlässigt worden. Ähnliches gilt für die wissenschaftliche Begleitung von Einrichtungen, denen in der entsprechenden Hinsicht Modellcharakter zukommen könnte. Ihre Arbeit müsste sorgfältig begleitet und ausgewertet werden. Die dabei zu gewinnenden Anregungen müssten in die Ausbildung und Fortbildung einfließen können.

Der Zusammenhang zwischen interkultureller und interreligiöser Bildung in der Kindertagesstätte betrifft Kinder und ihre Eltern. Kinder haben ein Recht auf Religion und religiöse Begleitung, so wie sich dies auch viele Eltern wünschen, nicht zuletzt auch Eltern mit islamischer Religionszugehörigkeit. Die Gesellschaft darf den Kindern den Zugang zu Religion und Transzendenz nicht verweigern. Eine umfassende Förderung und Bildung für Kinder muss auch den religiösen Bereich einschließen. Zunehmend erkannt wird zugleich die Bedeutung interkultureller und interreligiöser Bildung auch für die Gesellschaft selbst. Ein Zusammenleben in Frieden setzt eine Bildung zu Toleranz und wechselseitiger Achtung, zu Respekt und Anerkennung voraus. Es macht keinen Sinn, entsprechende Bildungsaufgaben etwa auf die Schule zu begrenzen. Das Zusammenleben in einer multikulturellen und multireligiösen Gesellschaft beginnt spätestens in der Kindertagesstätte. Es gibt keinen Grund zu der Annahme, dass Kinder dabei weniger Begleitung bräuchten als in anderen Bereichen wie der Sprachentwicklung und dem naturwissenschaftlichen Denken. Damit soll keine falsche Konkurrenz zu den jetzt in Gang gekommenen Ansätzen zur Förderung von Sprache und Denken im Elementarbereich aufgebaut werden. Es wäre jedoch fatal, wenn die Bildungsaufgaben in der Kindertagesstätte darauf beschränkt blieben. Es ist Zeit, dass wir uns den Herausforderungen interreligiöser Bildung stellen.

Harry Harun Behr

Welche Bildungsziele sind aus der Sicht des Islams vordringlich?

Vorab lässt sich das schon mal so beantworten: Als Bildungsziel müsste, jedenfalls was den koran-hermeneutischen Befund betrifft, im Islam die »Urteilskraft« (arabisch *hukm*: حكم) an oberster Stelle rangieren, gefolgt von eigentlichen »Erziehungszielen« im Sinne einer Einstellung, einer bewussten gelebten Haltung (siehe dazu auch Punkt 8 im Abschnitt 3.1):

- die »Achtsamkeit« (arabisch *ihsān*; إحسان),
- die »Nachsicht« (arabisch *līna* oder *luyūna* i.S.v. »Milde«; ليونة) und
- das »Zutrauen« (arabisch *tawakkul*; توكل).

Die Dinge sind indes komplexerer Natur, als es die vereinfachende Aufzählung anmuten lässt. Dem liegt ja kein theologischer Automatismus zugrunde; es geht vielmehr um Entscheidungen, die gefällt und theologisch so gut begründet werden wollen, dass sie auch dem Nicht-Theologen einleuchten. Das müssen sie nämlich, wenn das Gespräch über Bildungsaufgaben Sinn machen soll. Worum es dabei, mit besonderem Blick auf den Islam als Religion und Lebensweise geht, soll im Folgenden veranschaulicht werden.

1. Zu einigen bildungs- und gesellschaftspolitischen Kontextfaktoren

1.1 Die Inflation des Bildungsbegriffs

Die Eingangsfrage verweist auf den geisteswissenschaftlichen Bildungsbegriff, wenn man Wortverbindungen mit dem Begriff »Ziel« so verstehen möchte. Damit können vereinfacht gesagt Zielerwartungen angesprochen sein, die von einem Aspirationshorizont ausgehend, gleichsam im Rückwärtsgang auf den Menschen hin formuliert werden: Der soll sich auf etwas hinentwickeln, was eingefordert wird. Gemessen daran wären die entwicklungsbedingten Zwischenstadien zunächst durch den Zustand des potenziellen Mangels definiert. Man hat das aber auch optimistischer gesehen und Bildung als die Entfaltung einer bereits angelegten Matrix verstanden. Folge: Zwischenstadien besitzen dann ihren Eigenwert als in sich vollständige, mithin wertvolle Lebensphasen. Hier würde das Fördern eine größere Rolle spielen als das Fordern; es ginge mehr um die Teleologie als um die Taxonomie.

In den theologischen Anthropologien großer Schriftreligionen wie dem Judentum, dem Christentum und dem Islam lassen sich beide Denkansätze gut begründen, da ihnen jeweils ein anthropomorph erscheinendes Gottesbild zu Grunde liegt. Zweck- und Zielbestimmung des Menschen ankern hier im religiösen Deutungssystem als *norma normans* – also anders als in der Pädagogischen Anthropologie, die als Bezugswissenschaft der allgemeinen Pädagogik verständlicherweise Zurückhaltung gegenüber nicht-negotiablen Elementen normativ verstandener Religion übt.

Der Pädagogik jedenfalls bleibt jeder religiös begründete Bildungsbegriff suspekt. Das hat hier weniger mit Religionskritik als vielmehr mit dem Misstrauen gegenüber dem Bildungsbegriff in seiner historischen wie aktuellen Dimension zu tun. Just das Land, das einst die »Bildung« erfand, geriet zwischen Weimar und Bonn in die größte auszudenkende Katastrophe. Und heute? Seit Mitte der 1960er Jahre wird in wiederkehrendem manischem Alarmismus Zukunftsangst geschürt. Die Botschaften lauten: »Bildungsnotstand«, »Bildungskatastrophe«, »Bildungsreform« – die moderne Gesellschaft organisiert ihre eigene Verblödung. Folglich stehen wir da, wo die Vokabel »Bildung« etymologisch wurzelt: im Gegenstandsbegriff des »Beils«, mit dem toter Materie nach rein funktionalen Vorgaben Gestalt verliehen wird.

Wurde mit der Durkheimschen Wende gefragt, wie lange Religion innerhalb der Moderne wohl überlebt, so hat sich das Blatt gewendet. Die Frage lautet nun: Wie lange kann die moderne Gesellschaft ohne Religion überleben? Hier liegt der Dreh- und Angelpunkt für die Reform von Theologie, die nicht mehr nur von Theologen für Theologen betrieben werden darf, sondern die Antworten auf Zukunftsfragen zu geben hat. Auch religiöse Konzepte von Bildung geraten also wieder auf die Agenda.

1.2 Der besondere Problemhintergrund eines religiös begründeten Bildungsbegriffs

Erziehung kann als ein funktionales Teilsystem von Bildung im gesamtgesellschaftlichen Kontext gesehen werden. Bezogen auf Religion, ihrerseits gesellschaftliches System mit eigener Struktur und Funktion, sind da Synergien möglich; es kann aber auch einiges schief gehen. Zwischen pädagogischem Humanismus und Totalitarismus ist hier, mit theologischer Begründung oder ohne, alles möglich. Wer beruflich am jungen Heranwachsenden arbeitet, macht immer wieder die Erfahrung, dass *gerade* in Erziehungskontexten mit dezidiert religiöser Signatur die Dinge hart aus dem Ruder laufen können. Die Rede ist von dogmatischen und ideologischen Fixierungen aufs Kind, seine Stellung als in Dingen der Religion unterentwickeltes Wesen.

Dabei sind die Kleinen hinsichtlich ihrer natürlich-numinosen Erlebniswelten ganz groß. Das Theologisieren mit Kindern[1] belegt ihre Expertise in einem Bereich,

1 Vgl. *A. Bucher/G. Büttner u.a. (Hrsg.),* Jahrbuch für Kindertheologie. 5 Bände. Stuttgart 2002–2006; *G. Büttner/M. Schreiner*, Jahrbuch für Kindertheologie. Sonderbände 1: AT und 2: NT. Stuttgart 2005.

für den das Erwachsenwerden nachhaltig unempfänglich zu machen scheint. Die Faktoren spiritueller Begabung und religiöser Intelligenz fallen leicht durch das Raster eines schulischen Berechtigungssystems, das zuerst seiner Selektions- und Allokationsfunktion unterliegt.

Im schieren Staunen eines fünfjährigen Münchner Buben, der vor dem Olympiaturm steht, seinen Kopf in den Nacken legt und fragt: »Wenn Allah noch größer ist, wie kann er mich dann noch sehen?«, steckt jedenfalls kein defizitäres Gottesbild. Erratisch hingegen dürfte sein, was unlängst als das Gottesbild muslimischer Schülerinnen und Schüler einer neunten Klasse Gestalt gewann, als man sie danach gefragt hatte: »Allah« als ein beziehungsgestörter alter Türke.

2. Zur Bildungsphilosophie des Islams

2.1 Ansatz einer Problemanalyse

»Viele der heutigen Erziehungsprobleme und -konflikte liegen in dem strukturellen Mangel an einer gesicherten und anerkannten Theorie muslimischer Erziehung begründet«. So etwa formulierten das Islamgelehrte wie Sayyid al-Attās oder Madschīd ᶜIrfān al-Kilāni seit Ende der 1970er Jahre, als an der Universität *Dschāmiᶜa Umm al-Qurā* in Mekka zu einer der ersten groß angelegten Konferenzen zu Fragen islamischer Erziehung gerufen worden war. Dabei blickte man auf die desolate Situation vieler Gesellschaften in den klassischen Kulturräumen des Islams. Man hatte begriffen, dass weder das Bekenntnis zum Islam noch seine ideologische Inanspruchnahme ausreichen, die ethischen Maxime einer Religion in ihrem komplexen Bezug zu pluralen Lebenswirklichkeiten wahr werden zu lassen.

Naheliegender als das Mekka der 1970er Jahre war das Seminar für die Anthropologie des Korans an der Universität Erlangen-Nürnberg im Jahr 2006, in dem eine in der Türkei ausgebildete muslimische Theologin gastierte. »Eine Ohrfeige zur rechten Zeit hat doch noch keinem geschadet«, meinte sie, nichts Übles wähnend. Womit klar wird, worum es gehen muss – auch mit Blick auf gegenwärtige Entwicklungen des Islams in Deutschland:

Die Bildungstheorie des Islams muss von Grund auf neu entwickelt werden
Muslimische Fachleute sind heute dazu aufgefordert, eine theologisch begründete Denkart von Bildung und Erziehung im Islam anzuregen und zu pflegen, die in philosophischer Freiheit die verschiedenen Bereiche zwischen Erziehung als gesamtgesellschaftlicher Herausforderung bis hinein in die Ich-Du-Beziehung durchdringt und integriert. Das kann nur aus den kulturräumlichen Milieus heraus geschehen, in die hinein sie rekontextualisierbar bleiben soll, sofern man sich von ihr eine Verbesserung der Lebenssituation von MuslimInnen erhofft – was gerade deshalb nicht einfach aus Kairo oder Ankara importiert werden kann.

2.2 Das theologische Fundament einer islamischen Bildungsphilosophie

Um einschätzen zu können, welche Rolle hier eine vernunftorientierte islamische Theologie spielen soll, ist ein Blick auf ihren Grundriss nötig: Bereits in der Frühzeit des Islams wurde bei theologischen Aussagen unterschieden, ob ihnen eine *Wahrheit des Glaubens* zugrunde liegt oder eine auf die konstitutive *Wirklichkeit des Seins* bezogene Annahme. Das führte dazu, dass grundsätzlich aus zwei Richtungen auf den Islam geblickt wurde (es waren in Wirklichkeit mehr als diese zwei), was einmal an zwei exemplarischen Aussagen verdeutlichet werden soll: *Der Islam ist Resultat des Korans* und *Der Koran ist Resultat des Islams*. Das spiegelt nicht wider, was man heute simplifizierend unter »Theologie vs. Wissenschaft« oder »Glaube vs. Vernunft« ansiedeln würde – beide Aussagen gehören in den Kontext des frühen Rationalismus des Islams, beide stellen paradoxerweise richtige Aussagen *innerhalb* der islamischen Theologie dar. Hinzu tritt die notwendige Unterscheidung zwischen der theologischen Idee als *konzeptueller* und der religiösen Erfahrung als *empirischer* Ebene, was sich auch immer wieder als scheinbar gegenläufige Modi in der Religionsdidaktik nachzeichnen lässt. Ferner muss unterschieden werden, ob sich eine theologische Aussage auf die Glaubenslehre (*ᶜaqīda*; عقيدة), das Recht (*fiqh*; فقه) oder die Philosophie und die Mystik (*hikma* bzw. *ᶜirfān*; عرفان / حكمة) des Islams bezieht. Das lässt sich ein einem Schema wie diesem zusammenführen, das indes nicht starr anzuwenden ist; es dient nur der Orientierung.

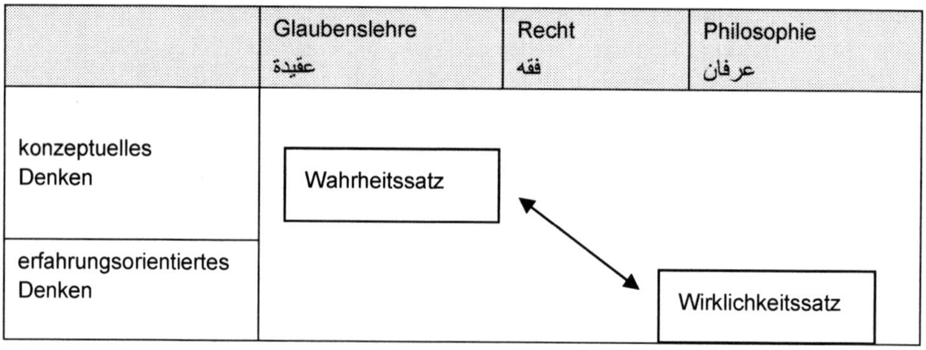

Das mag verdeutlichen, auf wie vielen Ebenen moderiert werden muss, wenn bspw.. eine islamisch-theologische Aussage über Inhalt, Rolle und Natur des Korans getroffen werden soll. Dabei wird eines klar: Islamisch-theologisches Denken dreht sich mehr um Entscheidungen als um Akzidenzien. Mit Blick auf eine moderne Theologie des Islams, wie sie gegenwärtig in Deutschland entsteht, können gleichsam als tragende Säulen in diesem Grundriss folgende Thesen formuliert werden[2]:

2 *H.H. Behr*, Ein ordentliches Fach? Neue Wegmarken für den islamischen Religionsunterricht. In: Zeitschrift für die Religionslehre des Islam 1 (2007) 1, S. 2 ff.

- *These 1: Islamische Theologie ist diskursiv*
  Wir müssen mehr miteinander reden. Aus der Sicht islamisch-theologischer Anthropologie leben wir Menschen *füreinander* – wir stellen eine Schicksals- und Solidargemeinschaft dar. Dabei geht es nicht um kulturelle Überlegenheit oder Unterlegenheit. Diesen Erfordernissen ist die rein auf das Eigene bezogene Wahrnehmung von Religionsgemeinschaft als Solidargemeinschaft unterzuordnen.
- *These 2: Islamische Theologie ist auf die wirkliche Lebenssituation bezogen*
  Islamische Theologie entsteht aus der konkreten Lebenssituation heraus und zielt auf sie ab. Nur so kann sich das transnationale und transkulturelle Reformpotenzial islamisch-theologischen Denkens zum Besten der Menschen entfalten. Unter dem »Besten für die Menschen« ist zu verstehen: die Freiheit der Wahl, was man glauben und wie man leben möchte.
- *These 3: Islamische Theologie orientiert sich an vereinbarten Zielen*
  Der Koran ruft dazu auf, kluge Antworten auf die Fragen zu finden oder zu formulieren, die uns gemeinsam bewegen. Islamische Theologie bedeutet deshalb zunächst, aus der gegebenen Situation heraus zu formulieren, was man will, darin Position zu beziehen und dafür verantwortbar einzustehen. Man kann sich dabei nicht hinter dem Koran verschanzen; gefragt sind vernunftgemäße theologische Begründungen, die auch Nicht-Muslimen und Nicht-Theologen einleuchten.
- *These 4: Islamische Theologie ist eine wissenschaftlich systematisierte Erkenntnislehre mit eigenem Anspruch auf Authentizität*
  Was »islamisch« ist und was nicht, was echt und wahr ist im Sinne der Lehre, entscheidet sich nach Maßgabe der Plausibilität: Was ist vernünftig, was ist menschlich, was wollen und was können die Betroffenen leisten? Gut ist, was sich als gut bewahrheitet und bewährt. Die Muslime sind für das in die Verantwortung zu nehmen, was sie für sich als Wirklichkeit ihres gelebten Islams festlegen.
- *These 5: Islamische Theologie entwickelt sich um einen axiomatischen Kern von Werthaltungen herum*
  Es geht um die Verständigung über konkrete Werthaltungen des Individuums mit axiologischer, also unverhandelbar handlungsleitender Dimension. Dazu gleich noch mehr.

2.3 *Bildung und Erziehung im Islam sind eine Sache der Entscheidung hinsichtlich der Ziele und Verfahrensweisen*

Eine vereinseitigende »Sicht des Islams« auf Fragen von Bildung und Erziehung, und zwar im Sinne tradierter Lehrsätze, gibt es nicht. Es lassen sich indes viele Lehrsätze aus den beiden Schriftquellen des Islams, dem Koran und dem Prophetenwort (*hadīth*; حديث) zitieren, die Erzieherisches zu implizieren scheinen. Aber die müssen in gestalterischer Absicht komponiert werden, um bildungsphilosophische Aussagen theologisch zu plausibilisieren. Und das bleibt – ich wiederhole mich hier – eine Frage der Entscheidung. Jedenfalls reicht es nicht, den Koran zu schütteln in der Hoffnung, dass da ein islamisierter Rousseau, Herbart und Knigge herausfalle.

Womit wir wieder bei der Ambivalenz des Zielbegriffs wären. Davon bleibt ja die Frage nach der passenden Methodik in Sachen Bildung und Erziehung nicht unberührt. Den soeben in aller gebotenen Kürze angerissenen fünf Fundamentalprinzipien islamisch-theologischen Denkens lässt sich allerdings schon eine Richtung zuweisen, die hier weiterverfolgt werden soll. Dazu soll als vorläufige Zwischenthese zusammengefasst werden:

Sinn und Zweck islamischer Erziehung sind Verhandlungssache
Der Islam entlässt uns Muslime nicht aus der Verantwortung zu entscheiden, von wo aus wir in welche Richtung blicken, wie wir also das »Ziel« von Bildung und Erziehung erfassen und den Weg dorthin beschreiben möchten – sei es als Teleologie oder als Taxonomie. Dabei handelt es sich nicht um ein Entweder-Oder, sondern um eine Sache des Aushandelns zwischen den Beteiligten und je nach Situation – vor allem wenn es dabei um die Konturierung sozialer Rollen geht. Hier müssen, insbesondere mit Blick auf die empirische Ebene, für das tägliche Erziehungshandeln immer wieder aufs Neue Entscheidungen gefällt werden – zwischen *diskursivem* und *normativem* Ansatz, zwischen *induktiven* und *deduktiven* Lernwegen, zwischen *erlebnisbezogener* und *theologiebezogener* Religionspädagogik.

3. Zum Islam in Deutschland zwischen Wahrheit und Wirklichkeit

3.1 Wahrheitsaussagen: Normativität als notwendige Voraussetzung eines religiösen Deutungssystems

Der Theologie fällt als Orientierungswissenschaft die Aufgabe zu, die praxisnahen Bereiche zwischen non-formaler Erziehung und formalem Unterricht zu begleiten – nicht weil sie sich dieser Aufgabe gerne bemächtigt, sondern weil das an sie herangetragen wird. Wie? In Form von Anfragen zur Anthropologie, zur Natur des Kindes, zur Entfaltung von Religiosität, zur Entstehung von Glaubensgewissheit, zur Rolle von Prozess- oder Produktorientierungen einer entsprechenden Fachdidaktik. Bei einer Religion wie dem Islam mit einer stärkeren praxeologischen Signatur tritt dann noch jene Art von Orientierungsfragen hinzu, die sich auf das konkrete Verhalten in bestimmten Situationen beziehen. Theologie wird also kurzgefasst als Referenztheorie in Anspruch genommen. Ob das dem Selbstverständnis von islamischer Theologie entspricht, bleibt hier erst einmal dahingestellt.

Andererseits lässt sich beobachten, dass dann die Religionspädagogik auch immer wieder zu ganz eigenen Formen theologischer Sätze findet, letztlich also auch zur theologischen Disziplin wird. Ein dabei durchaus erwünschter Effekt ist, dass zwischen Theologie und Pädagogik eine gewisse Reibung entsteht, beispielsweise entlang der Frage, wie man, abgesehen vom liebevollen »Kumpelgott«, didaktisch mit dem zornigen und strafandrohenden »Chefgott« verfahren soll. In dieser Hinsicht scheint die religiöse Früherziehung inzwischen komplett entdämonisiert zu sein – aber sind es auch die numinosen Erlebniswelten der Kinder? Für derlei Anfragen verschärft sich die Lage, wenn von dem relativ jungen Phänomen des Islams in Deutschland die Rede sein soll:

Es mangelt – nicht nur in Deutschland – an islamischer Theologie

Seit einigen Jahren wird intensiv islamische Religionspädagogik entworfen und betrieben – in Laienkursen, in privaten Bildungseinrichtungen, in Lehrplankommissionen für den Islamunterricht. Dies ohne die Steuerimpulse einer akademisch akkreditierten islamischen Theologie. Man könnte so sagen: Die Leute unten im Maschinenraum machen Dampf, der Kahn gewinnt an Fahrt, aber niemand steht auf der Brücke. Also begeben sich einige der Maschinisten nach oben…

Fortschritte können nur erzielt werden, wenn sich die Erziehungsarbeit mit Muslimen von der Ebene der impliziten Alltagstheorie emanzipiert. Der Koran hat die Muslime schon früh dafür sensibilisiert, dass Erziehung mehr sein muss als nur die Weitergabe von Wissen und Habitus der Altvorderen. Gerade davor warnt er eindringlich, wenn er in der 31. Sure die Jugend sogar dazu aufruft, in bestimmten Fällen die Folgsamkeit zu verweigern. Die Wahrnehmung von Erziehung als individuelle und zugleich gesamtgesellschaftliche Verantwortung hat schon in den ersten abassidischen Bildungseinrichtungen (das *baitul-hikma* im Bagdad des beginnenden 9. Jahrhunderts n. Chr. beispielsweise) das Nachdenken über religiöse Sozialisation beflügelt und die Entstehung von Fakultäten gefördert. Dabei ging es um die drei bildungswirksamen Bereiche »Rechts- und Versorgungssicherheit« (*tarbiya*; تربية), »Auswahl der Information und Methodik der Vermittlung« (*ta^{c}līm*; تعليم) sowie »Unterweisung und Habitualisierung« (*ta'dīb*; تذديب).

Gegenwärtig lässt sich gut beobachten, wie um diese Schlüsselbereiche islamischer Erziehungsphilosophie herum islamische Theologie entsteht, gleichsam von unten nach oben. Dieser spezifische Prozesscharakter ist für die islamische Theologiegeschichte aber nichts Ungewöhnliches. Bei derartigen Epochen der islamischen Kulturgeschichte handelte es sich immer um Zeiten, in denen es zu einer Erneuerung und zu einer Belebung der religiösen Lehre und zur Illumination der Kultur kam – das entsprechend liberale politische Klima vorausgesetzt. Zeiten, in denen qua Lehrzucht der Islam von oben nach unten durchdekliniert wurde, fielen eher in ein politisch pessimistisches Klima. Hier darf auch kritisch gefragt werden, in welcher zukünftigen Rolle sich eigentlich jene heute in Konkurrenz zueinanderstehenden Migrantenorganisationen mit türkisch-islamischem Profil in Deutschland sehen, wenn sie sich als Ansprechpartner in Sachen Islam dem Staat gegenüber ins Spiel bringen.

Die Chancen indes liegen darin, dass theologisch fundiert herausgearbeitet wird, was von muslimischen Vordenkerinnen und Vordenkern in den vergangenen zehn

Jahren schon formuliert wurde: Der Koran als *norma normans* des Islams wie auch der Hadith als prophetischer Aphorismus bieten Aussagen an, welche das theologisch-anthropologische Nachdenken beinahe zwangsläufig auf ein bildungsphilosophisches und erziehungstheoretisches Gleis setzen. Das soll an einigen sehr verkürzten Beispielen verdeutlicht werden – im Sinne eines Exkurses in einige Fundamentalia der islamischen Bildungsphilosophie, geordnet nach neun Sätzen. Das bleibt auf der konzeptuellen Ebene und soll helfen zu erkennen, was an einer islamischen Bildungslehre eigentlich als »islamisch« identifizierbar ist. Zudem wirft das ein Licht auf die Fragen, die sich den Lesern stellen mögen: Was hat das alles mit dem pädagogischen Profil meiner Kindertagesstätte zu tun, was geht mich das persönlich als Nicht-Muslimin an, was davon kann ich im Umgang mit muslimischen Kindern in meiner Einrichtung berücksichtigen? Dazu werden aus jedem dieser Sätze einige konkretere Gedanken (»Leitmotive«) für die Erziehungsphilosophie des Islams abgeleitet.

Adam wird im Koran als der Archetyp des werdenden Menschen entworfen
Der koranische Adam ist weniger »erster Mann«, auch wenn er den einen oder anderen typisch männlichen Charakterzug erhält, beispielsweise ein gerütteltes Maß an Wankelmut. Koranstellen wie 2:30ff. oder 20:115 machen deutlich: Das erste Scheitern des Menschen angesichts einer Herausforderung globalen Ausmaßes geht nicht zulasten der Frau.

Adam hat im Koran in anderer Hinsicht eine herausragende Stellung: Er ist Prototyp des *werdenden* Menschen mit archetypischen Qualitäten jenseits der Geschlechterfrage: Adam ist ein unfertiges, mithin entwicklungs*bedürftiges*, entwicklungs*fähiges* und zur Entwicklung *befähigtes*, biologisches und charakterliches Mängelwesen. Allerdings erhält er von Gott die Gabe sprachlicher Ausdrucksfähigkeit sowie die Fähigkeit, sich selbst zum Gegenstand seines Nachdenkens zu machen (vgl. im Koran 2:30ff.).

Damit sind Universalien der theologischen Anthropologie angesprochen: Der Koran lenkt den Blick des Menschen auf sein Selbst im Kontext einer Menschheit als globaler Solidargemeinschaft – dies besonders wenn der Urheber des Korans eingangs der 4. Sure vorausschickt: »Wir haben euch aus einem einzigen Wesen (oder »Atem«; *nafs*; نفس) erschaffen«. Mithin liegt das Ich im Du, ist Gott auch im Gegenüber zu finden, gibt es nichts Unbeseeltes in der Natur – ein Aspekt des islamisch-theologischen Ur-Satzes vom *wahdatul-wudschūd* (وحدة الوجود), dem »Einssein in der Vielfalt des Seins« mit erheblicher Tiefenwirkung auf die islamische Sozialethik (das arabische Grundverb *wadschada* trägt die Konnotationen »finden«, »begegnen« und »lieben«): Die bewusste und regelgeleitete Gestaltung einer Kultur des Miteinanders wird zur zweiten und eigentlich einzigen wesensgemäßen menschlichen Natur. Als Leitmotive lassen sich ableiten:

- Die Schulung religiöser Ausdrucksfähigkeit (nicht nur der sprachlichen) sollte Gegenstand religiöser Elementar- und Primarsozialisation wie auch Prinzip schulischen Islamunterrichts sein.
- Bereits früh sollen Heranwachsende für den respektvollen Umgang mit dem anderen Geschlecht sensibilisiert werden.
- Dem Menschen ist wesenhaft die Fähigkeit zueigen, über sich selbst, sein Verhalten und die Ursachen und Motive für sein Verhalten nachzudenken. Auch wenn das entwicklungsabhängig ist, sollen schon frühzeitig derartige evaluative Kompetenzen geschult werden, beispielsweise in Form von Fragen: Was tue ich? Warum tue ich es? Was will ich erreichen? Was habe ich erreicht? Wie reagiert meine Umwelt auf das, was ich tue? Ist, was ich tue, gut? Bin ich der Meinung, dass andere auch tun dürfen, was ich tue?

Alle Menschen besitzen dieselbe Würde als ihre Wesenseigenschaft, nicht als ihr Verdienst

Mit der Textstelle 17:70 stellt der Urheber des Korans fest, dass dem Menschen »Würde« oder »Ehre« zuteil wurde, und zwar als ein universales Kriterium des Menschen an sich, als Wesenseigenschaft. Das betrifft im Indikativ die Stellung des Menschen bei Gott; für den Umgang der Menschen unter- und miteinander ist dies aber als Imperativ zu lesen. Der Aussagekontext ist kosmologisch; »Würde« lässt sich also weder auf die Angehörigen eines spezifischen Bekenntnisses herunterbrechen noch skalieren. Der Vergleich, wer wohl mehr Würde habe, wird vom Koran als satanisches Element in 17:61–62 eingeführt. Als Leitmotiv folgt daraus:

- Schon früh muss die Wahrnehmung der Mitmenschen als eine zusammengehörige Solidargemeinschaft von vor Gott gleichermaßen anerkannten Individuen eingeübt werden. Das darf nicht im sozialen Nahbereich verharren, sondern muss auf die globale Dimension ausgeweitet werden (sprach- und kulturräumliche Grenzen durchschreitend). Als Haltung ist anzubahnen, dass der Wert des Anderen nicht durch Vergleich ermittelt werden kann.

Im Dasein des Menschen liegen Sinn und Zweck

Die Teleologie der islamischen Anthropologie wird um einen zentralen Koranvers herum konstruiert, der auf die Bestimmung des Menschen verweist, »allein Gott zu dienen« – und zwar in Ausschließlichkeit (vgl. Koran 51:56). Die schöpfungstheologisch zu verstehende Bezeichnung des Menschen als »Statthalter Gottes« (vgl. Koran 2:30: *khalīfatullāh*; خليفة الله) ergänzt das Wesen des Menschen um so etwas wie ein Amt: Er wird zu Gott zurückkehren und ihm gegenüber in die Rolle dessen gestellt, »der Antwort geben muss, weil er gefragt wird« (*mas'ūl*; مسؤل), kurz: Der Mensch ist grundsätzlich verantwortungsfähig, und zwar mehr für seine Absichten als für seine Taten. Damit setzt der Islam den Menschen als absichtsvolles und aktives Wesen in die Welt:

- Im Islam ist Sozialisation mehr als ein Prozess der aktiven Aneignung zu verstehen und weniger als »Prägung« oder als »Verinnerlichung« einer äußeren Ordnung – auch wenn manche Vokabeln aus den tradierten Schriftgrundlagen des Islams von Muslimen heute noch gerne in diesem Sinne interpretiert werden. Von Beginn absichtsvoller Erziehung an ist darauf zu achten, dass der Blick der Heranwachsenden auf ihr Potenzial gelenkt wird: Sie sollen ihr Leben als Chance der aktiven Gestaltung begreifen lernen. Hier muss auch die Übernahme von Verantwortung angebahnt werden, insbesondere wenn es um diejenigen kritischen Bereiche geht, in denen diese Gestaltung offenbar auf Kosten natürlicher Ressourcen und künftiger Generationen betrieben wird.

Die Perspektive des Menschen transzendiert jeden Horizont

Diesen Aspekt des Generationenvertrags gilt es zu vertiefen. Im Sinne des vor Gott verantwortlichen Menschen haben die Menschen eine gegenseitige Verpflichtung, die im islamischen Schrifttum zuerst auf die *sozialen* Kontexte hin entworfen wird, besonders mit Blick auf den Wechsel der Generationen. Hier wird einerseits in Sure 66:6 als religiöse Zielperspektive entworfen, »sich selbst und die eigenen Leute vor der Strafe im Jenseits zu bewahren«. Das wurde bereits in der Frühzeit des Islams allegorisch interpretiert (»sich nicht gegenseitig die Hölle bereiten«), darf aber nicht voreilig auf diese Lesart reduziert werden; es geht um einen bewussten Jenseitsbezug im Sinne einer »Wirklichkeitsperspektive« als Lebenshaltung (vgl. im Koran 6:75 das Begriffsfeld *yaqīn*; يقين). Diese Perspektive wird im Koran um handlungsleitende Imperative herum entwickelt, die auf die Dimension des Gefühls verweisen. Dabei geht es zum Beispiel um die Emotionalität der Gott-Mensch-Beziehung als »Liebe« (*hubb*; حب; vgl. im Koran 6:76ff.), den Respekt gegenüber den Eltern oder das Loslassenkönnen gegenüber den Kindern (vgl. im Koran 17:22–25, 31:14 und 19:31–34 mit besonderem Hinweis auf Jesus und seine Mutter Maria). Folgende Leitmotive wären da anzubinden:

- Erziehung und Sozialisation haben in ihrer auf die Religion bezogenen Signatur die Aufgabe, therapeutisches Potenzial bereit zu stellen: Religion soll den Menschen dazu befähigen, zwischen potenzieller Depression und Euphorie eine stabile emotionale Mittellage zu finden, in der er Halt finden kann.
- Von therapeutischer Bedeutung ist dabei auch, Sinn und Anerkennung nicht immer nur im materiell feststellbaren »Wert« einer Sache zu suchen. Den Verweis auf die Zerbrechlichkeit des Diesseits bündelt der Islam in folgender prophetischen Weisheit: »Wenn einer stirbt, fragen die Menschen, was er zurückgelassen hat. Die Engel aber fragen, was er vorausgeschickt hat.«
- Mithin wäre der Anspruch zu vertreten, die Kinder anzuleiten, ein gesundes Misstrauen gegenüber dem grellbunten und lauten Diesseits zu entwickeln und hinter die Dinge zu schauen (vgl. im Koran 2:260, 6:35, 7:179, 32:12, 44:1–9 oder 51:20–21).

Erziehung beruht auf Beziehung
Der eben angesprochene Beziehungsaspekt wird in Textstellen wie 31:12–19 weiter entwickelt: Der Weise Luqmān führt ein pädagogisches Gespräch mit seinem Sohn, aus dem sich herauskristallisiert, dass zwischen der liebevollen Beziehung zwischen einer Mutter zu ihrem Kind und derjenigen Gottes zum Menschen eine besondere strukturelle Gemeinsamkeit besteht[3]. Zwar stehen im textualen Kontext, was nicht mit dem historischen verwechselt werden darf, zwei männliche Protagonisten im Vordergrund. Aber in der islamischen Theologie wurde schon früh erkannt, dass das zentrale Attribut unter den sog. »99 Namen Gottes«, zu dem Gott »sich selbst verpflichtet« hat (Koran 6:12, 6:54, 7:156), die »Barmherzigkeit« (*rahma*; رحمة) ist, und diese Vokabel ist im Arabischen weiblich. Sie tritt zum kosmologischen Prinzip der »Gerechtigkeit« (*ᶜadl*; عدل) hinzu. Daraus ließe sich ableiten:

- Das islamische Gottesbild hat »mütterliche« Züge, was in der Begegnung mit nationalen und kulturellen Traditionen patriarchalistischer Provenienz für aufklärerische Zwecke genutzt werden sollte. Hier geht es nicht um die allseits bekannte vordergründige Religionsfeindlichkeit, sondern um theologisch plausibilisierte Reformansätze im Denken – die Problematik mit Gender-Fragen liegt bei den Muslimen, nicht beim Islam.
- Anhand konkreter Situationen mit Bezug zu wirklichen Erfahrungen der Kinder im sozialen Nahbereich muss veranschaulicht werden, wie es zu einem notwendigen Ausgleich zwischen Gerechtigkeit und Vergebung kommen kann. Entsprechende Kompetenzen wären mit Blick darauf einzuüben, dass im Islam das Moment der Vergebung Vorrang hat.
- Gerechtigkeit kann dabei nicht ausschließlich als ausgleichende Gerechtigkeit verstanden werden, auch wenn dieser Aspekt des paritätischen Verständnisses die Entwicklung des moralischen Urteils in der Elementar- und Primarphase der Erziehung bestimmt. Der Blick auf andere Gerechtigkeitsdimensionen wie »Leistung« und »Bedürfnis« muss aber gerade deshalb früh geschult werden.

Spiritualität und Religiosität liegen auch spezifische Begabungsstrukturen und Intelligenzfaktoren zugrunde
Koranverse wie 20:115 oder 31:17 (*ᶜazm*; عزم), 4:82 und 47:24 (*tadabbur*; تدبر) und 19:12 (*hukm*; حكم) verweisen auf die Wichtigkeit von »Urteils- und Entschlusskraft« als Bildungsziele oberster Kategorie. In diesem Zusammenhang kann angesichts der Komplexität dieses Themas nur auf die Literatur verwiesen werden.[4] Kurz gefasst geht es beim Begriffsfeld der religiösen Intelligenz um folgende Dinge:

3 Zur Frage des Gottvertrauens siehe *H.-J. Fraas,* Religiöse Erziehung und Sozialisation im Kindesalter, Göttingen [3]1978, S. 47–87.
4 Vgl. *H.H. Behr,* Islamische Bildungslehre, Garching 1998, S. 161ff.

- Die Kinder sollen zu einer Haltung der aufmerksamen Wahrnehmung der Welt (Koran 25:73), einem geschulten Gewissen (2:256) und zu Ausdrucks- und Kooperationsfähigkeit (42:38) erzogen werden.
- In diesem Zusammenhang ist eine frühe – dezidiert religiöse! – Bildungsanregung nötig, damit die entsprechend zugrunde liegenden Faktoren religiöser Intelligenz nicht verkümmern. Wenn für gewisse Bevölkerungsteile immer wieder hartnäckig das Argument einer *besonderen*, latenten und vorgeblich kulturell bedingten »Bildungsferne« ins Feld geführt wird, dann darf im Gegenzug, was Religion als gesamtgesellschaftliches Kulturgut angeht, wohl von einem *allgemeinen* Bildungsrückstand gesprochen werden. Religion als solche gehört darum offensiver auf die Agenda aller Bildungspläne.

Die Entfaltung der persönlichen Religiosität geschieht selbstorganisiert, in Stadien und domänenspezifisch

Die Frage, ob es eine besondere *religiöse Theorie der Sozialisation* geben kann neben der allgemeinen Theorie der *religiösen Sozialisation*, wurde für den Koran von einigen muslimischen Autoren positiv beantwortet: Mit Bezug auf die prophetische Gestalt Abrahams wurden dazu Stufen der religiösen Entwicklung entworfen,[5] vergleichbar den Stufentheorien eines Fritz Oser oder eines James Fowler.[6] Bei diesem Vorgehen geraten natürlich die Aspekte der induktiven, kontemplativen Gotterkenntnis in den Vordergrund, aber auch die Entfaltung von Glaubensgewissheit über das Lieben und Geliebtwerden. In diesem Zusammenhang wurde auch immer wieder auf die islamische Variante der *anima* hingewiesen, der natürlichen Disposition dazu, glauben zu können und glauben zu wollen (*fitra*; فطرة; vgl. im Koran 30:30).

- Religiöses Lernen geschieht in vielfältigem Bezug zu Handlungsfeldern des Kindes, denen es Bedeutung zumisst (»Domänen«). Es geht also nicht um einen »Sonderweg Religion«, denn religiöse Sozialisation ist keine Sondersozialisation neben der »normalen«. Mithin ist die Reduktion der Begegnung mit dem Islam auf ein Gläschen türkischen Tee nachgerade kontraproduktiv; es geht um den selbstorganisierten Aufbau eines individuellen Verstehens von Religion im täglichen Wechselspiel zwischen Selbst- und Fremdverstehen – unter *Normalitätsparadigmen* also.

Im Zentrum des Islams als Bildungsgang steht eine Achse nicht verhandelbarer Werthaltungen

In jüngerer Zeit wurde versucht, als Werthaltungen zu formulieren, was den Kern der Werteaxiomatik (siehe oben unter 2.2 die 5. theologische These) im Islam darstellt und was somit als konstitutiv für jedes Curriculumdesign in Sachen Islamun-

5 Vgl. ebd., S. 211ff.

6 Vgl. *F. Oser/R. Fatke/O. Höffe*, Transformation und Entwicklung. Grundlagen der Moralerziehung, Frankfurt am Main 1985.

terricht gelten darf.[7] Das spielt darum auch für die didaktische Analyse von Islamunterricht (Sach- und Situationsanalyse) und für die Zumessung des didaktischen Werts eines exemplarischen Lehrstoffs eine herausragende Rolle. Da es im Islam weniger um kategoriale Lehrsätze geht, sondern mehr um Konkretisierung in der jeweiligen Lebenssituation, wird hier der Begriff »Werthaltung« gegenüber dem Begriff »Werte« der Vorzug gegeben; im Mittelpunkt stehen dabei die eingangs zu diesem Artikel genannten Werthaltungen.

- Sogenannte »Werte«, wie sie in vielen Diskursen angerufen werden, müssen auf zwei Ebenen kritisch befragt werden: Inwieweit entspringen sie einem unreflektierten »bürgerlichen Konsens«, die grundrechtlich geschützten Bereiche religiöser Entfaltung quasi durch die Hintertür scheinbarer Verfassungswirklichkeit zu beschneiden,[8] und inwieweit ist, was einen Wert darstellen soll, tatsächlich als »Werthaltung« so operationalisierbar, dass es im Verhalten sichtbar wird? Dazu gehört eine neue Diskurskultur, bei der geklärt ist, dass Werte erst durch ihre Universalität zu solchen werden. Wenn also von »christlichen«, »abendländischen« oder »islamischen« Werten geredet wird, ist Vorsicht geboten; ihre exklusivistische Inbesitznahme ist in der Lage, sie ersatzlos zu demontieren.
- Für diejenigen Werthaltungen, bei denen geklärt ist, dass sie nicht verhandelbar sind, gilt dann für die Erziehung: zeigen, erklären, einüben, einfordern.

3.2 *Wirklichkeitsaussagen: religiöse Bildung im Kontext des Islams als religiöser Gegenwartskultur in Deutschland*

Es sollte im Blick behalten werden, dass sich die beiden maßgeblichen Schriftquellen des Islams, Koran und Prophetenwort, an Erwachsene und nicht an Kinder richten. Wenn also von »früher Kindheit«, »Schulkindheit« oder »Jugend« die Rede ist, sind das aus islamisch-theologischer Sicht Konstruktionen. Die haben sich in den vom Islam geprägten Kulturgeschichten verschiedener geografischer Räume in unterschiedliche Richtungen entwickelt. Das kann im Kontext von kultureller Heterogenitätserfahrung besonders dann eine Rolle spielen, wenn es zur Konkurrenz zwischen sozialen Rollenerwartungen kommt, die aus unterschiedlichen kulturellen Sphären heraus an das Kind herangetragen werden. Klingt wie eine Binsenweisheit, aber gerade in religiösen Kontexten muss immer wieder auf die Gefahren einer Romantisierung von Kindheit hingewiesen werden, zumal wenn das auch noch mit einer idealisierten Sicht auf die Frau als Ehefrau und Mutter verquickt wird.

Dabei lassen sich, neben einer zunehmend gelingenden Integration muslimischer Mitbürgerinnen und Mitbürger, auch wieder verstärkt rückwärts gewandte Tendenzen beobachten: Der Islam wird von Muslimen restriktiv ausgelegt, hart am Rand

7 Vgl. *H.H. Behr,* Curriculum Islamunterricht, Bayreuth 2005, S. 425–479.

8 Vgl. *Th. Kreuder (Hrsg.),* Der orientierungslose Leviathan, Marburg 1992.

einer faschistischen Ideologie anstatt einer zivilen Religion. Revivalistische und neo-salafitische Bewegungen können für die Erziehungsarbeit eine erhebliche Störkulisse darstellen, wie beispielsweise in Bosnien gut zu beobachten ist. Folglich wird der Islam als religiöse Gegenwartskultur in Deutschland eher als Problemursache und weniger als Problemlösung gesehen – dies zunehmend auch im Kontext Deutschlands als politischer und wirtschaftlicher Risikogesellschaft: Da gilt Migration als Hindernis und nicht als Chance für vertikale Mobilität. Deshalb wird gegenwärtig intensiver als früher über Bildungsziele nachgedacht, die hier gegensteuern, wobei der Islamische Religionsunterricht (IRU) weit oben auf der Agenda steht, nicht zuletzt in seinen kompensatorischen Funktionen. Deshalb an dieser Stelle ein kurzer Blick darauf.[9]

Beim IRU geht es um ein schulisches Unterrichtsfach mit Verfassungsrang gemäß Artikel 7.3 des Deutschen Grundgesetzes: ein Unterricht in deutscher Sprache, auf der Grundlage eines Curriculums, gehalten von dafür ausgebildeten Lehrkräften, mit Platz in der Vormittagsstundentafel, mit Leistungsfeststellung, Leistungserhebung und Ziffernnote. Der Unterricht hat sowohl *kundliche* als auch *verkündende* Elemente und versteht sich als erziehender Unterricht. Zum Fachprofil ein paar Einzelheiten:

Der Islamische Religionsunterricht zielt darauf ab, heranwachsende Muslime in Deutschland zur konstruktiven gesellschaftlichen Partizipation im Sinne eines zivilgesellschaftlichen Engagements in denjenigen Bereichen zu befähigen, die dem Islam als religiöse Lebensweise im engeren Sinne zuzurechnen sind. Er soll

- Fragen lebendig und Erkenntniswege offen halten,
- bei der Entfaltung der persönlichen Glaubenswelten helfen,
- durch Information und durch den Erlebnisbezug einen individuellen Zugang zum Islam ermöglichen
- und schließlich dazu befähigen, sich frei, aber in persönlicher Verantwortbarkeit zum Islam als Religion und Lebensweise zu positionieren
- sowie kultursprachlich angemessen und verständlich darüber Auskunft zu erteilen.

3.3 Beobachtungen: Spannungsfelder und Horizonte

Hier können nur einige der Fragen angerissen werden, die eigentlich einer längerfristigen bildungstheoretischen Bearbeitung bedürfen. Dabei ist, ganz im Sinne einer rationalistischen islamischen Theologie, den empirisch fassbaren Wirklichkeitsaspekten der Vorrang einzuräumen. In diesem Zusammenhang einige zentrale For-

9 Ausführlicher *H.H. Behr*, Ein ordentliches Fach? Neue Wegmarken für den islamischen Religionsunterricht. In: Herderkorrespondenz 61 (2007) 6, S. 298 – 303.

derungen, wie sie aus der Sicht einer islamisch inspirierten Bildungsphilosophie formuliert werden können:

1. *Verlustängste und Entfremdungserfahrung überwinden*
   Muslimische Eltern sehen sich, was die religiöse Erziehung ihrer Kinder angeht, in ein vielfältiges Spannungsgefüge gestellt. Zum einen formulieren sie erhebliche Verlustängste: Sie sehen, wie sich die Tochter oder der Sohn in Menschen verwandeln, die eine andere Sprache sprechen und eine andere Lebenskultur pflegen. Muslimische Eltern und Kinder drohen sich da in zunehmender Entfremdung gegenüberstehen, was die üblichen entwicklungsbedingten Anforderungen an den Umgang mit Ambiguitäten überschreitet. Diese Eltern adressieren an öffentliche Einrichtung der Erziehung und des Unterrichts durchaus den Wunsch, dass hier auf religiöse und kulturelle Besonderheiten mehr Rücksicht genommen wird. Ein Gutteil der muslimischen Eltern formuliert dabei auch die Erwartung, dass beispielsweise ein islamischer Religionsunterricht an der öffentlichen Schule helfen soll, die häuslichen Defizite in der religiösen Erziehung auszugleichen.
2. *Den Bildungsgang gemeinsam gestalten*
   Man begegnet im Bezugsfeld Islam und Bildung auch Eltern, die lapidar formulieren: »Wir wollen nur, dass es unseren Kindern besser geht als uns.« In diesem Sinne erhoffen sie sich von einem dezidiert religiösen Angebot weniger die Erziehung zum Glauben als vielmehr die Schulung von Haltungen, die auch einen Erfolg in versetzungsrelevanten Leistungsbereichen wie Deutsch, Mathematik oder Englisch mit sich bringen. Dabei geht es darum, die Kinder in Schlüsselkompetenzen wie Unwägbarkeitstoleranz oder Erfolgsmotivation in einer Art zu schulen, die über die Anbindung an religiös begründete Motive Nachhaltigkeit gewährleisten soll. Die Grundlagen dafür sollen bereits in der Elementarerziehung geschaffen werden.
3. *Die Moderation zwischen vielfältigen Rollenerwartungen und Loyalitäten schulen*
   Muslimische Schülerinnen und Schüler verweisen in Gesprächen auf Problemhorizonte, die sich so anformulieren lassen: Die Alten verstehen uns nicht, wir Jüngeren haben eine andere Art, auf das Leben zu blicken… Zusammengefasst: Die Probleme liegen oft in der Komplexität des mitmenschlichen Umgangs im sozialen Nahbereich. Dort kann es schwer fallen, zwischen divergierenden Rollenerwartungen zu moderieren; die Divergenzen verschärfen sich durch die Überschreitung kulturräumlicher Grenzen. Hinzu tritt die Herausforderung, innere Konflikte zwischen pluralen Loyalitäten auszuhalten, auszugleichen und dabei Identität herzustellen. Wenn dann mit der Moschee eine weitere Erziehungsagentur auf den Plan tritt, die nach ihren eigenen Gesetzmäßigkeiten funktioniert, kommt es darauf an: Kinder, die eine bestimmte Schwelle an sozialen und kognitiven Kompetenzen erreicht haben, werden dadurch in positiver Weise angeregt und gefördert, was sich am wohlwollenden Feedback zum Koranunterricht vonseiten der Klassenleitung oder der Eltern messen lässt. Kinder hinge-

gen, die eine solche Schwelle unterschreiten und insgesamt sowieso schon größere Schwierigkeiten haben, können durch den Moscheeunterricht vollends in die Zwickmühle geraten – nicht weil das ein schlechter Unterricht sein muss, sondern weil er unbeabsichtigterweise einfach nur das Fass zum Überlaufen bringt. Empirische Studien zeigen jedenfalls, dass sich keine Korrelation zwischen Schulleistung und Koranunterricht nachweisen lässt.

4. *Eine Kultur des ideologiefreien Gesprächs pflegen*
   Der stete Elternkontakt ist maßgeblich – gerade in denjenigen Fällen, in denen sich aus der Sicht der Erzieherin oder des Erziehers ein erhöhter Beobachtungsbedarf empfiehlt. Focus der Elternkontakte muss sein, miteinander zu vereinbaren, was man für die Zeit, in der sich ein Kind in der Tagesstätte aufhält, an Bildungs- und Erziehungszielen erreichen möchte. Hier darf der Anspruch verteidigt werden, dass die Kita keine Aufbewahrungsanstalt ist. Eltern sollen hier ermutigt werden, auch mit Blick auf den Islam als ihre gelebte Kultur klare Erwartungen zu formulieren. In der Rolle als Erzieherin und Erzieher hingegen muss stets kritisch überprüfbar bleiben, was als »islamisch« notwendig oder gerechtfertigt angetragen wird. Hier kann es notwendig sein, sich von stereotypen Wahrnehmungsmustern zu lösen: Die *mit* Kopftuch kann eine liberale Humanistin sein, die *ohne* eine fundamentalistische Kemalistin. Zwischen Anti-Islam-Reflex, Religionskritik und Glaubensfeindlichkeit gibt es mehr als das bloße »Islam vs. Moderne«.
5. *Eine Kultur des Zutrauens aufbauen*
   Für die Erziehungsarbeit mit Muslimen korreliert das islamisch-theologische Axiom eines positiven, optimistischen Menschenbilds; das wurde oben im Zusammenhang mit der theologischen Analyse dargestellt. Hier geht es darum, die Kinder zu einem sicheren Zutrauen darin zu führen, dass sie als Personen in ihrem So-Sein wertvoll sind und dass sie etwas schaffen können. Dazu benötigen sie Bewährungsräume mit realen Verantwortungsbereichen im Kleinen – es geht um Wirklichkeit als Wirksamkeitserfahrung.
6. *Eine Kultur des Religiösen pflegen*
   Religion muss mit gewisser Beharrlichkeit zum Thema gemacht werden, und zwar im Sinne des Redens über numinose Erlebniswelten, des Erlebens von Religionen als vielfältige Lebensweisen, des Mitmachens und Miterfahrens von Ritus und religiöser Feier. Hier müssen mehr originale Begegnungen arrangiert werden.
7. *Eine Kultur positiver Heterogenitätserfahrung schaffen*
   Die gruppenbezogene Identität mit der jeweiligen Kita-Gruppe, der Kindergartengruppe, dem Kollektiv der Gruppen bis hinauf ins Schulleben muss gefördert werden (dieser Solidargemeinschaftsaspekt wurde weiter oben theologisch begründet). Kernaspekt dieser Identität muss eine positive Heterogenitätserfahrung als Normalerfahrung sein, und zwar auf der Grundlage unverhandelbarer Werthaltungen. Dazu gehört die Freiheit und Gleichwertigkeit positiver religiöser Bekenntnisse – unbeschadet des subjektiven Rechts auch des Kindes auf Zu-

rückhaltung in religiösen Fragen. Gerade deshalb sollten Formen muslimisch-religiöser Lebensweltphänomene (Riten, Feiern, Sozialverhalten) stärker berücksichtigt werden, da eine Sozialisation im Kontext negativer Heterogenitätserfahrung im Verlauf krisenhafter Moratorien zu Prozessen der sozialen Segregation führen wird.

8. *Eine Kultur der Achtsamkeit einüben*
Kinder sollen zu einem achtsamen Umgang untereinander, mit sich selbst und mit der natürlichen und materialen Umwelt erzogen werden – es gibt aus Sicht des Islams keine »unbelebte« Welt. Das bedeutet auch eine potenzielle Inpflichtnahme gegenüber dem vermeintlich Kleinen oder Minderwertigen. Insbesondere der islamisch-theologische Aspekt des »Ichs im Du« legt eine frühzeitige Schulung der Empathiefähigkeit nahe – und zwar auch dann, wenn sie, z.B. durch Streit, auf die Probe gestellt wird. In diesem Zusammenhang ist besonderes Augenmerk darauf zu legen, diejenigen Kompetenzen zu schulen, die bei der Konfliktbewältigung helfen: nicht nur sehen und hören, sondern *hin*sehen und *zu*hören, die Dinge denkend durchdringen, in der Rückschau das eigene Verhalten beschreiben und bewerten, Emotionen versprachlichen, rechtzeitig Rat und Hilfe suchen.

9. *Die Ausdrucksfähigkeit schulen*
Das betrifft das wahrgenommene Prestige von Bildungsgütern: Deutsch ist nicht zu sehen als »die Kultursprache der Mehrheitsgesellschaft«, sondern zunächst als Kontakt- und Verkehrssprache. Das würde ja auch für den Stellenwert deutscher Mundart neben dem Schrift- und Hochdeutschen in der Früherziehung gelten. Einerseits muss selbstredend die Geläufigkeit im Standarddeutschen eingeübt werden, sofern die Kinder über eine zweite oder dritte Kontaktsprache verfügen. Aber dies ohne jeden Kulturchauvinismus: Mehrsprachigkeit ist zuerst als Bildungsvorteil zu sehen – das gilt auch für Türkinnen und Türken. Nur so kann auch die religiöse Ausdrucksfähigkeit grundgelegt werden, ohne dass sie durch Stigmatisierungsprozesse zu einem stereotypen Sonder-Register verkommt.

Zusätzliche Literatur

H. Aebli, Zwölf Grundformen des Lernens, Stuttgart [6]1991.

H.H. Behr, Grundriss islamisch-theologischen Denkens in der Bundesrepublik Deutschland. In: Ders./A. Rochdi/E. Rochdi (Hrsg.), Zeitschrift für die Religionslehre des Islam 1(2007) 1. S. 2ff.

H. D. Haller/D. Lenzen, Wissenschaft im Reformprozess. Fortgesetzte Schwierigkeiten beim Anstoß zur Selbstreflexion. In: Dies. (Hrsg.), Jahrbuch für Erziehungswissenschaft 1977/1978. Wissenschaft im Reformprozess. Aufklärung oder Alibi? Stuttgart 1977, S. 7–19.

I. Ibn Jamāᶜa, [تذكرة السامع و المتكلم في أدب العالم و المتعلم] The memoir of the listener and the speaker in the training of teacher and student (reprint), Islamabad 1991.

L. Koch/G. Schorch (Hrsg.), Erziehender Unterricht. Eine Problemformel, Bad Heilbrunn 2004.

S. Pfeiffer, Philosophische Horizonte von Kinderfragen. In: A. Kaiser/Ch. Röhner (Hrsg.): Kinder im 21. Jahrhundert. Münster 2000, S. 141–150. http://www.izir.de

Renate Thiersch

Muslimische Kinder – Herausforderung und Chance für Kindertagesstätten

1. Muslimische Kinder in Kindertagesstätten

Schon seit den 60er Jahren besuchen muslimische Kinder deutsche Kindertagesstätten, seit mehr als 40 Jahren wird dort das Miteinander-Leben praktiziert. – Aber vielleicht sollte ich eher sagen: Erst seit den 60er Jahren, denn offenbar sind 40 Jahre eine kurze Zeit für die Gewöhnung an das alltägliche Zusammenleben von Christen und Muslimen. In Deutschland haben wir nämlich eigentlich keine Tradition dafür; und auch die meisten Muslime, die nach Deutschland gekommen sind, hatten in ihren Herkunftsländern keine Erfahrung damit. Die politischen Entwicklungen der letzten Jahre – der 11. September mit seinen Folgen und die Situation im Vorderen Orient – haben das Zusammenleben nicht leichter gemacht.
Wie geht es muslimischen Kindern in deutschen Kindertagesstätten? Und was bedeutet die Tatsache, dass muslimische Kinder in Kindergärten[1] gehen, die von unserer christlich-abendländischen Pädagogik geprägt sind?

Über muslimische Kinder in Kindertagesstätten haben wir bisher kaum Daten; sie sind eine Teilmenge der Migranten, die nach unterschiedlichen Gesichtspunkten gezählt werden. Häufig werden in Diskussionen muslimische Kinder und Migrantenkinder gleichgesetzt. Aber wenn auch muslimische Kinder in der Regel einen Migrationshintergrund[2] haben, sind natürlich nicht alle Migrantenkinder Muslime. – Über Migrantenkinder wurde und wird in der deutschen Kindergartenpädagogik intensiv diskutiert, seit Längerem werden Projekte zur pädagogischen Arbeit mit Kindern aus verschiedenen Kulturen und auch zur Elternzusammenarbeit entwickelt, Sprachförderprojekte richten sich überwiegend an Kinder aus Migrantenfamilien. Projekte zur interkulturellen Arbeit sind selbstverständlicher Bestandteil der neueren Kindergartenarbeit und richten sich natürlich auch an muslimische Kinder, konzentrieren sich aber auf die Aspekte, die aus der Lebenssituation als Kinder mit Migrationshintergrund resultieren und die allen diesen Kindern gemeinsam sind.

1 Ich werde für die Vielfalt der Einrichtungsformen in der Kindertagesbetreuung im Folgenden die Begriffe Kindertagesstätten und Kindergarten nebeneinander verwenden. Eine differenzierte Beschreibung der verschiedenen Einrichtungstypen findet sich z.B. in *R. Thiersch*, Kindertagesbetreuung. In: *H.-U. Otto/H. Thiersch (Hrsg.),* Handbuch der Sozialarbeit/Sozialpädagogik, ^{3}München 2005, S. 964 – 984. Wenn eine besondere Einrichtungsform gemeint ist, wird das jeweils angemerkt.

2 Ich vernachlässige hier die Zahl der Kinder von einheimischen, d.h. konvertierten Muslimen, die gegenüber der Zahl der muslimischen Kinder mit Migrationshintergrund recht gering ist.

In der interkulturellen Arbeit geht es um den Umgang mit Fremdem und um kulturelle Differenzen ebenso wie um die gezielte Förderung der Kinder unter Berücksichtigung ihrer Stärken. Allerdings werden in den Diskussionen über Probleme der Migrantenkinder und über die pädagogischen Aufgaben ganz allgemein die kulturellen und ethnischen Aspekte überbetont und die sozialen Aspekte vernachlässigt. Es geht also, wie z.B. Franz Hamburger und seine Arbeitsgruppe[3] immer wieder betonen, viel zu wenig um die Lebenslagen der Familien, um Deprivation und Ausgrenzung, um Unterschichtung und sozialen Abstieg und um oft rechtlich, politisch und sozial unsichere und »prekäre« Lebensbedingungen der Migranten. Diese Überbetonung des Ethnischen führt immer wieder zu Vorurteilen und Fehleinschätzungen, die die pädagogische Arbeit negativ beeinflussen. Der Hinweis auf diese Einseitigkeit aber darf nicht übersehen lassen, dass es kulturelle Unterschiede gibt und dass dabei die Religion und die Weltanschauung der unterschiedlichen Migrantengruppen zu wenig thematisiert werden. Vor diesem Hintergrund erscheint es notwendig, die Situation von muslimischen Kindern und ihren Familien in deutschen Kindertagesstätten genauer zu reflektieren.

Natürlich teilen Muslime die Merkmale der Lebenssituation von Migranten in Deutschland – das Leben mit mehreren Sprachen bei oft geringer Sprachkompetenz im Deutschen, die Erfahrung von kulturellen Differenzen, eine offene und oft unsichere Lebensplanung. Gläubige Muslime leben darüber hinaus in unserer Gesellschaft in einer besonderen Situation. Diese wurde im Bereich der Kindergartenpädagogik – wenn überhaupt – erst in der letzten Zeit deutlicher wahrgenommen, und zwar vor allem im Kontext von interreligiösen Dialogen in kirchlichen Einrichtungen. Zu dieser Wahrnehmung trägt auch bei, dass muslimische Familien gegenwärtig ihre Bedürfnisse deutlicher als früher äußern und dass sich zunehmend junge Leute zum Islam bekennen und ihre Lebensform nach außen sichtbar machen, wie die »neuen« Muslimas, die Kopftuch und bedeckende Kleidung tragen, aber selbstverständlich am modernen Leben teilnehmen. Sie möchten wahrgenommen werden und ihren islamischen Glauben zeigen; eine junge Muslima formulierte: »Ich möchte nicht (unsichtbar) sein wie der Zucker im Tee, sondern (sichtbar) wie die Milch im Kaffee«[4].

Ich werde mich im Folgenden mit der Frage beschäftigen, welche Probleme und Aufgaben sich im Umgang mit den Kindern für die Erzieherinnen in den Kindertagesstätten ergeben. Die Lebensweise, die Gebote und der Glaube der Muslime sind für viele Erzieherinnen, aber auch für andere Eltern und Kinder oft fremd. Natürlich sind auch die Träger tangiert, die Kommunen, Kirchen und anderen freien Träger. –

3 Vgl. *F. Hamburger*, Migration. In: *H.-U. Otto/H. Thiersch (Hrsg.)*, Handbuch der Sozialarbeit/Sozialpädagogik, München [3]2005, S. 1211–1222, und *T. Badawia/F. Hamburger/M. Hummrich* (Hrsg.), Wider die Ethnisierung einer Generation, Frankfurt 2003. Ähnlich argumentiert auch der Zwölfte Kinder- und Jugendbericht, hrsg. vom BMFSFJ, Berlin 2006.

4 *M. Lieb/J. Sachs*, Islamische Kindergarten in Deutschland – ein neuer Weg zur Integration? Diplomarbeit, Tübingen 2002, S. 15; vgl. auch *M. Lieb/J. Sachs*, Islamische Kindergärten in Deutschland. In: TPS 5 (2003).

Welche Herausforderungen stellen sich? Was erleben und erfahren die Kinder? Welche Erwartungen, Ängste und Befürchtungen haben die Erzieherinnen, welche die einheimischen, die christlichen und die weltlichen Eltern? Und welche Erwartungen und Befürchtungen haben die muslimischen Familien? Aus dem Zusammenleben von muslimischen, christlichen und weltlichen Kindern und ihren Familien ergeben sich, so wird zu zeigen sein, Herausforderungen und Chancen für alle Beteiligten in den Kindertagesstätten.

Ich werde die Situation aus der Sicht der Erziehungswissenschaftlerin beschreiben und dabei pragmatisch und phänomenologisch vorgehen. Zunächst werde ich in drei Fallvignetten versuchen, die Vielfalt muslimischer Familien in deutschen Kindergärten sichtbar zu machen. – Grundlage dafür sind Interviews mit Erzieherinnen und Eltern aus dem süddeutschen Raum sowie Erfahrungen aus dem Projekt »Interkultureller Kindergarten Eugenstraße«[5] in Tübingen, das ich in den letzten Jahren wissenschaftlich begleitet habe.

In einem zweiten Zugang werde ich den Umgang mit muslimischen Kindern und ihren Familien in den weiteren Kontext der pädagogischen Arbeit in Kindertageseinrichtungen stellen. Die Kindertagesstätte als erste außerfamiliale Erziehungseinrichtung im Lebenslauf eines Kindes hat besondere Bedeutung; ihre Arbeitsweise und Funktion skizziere ich kurz, bevor ich auf die Themen eingehe, die für unseren Zusammenhang zentral sind. An konkreten Beispielen werde ich beschreiben, wie Erzieherinnen in Kindertagesstätten auf gläubige muslimische Familien eingehen und wie sie etwa mit Speise- und Kleidungsgeboten, die das Alltagsleben in der Kindertagestätte betreffen oder mit muslimischen Festen umgehen. Ich werde also die pragmatische Bewältigung der Anforderungen, die sich mit den islamischen Geboten für die Kindergärten stellen, in den Mittelpunkt meiner Überlegungen stellen. Weiter erscheint mir wichtig, auf die Erwartungen und Befürchtungen einzugehen, die muslimische Familien beim Kindergartenbesuch ihrer Kinder haben, und schließlich möchte ich allgemeiner den Umgang mit Verschiedenheit und die Herausforderungen thematisieren, die der Islam mit seinen so anderen Glaubens- und Lebensformen für viele einheimische Erzieherinnen bedeutet.

2. Muslimische Familien – drei Fallvignetten

Muslimische Familien in Deutschland sind mindestens so vielfältig wie deutsche Familien. Sie gehören unterschiedlichen islamischen Richtungen an, sie kommen aus sehr verschiedenen Ländern, sie leben hier unter sehr unterschiedlichen Bedin-

5 *R. Thiersch*, Projekt »Interkultureller Kindergarten Eugenstraße« – Abschlussbericht der Wissenschaftlichen Begleitung, http://www.tuebingen.de/ratsdokumente/2006_79.pdf (02.05.07), vgl. dazu auch *M. Lotz*, Erwerb der Zweitsprache Deutsch von Migrantenkindern im Kindergarten. Eine empirische Fallstudie. Diplomarbeit, Tübingen 2006 und *F. Genç*, Erziehungsvorstellungen von Migrantenfamilien aus der Türkei. Magisterarbeit Tübingen 2006.

gungen und praktizieren ihren Glauben auf sehr unterschiedliche Weise. Dem allen kann ich hier nicht Rechnung tragen, ich konzentriere mich auf drei Beispiele.

- *Zeynep A. (5):* Zeynep geht jetzt in einen kirchlichen Kindergarten, denn ihre Eltern finden, dass sie mit deutschen Kindern gemeinsam aufwachsen soll. Wichtig ist der Familie, dass die Kinder gut deutsch lernen und gute Bildungschancen haben. Ihr Bruder wird jetzt nach der Grundschule aufs Gymnasium wechseln. Zeynep war anfangs in einem anderen Kindergarten, der sehr unsensibel für die Belange von Migranten und besonders für die der Muslime war. Die Eltern haben bald erkannt, dass sich ihre Tochter in diesem Kindergarten nicht wohl fühlt und haben einen anderen gesucht. – Herr und Frau A. sind als Kinder mit ihren Eltern aus der Türkei gekommen. Herr A. ist Angestellter in einer größeren Firma; die Familie hat sich in Deutschland eine sichere Existenz aufgebaut. Familie A. hat enge Beziehungen zu ihren Familienangehörigen in der Türkei und in Deutschland und zu anderen türkischen Familien hier, sie hat auch Kontakt zu einigen deutschen Bekannten aus der Firma und der Nachbarschaft. – Die Religion ist für die Eltern nicht besonders wichtig; sie essen kein Schweinefleisch und feiern die großen islamischen Feste, so wie sie auch manche Bräuche aus ihrem Heimatland beibehalten haben. Sie feiern aber auch deutsche Feste.
- *Ömer B. (4):* Ömer und seine beiden älteren Brüder gehen ganztags in eine städtische Kita. Herr B. ist in Deutschland aufgewachsen, seine Eltern sind als junge Leute aus der Türkei gekommen. Frau B. ist als Jugendliche als Flüchtling aus dem Libanon nach Deutschland gekommen. Die Eltern sprechen untereinander deutsch, sie sprechen es aber wegen ihrer unzureichenden Schulbildung nicht gut und können deutsch auch nicht gut lesen. Ihre eigenen Familiensprachen (Türkisch und Arabisch) können Herr und Frau B. nicht mehr gut. Die materielle Lage von Familie B. war immer wieder prekär, weil Herr B. gering qualifiziert und gesundheitlich belastet ist und bereits mehrmals seinen Arbeitsplatz gewechselt hat. Frau B. arbeitet seit fast zwei Jahren in einer Großküche. – Die Kinder werden nach den Regeln und Geboten des Islams erzogen, die Eltern sind aber der Meinung, dass das eine Sache der Familie ist. Frau B. trägt seit einigen Jahren das Kopftuch, obwohl es in ihrer Herkunftsfamilie nicht üblich war. Auch Familie B. lebt im Kontakt mit anderen türkisch-muslimischen Familien, ihre Kontakte zu deutschen Familien beziehen sich vor allem auf diejenigen, die sie aus dem Kindergarten kennen. Familie B. ist zufrieden, wenn die Kinder in der Kita die religiösen Gebote nicht verletzen und wenn sie die Chance haben, später einen ordentlichen Beruf zu finden. Im Übrigen finden Herr und Frau B., dass es für muslimische Familien in Deutschland mit Söhnen leichter ist als mit Töchtern.
- *Fatima (5) und Zaide (3) C.*: Fatima und Zaide gehen in ein städtisches Kinderhaus, sie sind dort nur vormittags. Ihr kleiner Bruder ist bei der Mutter zu Hause. Herr C. ist in Deutschland aufgewachsen, er hat einen Realschulabschluss und eine Ausbildung gemacht und ist gegenwärtig Angestellter einer kleinen

Firma. Er hat sich bewusst für die Heirat mit einer Frau aus seinem Heimatland Marokko entschieden, weil er eine streng religiöse Familie wollte. Frau C. hat in Deutschland erhebliche Sprachprobleme. Familie C. lebt streng nach den Geboten des Islams und erzieht ihre Kinder sehr religiös. Für sie sind die westlichen Werte nicht gut, zum Teil auch gefährlich. Herr C. sagt im Interview, dass er die Art, wie Kinder hier in Deutschland aufwachsen, nicht richtig fände. Sie hätten viel zu viele Freiheiten, und das führe doch nur zu Frechheit gegenüber den Eltern und der Familie und zu Drogen und Kriminalität. Für ihn steht fest, dass Kinder die Religion brauchen, damit sie wissen, was richtig ist.[6] – Bildung und Erfolg in Deutschland sind für sie keine erstrebenswerten Ziele, ihnen geht es vorrangig um die religiöse Integrität, denn die Kinder sollen »gute Menschen« werden und sicher im Glauben, das ist für sie am Wichtigsten. Die Erfahrungen, die ihre Kinder im Kinderhaus machen, nehmen sie nicht so wichtig, obwohl sie im Prinzip damit zufrieden sind. Sie glauben, dass sie eines Tages wieder nach Marokko zurückgehen werden, weil sie nicht auf Dauer in einem westlich-weltlichen Land wohnen wollen, auch wegen ihrer Töchter.

Ich habe hier drei unterschiedliche Familien skizziert: eine weltliche, auf Bildung und das erfolgreiche Leben in Deutschland ausgerichtete, eine arme Familie, die das Leben hier pragmatisch bewältigen und mit dem islamischen Glauben vereinbaren will und eine streng religiöse, auf Distanz zum westlichen Leben bedachte Familie. – Die Konstellationen sind aus einer Vielzahl von Lebensgeschichten herausgegriffen, sie werden aber helfen, unsere Überlegungen zur Situation muslimischer Kinder in Kindertagesstätten zu konkretisieren. Ich komme später auf diese Geschichten zurück. Zunächst soll aber allgemein betrachtet werden, wie die Kindertagesstätten mit den Unterschieden in Bezug auf Kultur, Sprache, Hautfarbe und Religion umgehen.

3. Über den allgemeinen Umgang von Kindertagesstätten mit Verschiedenheit

Migrantenkinder werden einerseits ganz allgemein als Kinder betrachtet, die betreut, gebildet und erzogen werden müssen, andererseits als Kinder, deren Verschiedenheit respektiert werden muss. Ich betone diese beiden Gesichtspunkte, die die Perspektive der pädagogischen Arbeit bestimmen, um den Rahmen und den Ort der besonderen Aufgaben im Umgang mit der islamischen Lebensweise zu markieren – und um zu verdeutlichen, dass ich die religiösen Fragen nicht gleichsam verselbstständigt betrachten möchte.

Die pädagogische Arbeit in Kindertagesstätten steht unter der im KJHG formulierten Prämisse, dass jedes Kind ein Recht auf Bildung und Erziehung hat. Das

6 Vgl. *F. Genç*, a.a.O.

Gleichheitsgebot, das im Grundgesetz Artikel 3 formuliert ist, wird ergänzt durch die Religionsfreiheit, die in Artikel 4 bestimmt ist. Beides gilt für alle pädagogischen Einrichtungen; in Kindertagesstätten bemüht man sich, diesen Auftrag ernst zu nehmen.

Unter günstigen Bedingungen sind Kindertagesstätten, auf die Perspektive der Kinder bezogen, Lebensräume für Kinder, die ihnen ein für ihre gesamte Entwicklung förderliches Umfeld bieten, in dem sie mit anderen Kindern zusammen sind, spielen und wichtige Lernanregungen erfahren, begleitet von kompetenten und ihnen individuell zugewandten Erzieherinnen.[7]

Die Aufgaben von Kindertageseinrichtungen werden als Betreuung, Bildung und Erziehung beschrieben. Der Betreuungsaspekt, also die Realisierung familiengerechter Angebotsformen, darf angesichts der gegenwärtigen Diskussion um die Bildungsprozesse nicht vernachlässigt werden. Diese Bildungsprozesse bedeuten in ihren positiven Aspekten[8] – auch im Kontext der Bildungspläne –, dass individuelle Bildungsprozesse für die Kinder gestaltet werden, in denen ihre Selbstbildungsmöglichkeiten sich optimal entfalten und in denen tatsächlich alle Kinder sich entsprechend ihren Fähigkeiten, Neigungen und Möglichkeiten entwickeln können.[9]

Zielperspektive ist dabei die »Aneignung von Welt« und die Entwicklung von Kompetenzen, die den Kindern eine eigenständige Persönlichkeitsentwicklung und später die Teilhabe am gesellschaftlichen Leben ermöglichen. Basis dieser Bildungsprozesse ist Bindung bzw. Verbundenheit und Autonomie unter der Zielperspektive der Entwicklung von Eigenverantwortlichkeit und Gemeinschaftsfähigkeit. Dazu gehört auch die Aneignung von Werten und Religion und die Auseinandersetzung mit ihnen.

Damit sind Zielvorstellungen der gegenwärtigen Kindergartenpädagogik skizziert. Die Bildungs- und Erziehungsprozesse werden in den Kindertagesstätten in Lebensräumen realisiert, die die Erzieherinnen, also dafür qualifizierte Erwachsene, nach den Erkenntnissen der Fachdiskussion und nach der Tradition und dem Selbstverständnis der deutschen Kindergartenarbeit gestalten. Dabei haben Spiel und soziales Lernen einen hohen Stellenwert und Betreuung, Bildung und Erziehung sind eng miteinander verbunden. Diese enge Beziehung zwischen Betreuung, Bildung

7 Mir ist bewusst, dass damit vor allem pädagogische Orientierungen formuliert sind, die nicht unbedingt die pädagogische Realität abbilden. Aber auch wenn nicht alle Kindertagesstätten diese Ziele erreichen, so ist dadurch doch die pädagogische Praxis wesentlich beeinflusst.

8 Vgl. dazu auch *B. Eibeck*, Bildung, Bildung über alles? In: Kita aktuell BW 5 (2007), S. 3–6. – Auch wenn nicht alle Bildungspläne und ihre Realisierungen gelungen sind, und wenn es in der gegenwärtigen Bildungsentwicklung Verschulungstendenzen in Kindertagesstätten gibt, sehe ich die allgemeinen Entwicklungsperspektiven im Prinzip als positive Möglichkeiten, die Kinder ihren Möglichkeiten und Bedürfnissen entsprechend zu fördern. Ich werde auf unterschiedliche Konkretisierungen nicht eingehen.

9 Den Anspruch, wirklich alle Kinder und ihre Eltern zu erreichen, haben vor allem die »Early Excellence Centers« in Großbritannien formuliert (»Kein Kind darf verloren gehen!«). Vgl. dazu *S. Hebenstreit-Müller/A. Lepenies*, Early Excellence, Der positive Blick auf Kinder, Eltern und Erzieherinnen, Berlin 2007.

und Erziehung zeichnet die deutsche Kindergartenarbeit aus, wie in einer OECD-Studie[10] ausdrücklich gelobt wurde. Es gibt keine Trennung von Bildung einerseits in Form von Lehrgängen, die von Fachkräften durchgeführt werden, und »Betreuung« andererseits, die von gering qualifizierten Kräften geleistet wird und eher einer Aufbewahrung entspricht.

Die deutsche Kindergartenpädagogik zeichnet sich traditionell vor allem durch einen hohen Stellenwert des sozialen Lernens aus, das besonders im Situationsansatz betont wurde: Konfliktlösung, Umgang mit anderen, Toleranz und gegenseitige Anerkennung haben große Bedeutung, und diese repräsentieren ja im weiteren Sinne demokratische Orientierungen und Werte. Im Kindergartenalltag gibt es eine Reihe von Arbeitsformen, die dieses soziale Lernen unterstützen: die Kinderkonferenz, spezifische Formen der Reflexionen bei Streitigkeiten der Kinder untereinander[11], Vermeidung von Konkurrenzsituationen und von konkurrenzorientierter Bewertung des Verhaltens, durch das die Kinder gegeneinander ausgespielt werden. Auch die Bildungsprozesse im engeren Sinne werden als individuelle Aneignungsprozesse verstanden, nicht als Abarbeiten eines vorgegebenen Lehrplans. Dabei müssen, so wird in fast allen Bildungsplänen formuliert, die jeweiligen Lebensbedingungen der Kinder, ihre Persönlichkeit und ihre Lebenssituation berücksichtigt werden. Erzieherinnen haben zumindest das Ziel und den Selbstanspruch, dass sie die Kinder zu Solidarität, Konfliktfähigkeit, Selbstbewusstsein und Selbstständigkeit erziehen und dabei jedem einzelnen Kind gerecht werden. Das bedeutet auch eine enge Zusammenarbeit mit den Familien, die stärker als früher in die Reflexion der Bildungs- und Erziehungsarbeit im Kindergarten einbezogen werden (sollen). Dabei muss es auch um die Berücksichtigung der Orientierung der Familien gehen und damit also auch um die spezifischen Belange der muslimischen Familien.

Dass es dabei nicht darum geht, ohne Vorurteile und unabhängig von Nationalität, Kultur, sozialer Schicht, Religion oder Hautfarbe zu agieren, macht besonders das Projekt »Kinderwelten«[12] in Berlin deutlich, das seinen Ansatz als »anti-bias-approach« und seine Intention als »vorurteilsbewusste Pädagogik« beschreibt: Verschiedenheit wird bewusst wahrgenommen und nicht unter dem gut gemeinten: »Wir sind doch alle gleich und haben keine Vorurteile« abgewehrt. Die Erzieherinnen nehmen sich vor,

10 *OECD (Hrsg.),* Die Politik der frühkindlichen Betreuung, Bildung und Betreuung in der Bundesrepublik Deutschland . Ein Länderbericht der Organisation für wirtschaftliche Zusammenarbeit und Entwicklung (OECD). http://www.bmfsfj.de/bmfsfj/generator/RedaktionBMFSFJ/Pressestelle/Pdf-Anlagen/oecd-studie-kinderbetreuung,property=pdf.pdf (02.05.07).

11 Vgl. dazu z.B. *H. Colberg-Schrader/M. Krug/S. Pelzer*, Soziales Lernen im Kindergarten, München 1991; *M. Dörfler/G. Dittrich/K. Schneider*, Konflikte unter Kindern – ein Kinderspiel für Erwachsene? Weinheim 2002.

12 Vgl. *Ch. Preissing/P. Wagner (Hrsg.),* Kleine Kinder, keine Vorurteile? Interkulturelle und vorurteilsbewusste Arbeit in Kindertageseinrichtungen, Freiburg i. Br. 2003.

- die Familienkulturen aller Kinder sichtbar zu machen,
- Eltern und Kinder aktiver zu beteiligen und
- ihre entschiedene Position gegen Vorurteile und Diskriminierung deutlich zu machen.

Wichtig ist dabei, die eigenen Haltungen, Urteile und Vorurteile bewusst zu machen und in gemeinsamer Reflexion zu einem neuen, offenen, gemeinsamen Arbeitsprozess in der Kita zu kommen. Eng wird auch mit den Elternorganisationen zusammen gearbeitet. Die Religion spielt bei diesem Umgang mit Verschiedenheit durchaus eine Rolle, aber sie hat keinen besonderen Stellenwert. Es geht also um eine allgemeine Herausforderung, in der der Islam zwar thematisiert, aber eher als ein Merkmal von Verschiedenheit unter anderen gesehen wird.

Soweit zum allgemeinen pädagogischen Rahmen für den Umgang mit Verschiedenheit und damit auch zur Grundlage des Umgangs mit muslimischen Kindern und ihren Familien in den Kindertagesstätten. Eine solche Arbeit setzt bestimmte Kompetenzen bei den MitarbeiterInnen voraus, die durch Maßnahmen der Träger sichergestellt werden. Viele Träger treffen Vereinbarungen, die man als »Diversity Mainstreaming« bezeichnet. Mit diesem Begriff wird eine horizontale Erweiterung der Gleichstellung der Geschlechter zur Gleichstellung von differenten Lebenslagen allgemein bezeichnet. Kommunale Träger sind grundsätzlich zu weltanschaulicher und religiöser Neutralität verpflichtet, d.h., sie sind gehalten, andere, d.h. im Bereich der Kindertagesstätten die Kinder und deren Familien, nicht wegen ihrer Religion oder Weltanschauung diskriminierend zu behandeln. Die Mitarbeiterinnen in Kindertagesstätten werden (z.B. bei der Stadt Tübingen) in eigenen Leitlinien zu Diversity Mainstreaming verpflichtet, und im Leitbild der Stadt für die Kindertageseinrichtungen wird unter dem Stichwort »Vielfalt und Begegnung« formuliert: »Unsere Kindertageseinrichtungen fördern die Integration und wenden sich gegen Ausgrenzung. Sie setzen sich mit den unterschiedlichen Bedürfnissen der Kinder auseinander, die sich zum Beispiel durch [...] den kulturellen und sozialen Hintergrund und die individuellen Kompetenzen ergeben. Die Vielfalt wird als Potential begriffen, das in der pädagogischen Arbeit aufgegriffen wird.«[13]

In Bezug auf die religiöse Orientierung der Kinder und ihrer Familien sehen viele kommunale Einrichtungen ihre Aufgabe ebenfalls in einer Haltung der Neutralität. Viele Erzieherinnen in kommunalen Kindertageseinrichtungen sehen religiöse Erziehung – im Gegensatz zur Werteerziehung – nicht als ihre Aufgabe an. So zeigt auch die Untersuchung von Biesinger/Schweitzer/Edelbrock[14], dass kommunale Einrichtungen relativ weniger religiöse Erziehung und weniger interreligiöses Ler-

13 Leitbild der Kindertageseinrichtungen der Universitätsstadt Tübingen. 2005. http://www.tuebingen.de/ratsdokumente/2005_309.pdf (05.05.07). Ähnliche Vorgaben haben auch viele andere Städte entwickelt.

14 Vgl. oben, S. 19ff.

nen praktizieren als kirchliche Kindergärten. Zwar werden religiöse Feste begangen, aber in der Regel ohne Kirchenbesuch und ohne gemeinsame Gebete.

In kirchlichen Kindergärten dagegen gehört religiöse Erziehung zum Profil, die Einführung in den christlichen Glauben entsprechend der jeweiligen Konfession ist Teil der pädagogischen Konzeption von evangelischen und katholischen Kindergärten, ebenso wie Toleranz gegenüber anderen Religionen und Lebensformen. Beides gehört auch zu den Vorgaben in den Rahmenrichtlinien von kirchlichen Trägern. So sind kirchliche Kindergärten häufig besonders aufgeschlossen gegenüber anderen Religionen und pflegen den interreligiösen Dialog und das interreligiöse Lernen. Allerdings stellen kirchliche Kindergärten – im Gegensatz zu kommunalen – in der Regel keine muslimischen Erzieherinnen an.

4. Über den Umgang mit kulturellen und religiösen Differenzen in Bezug auf muslimische Kinder und ihre Familien

Diese Überlegungen zum Umgang mit Verschiedenheit in deutschen Kindergärten sollen nun konkretisiert werden in Bezug auf Praktiken, die in deutschen Kindergärten in der Arbeit mit muslimischen Kindern üblich sind. Hier sind es vor allem die Gebote und Regeln, denen im Alltag Aufmerksamkeit zuteil wird. Damit ist natürlich nur ein Aspekt des Islams und der islamischen Lebensführung thematisiert und ich bin mir der Gefahr einer verkürzten Sicht des Islams durchaus bewusst. Meine Frage nach der Bewältigung von Alltagsaufgaben im Kindergarten erfordert eine solche Blickrichtung, es liegt mir aber daran, darauf hinzuweisen, dass diese Blickrichtung die Besonderheiten des Islams nicht zureichend erfasst. – Ich beziehe mich wieder auf die Porträts aus den drei Kitas, die ich oben skizziert habe, und ergänze sie durch Praxisbeispiele zum Umgang mit Speisegeboten, Festen und Kleidungs- und Schamgeboten aus meinen Interviews.

Zunächst aber noch eine eigentlich selbstverständliche, aber trotzdem wohl leider notwendige Vorbemerkung: In Hinblick auf die Atmosphäre und den Umgang untereinander habe ich oben die Grundsätze und die Tradition des deutschen Kindergartens beschworen. Die klaren Anforderungen werden nicht überall eingehalten, nicht alle Erzieherinnen gehen offen und vertrauensvoll mit Verschiedenheit, d.h. konkret mit muslimischen Kindern und Familien um. Viele muslimische Kinder machen in deutschen Kindergärten durchaus negative Erfahrungen. Zeynep A. hat in ihrem ersten Kindergarten immer wieder abwertende Kommentare über Migranten zu hören bekommen: »Die sollen sich anpassen oder dahin gehen, wo sie hergekommen sind«; »Sie können noch nicht mal deutsch, was wollen die hier?« Bestimmte Äußerungen bezogen sich auch speziell auf Muslime, was Zeynep als sehr verletzend empfunden hat. Dabei ging es z.B. um den Terrorverdacht und die negative Bewertung des Kopftuchs. Muslimische Kinder hören das von anderen Kindern, evtl. von anderen Eltern und – ich will das nicht beschönigen – zuweilen auch von Erzieherinnen, die damit ihre Erziehungspflicht verletzen. Kinder, die in der frühen Kindheit Erfahrungen mit solchen Äußerungen gemacht haben, sind in ihrem Selbstbewusstsein und Selbstwertgefühl beschädigt, sie und ihre Eltern werden es schwer haben, Zutrauen zu deutschen Bildungseinrichtungen zu fassen.

Aus der Praxis aber gibt es auch vielfältige Hinweise auf einen gekonnteren Umgang mit den Problemen. In der Regel registrieren die Erzieherinnen beim Aufnahmegespräch den Glauben der Kinder, sie sind aber zurückhaltend in Bezug auf weitere Details der religiösen Orientierung und Praxis, weil sie nicht indiskret sein möchten. Religion wird in erster Linie als private Angelegenheit der Familien angesehen. Erzieherinnen fragen bei der Aufnahme generell, welche praktischen Dinge zu beachten sind, und dabei spielen dann religiöse Gebote eine Rolle. Diese Gebote suchen sie bei der Gestaltung des Kindergartenalltags zu berücksichtigen. Für die meisten Erzieherinnen, die muslimische Kinder in ihrer Gruppe haben, ist das Verbot von Schweinefleisch der entscheidende Unterschied zu anderen Kindern. Die Eltern bringen das Schweinefleischverbot ein, und, soweit ich es erfahren habe, wird es überall pragmatisch berücksichtigt. Für viele Erzieherinnen bedeuten muslimische Kinder in der Gruppe, dass diese Kinder statt des Schweinefleisches Rind- oder Geflügelfleisch erhalten. Früher sahen viele Erzieherinnen das nicht gerne, weil sie befürchteten, dass den muslimischen Kindern dadurch eine Sonderrolle zugeschrieben würde, durch die sie zu Außenseitern werden könnten. Inzwischen zeigt sich, dass die Außenseiterrolle vor allem von der Atmosphäre und dem Umgang insgesamt abhängt und nicht von einigen Sonderregelungen. Und muslimische Kinder sind nicht die einzigen, bei denen besondere Regeln für die Ernährung beachtet werden müssen; das gilt ebenso etwa für Allergiker und Vegetarier.

Dass bei muslimischen Kindern aber mehr zu bedenken ist als das Verbot von Schweinefleisch, zeigen die Fallskizzen, die ich hier noch einmal aufgreife:

Familie A. hat ihre Tochter nach den unguten Erfahrungen des ersten Kindergartens bewusst in einen kirchlichen Kindergarten geschickt, weil er im Ort als der Kindergarten gilt, in dem ein gutes und akzeptierendes Erziehungsklima herrscht. Frau A. hat gleich zu Anfang deutlich gemacht, dass ihr das Verbot von Schweinefleisch wichtig ist, die Erzieherinnen halten sich daran. Die Erzieherinnen haben den Kindern auch erklärt, dass Zeynep das Vesperbrot nicht mit anderen Kindern tauschen darf, weil auf deren Brot vielleicht Schweinefleisch sein könnte. Die Kinder akzeptieren das. Zeynep nimmt am Kindergartenleben ohne Einschränkungen teil, und sie erlebt auch die religiösen Feste mit. Die Erzieherinnen haben Frau A. gefragt, ob sie etwas aus ihrem Kulturkreis einbringen möchte, und sie hat türkisch gekocht und zum Zuckerfest Süßigkeiten für alle Kinder mitgebracht.

In Ömers Kita ist das Speisegebot auf Wunsch anderer muslimischer Eltern bereits etabliert, es wird aber weiter ausgelegt, indem auch Produkte einbezogen werden, in denen Schweinefleisch enthalten ist, wie Gelatine und Gummibärchen. Die Erzieherinnen in dieser Kita verzichten wegen der muslimischen Kinder generell auf diese Produkte. Sie haben beim Mittagessen immer ein vegetarisches Gericht auf dem Speiseplan. Sie bitten auch andere Eltern, wenn sie Kuchen z.B. zum Geburtstag mitbringen, auf Gelatine und Gummibärchen zu verzichten.

Im städtischen Kinderhaus, in das Fatima und Leyla C. gehen, wird generell auf Fleisch verzichtet; die Erzieherinnen sind mit den Eltern übereingekommen, dass man Fleisch auch zu Hause essen kann, wenn es den Familien wichtig ist. Zum Geburtstag ist ein Obstteller statt des Geburtstagskuchens eingeführt worden, weil es gesünder ist und auch, damit muslimische Familien nicht befürchten müssen, dass im Kuchen falsche Zutaten verwendet werden.

Islamische Feste werden – neben den in den Kindergärten etablierten christlichen und weltlichen Festen – mithilfe eines Fest-Kalenders in allen drei Einrichtungen jeweils angesprochen, einige Feste werden mit bestimmten Ritualen begangen, z.B. erhalten die Kinder zum Zuckerfest Geschenke. Die Erzieherinnen bitten Eltern, dass sie mit ihnen feiern und den Kindern das jeweilige Fest erklären. Über die Inhalte der Feste und die unterschiedlichen Glaubensformen und -inhalte der Kinder sprechen die Erzieherinnen in Zeyneps Kindergarten zu verschiedenen Gelegenheiten, sie beten und erzählen Geschichten aus der Bibel und sie verweisen auch auf ähnliche Stellen im Koran. In der Kita, in die Ömer geht, wird dagegen wenig über die religiösen Inhalte gesprochen, es gibt im Team aber eine muslimische Erzieherin, die den muslimischen Kindern Dinge erklären kann, die ihnen im Kindergarten unverständlich erscheinen, etwa dass die deutschen Kinder Schweinefleisch essen dürfen. Den deutschen Kindern vermittelt sie zum Beispiel, warum muslimische Familien nicht so viel Wert auf die Geburtstagsfeier legen. Im städtischen Kinderhaus erfahren Fatima und Leyla bei bestimmten Gelegenheiten ebenfalls von diesen Unterschieden, sie erfahren vor allem, dass die Erzieherinnen mit den muslimischen Eltern oft über die Gestaltung des Lebens im Kindergarten diskutieren.

Während Zeyneps Familie die in Deutschland üblichen Feste wie Geburtstag und Weihnachten als Brauch neben den aus der Türkei mitgebrachten, auch muslimischen Bräuchen begeht, feiert Ömers Familie zu Hause diese Feste nicht. Seine Erzieherinnen wissen das, sie sind mit den Eltern aber übereingekommen, dass sein Geburtstag im Kindergarten – wie der aller anderen Kinder – gefeiert wird. Fatimas und Leylas Eltern dagegen möchten das nicht. Die Erzieherinnen respektieren das und erwähnen allenfalls dem Kind gegenüber beiläufig: »Du bist ja jetzt fünf.«

Wegen der Kleidervorschriften und der Bedeutung von Scham in der islamischen Erziehung besprechen die Erzieherinnen in Ömers Kita und in Fatimas Kinderhaus jedes Jahr im Frühjahr auf einem Elternabend, welche Vorstellungen die Eltern in Bezug auf die Benutzung des Planschbeckens im Sommer haben. Viele muslimische Eltern möchten nicht, dass ihre Kinder nackt im Badebecken planschen, sie einigen sich aber mit den deutschen Eltern, dass es jeder halten solle, wie er es richtig findet. Die Erzieherinnen besprechen mit den Kindern, dass ihre Eltern bestimmte Wünsche haben, und unterstützen die Kinder dabei, diese Wünsche zu beachten und ihr Badezeug anzuziehen. In Fatimas Kinderhaus wird generell auf das nackte Herumlaufen der Kinder verzichtet. Den Eltern der deutschen Kinder ist es nicht so wichtig.

Schwieriger wird es im Hort – dort sollen Jungen und Mädchen aus muslimischen Familien nicht gemeinsam am Sport teilnehmen, die Mädchen werden in ihrer Kleidung und in ihrem Verhalten von ihren Familien stärker kontrolliert. In der Schule allerdings wird gefordert, dass die muslimischen Kinder sich an die deutschen Usancen halten und am gemeinsamen Sport- und Schwimmunterricht teilnehmen.

Zwar bemerken Erzieherinnen bei muslimischen Familien häufig eine stärker geschlechtstypisierende Erziehung, aber diese ist auch bei nicht religiösen Familien aus südlichen Ländern zu finden, sie kann also nicht als Herausforderung durch muslimische Familien angeführt werden.

Wenig thematisiert, aber sehr kontrovers ist der Bereich Sexualerziehung. In Ömers Kita wurde dazu ein Mütterabend gehalten, mit einer türkischen Referentin, die die Erwartungen und Befürchtungen der muslimischen Mütter thematisierte und einen Austausch der deutschen und der muslimischen Mütter über Sexualerziehung anstieß, der allerdings eher zaghaft verlief. Als dann Bücher zur Sexualerziehung angeschaut wurden, konnten muslimische Mütter nicht glauben, dass deutsche Mütter damit einverstanden sind, dass ihre Kinder Fotos von nackten Menschen ansehen. Es zeigte sich, dass die muslimischen Mütter und die deutschen und westeuropäischen Mütter sehr unterschiedliche Vorstellungen vom Stellenwert von Nacktheit, von der Natur der kindlichen Sexualität und von der Notwendigkeit des Wissens über Sexualität hatten. Zwischen beiden Positionen liegen aus deutscher Perspektive die gesellschaftlichen Entwicklungen der sexuellen Emanzipation und die Frauenbewegung, die den tabuisierenden, angstbesetzten Umgang mit der kindlichen Sexualität (der auch eine lange Tradition in der christlichen Erziehung hat) ersetzt haben durch die unbefangene Akzeptanz von kindlicher Nacktheit und Sexualität. Natürlich wird auch in der westlichen Sexualerziehung darauf geachtet, dass die Kinder lernen, sich der jeweiligen Situation angemessen zu verhalten und nicht die Gefühle anderer zu verletzen. Wichtig aber ist, dass Sexualität als etwas verstanden wird, mit dem Kinder im Verlauf von Kindheit und Jugend lernen müssen umzugehen. Von der deutschen Entwicklung aus gesehen erscheint die muslimische Position als die, die »wir« vor einiger Zeit überwunden haben. – Hier sei eine Randbemerkung erlaubt: Vor mehr als 100 Jahren reisten emanzipierte europäische Frauen in den Orient, um den wilhelminischen Korsetten und Schnürleibchen zu entgehen. Sie erlebten dort ein ganz anderes Körpergefühl und priesen die Freiheit der muslimischen Frauen. – Natürlich wissen auch deutsche Eltern, dass der gegenwärtige Umgang mit der Sexualität auch negative Seiten hat, und die Missbräuche in Form von Pornografie und sexuellem Missbrauch von Kindern beunruhigen deutsche Eltern ebenso wie alle anderen.

Die Berichte aus den drei Einrichtungen zeigen, dass die Kindertagesstätten in unterschiedlicher Weise auf die Gebote und Bedürfnisse der muslimischen Familien eingehen. Je nach den Wünschen der Eltern und der Sensibilität der Erzieherinnen gibt es unterschiedliche Lösungen, bis zu der Möglichkeit, dass muslimische Mütter während eines Elternabends zur Zeit des Abendgebets in einem anderen Raum ihr Gebet verrichten, um dann weiter am Elternabend teilnehmen zu können, wie es in Fatimas Kinderhaus praktiziert wurde.

Die Erzieherinnen fragen vor allem nach der Praktikabilität im Umgang mit den Geboten, Festen und Bräuchen. Viele versuchen, soweit es geht, Eltern und Kindern muslimischen Glaubens das Miteinanderleben im deutschen Kindergarten zu ermöglichen.

Insgesamt wird man sagen können, dass die Kindertagesstätten in Deutschland einen wichtigen Beitrag zur Integration leisten: Sie sind – als erste Einrichtungen, der Kinder in ihrem Lebenslauf begegnen – Einrichtungen für alle Kinder eines Stadtteils[15], und das gilt insbesondere für Kindergärten in ländlichen Gebieten. Kindertagesstätten erkennen in jüngster Zeit ihre Chancen und Aufgaben, alle Kinder zu fördern und ihre Eltern zu erreichen. Voraussetzung dazu ist eine intensive Zusammenarbeit mit den Familien.

Das deutsche Kinderbetreuungssystem unterscheidet sich von dem anderer Länder, z.B. dem der USA oder auch der Niederlande, wo vielfach die Kirchen oder Religionsgemeinschaften, aber auch weltanschauliche Gruppen die Betreuung organisieren. Dadurch geschieht eine größere Selektion der religiösen und sozialen Gruppen in den Einrichtungen.

In deutschen Kindergärten bemühen sich die Erzieherinnen in der Regel um einen pragmatisch-respektvollen Umgang mit anderen, also auch mit muslimischen Kindern und Familien. So wichtig diese pragmatischen Fragen im Alltag sind, so kann ihre Klärung nicht die Auseinandersetzung mit den anderen, weiteren Dimensionen des Islams ersetzen. Eine solche Auseinandersetzung aber wäre notwenig, um die Kinder und ihre Eltern wirklich verstehen zu können und sich auch auf Gespräche mit den Kindern einlassen zu können. Dazu gibt es inzwischen eine Reihe von sehr geeigneten Büchern und praktischen Anleitungen, durch die sich Erzieherinnen und Eltern einen Zugang zum Islam erarbeiten können.[16]

5. Was erwarten Muslime, was befürchten sie?

Nach der Betrachtung der Bemühungen der Erzieherinnen ist es nun notwendig, die Perspektive der muslimischen Familien darzustellen. Dazu möchte ich einige Überlegungen vortragen, genauere Forschungen fehlen dazu allerdings noch. Ich beziehe mich vor allem auf das Praxishandbuch »Muslimische Kinder in Tageseinrichtungen für Kinder«, das muslimische Eltern zusammen mit Erzieherinnen der Stadt

15 Zwar besteht Trägervielfalt und das Wahlrecht der Eltern, aber de facto werden bei uns Kindereinrichtungen – vor allem die kommunalen – von Kindern unterschiedlicher Herkunft und unterschiedlichen Glaubens besucht.

16 Von vielen evangelischen und katholischen Trägern wurden Handreichungen in diesem Sinne erarbeitet. Erwähnen möchte ich in diesem Zusammenhang das Buch von *B. Huber-Rudolf*, Muslimische Kinder im Kindergarten – eine Praxishilfe für alltägliche Begegnungen, München 2002.

Stuttgart erarbeitet haben und das von der Religionsgemeinschaft des Islams BW ins Netz gestellt worden ist.[17]

Ich beginne mit den Befürchtungen: Es ist eine große Sorge muslimischer Eltern, dass ihre Kinder die Gebote unwissentlich oder aus Unachtsamkeit übertreten, dass sie etwa Schweinefleisch essen. Diese Befürchtung sollte sich durch ausführliche Absprachen und durch Hereinholen der Eltern in den Kindergarten mindern lassen.

Eine andere Sorge ist, dass die Kinder ihrem Glauben, ihrer Familie und ihrer Herkunftskultur entfremdet werden. Zwar wollen die meisten muslimischen Eltern, dass ihre Kinder sich in Deutschland zu Hause fühlen, dass sie gut deutsch lernen und dass sie eine angemessene Ausbildung machen können, die ihnen einen guten Beruf ermöglicht. Gleichzeitig wollen sie die Beziehung zur Herkunftskultur und die Zugehörigkeit zu ihrem Glauben erhalten. Viele Familien legen deshalb großen Wert auf eine strenge religiöse Erziehung. In unserer anders orientierten Mehrheitsumwelt geraten diese Eltern gleichsam in eine Situation der Diaspora und haben deshalb größere Angst in Bezug auf die Entwicklung ihrer Kinder, als sie es in ihrer Herkunftskultur haben würden, wo sich alle Kinder denselben Geboten unterwerfen müssen. Sie kontrollieren besonders die Mädchen sehr stark.

Wie geht es muslimischen Kindern, wenn sie in zwei so unterschiedlichen Lebensfeldern leben – dem deutschen Kindergarten und der muslimischen Familie? Es sind oft schon recht unterschiedliche Welten, zwischen denen die Kinder im Lauf eines Tages wechseln. Der in Deutschland aufgewachsene, aus dem Iran stammende Schriftsteller Navid Kermani hat das sehr anschaulich beschrieben[18]:

> »Es gab außer meinem Namen und meinen schwarzen Haaren nichts, was mich im Kindergarten […], auf der Straße und unter Freunden als Fremden markiert hätte. […] Wenn ich jedoch nach Hause kam, war es, als ob ich eine Grenze überschritten hätte. Von einem auf den anderen Meter war die Sprache – auch meine eigene – Persisch […] und ich war, ohne es zu reflektieren oder gar als problematisch zu empfinden, umgeben von Formen, Gerüchen, Geräuschen, Menschen und Farben, die es jenseits der Türschwelle nicht gab.«

Auf seine Freunde übte diese Welt durchaus Faszination aus:

> »Es gab keine verbotenen Räume, keine festgelegten Essenszeiten, keine Eltern, die sich in alles einmischten, […] Ich habe damals nicht darüber nachgedacht,

17 Religionsgemeinschaft des Islam LV Baden-Württemberg: Muslimische Kinder in Stuttgarter Tageseinrichtungen für Kinder. Arbeitshilfen für Erzieherinnen. Unser Praxishandbuch. http://www.rg-islam.de/indexdialog.htm (05.05.07).

18 *N. Kerman*, Daheim in der Fremde – Über den problematischen Begriff der kulturellen Identität. Manuskript einer Rundfunksendung in SWR 2 am 24. April 2005.

ob die Verhältnisse bei uns typisch persisch waren, aber sie waren anders als bei meinen Freunden, und das spürten sie so gut wie ich.« –

In der Öffentlichkeit sprach er Deutsch, auch mit seinen Eltern:

> »Gelegentlich war das ein bisschen komisch [...] zum Beispiel sieze ich meine Eltern auf persisch, was im Deutschen nicht mehr möglich ist, ohne sich lächerlich zu machen. Also versuchte ich schon damals zu vermeiden, meine Eltern auf Deutsch anzusprechen; [...] ich suchte andere, indirekte Formulierungen, denn andernfalls hätte ich sie duzen müssen, und das wäre mir unangenehm gewesen. Aber siezen konnte ich sie natürlich auch nicht, zumal im Beisein von meinen Freunden. Es war nicht, dass ich es als Zwang empfand, meine Eltern zu siezen. Es war mir auch nicht peinlich, und so habe ich kein Geheimnis daraus gemacht, dass ich meine Eltern sieze.«

Muslimische Kinder erleben zu Hause häufig eine andere Form von Familie, andere Kleidung, andere Sprachgebräuche, andere Regeln.

Für viele Erzieherinnen stellt sich die Frage, ob denn Kinder sich in den beiden Welten nebeneinander zurechtfinden können, ob sie die unterschiedlichen Orientierungen der verschiedenen Lebensfelder vereinbaren können. Oder verwirrt es sie und stört sie bei der Identitätsbildung? – Wir können heute davon ausgehen, dass Kinder in verschiedenen Lebenswelten groß werden können, dass sie das Tag für Tag tun, auch wenn wir es gar nicht bemerken. Das betrifft keineswegs nur muslimische Familien. Ich habe oben nachdrücklich darauf verwiesen, dass die Bedingung für eine gute Orientierung in beiden Lebensfeldern ist, dass beide Lebensfelder sich gegenseitig anerkennen, dass die Kita die muslimische Familie anerkennt und wertschätzt, dass sie akzeptiert, dass dort andere Regeln und Werte gelten. Das Gleiche aber gilt auch für die muslimische Familie, auch sie muss die Kindertagesstätte mit ihren Regeln und Orientierungen anerkennen und wertschätzen. Muslimische Eltern tun ihren Kindern keinen Gefallen, wenn sie sie durch abwertende Äußerungen gegen die westlichen Versuchungen feien möchten. Das hindert das Kind daran, sich vertrauensvoll im Kindergarten an die Erzieherinnen zu wenden und in Auseinandersetzung und Umgang eine sichere Identität zu entwickeln, die durchaus anders sein kann, als die Erzieherinnen das vorleben. Sie wird aber natürlich auch anders sein als das, was die Eltern zu Hause vorleben.[19] Es wird eine neue Form der Identität entstehen, die das Kind befähigt, sich ohne schlechtes Gewissen als muslimisches Kind in Deutschland zu entwickeln. – Hier wird noch einmal deutlich, wie wichtig eine enge Zusammenarbeit zwischen Erzieherinnen und Eltern ist. Die

19 Tarek Badawia hat Untersuchungen zur Ausgestaltung der Identität von jugendlichen Migranten durchgeführt und hat diese neue Identität als »Dritten Stuhl« bezeichnet, den sich diese Jugendlichen neben den Stühlen des Herkunftslandes und des neuen Landes zimmern. S. dazu *T. Badawia*, Der Dritte Stuhl, Frankfurt 2002.

Praxis einer Erziehungspartnerschaft mit Entwicklungsgesprächen und der gemeinsamen Arbeit an der Bildungsdokumentation, dem »Portfolio«, wie sie ja neuerdings generell eingefordert wird, hat hier gleichsam ihre Nagelprobe zu bestehen.[20] Eine weitergehende Forderung ist, muslimische Erzieherinnen in Kindergärten anzustellen, die für die Kinder Identifikationsperson sein können. Diese Forderung ist einleuchtend, sie müsste aber natürlich ebenso auch auf andere Gruppen – etwa schwarzafrikanische Erzieherinnen und Männer als Erzieher – bezogen werden, und sie ist nicht immer leicht zu realisieren. Wenn aber nicht muslimische Erzieherinnen in den Gruppen präsent sein können, dann ist es wichtig, dass Geschichten erzählt werden, in denen z.B. Muslime in einer positiven Rolle vorkommen.

Viele muslimische Eltern wünschen sich auch einen islamischen Kindergarten, in dem die gesamte Kindergartenerziehung in der Atmosphäre und unter dem Primat der islamischen Religion gestaltet wird. Es gibt in Deutschland einige solcher Kindergärten, in manchen Orten werden dagegen Einrichtungen in islamischer Trägerschaft wegen der Gefahr der Segregation abgelehnt. Ob islamische Kindereinrichtungen akzeptiert werden, ist primär eine gesellschaftspolitische Frage, auf die ich mich hier nicht einlassen möchte.

6. Herausforderungen und Chancen für Kitas, für Erzieherinnen, Kinder und Eltern

Speziell durch Muslime fühlen sich »einheimische«, christliche ebenso wie weltliche Erzieherinnen herausgefordert. Die Vorstellungen der muslimischen Eltern sind zum einen vertraut, etwa die ernsthafte Bemühung um eine an Glaubensgrundsätzen und Werten orientierte Erziehung. Zum anderen sind sie aber eher fremd und herausfordernd: Der Wortglaube, der so gar nicht unserem Umgang mit der Bibel entspricht, die festen Regelungen, die den ganzen Tageslauf durchziehen, die geschlechtsspezifischen Vorstellungen, die zwar im Kindergarten noch nicht so relevant sind, die aber die weitere Lebensperspektiven bestimmen. Ein Glaube, der für unser Verständnis oft direkt und naiv gelebt wird, formuliert mit großem emotionalem Pathos Erziehungsvorstellungen, die uns anrühren; wir dagegen reden – auch durch Missbräuche in den Diktaturen misstrauisch geworden – über unsere Erziehungsvorstellungen eher nüchtern und reflexiv. Das alles ist für die Erzieherinnen, die sich genauer auf ihre muslimischen Familien einlassen – ob sie nun gläubige Christen oder weltlich geprägt sind, ein Anstoß zur Reflexion der eigenen Position, der eigenen Werte und des eigenen Glaubens.

Unsere Situation ist durch die Säkularisierung geprägt, in der christlichen Theologie ist die Bindung an Gebote und Regeln aufgehoben durch den Glauben an das

20 Vgl. dazu zum Beispiel *R. Thiersch*, Familie und Kindertageseinrichtungen. In: *P. Bauer/E. J. Brunner (Hrsg.)*, Elternpädagogik. Von der Elternarbeit zur Erziehungspartnerschaft, Freiburg i. Br. 2006, S. 80–106.

Evangelium. Weltlich geprägte Menschen orientieren sich an demokratischen Werten und an der humanistisch-aufgeklärten Tradition. Es ist – gerade für den Kindergartenbereich – wichtig, dass die Wertepositionen des Humanismus, der Aufklärung, der Demokratie in die Auseinandersetzung um Werte einbezogen werden und dass der Dialog mit dem Islam nicht nur als interreligiöser Dialog geführt, sondern als interreligiös-weltanschaulicher Dialog praktiziert wird.
Deutsche Erzieherinnen agieren, so habe ich zu zeigen versucht, in berufsethisch erkennbaren Kontexten, sie sind einer wertgeprägten Berufsethik verpflichtet. Aber sie können hier wie auch in der Bildungsdebatte oft ihre Werte und Orientierungen nicht besonders elaboriert formulieren, sie können ihr Handeln nicht gut begründen, erklären und für andere transparent machen. Das hängt auch damit zusammen, dass diese Fragen in unserer Gesellschaft in den letzten Jahren eher randständig verhandelt worden sind; hier gibt es allerdings inzwischen Initiativen und kräftige Gegenbewegungen. Die Verlegenheit hängt auch damit zusammen, dass Wertefragen im Zeichen der Professionalisierungsdiskurse in der Pädagogik oft nicht ausdrücklich thematisiert wurden. Für die Erzieherinnen kommt hinzu, dass man ihnen in all den Jahren eine theoretisch anspruchsvollere Ausbildung verweigert hat. Hier liegt Nachholbedarf.

Für die Kinder bedeutet die Herausforderung durch die muslimischen Kinder – wie auch durch andere Migranten –, dass sie einen anderen Glauben, andere Vorstellungen und Lebensweisen kennenlernen. Sie erfahren Heterogenität und lernen bereits in frühester Kindheit, wie Toleranz einerseits und Orientierung im Eigenen andererseits, wie Anerkennung und Identität zusammengehören. Sie sehen Zeichen eines Glaubens, den sie so nicht kennen und der bei ihnen Fragen nach der eigenen religiösen Tradition anregen kann.

Für nicht-muslimische Eltern ist es wichtig, sich auf das Zusammenleben mit Andersgläubigen wirklich einzulassen, einander zuzuhören und die Verschiedenheit der Lebensentwürfe mit Gelassenheit zu praktizieren.

In Ländern, in denen verschiedene Religionen seit langem zusammenleben, ist dies oft selbstverständlicher; etwa in den USA, früher in Syrien und im Libanon, in Äthiopien oder Tansania gab und gibt es Kulturen des Zusammenlebens verschiedener Religionen und Weltanschauungen.

In Deutschland sind die Lebensbereiche eher getrennt, auch verborgen. Ich möchte eine Vermutung relativ ungeschützt formulieren: Vielleicht haben wir Deutschen uns nicht wirklich auf die Religion der Zuwanderer eingelassen, weil wir erwartet haben, dass sie sich bei uns einfügen und die Errungenschaften unserer aufgeklärten, demokratischen Gesellschaft so erstrebenswert finden, dass sie den Islam allmählich ablegen oder ihn in säkularisierter Form praktizieren. Viele Deutsche sind ausgesprochen irritiert, dass die jungen Muslime sich stärker als früher mit sichtbaren Zeichen zu ihrer Religion bekennen.

Das Zuhören betrifft aber auch die muslimischen Eltern, die zum Teil oft und oft den Einheimischen, den »Ungläubigen«, ihre Religion erklären mussten, die zum

Teil aber auch in ihren eigenen Kreisen leben und die reflexive Art unserer Diskussionen nicht gewöhnt sind und auch nicht viel Lust haben, sich darauf einzulassen.

So in Erwartungen und Hoffnungen zu reden ist eines. Ein anderes sind die vielfältigen Schwierigkeiten, die Umgang und Dialog belasten. Dies ist hier nicht mein Thema, aber ich möchte zum Abschluss betonen: Die Verständigung zwischen den Kulturen und zwischen den Religionen wird erschwert durch Erfahrungen von Ausgrenzung, Zurücksetzung, Abwertung, wie sie fast alle Migranten und insbesondere Muslime, in unserer Gesellschaft erfahren haben. Diese »Grundverletztheit«[21] erschwert die Gespräche, es werden leicht Bedeutungen unterstellt und Kränkungen antizipiert, die sich aus der prinzipiell asymmetrischen Situation von Einheimischen und Zugewanderten, von Mehrheitsreligion und Minderheitsreligion speisen und nicht aus den konkreten Äußerungen der jeweils anderen Gruppe. Das kennen wir aus der Stigmatisierungsdebatte und aus der Praxis der feministischen Diskussion der Anfangsjahre, in denen Frauen leicht aus einer Position der Gekränktheit durch das lange schon bestehende Unrecht zwischen den Geschlechtern argumentierten. – Dieses Argument der »Grundverletztheit« darf natürlich nicht so verstanden werden, dass es vor allem die »Anderen« seien, die in ihrer »Grundverletztheit« zu sachlichen und friedfertigen Auseinandersetzungen nicht bereit wären. Die Mehrheitsgruppierungen geben ebenso oft Anlass zu Missverständnissen. Aber manche Minderheiten richten sich auch bequem ein in ihrem Status der Unterdrückten und Missverstandenen. Das Wahrnehmen der »Grundverletztheit« in interreligiösen Dialogen kann vielleicht helfen, die Diskussionsverläufe besser zu verstehen und daraus Wege zum konstruktiven Dialog zu entwickeln.

Mit meinen Überlegungen zur Situation muslimischer Kinder in Kindertagesstätten habe ich zunächst deutlich zu machen versucht, wie unterschiedlich die Lebenslagen und die religiösen Orientierungen der muslimischen Kinder und ihrer Familien in Deutschland sind. Ich habe dann die Grundhaltung der Erzieherinnen im Umgang mit Verschiedenheit in der Tradition deutscher Kindergärten thematisiert und schließlich verschiedene Formen des Umgangs mit muslimischen Kindern und ihren Familien in Kindergärten beschrieben. Dabei ist deutlich geworden, dass viele alltägliche Dinge bis hin zur Sexualerziehung miteinander zu klären sind, dass dabei vieles in gegenseitigem Respekt offen bleiben muss und dass, über das Schweinefleischverbot hinaus, der Umgang mit muslimischen Familien im Kindergarten Herausforderungen bietet. Die Befürchtungen der muslimischen Eltern, dass ihre Kinder ihrem Glauben und ihrer Familie entfremdet werden, führen oft zu einer distanzierten Haltung in Bezug auf die Zusammenarbeit. Wichtig wäre aber eine gegenseitig akzeptierende Haltung, die den Kindern ermöglicht, das Leben in den beiden unterschiedlichen Lebensfeldern zu bewältigen und eine eigenständige Identität zu entwickeln.

21 Diesen Begriff hat Ulrike Thrien, Migrationsbeauftragte der Stadt Tübingen, in unserem Interview verwendet. Ich erlaube mir, ihn hier weiter zu verwenden, denn ich finde, er bezeichnet die beschriebenen Erfahrungen sehr treffend.

Durch den intensiven Glauben muslimischer Eltern fühlen sich viele Erzieherinnen, aber auch andere Eltern, herausgefordert, ihren eigenen Glauben, ihre Werte und ihre Weltanschauung zu reflektieren und ihren eigenen Standpunkt genauer zu durchdenken. Wie Kinder der verschiedenen Religionen das Zusammenleben in deutschen Kindergärten wahrnehmen, wissen wir noch kaum. Hier gäbe es durchaus Forschungsbedarf, der vor allem die Kinderperspektive thematisieren, aber auch nach den Reaktionen von Eltern und Erzieherinnen fragen sollte.

Das Zusammenleben von christlichen und muslimischen Kindern in Kindertagesstätten so zu gestalten, dass die unterschiedlichen Erwartungen zufrieden gestellt und unterschiedliche Positionen vermittelt werden, stellt eine große Herausforderung für die Erzieherinnen dar. Sie legen damit zugleich den Grundstein für eine erfolgreiche Integration der verschiedenen Bevölkerungsgruppen. Erzieherinnen müssen sich dazu mit einem auch in unserer Gesellschaft wichtigen Glauben auseinandersetzen, sie müssen ihre eigenen Werte und Glaubenspositionen genauer reflektieren und eine Kindertagestätte gestalten, die getragen ist von Anerkennung und Respekt. In einer solchen Kindertagesstätte können Christen, Muslime und weltlich orientierte Kinder und Erwachsene ein gutes Zusammenleben praktizieren und Lebensformen lernen, die für das Zusammenleben der Religionen und Kulturen, ja der Nationen in unserer einen Welt notwendig sind.

Ina ter Avest/Siebren Miedema

Alltägliche Erfahrungen im Kindergarten mit vierjährigen Kindern in einem interkulturellen und interreligiösen Kontext in den Niederlanden

1. Einführung

Die interkulturelle und interreligiöse Bildung und Erziehung junger Kinder in Kindertagesstätten ist äußerst interessant.

Das liegt zum einen daran, dass man sich normalerweise mit interkultureller und interreligiöser Erziehung von Kindern im Primar- und Sekundarbereich befasst. Eine ganze Reihe veröffentlichter Artikel und Bücher bestätigen dies und es bedarf dazu keiner näheren Erläuterung. Der zweite Grund, warum dies so interessant ist, hängt mit der These zusammen, dass, je früher Kinder das gemeinsame kulturelle und religiöse Zusammenleben erlernen und erleben, desto besser ihnen das im späteren Leben gelingt. Mit anderen Worten: Interkulturelle und interreligiöse Bildung in Kindertagesstätten sollte möglichst frühzeitig beginnen und kann dementsprechend den Anfang der Demokratieerziehung darstellen. Wir möchten uns hier insbesondere auf die kulturellen und religiösen Elemente oder Aspekte der Demokratieerziehung konzentrieren.

Wir möchten uns mit dieser Auffassung von Kindertagesstätten befassen und uns als niederländische Wissenschaftler dabei auf den Kindergarten oder die Vorschule beschränken, die in den Niederlanden früher als »kleuterschool« bezeichnet wurde. Gegenwärtig sind das in den Niederlanden die ersten beiden Klassen der Grundschule für vier- bis sechsjährige Kinder. Die Altersspanne der Kinder, die die Grundschule besuchen, reicht insgesamt von vier bis zwölf. Mit fünf Jahren haben Kinder das schulpflichtige Alter erreicht und müssen den schulischen Unterricht besuchen.

In diesem Kapitel beschreiben wir kurz den derzeitigen kulturellen und religiösen Kontext in unserem Land und seine Entwicklung von einer »versäulten« zu einer multikulturellen und multireligiösen Gesellschaft.[1] Wir widmen uns insbesondere den Auswirkungen dieser gesellschaftlichen Veränderungen auf die Vielfalt an

1 S. *D.J. de Ruyter/S. Miedema*, Freiheit und Versäulung in den Niederlanden. In: *Ch.Th. Scheilke/M. Schreiner (Hrsg.)*, Handbuch Evangelische Schulen, Gütersloh 1999, S. 309–322; *I. ter Avest/C. Bakker/G. Bertram-Troost/S. Miedema*, Religion and Education in the Dutch pillarized and post-pillarized educational System. Historical Background and current Debates. In: *R. Jackson/S. Miedema/W. Weisse/J.P. Willaime (Hrsg.)*, Religion and Education in Europe. Developments, Contexts and Debates, Münster/New York/München/Berlin 2007, S. 203–219.

Schulen im dualen niederländischen Bildungssystem der staatlichen und konfessionellen Schulen (Kapitel 2). In Kapitel 3 gehen wir am Beispiel einer Schule in Ede, einer im Zentrum der Niederlande gelegenen Stadt, auf interreligiöse Bildung und den weiter gefassten Ansatz des interreligiösen Lernens ein. In Kapitel 4 konzentrieren wir uns auf den Kindergarten (vier bis sechs Jahre) einer islamischen und einer römisch-katholischen Schule. Kapitel 5 enthält einen Vergleich dieser beiden Kindergärten. Im abschließenden Kapitel 6 führen wir die These »Vom Herzen lernen« ein und beschreiben damit den von uns bevorzugten Ansatz interkultureller und interreligiöser Erziehung.

2. Wandlung der niederländischen Gesellschaft

In der zweiten Hälfte des 20. Jahrhunderts wandelten sich die Niederlande von einer homogenen monokulturellen Gesellschaft in eine heterogene multikulturelle und multireligiöse Gesellschaft. In der homogenen Gesellschaft waren entsprechend den religiösen Überzeugungen der Eltern getrennte römisch-katholische und protestantische Schulen gegründet worden. Daneben entstanden nichtkonfessionelle Schulen für diejenigen, die einer anderen oder keiner Ideologie oder Weltanschauung angehörten. Dies war bereits ein Teil des »Versäulungsprozesses«, der die Niederlande bis zur Mitte des zwanzigsten Jahrhunderts stark geprägt hat. In der sogenannten versäulten Gesellschaft war das Land in mehrere Segmente, die sogenannten Säulen, aufgeteilt. Jede Säule entsprach einer Religion oder Ideologie und hatte ihre eigenen sozialen Institutionen. Nicht nur Schulen, sondern auch Zeitungen, Rundfunk- und Fernsehanstalten, politische Parteien, Krankenhäuser, Universitäten, Sportvereine usw. wurden entlang der Konfessionsgrenzen getrennt. Diese Versäulung erlaubte innerhalb einer homogenen Gesellschaft eine religiöse und ideologische Vielfalt. Ethnisch gesehen bildeten die Niederlande eine homogene Gesellschaft, in der sich jedoch eine »Einheit in Vielfalt« herausbildete. Die Einheit bestand in ethnischer Hinsicht und die Vielfalt in religiösen Organisationen. Die sozialisierende Funktion dieser versäulten Bildung war bis Mitte des 20. Jahrhunderts vorherrschend.

Der sich durch Säkularisierung und Pluralisierung wandelnde Kontext des versäulten niederländischen Bildungssystems führte zur Entstehung verschiedener Schultypen:

- herkömmliche Schulen für die einzelnen »Säulen«
- Schulen, die die Begegnung religiöser Kulturen fördern und diese integrieren
- Schulen, die sich streng auf interreligiöse Bildung konzentrieren.

Diese Schultypen lassen sich einfach den von Grimmitt[2] formulierten Ansätzen zur Kombination von Lernen und Religion *learning in religion (Religion lernen), learning about religion (über Religion lernen)* und *learning from religion (von Religion lernen)* zuordnen. Aus theologischer Sicht unterscheiden sich diese verschiedenen Schultypen in der Exklusivität oder der Inklusivität des Anspruchs, den sie in Bezug auf die Glaubensrichtung haben. So können sie das Christentum als die einzig wahre Religion und den einzigen Weg sehen, im Einklang mit Gottes Willen zu leben, oder als »einen der vielen Wege, die nach Rom führen«.[3]

Weil einige muslimische Eltern in einer Erziehung, die auf einer »Begegnung der Glaubensrichtungen« beruht, bzw. in interreligiöser Bildung nicht die Erziehung sahen, die sie für ihre Kinder vor Augen hatten, machte eine kleine Gruppe von ihnen von dem in Paragraf 23 der niederländischen Verfassung verankerten freien Recht auf Bildung (»Der öffentliche Unterricht wird unter Wahrung der Freiheit des religiösen und weltanschaulichen Bekenntnisses durch Gesetz geregelt.«) Gebrauch und errichteten islamische Schulen. Mit anderen Worten: eine typisch holländische Lösung. Die erste islamische Grundschule wurde 1988 gegründet. Ende 2006 zählt das Land rund vierzig solcher Schulen. Damit machen sie weniger als ein Prozent der Grundschulen in den Niederlanden aus.[4]

3. Interreligiöse Erziehung

Eine der ersten Schulen in den Niederlanden, in der interreligiöse Erziehung eingeführt wurde, war die ehemalige christliche Juliana-van-Stolberg-Grundschule in der kleinen Stadt Ede. Bis zum heutigen Tag ist diese Schule in Ede die einzige niederländische Schule, die sich selbst als interreligiöse Schule bezeichnet. Die Schule wurde vom Staat offiziell als Schule für interreligiöse Erziehung anerkannt. Sie hat die Grundsätze interreligiöser Erziehung umfassend erarbeitet und konkret in die Praxis umgesetzt. Das Schulcurriculum der interreligiösen Erziehung umfasst die beiden Religionen Christentum und Islam.

Die religionspädagogischen Grundsätze, auf denen die Lernformen religiöser Traditionen in dieser Schule basieren, lassen sich folgendermaßen beschreiben:

- Sozialisierung in der eigenen religiösen Tradition: Unterricht, der sich auf die eigene vertraute Tradition konzentriert (»Unterricht in Bewusstwerdung«).

2 *M. Grimmit*, Introduction: the Captivity and Liberation of Religious Education and the Meaning and Significance of Pedagogy. In: *M. Grimmitt (Hrsg.)*, Pedagogies of Religious Education. Case Studies in the Research and Development of Good Pedagogic Practice in RE, Great Wakering 2000, S. 7–23. S. 15.

3 S. *W.L. Wardekker/S. Miedema*, Denominational School Identity and the Formation of Personal Identity. In: Religious Education, 96 (2001) 1, S. 36–48.

4 S. *I. ter Avest/C. Bakker/G. Bertram-Troost/S. Miedema*, a.a.O.

- Über die andere religiöse Tradition lernen, das heißt, den Islam aus christlicher Perspektive und das Christentum aus islamischer Perspektive kennenlernen: Unterricht, der sich darauf konzentriert, aufeinander zuzugehen und die gemeinsamen, aber auch die neuen und sonderbaren Aspekte der anderen Tradition zu erkennen (»Unterricht im Aufeinanderzugehen«).
- Von beiden religiösen Traditionen mit dem Ziel lernen, eine eigene authentische religiöse Identität des Kindes herauszubilden: Unterricht, der sich auf die Unterschiede konzentriert, diese nicht diskutiert oder argumentiert, sondern darauf abzielt, aus den Konflikten zu lernen (»Unterricht der Begegnung«).

Im Rahmen einer langfristigen Forschungsarbeit wurden die Schüler und die Lehrkräfte dieser Schule über zehn Jahre lang beobachtet und befragt.[5] In dieser Studie konzentrierte sich Ter Avest auf die religiöse Entwicklung christlicher und muslimischer Kinder in dem multikulturellen und multireligiösen Kontext dieser interreligiösen Schule.

Sehr interessant war, dass zu Beginn der Studie die Formulierung jedes Kindes (unabhängig von seinem religiösen Hintergrund) der 6. Klasse (im Alter von neun bis zehn Jahren) folgende Merkmale aufwies:

> Gott ist überall und immer anwesend. Er erhört jeden. Er erhört Gebete und antwortet auf sie. Menschen können Gott weder sehen noch hören. Manchmal spürt man Gott – direkt oder indirekt. Gott bestimmt die Regeln. Er straft und Er belohnt. Gott ist allmächtig. Er kann alles.

Sie schienen über »Unseren Gott« zu sprechen, obwohl jedes Kind diese Allgemeingültigkeit in seiner eigenen kulturellen und religiösen Art und Weise formulierte. Als Beispiel sei hier die Formulierung von »Mein Gott« bei einem der Kinder aufgeführt:

> Gott ist unter den Menschen. Wenn Du betest, weißt Du genau, dass Er Dich erhören wird. Gott antwortet auf Gebete: »Wenn das Wetter am nächsten Tag schön ist, weißt Du das einfach.« Doch manchmal antwortet Er nicht auf Gebete: »Vielleicht ist Er dann gerade nicht da.« Menschen können Gott nicht sehen. Gott existiert, aber Du kannst Ihn nicht sehen. Menschen können Gott nicht hören. Man kann Gott spüren: »Wenn Du etwas Schlechtes tust, wenn Du stiehlst, sagst Du: ›Ich traue mich nicht.‹ Du befürchtest, dass Du bestraft wirst. Das spürst Du.« Gott bestimmt die Regeln, zum Beispiel, dass Du in die Kirche gehen solltest. Gott ist ein netter und guter Mann, der jedem zuhört, der Menschen hilft und jeden heilt. Gott kann alle Menschen hören. Ich weiß nicht wie, er kann es einfach..

5 *I. ter Avest*, Kinderen en God verteld in verhalen, Zoetermeer 2003; *I. ter Avest*, Dutch children and their ›God‹. In: British Journal of Religious Education 2007 (im Druck).

Infolge der kognitiven und affektiven Entwicklung in der Pubertät und im Jugendalter änderte sich nicht nur der Begriff »Mein Gott«, sondern auch die Allgemeingültigkeiten wandelten sich zu Besonderheiten, die in eine eigene authentische religiöse Identität mündeten. Yusuf, einer der muslimischen Schüler der interreligiösen Juliana-van-Stolberg-Schule, spricht von Gott auch als Freund, der da ist, wenn man Ihn braucht. Nähe ist gewiss ein Aspekt des islamischen Gottesbegriffs, wenngleich er nicht eindeutig in Begriffen wie Freundschaft artikuliert wird. Es scheint hier, als ob Yusuf sich einen Begriff leiht, den er in dem durch die interreligiöse Erziehung an der Juliana-van-Stolberg-Schule angeregten Prozess kritischer Beobachtung, Reflexion und Interpretation[6] gefunden hat. Im Ergebnis weist Yusufs »Mein Gott« hybride Merkmale auf. Das kann auf einen bislang nicht untersuchten Aspekt interreligiöser Erziehung verweisen, und zwar nicht nur die Anregung des interreligiösen Dialogs, sondern, was vielleicht noch wichtiger ist, die Frage, wie sich interreligiöse Erziehung auf den intrareligiösen Dialog auswirkt. Die Konfrontation mit der anderen Religion und dementsprechend mit anderen »Mein Gott«-Vorstellungen im Klassenzimmer regt die Reflexion darüber an, was einem an der eigenen Tradition, der islamischen oder christlichen »Unser Gott«-Vorstellung, vertraut ist. Der externe Dialog im Klassenzimmer könnte einen inneren intrareligiösen Dialog[7] einleiten, der sich im Jugendalter in einer klar differenzierbaren »Mein Gott«- und »Dein Gott«-Vorstellung niederschlägt. Wie bereits erwähnt, ist interessant, dass die Gott-Vorstellungen islamischer und christlicher Kinder hybride Merkmale aufweisen.

Leider musste die Juliana-van-Stolberg-Schule ihre Tore im Juli 2003 wegen sinkender Schülerzahlen schließen. Zum Teil lag das an der zunehmenden Vergreisung der Bevölkerung in der Umgebung der Schule, zum Teil war aber offenbar auch die Zeit noch nicht reif für interreligiöse Erziehung. Aber die Zeiten ändern sich und gegenwärtig treffen Kinder mit unterschiedlichem ethnischem und religiösem Hintergrund nicht nur in interreligiösen Schulen aufeinander. Die Begegnung mit »dem anderen« ist nunmehr an jeder Schule in den Niederlanden an der Tagesordnung, egal ob in staatlichen, christlichen (sowohl protestantischen als auch römisch-katholischen) oder islamischen Schulen. In den Niederlanden besuchen 47 Prozent der muslimischen Kinder staatliche Schulen und 53 Prozent konfessionelle Schulen. Diese letzten 53 Prozent gliedern sich auf in 28 Prozent der muslimischen Kinder, die römisch-katholische Schulen besuchen, und 19 Prozent der muslimischen Kinder, die in eine protestantische Schulen gehen. 6 Prozent der muslimischen Kinder besuchen entweder islamische Schulen oder Schulen, die alternative reformpädagogische Konzepte verfolgen, wie Montessori- oder Waldorf-Schulen.[8]

6 Siehe für eine ausführliche Darlegung dieser drei Begriffe *R. Jackson*, Religious Education: an Interpretive Approach, London 1997.

7 Vgl. *B. Roebben*, Inter-religieus leren op school. Een tussentijdse godsdienstpedagogische balans. In: *B. Roebben (Hrsg.)*, Religieus opvoeden in een multiculturele samenleving, Leuven 2000, S. 85–101, S. 91.

8 S. *C. Bakker/E. Rigg*, De persoon van de leerkracht. Tussen christelijke schoolidentiteit en leerling diversiteit, Zoetermeer 2004, S. 66.

4. »Mein Gott« und »Dein Gott« in der Grundschule

In den Niederlanden beginnen Kinder ihre schulische Laufbahn im Alter von vier Jahren in der Grundschule. Ter Avest führte ihre Studie in einer interreligiösen Schule durch, in der die religiöse Entwicklung der Schüler zielgerichtet angeregt wird, indem im »Unterricht der Begegnung« ein »Konflikt« hervorgerufen wird. Wir hingegen möchten in diesem Kapitel die Herausforderungen konfessioneller christlicher und islamischer Schulen in Bezug auf die religiöse Erziehung ihrer Schüler herausarbeiten, die, wie die Kinder der interreligiösen Juliana-van-Stolberg-Schule in Ede, einen unterschiedlichen Hintergrund haben. Wir lassen den Leser in diesem Kapitel an den Erfahrungen einer gemischten Klasse einer islamischen Grundschule und einer römisch-katholischen Grundschule mit religiöser Erziehung teilhaben. In beiden Klassen ist die Lehrkraft eine niederländische junge Frau. In der Studie wurden mehrere Forschungsmethoden (teilnehmende Beobachtung, Befragung und »Stimulated Recall«) verwendet.

4.1. »Mein Gott« in der islamischen religiösen Erziehung

Zunächst unterziehen wir die Klasse von Wilma, einer niederländischen Lehrerin an einer islamischen Grundschule, einer näheren Untersuchung. Diese Schule befindet sich in einer schönen Stadt im Zentrum der Niederlande unweit des liebevoll restaurierten alten Zentrums dieser Stadt. Die Bevölkerung des Stadtteils, in der die Schule sich befindet, gehört der unteren sozialen und wirtschaftlichen Schicht an. Der Religionsunterricht in dieser Schule umfasst eine Wochenstunde und soll die Schüler in die islamische Tradition einführen. In jeder Unterrichtsstunde erlernen die Schüler die »Sure der Woche« und Wissenswertes über die islamische Tradition, wie zum Beispiel über das Leben des Propheten Mohammed. Der Religionsunterricht beginnt für die Kinder im dritten Jahr der Grundschule im Alter von sechs Jahren.

In der subjektiven Theorie der Lehrerin[9] hängt religiöse Erziehung nicht nur mit dem Religionsunterricht zusammen, sondern auch eng mit der Verhaltenseinstellung gegenüber anderen, in der sie sich niederschlägt. Die Lehrerin nannte insbesondere die Fähigkeit, dem anderen zuzuhören und das Vermögen, die Perspektive des anderen einzunehmen, als wichtige Ziele. Ziele, die nicht nur zur religiösen Bildung im Rahmen des Religionsunterrichts, sondern auch zur Bildung insgesamt beitragen sollten.

Der Lehrerin ist bewusst, dass die religiöse Erziehung für die vier- bis fünfjährigen Kinder mit der Art der Sozialisierung im Elternhaus beginnt. Zu Hause nehmen Kinder auf sehr natürliche Weise an religiösen und anderen Bräuchen teil. Ohne

9 S. dazu *I. ter Avest/C. Bakker/S. Miedema*, Different schools as narrative communities. Identity narratives in threefold. In: Religious Education, 103 (2008) 1 (im Druck).

Fragen zu stellen und mit Eltern, die keine Erklärungen darüber abgeben, warum sie sich in bestimmter Weise verhalten. So eignen sie sich die häusliche Kultur an, die von der islamischen Kultur geprägt ist. Die Kinder saugen sozusagen die praktischen Verhaltensaspekte der Kultur ebenso mit der Muttermilch auf wie die abstrakten Begriffe der Religion. Die Kinder »lernen durch tun« (»learning by doing«[10]) und kopieren das Beispiel der Mutter oder der ersten Bezugsperson, zu der sie eine enge Beziehung haben. Dieses Verhältnis ist so eng, dass es eine gewisse Zeit dauert, bis das Kind sich selbst als unabhängige Person, getrennt von der Mutter, erkennt und sie als ein »anderes Individuum« wahrnimmt. Gerade in den ersten Lebensjahren ist das Wohlbefinden, das Sich-Geborgen-Fühlen des Kindes eng mit der Mutter bzw. der Bezugsperson verknüpft. Das Beispiel des Kindes, das weint, weil seine Mutter weint, ist bekannt. Der Schmerz des Kindes wird nicht etwa durch die komplexe Emotion des Einfühlungsvermögens hervorgerufen, sondern eher dadurch, dass das Kind vom Schmerz der Mutter wie von einer Infektionskrankheit angesteckt wird. Das geschieht ebenso, wenn die Mutter in guter Stimmung ist. Ihr Glücklichsein bestimmt bis zu einem gewissen Grad die Stimmung des Kindes. Nicht nur ihr Glücklichsein, sondern auch ihre (religiösen) Werte beeinflussen die Entwicklung des Kindes stark.[11] So lernen Kinder Religion buchstäblich auf dem Schoß der Mutter.

In der Schule, bisweilen buchstäblich auf dem Schoße der Lehrkraft, erlernen Kinder den Islam samt seiner Hauptinhalte und wie sie sich entsprechend der islamischen Tradition zu verhalten haben. Nur Kinder, die sich sicher fühlen, sind in der Lage zu lernen. Aus diesem Grund muss sich die Lehrkraft zunächst auf den Familienkontext einstellen. Das gilt ebenso für das Wachsen der Religiosität, die aus Vertrauen entsteht: Das Vertrauensverhältnis ist die *Wiege des Glaubens*.

Ermöglicht man den Kindern, sich mit den Hauptinhalten des Islams vertraut zu machen, so vergrößert man ihre religiöse Bildung. Für die Kleinsten ist es absolut notwendig, die Hauptinhalte in sehr konkrete Verhaltensaspekte umzuwandeln. In der Grundschule wird für das Kind ein Raum geschaffen, in dem es wachsen kann, in dem es die Worte erwirbt, um Rituale zu benennen, die zu Hause gepflegt werden, ohne dass es Fragen stellt. In der Schule nutzen Lehrkräfte die verschiedenen häuslichen Kulturen, um die Kinder dazu einzuladen, Fragen zu stellen, und lehren sie unterschiedliche Worte und Inhalte, die den vielfältigen Werten und Regeln zugrunde liegen. Laut Dewey macht die Schule durch die Lehrkraft die Welt für das Kind größer. Für Dewey steht der Begriff »Beteiligung« im Mittelpunkt, wenn er über die Entwicklung der immer komplexer werdenden Gewohnheiten und Handlungen spricht, mit der das Kind seine Interaktion mit der Gesellschaft und sein Verhältnis zu ihr anpasst. Die Schule spielt dabei eine besonders wichtige Rolle,

10 *J. Dewey,* Schools of Tomorrow. In: *J. A. Boydston (Hrsg.),* John Dewey. The Middle Works, Band 8, Carbondale und Edwardsville 1915/1979, S. 205–404, S. 253, 255, 258, 261, 265, 286.

11 *S. Harter*, Authenticity. In: *C.R. Snyder/S.J. Lopez (Hrsg.)*, Handbook of Positive Psychology, Oxford 2005, S. 382–394.

stellt sie hier doch keine Vorbereitung für später, sondern eine Form der Gesellschaft als solche dar. Während Dewey[12] die Erziehung als embryonalen Raum charakterisiert und die Schule als embryonale Gesellschaft, in der das Kind lernt, mit anderen zusammenzuleben und sich an der Gemeinschaft, deren Teil es ist, zu beteiligen, verwendet Hermans[13] den Begriff der »Community of Practice«. In einer solchen Minigesellschaft ist die Lehrkraft für den beabsichtigten Lernprozess des Kindes verantwortlich. Die Lehrkraft schafft den Raum, in dem das Kind lehrreiche Erfahrungen sammelt, Erfahrungen, die es dem Kind ermöglichen, in den verschiedenen Lebensbereichen zu wachsen, auch in der Religion, die einen wesentlich Teil des Lebens ausmacht. Die Qualität der Erfahrungen kann, unabhängig davon, ob es sich dabei um religiöse Erfahrungen handelt, erst in der Retrospektive beschrieben werden.[14]

Ein Beispiel soll darlegen, was das für die alltägliche Situation in der Schule bedeutet. Um den Kindern die vielfältigen persönlichen Beziehungen, die man zu Allah/Gott haben kann, nahe zu bringen, verweist die Lehrerin auf die *Sure* 57, in der diese Beziehung explizit als eine der *Khalifa* zu seinem Schöpfer beschrieben wird. Um den Kindern die verschiedenen Arten beizubringen, wie sie sich wie ein *Khalifa* verhalten können, muss dieser Begriff für die kleineren Kinder in sehr konkrete, sich auf die ihr aktuelles Umfeld beziehende Verhaltensaspekte umgewandelt werden. Wilma, die Lehrerin der islamischen Grundschule, zeigt uns, wie sie sich an die Welt der Kinder anpasst und sie gleichzeitig in die Welt der nach der islamischen Tradition lebenden Erwachsenen einführt. Die Lehrerin verwendet sehr konkrete Mittel, konkret nicht nur im Sinne von Kinderbüchern, die sie den Kindern vorliest und die sie durchblättern können, sondern auch konkret in dem Sinn, dass sie die Kinder dazu einlädt, die im Buch beschriebenen Personen nachzuspielen. So fördert die Lehrerin sowohl das Vorstellungsvermögen als auch eine Gefühlsvielfalt, die den Lernprozess auf verschiedene Art und Weise anregen. In den Niederlanden sind die Kinderbücher von Max Velthuijs zu diesem Zweck bei vielen Grundschullehrern sehr beliebt, zum Beispiel *Frosch und der Horizont* (1998), *Frosch ist verliebt* (2004), *Frosch ist Frosch* (1996), *Frosch findet einen Freund* (2004) und *Frosch hat Angst* (1994).

Wie jeden Morgen spricht eine muslimische Assistenzlehrkraft mit den Kindern das Morgengebet, die mit verschränkten Armen oder mit offenen Händen in der Klasse sitzen und die *Sure* aufsagen. Danach liest die Lehrerin den Kindern ein Buch zum Thema Vielfalt vor. Sie erklärt, dass Vielfalt in diesem Buch als Herausforderung gesehen wird, die Qualitäten der anderen zu erkennen, und als Möglichkeit, einander um Unterstützung zu bitten. Sie erörtert dieses Konzept mit den Kin-

12 *J. Dewey,* My Pedagogic Creed. In: *J.A. Boydston (Hrsg.),* J. Dewey. The Early Works, Band 5., Carbondale und Edwardsville 1897/1972, S 86–87.

13 *C.A.M. Hermans*, Participatory Learning. Religious Education in a Globalizing Society, Leiden/Boston 2003, S 228–230.

14 *J. Dewey*, A Common Faith, New Haven 1934, S. 42.

dern, indem sie sie auffordert, eine eigene Stärke zu nennen, sich umzuschauen und herauszufinden, welchen Klassenkameraden sie um Unterstützung für etwas bitten könnten, was nicht ihre Stärke ist und worin sie nicht gut sind. In derselben Stunde, in der sie Schwächen und Stärken herausarbeitet, bietet sie den Kindern die Möglichkeit, »in ihrer Stärke zu wachsen«. Um wachsen zu können, lehrt sie die Kinder, braucht man etwas von außen und eigene Willenskraft. Sie veranschaulicht dies anhand eines Liedes von der »Knolle«, das sie mit den Kindern singt. Gleichzeitig gießt sie die Knollen und fördert ihr Keimen, sodass sich Stiele und Blüten herausbilden. Der Bezug zu Allah/Gott, der eine Quelle des Wachstums sein kann, und zu dem Kind, das selbst die eigene Kraft zeigen soll, wird zwar nicht ausdrücklich erwähnt, ist im Kontext dieser Stunde aber spürbar, in der sich Vorstellungskraft und das gemeinsame Verlangen nach Wachstum eindringlich manifestieren. Der Begriff »Mein Gott« wurde bei diesen Kindern der islamischen Schule mit der »Hilfe« von außen ausgefüllt, die ebenso mit innerer Stärke und Willenskraft einhergeht wie mit »Komplementarität«: Was man alleine nicht tun kann, dabei hilft einem Gott. »Mein Gott« wird zu »Unserem Gott«, einem gemeinsamen religiösen Verständnis.

4.2 »Mein Gott« und »Dein Gott« in der römisch-katholischen Klasse

In der niederländischen säkularisierten Gesellschaft ist der Kontext nicht mehr notwendigerweise religiös geprägt. Auch in konfessionellen Schulen haben die Schüler meist entweder einen säkularisierten Hintergrund oder, wie in den größeren Städten im Westen des Landes, einen islamischen Hintergrund. So ist es auch in unserem zweiten Beispiel für religiöse Erziehung. Diese römisch-katholische Schule befindet sich in der Hauptstadt der Niederlande in einem dreißig Jahre alten Stadtteil, wo überwiegend marokkanische, türkische und surinamische Familien wohnen. Im Bewusstsein der Vielfalt des Hintergrunds, den die Schüler mitbringen, hat sich die Schule entschieden, im Religionsunterricht die allgemeinen religiösen Gebote, wie »Liebe Deinen Nächsten«, auf die Entwicklung von Einfühlungsvermögen und Zuneigung für den anderen zu übertragen. Wie oben bereits erwähnt, sieht Dewey die Lehrkraft als Vorbild: Er glaubte, die Lehrkraft sei der Prophet des wahren Gottes und der Türsteher des wahren Königreichs Gottes (»... the prophet of the true God and the usherer in of the true kingdom of God«[15]). Nach Dewey predigt die Lehrkraft nicht nur »das Königreich Gottes«, in dem Frieden und Gerechtigkeit herrschen, sondern sie versinnbildlicht es in der eigenen Person. Dabei geht jede Lehrkraft im Grunde genommen ihren eigenen Weg, weil ja jede mit Hilfe von Interpretations- und Transformationsprozessen auf ganz eigene, individuelle Art und Weise an das Ideal des »Königreichs Gottes« herangeht. Sich für das Gute zu entscheiden, ist eine Frage der Zunahme der Liebe und des Einfühlungsvermögens. Das Wachsen

15 *J. Dewey,* My Pedagogic Creed. In: *J.A. Boydston (Hrsg.),* J. Dewey. The Early Works, Band 5., Carbondale und Edwardsville 1897/1972, S 95.

des Einfühlungsvermögens stützt sich bis zu einem gewissen Grad auf Gefühle der *Anerkennung* und des *Angenommenseins* im Frühkindalter. Diese junge niederländische Lehrerin an der römisch-katholischen Schule praktiziert dies, indem sie die Kinder buchstäblich auf den Schoß nimmt.

In der subjektiven pädagogischen Theorie der Lehrerin Nancy an der römisch-katholischen Grundschule steht der Ansatz »gleich und dennoch verschieden« im Mittelpunkt. In ihrem Unterricht konzentriert sie sich darauf, Dinge gemeinsam zu tun, wie nebeneinander zum Spielplatz zu gehen, die gegenseitigen Stärken bei einem Dreiradwettrennen zu nutzen und darauf zu warten, bis man dran ist (und so zu lernen, in einer Gesprächssituation abzuwarten, bis man das Wort erhält). Sie liest mit den Schülern Bücher und fordert sie dabei auf, über ihren Familienalltag und ihre religiösen Handlungen wie Beten und Fasten zu erzählen. Unterschiedliche Rituale und familiäre Gepflogenheiten werden nicht als Problem gesehen, sondern als Bereicherung und als Einladung, Fragen zu stellen. Wie auch die Lehrerin der islamischen Schule verwendet Nancy die Bücher der Kinder als Auslöser dafür, um kognitives und empirisches Wissen auszutauschen. Die Lehrerin in der römisch-katholischen Grundschule regt die Phantasie der Kinder an, indem sie sie dazu auffordert, die Perspektive des anderen einzunehmen, so das »Anderssein« der Welt des anderen zu erfahren und sich der Unterschiede zwischen »meiner Welt« und »Deiner Welt« bewusst zu werden. Das ist eine Vorübung dafür, sich »Meines Gottes« und »Deines Gottes« bewusst zu werden.

4.3 Gemeinsamkeiten der Ansätze beider Lehrerinnen

Bemerkenswert ist, dass beide Lehrerinnen zur Entwicklung der religiösen Sensibilität und Bildung ihrer Schüler eine psychologische Notwendigkeit für vierjährige Kinder praktizieren. Sie müssen eine Lernumgebung schaffen, in der die Kinder einige Grundprinzipien des Zusammenlebens mit Menschen, die anderen religiösen Traditionen angehören, am eigenen Leib erfahren.

Beide schaffen ein Lernumfeld, das es ermöglicht, die Sensibilität der Kinder für das Erleben der gegenseitigen Abhängigkeit im Zusammenleben zu vergrößern, für das Bewusstsein von »etwas, das größer ist als unsere Herzen« und in der christlichen Tradition als Gott und in der islamischen Tradition als Allah bezeichnet wird. Und sie fördern das Gedeihen der Artikulation dessen, was an jedem Kind und seiner Familie »überraschend neu« ist.

Bemerkenswert an unseren empirischen Daten ist, dass beide Lehrerinnen in ihrem subjektiven pädagogischen Ansatz unabhängig von der konfessionellen religiösen Identität der Schule die Notwendigkeit eines sicheren Lernumfelds betonen, um das gemeinsame Zusammenleben in einer multikulturellen und multireligiösen Gesellschaft zu erlernen. Beide vermittelten dies unter anderem im engen körperlichen Kontakt mit den Schülern. Während sie die Kinder in die Welt der Religion einführten, saßen sie bei ihnen auf dem Schoß.

5. In einer multireligiösen Gesellschaft Tradition erlernen

Lassen Sie uns diese beiden Wege des Erlernens religiöser Ideen, die zwei verschiedenen Wege der Entwicklung religiöser Bildung und Sensibilität, die beiden Wege, die zu religiös gebildeten Bürgern beitragen, einer näheren Betrachtung unterziehen.

Das Wort »Tradition« stammt vom lateinischen Wort *tradere* (übergeben, überliefern) ab. Tradition ist demnach ein aktiver Prozess. Die Lehrkraft versucht nach besten Kräften zu vermitteln, was entsprechend ihrer subjektiven Interpretation der religiösen Tradition, der sie angehört, in ihrem Leben von wesentlicher Bedeutung ist. Der Schüler versucht ebenso nach besten Kräften, sich das anzueignen. Die Beziehung zwischen Lehrkraft und Schüler, Ausbilder und Auszubildendem, spielt dabei eine maßgebliche Rolle. Das Kind erlernt Tradition zunächst durch Mundpropaganda und danach durch Teilnahme und Akzeptanz. Aufmerksames Hören und Wiederholen, Einprägen und Nachahmen sind gleichermaßen Schlüsselelemente des Erlernens der christlichen und der islamischen Tradition.[16] Auf diese Art und Weise lernen die Kinder Gebete, Psalmverse, Texte aus den Evangelien für die Weihnachtsliturgie oder die einführende Sure für die *Salat* und Teile des Korans für besondere Anlässe. Mitunter wird dies als der *Closed Fist*-Ansatz bezeichnet, dessen Schwerpunkt auf dem Einprägen liegt. Dieser Ansatz zielt darauf ab, das Kind für seine Teilnahme an diesem Leben im Glauben vorzubereiten. Den Kindern Kenntnisse zu vermitteln, ihnen ihre Tradition nahe zu bringen, all das dient dem Ziel der Sozialisierung in der Gemeinschaft des Glaubens.

Nach der Phase, in der der Schwerpunkt auf dem Einprägen und Wiederholen liegt, sind sowohl die christliche als auch die islamische Tradition durch eine Phase gekennzeichnet, in der das Kind über das Gelernte nachdenkt, obwohl anzumerken ist, dass diese zweite Phase in der Praxis nicht immer verwirklicht wird. Fragen stellen ist ein integraler Teil der Lerntradition. Tradition schafft Bilder. Das Kind wandelt das Gelernte in visuelle und akustische Bilder um. Diese Bilder spiegeln sich nicht immer im Umfeld des Kindes wider. Was das Kind sieht, stimmt nicht immer mit den idealistischen Bildern in seiner Vorstellung überein. Die widerspenstige Realität ruft Fragen hervor, die beantwortet werden müssen. Das Kind ist gezwungen, auf der Grundlage dessen, was es gelernt hat, Fragen zu stellen, um zu erklären, was es in der Realität antrifft. In Bezug darauf spricht Gadamer von der *Negativität der Erfahrung*[17]: Dinge sind nicht so, wie die Tradition sie uns überliefert hat. Die Realität entzieht sich den kulturell geprägten Begriffen und Vorverständnissen, mit denen sich das Kind der Realität nähert. Der Unterschied wird betont. Das Kind wird von der Lehrkraft dazu ermutigt, unerwartete Elemente zu bemerken, Dinge, die es nicht erwartet hat und nicht versteht. Die Unterschiede wer-

16 Vgl. *W.A.J. Meijer*, Traditie en toekomst van het islamitisch onderwijs, Amsterdam 2006, S. 229.

17 Ebd. S. 229.

fen Licht auf das, was man weiß. Charakteristisch für diesen Ansatz ist, dass man dem Konflikt nicht aus dem Weg geht, sondern ganz im Gegenteil seine Kraft hervorhebt und so die Entwicklung fördert.

Das *Bekenntnis* zur Tradition gibt Lehrkraft und Schüler den Spielraum, die widerspenstige Realität zu erklären und die Unterschiede zu benennen. Wenn das Kind selbst keine Fragen stellt, wird die Lehrkraft Dinge aufzeigen, die sich von dem unterscheiden, was zu erwarten ist. Dieser Prozess verleiht dem Verb *tradere* den Ton der »gelenkten Offenheit«. Die Lehrkraft führt das Kind in vielfältige Quellen ein. Das Kind lernt nicht nur andere Texte kennen, sondern erlernt durch die Diskussion mit der Lehrkraft die Kunst des Fragens, des Debattierens und der Unterhaltung. Das wird in der Erziehungstheorie als hermeneutisch-kommunikativer Lehransatz oder manchmal auch einfacher als der *Open Hand*-Ansatz bezeichnet. Der Schwerpunkt liegt dabei darauf, den im Gedächtnis gespeicherten Elementen der Tradition eine Bedeutung zu verleihen. So erhalten alte und vertraute Begriffe einen neuen Inhalt. Das Kind wandelt die Tradition, die ihm überliefert wurde, in eine eigene religiöse Identität um. Die Konfrontation mit den Unterschieden fördert die Entwicklung einer eigenen authentischen Religiosität auf der Grundlage der eingeprägten Tradition.

6. Tradition vom Herzen lernen

Der hermeneutisch-kommunikative Lehransatz, den wir kurz umrissen haben, ist in unseren Augen ein sehr viel versprechender Weg zum Erlernen der Tradition in einem interkulturellen und interreligiösen Kontext. Er ähnelt stark dem *interpretativen Ansatz*, den Robert Jackson, eine führende Persönlichkeit in der internationalen Debatte über Religionen und Erziehung innerhalb und außerhalb Europas, vor einem Jahrzehnt in Großbritannien entwickelt und beschrieben hat.[18] Er weist auch einen engen Bezug zu dem Konzept »Religionsunterricht für alle« auf, das von dem Religionspädagogen Wolfram Weiße und seinen Kollegen in Hamburg entwickelt und angewendet wird.[19]

Dem trockenen theoretischen Begriff »hermeneutisch-kommunikativer Lehransatz« ziehen wir jedoch eine nüchternere, gleichzeitig aber inspirierende Beschreibung vor und nennen diesen Ansatz »*Vom Herzen lernen*«. Aus unserer Sicht betont diese Bezeichnung wirklich die affektive Komponente, die in der Lerntradition eine so große Rolle spielt. Eine pädagogische Untermauerung dieses Ansatzes findet man auch in Paulo Freires *Pedagogy of the Heart*.[20] Freire hat überzeugend dargelegt, dass Reflexion und Bewusstwerdung sehr wichtig sind, dass aber für die Päda-

18 *R. Jackson*, Religious Education: an Interpretive Approach, London 1997.

19 *F. Doedens/W. Weiße (Hrsg.)*, Religionsunterricht für alle. Hamburger Perspektiven zur Religionsdidaktik, Münster/New York/München/Berlin 1997.

20 *P. Freire*, Pedagogy of the Heart, New York 1997.

gogik der Transformation und des Wandels die Pädagogik des Herzens unerlässlich ist. Das Herz steht in direktem Zusammenhang mit Liebe, und für Freire stellt die Kraft der Liebe für die Welt und die Menschen eine lebensnotwendige Grundlage für den Dialog dar.[21]

Den affektiven Aspekten des Lernprozesses wird man nur gerecht, wenn man die Begegnung mit dem anderen einbezieht. Die Begegnung mit real existierenden Menschen vervollständigt die Kommunikation und insbesondere deren affektive und emotionale Dimension. Für kleine Kinder stellt nonverbale Kommunikation die Vorstufe zur verbalen Kommunikation dar und ist bisweilen sogar ein Ersatz dafür. Mit nonverbaler Kommunikation lassen sich menschliche Gefühle besser zum Ausdruck bringen als mit den schlagkräftigsten Worten. Einer Passage aus einem Lehrbuch fehlt diese wesentliche Dimension der Kommunikation. Die strahlenden Augen eines Jungen, der erzählt, wie er zum ersten Mal zum Ramadan fasten durfte, oder das glückliche und leuchtende Gesicht eines Mädchens, das stolz ihr Lieblingskleid für die Erstkommunion beschreibt, sagen uns viel mehr darüber, was Tradition in Menschen hervorruft, als die längste Erläuterung in einem Lehrbuch. Texte haben eine Distanz zur Realität, während der Eindruck eines Blickes Spielraum für die Begegnung zwischen dem Erzähler und seinen Zuhörern schafft.[22] Kinder »zeigen« ihre Geschichte, sie teilen ihre Erfahrungen und was sie für sie bedeuten, sie stellen einander Fragen über unerwartete Aspekte. Die Frage »Wann darfst du mit deinem Vater in der Moschee beten?« oder »Wie fühltest du dich als ›Knolle‹, während die Lehrerin dich mit Wasser begoss?« offenbaren ein lebendiges Interesse an einer Welt, die das Kind noch nicht kennt oder die sich von dem stereotypen Bild unterscheidet, die das Kind von ihr hat. Fragen laden den Erzähler ein, näher auf das eigene Leben (und die Rolle der Tradition darin) einzugehen. *»Vom Herzen lernen«* öffnet den Menschen die Augen für die Gegenseitigkeit und Abhängigkeit ihrer Beziehungen in der multikulturellen und interreligiösen Gesellschaft. Es kann als Modell für die (religiöse) Erziehung verantwortungsbewusster Bürger dienen.

Das Modell *»Vom Herzen lernen«* in der hier umrissenen Form lässt sich in drei Phasen untergliedern, die sich als »Erwerb (von Kenntnissen)«, »Erforschung (von Kenntnissen)« und »Gemeinsames Schaffen neuer Kenntnisse« beschreiben lassen. In der ersten Phase lernt das Kind sein eigenes Umfeld kennen und lernt, es mit Begriffen zu bezeichnen. Durch gutes Zuhören und Betrachten lernt es in der Schule, wie es die vielen, zu Hause implizit vorhandenen Dinge explizit ausdrücken kann. Die Lehrerinnen in der römisch-katholischen Schule und der islamischen Schule vermitteln beide ihren Schülern Bildung, indem sie mit praxisnahen Mitteln die Phantasie fördern. In der zweiten erforschenden Phase betritt das mit allen in

21 *S. Miedema*, Paulo Freire. Pedagogo von bewustmaking, bevrijding en hoop. In: Pedagogiek in Praktijk 11(2005)24, S. 42–45.

22 Vgl. *I. ter Avest/C. Bakker*, Encountering ›good practice‹. In: *S. Miedema/J.M. Hull (Hrsg.)*, Religious Education as Encounter, Münster/New York/München/Berlin 2008 (im Druck).

der ersten Phase erworbenen Kenntnissen ausgerüstete Kind die Welt des anderen und erforscht sie. Es schaut durch eine von der religiösen Bildung gefärbten Brille, die seinen Blick auf die Realität bestimmt. Seine Lehrer lenken es durch dieses Treffen mit der Realität und ermutigen es, offene Fragen zu stellen. Die »gelenkte Offenheit«, die sie schaffen, ebnet den Weg für das reale Treffen in der nächsten Phase, in der die Schüler zusammenarbeiten und mit ihren kognitiven und affektiven Aspekten eine neue Form von Wissen aufbauen, die sich in neuen Erkenntnissen über die eigene Tradition und einer veränderten Haltung zum »anderen« widerspiegeln. In der westeuropäischen Kultur und in unseren sich wandelnden Gesellschaften ermutigt das Modell *»Vom Herzen lernen«* die Menschen, einander als Bürger »von Herz zu Herz« zu begegnen. Das ist ein äußerst interessanter Prozess, der schon in den Kindertagesstätten durch eben diese Haltung, der Phantasie freien Lauf zu lassen und am anderen Anteil zu nehmen, in Gang gesetzt werden sollte.

Heinrich de Wall

Juristische Aspekte der interkulturellen und interreligiösen Bildung in Kindertagesstätten

Die religiöse Erziehung an den öffentlichen Schulen erfreut sich auch in der juristischen Rechtsprechung und Literatur großer Aufmerksamkeit. Das gilt nicht nur für den ausdrücklich im Grundgesetz geregelten Religionsunterricht, sondern auch für andere Aspekte religiösen Lebens in der Schule. Für das Religionsverfassungsrecht wichtige und wegweisende Entscheidungen des Bundesverfassungsgerichts sind in diesem Bereich ergangen[1].

In auffallendem Kontrast dazu steht die Behandlung der religiösen Erziehung im Elementarbereich. Sie ist weder in der Verfassung ausdrücklich geregelt noch gibt es dazu von juristischer Seite eine intensive Diskussion[2]. An Judikaten ist allein die Entscheidung des Hessischen Verwaltungsgerichtshofs bekannt geworden, wonach das Grundgesetz dem Tischgebet in einem kommunalen Kindergarten nicht grundsätzlich entgegensteht[3]. Dabei wurde festgehalten, dass die Grundsätze der Schulgebetsentscheidung des Bundesverfassungsgerichts auch auf das Gebet im Kindergarten angewendet werden können[4]. Freilich wurde auch darauf hingewiesen, dass

1 Entscheidungen des Bundesverfassungsgerichts (BVerfGE) 41, S. 29ff; 41, S. 65ff; 41, S. 88ff (Gemeinschaftsschule); Entscheidungen des Bundesverwaltungsgerichts (BVerwGE) 44, S. 196ff; BVerfGE 52, S. 223ff (Schulgebet); BVerfGE 93, S. 1ff (Kreuz im Klassenzimmer); BVerfG, Neue Juristische Wochenschrift (NJW) 2003, S. 3111; BayVerfGH (Bayerischer Verfassungsgerichtshof), Entscheidung vom 15.1.2007, Bayerische Verwaltungsblätter (BayVBl.) 2007, S. 235ff. Letztere beide Entscheidungen haben nicht unmittelbar die religiöse Erziehung, zum Gegenstand, betreffen aber gleichwohl die Problematik religiöser Bezüge im Schulwesen.

2 In jüngster Zeit hat eine Neuregelung im Kindergartengesetz des Landes Baden-Württemberg, wonach das bereits für die Schulen eingeführte Kopftuchverbot auch für Fach- und andere Betreuungs- und Erziehungskräfte in staatlichen Kindergärten gelten soll, Aufmerksamkeit auch in juristischen Fachkreisen erregt, vgl. *M. Wittinger*, Kopftuch, Kindergarten und kommunales Selbstverwaltungsrecht – das Kopftuch bleibt ein »buntes Stück Sprengstoff«. In: Verwaltungsblätter für Baden-Württemberg (VBlBW) 2006, S. 169–174; *K. Engelken*, Kopftuchverbote nur aufgrund von Rechtsgütern mit Verfassungsrang: Verbot im Landeskindergartengesetz ohne Verfassungsgrundlage? In: VBlBW 2006, S. 209–216. Freilich hat diese persönliche Anforderung an die Beschäftigten eines Kindergartens allenfalls indirekt mit dem hier zu verhandelnden Thema zu tun.

3 *VGH Kassel*, Beschluss vom 30.6.2003. In: NJW 2003, S. 2846. Dazu s. die Besprechung von *M. Ogorek*, In: Juristische Arbeitsblätter (JA) 2004, S. 199. Das BVerfG hat die Verfassungsbeschwerde gegen den Beschluss des VGH Kassel als unzulässig verworfen, weil der Rechtsweg nicht erschöpft war, BVerfG, Beschluss vom 2.10.2003. In: NJW 2003, S. 3469.

4 *VGH Kassel*, Beschluss vom 30.6.2003. In: NJW 2003, S. 2846.

der wesentliche Unterschied zwischen dem Schul- und dem Kindergartenbereich die fehlende Pflicht zum Besuch einer Kindertagesstätte ist[5]. Darauf wird zurück zu kommen sein.

Die weitgehende Fehlanzeige einer Diskussion des Themas in der verfassungsrechtlichen, speziell der religionsverfassungsrechtlichen Literatur und Rechtsprechung und die Tatsache, dass auch im Grundgesetz eine Regelung zur Erziehung im Elementarbereich fehlt, mag nun die Frage aufwerfen, ob eine verfassungsrechtliche Untersuchung des Themas durch einen Religionsverfassungsrechtler und anhand religionsverfassungsrechtlicher Grundbegriffe und Fragestellungen überhaupt angemessen ist. Insofern ist schon erläuterungsbedürftig, warum einleitend überhaupt der Religionsunterricht und die umfangreiche Diskussion über religiöse Bildung in der Schule als Kontrast zur Behandlung interkultureller und interreligiöser Bildung in Kindertagesstätten herangezogen wurde. Man könnte dagegen sogar einwenden wollen, dass das Religionsverfassungsrecht gar nicht einschlägig ist, da es bei der interreligiösen und interkulturellen Erziehung ja gerade nicht um den Unterricht in einer einzigen, bestimmten Konfession geht, wie er in der Garantie des Religionsunterrichts des Art. 7 Abs. 3 GG vorausgesetzt wird. Vielmehr soll es hier um das eine Konfession oder Religion übergreifende Lernen gehen, das zudem in seinen kulturellen bzw. interkulturellen Zusammenhang gestellt wird. Dennoch bildet das Religionsverfassungs- bzw. Staatskirchenrecht unter Einschluss der Vorschriften über Religionsfreiheit, religiöse Gleichheit und das Schulwesen den richtigen Bezugsrahmen für die juristische Betrachtung dieses Themas.

Für die Verfassung ist nämlich zum einen nicht die Frage nach der Interkulturalität entscheidend. Vielmehr behandelt das Grundgesetz und behandeln die Länderverfassungen in dem uns interessierenden Zusammenhang das Phänomen der Religion in seiner Konfessionalität und ordnen seine Beziehungen zum säkularen Staat und seinem weltanschaulich-religiös neutralen Schulwesen. In diesem Bezugsrahmen spielt der kulturelle bzw. interkulturelle Aspekt, die Tatsache, dass die religiöse Identitätsbildung mit dem kulturellen Hintergrund eng verknüpft ist, eine geringe Rolle. Die dafür entscheidenden Aspekte haben im Grundgesetz nur eine ganz marginale Regelung gefunden, indem der besondere Gleichheitssatz des Art. 3 Abs. 3 GG gebietet, dass ein Mensch wegen seiner Heimat und Herkunft ebenso wenig benachteiligt oder bevorzugt werden darf wie wegen seines Glaubens oder seiner religiösen oder politischen Anschauungen. Von Verfassung wegen spielt also vor allem der religiöse Aspekt des interreligiösen und interkulturellen Lernens eine Rolle.

Dabei wird die Spannung zwischen religiös-weltanschaulicher Neutralität und Konfessionalität für diesen Bereich zum anderen auch nicht etwa dadurch aufgehoben, dass das interreligiöse Lernen nicht nur eine Religion bzw. Konfession in den Blick nimmt. Vielmehr soll das interreligiöse Lernen nicht bei der bloß darstellenden, die Religionen von außen betrachtenden Herangehensweise an das Religiöse

5 Dies wird betont von *K. Engelken*, In: VBlBW 2006, S. 210; relativierend dagegen *M. Wittinger*, In: VBlBW 2006, 170.

halt machen[6]. Vielmehr soll es um die Findung eines eigenen religiösen Standortes gehen bzw. um den Dialog und das gemeinsame Lernen aus unterschiedlichen Standortbestimmungen. Nicht nur Kinder, die gar nicht religiös erzogen werden, sondern auch religiös-konfessionell sozialisierte Kinder sollen im Dialog mit Kindern anderer Prägung und ihren Erziehern bei der eigenen Standortbestimmung unterstützt, aber auch zum Verständnis anderer Standpunkte befähigt werden. Diese Standpunkte, der eigene und die fremden, sind aber je für sich gerade religiös und werden daher grundsätzlich durch die verfassungsrechtliche Problematik erfasst. Wenn ich im Folgenden also auf die religiöse Erziehung aus verfassungsrechtlicher Sicht eingehe, so ist das darin begründet, dass interreligiöse Bildung einen religiösen bzw. konfessionellen Standpunkt beinhaltet.

Die rechtlichen Rahmenbedingungen für die interkulturelle und interreligiöse Bildung in Kindertagesstätten sind nach alledem aus den Grundsätzen des Religionsverfassungsrechts und den sehr allgemein gehaltenen Regelungen der einschlägigen Gesetze, namentlich der §§ 1 und 9 SGB VIII und der Kindertagesstättengesetze der Länder zu entwickeln[7].

Dabei sind zwei Grundkonstellationen zu unterscheiden. Das Unterscheidungskriterium ist, ob der Träger der Kindertageseinrichtung der staatlichen Seite zuzurechnen ist oder nicht. Dabei wird nicht verkannt, dass in der Regel nicht die Länder, sondern die Kommunen Träger von Kindertagesstätten sind. In der durch das Verfassungsrecht und das einfache Recht vorgegebenen Systematik sind freilich die Kommunen als Träger öffentlicher Gewalt und Grundrechtsverpflichtete dem Staat zuzuordnen. Insofern sind also auch kommunale Kindergärten staatliche Einrichtungen bzw. staatliche Kindergärten. Anders ist dies bei anderen Trägern, die nicht selbst Träger von Hoheitsgewalt sind und die zu den Grundrechtsberechtigten zählen. Dazu gehören, trotz ihres Status´ als Körperschaften des öffentlichen Rechts, auch die Kirchen. Ohne hier näher in die schwierige Frage einzusteigen, was der Status der Kirchen als Körperschaften des öffentlichen Rechts bedeutet[8], ist es jedenfalls völlig unstreitig, dass im Kindergartenbereich für die Kirchen insoweit keine grundsätzlichen Besonderheiten bestehen. Hier stehen sie dem Staat bzw. den Kommunen wie andere nichtstaatliche Träger gegenüber. Sie sind, anders als die Kommunen, dem Staat gegenüber Träger eigener Grundrechte und natürlich der staatskirchenrechtlichen Garantien. Konsequenterweise werden in den einschlägigen Kindertagesstättengesetzen die kirchlichen Kindergärten den Einrichtungen freigemeinnütziger oder freier Träger zugeordnet und von den Kindergärten in staatlicher Trägerschaft unterschieden.

6 S. zur Parallele des interreligiösen Lernens in der Schule *F. Schweitzer/A. Biesinger/J. Conrad/M. Gronover*, Dialogischer Religionsunterricht, Freiburg i.Br. 2006, S. 174ff.

7 Als Beispiele für die sehr allgemeine Formulierung der Erziehungsziele in Kindertagesstätten vgl. § 2 I KiTaG Baden-Württemberg, Art. 10 BayKiBiG.

8 dazu *A. v. Campenhausen/H. de Wall*, Staatskirchenrecht, München ^{4}2006, S. 127–140.

1. Interreligiöse Erziehung in staatlichen Kindergärten

Im Falle der Kindergärten in staatlicher, d.h. kommunaler Trägerschaft sind dabei Rechte und Pflichten im dreipoligen Rechtsverhältnis zwischen Kind, Eltern und Kommune zu berücksichtigen. Auch die Rechte der von der religiösen oder interreligiösen Erziehung mittelbar betroffenen Religionsgemeinschaften sind zu berücksichtigen. Natürlich sind auch die Erzieherinnen und Erzieher als diejenigen, die in unmittelbaren Kontakt zu Kindern und Eltern treten und die Erziehung ja selbst durchführen sollen, keine zu vernachlässigenden Größen oder bloße Objekte der Tätigkeit anderer. Ihre Rechtsstellung bedürfte einer eigenen Analyse[9]. Die folgenden Ausführungen betreffen die Frage, ob und inwiefern Elemente religiöser und interreligiöser Erziehung in staatlichen Kindertagesstätten überhaupt zulässig sind. Dabei wird unterstellt, dass die Mitarbeiter zur Einbeziehung solcher Elemente bereit sind. Im Verhältnis zu den genannten Beteiligten des zu beurteilenden Rechtsverhältnisses stehen sie auf der Seite des Staates bzw. der Kommunen.

2. Religionsfreiheit und Bildungsanspruch des Kindes

Dem Kind steht ein Recht auf Bildung zu, wie es in § 1 Abs. 1 SGB VIII, in den Länderverfassungen sowie in internationalen Menschenrechtsgewährleistungen[10] enthalten ist. Dazu tritt der in § 24 SGB VIII enthaltene Anspruch auf einen Kindergartenplatz. Zentral für die rechtliche Beurteilung der Zulässigkeit und Grenzen interreligiöser Erziehung in Kindertagesstätten ist daneben die Religionsfreiheit, die auch Kindern zusteht. Inhaltlich ist die Religionsfreiheit äußerst weit gefasst[11]. So wird der Begriff der Religion extensiv interpretiert, um nicht durch einengende Definition den Anwendungsbereich der Religionsfreiheit zu schmälern. Auch werden nicht nur das Haben einer Religion und kultische Handlungen durch die Religionsfreiheit geschützt. Vielmehr garantiert sie dem Einzelnen »sein gesamtes Verhalten an den Lehren seines Glaubens auszurichten und seiner inneren Glaubensüberzeugung gemäß zu handeln«[12]. Dies bedeutet etwa, dass auch das Tragen bestimmter Kleidungsstücke, wenn es religiös motiviert ist, von der Religionsfreiheit erfasst wird. Die Religionsfreiheit umfasst auch nicht nur das (»positive«) Haben und die Ausübung der Religion, sondern auch das Gegenteil, d.h. die Freiheit, keine Religi-

9 Die zwangsweise Verpflichtung des Erziehers, im staatlichen Kindergarten nach religiösen Grundsätzen zu erziehen, dürfte gegen die eigene Religionsfreiheit des Erziehers verstoßen. Insofern besteht eine Parallele zur Situation der Lehrer, die nach Art. 7 Abs. 3 S. 3 GG nicht gegen ihren Willen zur Erteilung von Religionsunterricht verpflichtet werden dürfen.

10 Art. 2 S. 1 des (1.) Zusatzprotokolls zur Europäischen Menschenrechtskonvention (ZPEMRK), Art. 14 I Europ. Grundrechtecharta, die freilich derzeit ohne unmittelbare juristische Geltungskraft ist

11 Dazu s. *A. v. Campenhausen/H. de Wall*, Staatskirchenrecht, München [4]2006, S. 53–62.

12 BVerfGE 32, 98 (106f.); 41, 29 (49); 44, 37 (49).

on zu haben oder ausüben zu müssen (»negative Religionsfreiheit«). In Art. 7 II GG (Recht der Erziehungsberechtigten, über die Teilnahme am Religionsunterricht zu entscheiden) ist dieser Aspekt besonders hervorgehoben. »Positive« und »negative« Religionsfreiheit sind Aspekte eines einheitlichen Grundrechts und daher von grundsätzlich gleicher Qualität.

Wie alle Grundrechte ist auch die Religionsfreiheit gegen den Staat gerichtet, nicht gegen den Bürger oder gegen private Vereinigungen. Ein Recht, nicht mit der Religion und religiös geprägtem Verhalten anderer konfrontiert zu werden, besteht nicht. Wie alle Grundrechte ist auch die Religionsfreiheit vor allem ein Recht zur Abwehr staatlicher Eingriffe. Dagegen ist der Bürger nicht an die Religionsfreiheit gebunden, sondern deren Begünstigter. Freilich kann der Gesetzgeber unter bestimmten Voraussetzungen (s.u.) der Religionsfreiheit Grenzen setzen.

Wenn religiöse Aspekte im staatlichen Erziehungswesen berücksichtigt werden, kann dies freilich nicht einseitig als »Eingriff« in die negative Religionsfreiheit von Kindern bewertet werden. Vielmehr leistet der Staat dadurch gleichsam eine Hilfe zur Verwirklichung der Religionsfreiheit der Kinder, denen die religiösen Bezüge der Bildung vermittelt werden, und unterstützt das (noch zu behandelnde) religiöse Erziehungsrecht der Eltern, die einen solchen Unterricht wünschen. Dabei ist freilich der (»negativen«) Religionsfreiheit derjenigen Rechnung zu tragen, die (bzw. deren Erziehungsberechtigte) eine solche religiöse Erziehung ablehnen. Wie dies geschehen kann, hat das BVerfG im Rahmen seiner Rechtsprechung zum Grundsatz der religiösen Neutralität des Staates herausgearbeitet, die noch zu referieren ist.

3. Das Erziehungsrecht der Eltern

Für die Eltern streitet die auch ihnen zustehende Religionsfreiheit und ihr elterliches Erziehungsrecht. Beide Aspekte vereinen sich im religiösen Erziehungsrecht. Dies ist auch, was häufig übersehen wird, in internationalen Menschenrechtskatalogen ausdrücklich enthalten[13]. Hier gilt das für die Kinder Gesagte entsprechend. Wenn der Staat das Angebot religiöser Erziehung macht, dann ist dies ebenfalls nicht nur als Eingriff in das Erziehungsrecht der Eltern zu bewerten. Vielmehr kann es auch gerade dazu dienen, das religiöse Erziehungsrecht der Eltern zu stützen – auch dies in positiver wie in »negativer« Hinsicht. Ersteres, weil damit die Bemühungen der Eltern ergänzt werden, letzteres, weil eine areligiöse Erziehung in staatlichen Institutionen die religiöse Erziehung im Elternhaus konterkarieren kann. Durch religiöse Angebote kann dies vermieden werden. Die Unterstützungsfunktion der staatlichen Erziehungsangebote für die Verwirklichung des Erziehungsrechtes der Eltern und des Bildungsanspruches liegt auch § 9 SGB VIII zugrunde. Danach sind bei der Ausgestaltung der Leistungen und der Erfüllung der Aufgaben der Kinder- und Jugendhilfe die von den Personensorgeberechtigten bestimmte Grundrichtung der Er-

13 Art. 14 III Europ. Grundrechtecharta, Art. 2 S. 2 ZPEMRK.

ziehung sowie die Rechte der Personensorgeberechtigten und des Kindes oder des Jugendlichen bei der Bestimmung der religiösen Erziehung zu beachten.

4. Allgemeine Erziehungsziele und religiös-weltanschauliche Neutralität des Staates

Grundsätzlich anders als bei Eltern und Kindern ist die Rechtsposition von Staat und Kommunen. Sie sind nicht Träger von Rechten, sondern Verpflichtete der genannten Rechtspositionen. Sie haben Religionsfreiheit und Gleichheit sicher zu stellen. Ihnen obliegt es, die religiös-weltanschauliche Neutralität zu wahren. Allerdings setzt der Staat in den Länderverfassungen mit den Bildungszielen, wie sie auch in SGB VIII und Kindergartengesetzen ausgefüllt werden, eigene erzieherische Maßstäbe und Vorgaben. Beides, Erziehungsauftrag und Neutralität, bedarf näherer Betrachtung.

4.1 Der Erziehungsauftrag des Staates in Kindertagesstätten

Ein eigener Erziehungsauftrag des Staates und damit die Befugnis zur Setzung eigener Erziehungsziele durch den Staat wird üblicherweise in Art. 7 I GG verortet, als in der staatlichen Schulaufsicht implizierte Kompetenz: Ohne Maßstab und damit ohne eigene Erziehungsziele ist eine Schulaufsicht gar nicht denkbar.

Dass dem staatlichen Erziehungsauftrag damit Verfassungsrang zugebilligt wird, ist juristisch von erheblicher Bedeutung. Die Religionsfreiheit des Art. 4 I, II GG gehört nämlich zu den Grundrechten, die ohne Gesetzesvorbehalt gewährleistetet werden, die also keine ausdrückliche Bestimmung des Inhalts enthalten, dass und unter welchen Voraussetzungen sie durch Gesetz beschränkt werden können. Dies bedeutet nun nicht, dass sie überhaupt nicht eingeschränkt werden können. Natürlich kann das Gesetz Eingriffe in die körperliche Integrität anderer auch dann verbieten, wenn sie religiös begründet werden. Anderenfalls würde nämlich die Verfassung der Religionsfreiheit einen uneingeschränkten Vorrang gegenüber dem in Art. 2 II GG gewährleisteten Recht auf Leben und körperliche Unversehrtheit einräumen, obwohl dieses Recht als Grundrecht der Religionsfreiheit gleichrangig ist. Das würde aber widersprüchlich sein. Daher kann auch die Religionsfreiheit eingeschränkt werden, aber nur zugunsten gleichrangiger Rechtsgüter, also solcher, die ebenfalls Verfassungsrang besitzen. Überdies bedarf auch eine solche Beschränkung einer Grundlage in einem Parlamentsgesetz und muss auch den übrigen verfassungsrechtlichen Anforderungen an grundrechtsbeschränkende Gesetze genügen, also etwa vom zuständigen Gesetzgeber in einem ordnungsgemäßen Gesetzgebungsverfahren erlassen worden sein und – besonders wichtig – dem Verhältnismäßigkeitsprinzip genügen sowie ihrerseits der grundlegenden Bedeutung der Grundrechte, namentlich der Religionsfreiheit – Rechnung tragen. Da also beispielsweise in einem Verbot gegen Schülerinnen, sich in der Schule vollständig zu verhüllen, ein Eingriff in die Religionsfreiheit gesehen wird, kann ein solches Verbot[14] deshalb gerechtfertigt werden, weil der das Verbot begründende Erziehungsauftrag – bei einem verhüllten Gesicht ist nach unserem Verständnis die für den Unterricht erforderliche persönliche Kommunikation kaum möglich – ebenfalls Verfassungsrang besitzt.

Allerdings bezieht sich Art. 7 I GG auf das Schulwesen, zu dem Kindertagesstätten bisher nicht gezählt werden. Zwar dürfte die religiöse oder interreligiöse Erziehung in Kindertagesstätten üblicherweise nicht in das Grundrecht der Religionsfreiheit eingreifen, wenn sie sich an die – noch zu skizzierenden – Rahmenbedingungen hält, vor allem soweit der Grundsatz der Freiwilligkeit eingehalten wird. Gleichwohl ist natürlich auch hier denkbar, dass aus erzieherischen Gründen religiöse Praktiken nicht geduldet werden. Soll dann eine Einschränkung der Religionsfreiheit nicht möglich sein? Der Verweis darauf, dass es keine Kindergartenpflicht gibt und dass daher wegen der Ausweichmöglichkeit, keinen Kindergarten zu besuchen, derlei erzieherische Vorgaben keinen Eingriffscharakter erlangen können, dürfte nicht erfolgreich sein. Der Rechtsanspruch auf einen Kindergartenplatz macht deutlich, dass der Gesetzgeber den Besuch des Kindergartens für wünschenswert hält – ganz zu schweigen von der Angewiesenheit vieler auf eine Kinderbetreuung und davon, dass ein Rechtsanspruch natürlich beinhaltet, dass der Besuch unter zumutbaren Bedingungen erfolgt – das bedeutet ohne Einschränkung von Grundrechten, soweit sie nicht unbedingt erforderlich sind.

Die in den Länderverfassungen enthaltenen Erziehungsziele führen hier auch nicht weiter. In einzelnen Ländern beziehen sie sich nur auf die Erziehung in der Schule[15]. Vor allem aber ist es zweifelhaft, ob diese Erziehungsziele den Grundrechten des gegenüber den Länderverfassungen höherrangigen Grundgesetzes entgegengehalten werden können. Hat also Erziehung im Elementarbereich keinen Verfassungsrang und bedeutet das in der Konsequenz, dass die Religionsfreiheit gar nicht zugunsten der Erziehung im Elementarbereich eingeschränkt werden dürfte? Eine Lösung dieser Problematik könnte darin liegen, den Elementarbereich zum Schulwesen i.S.d. Art. 7 I GG zu zählen. Bisher werden Kindergärten, soweit das überhaupt begründet wird, deshalb nicht zum Schulwesen gezählt, weil in ihnen kein Unterricht stattfinde[16]. Angesichts der gewandelten Anforderungen an die Erziehung in Kindertagesstätten lässt sich jedenfalls diese Begründung anzweifeln. Richtigerweise sollte man daher Art. 7 I GG so interpretieren, dass er auch den Elementarbereich erfasst. Damit würde im Übrigen nur grundgesetzlich nachvollzogen, was einfachgesetzlich ohnehin Realität ist: Auch über Kindertagesstätten be-

14 Es muss überdies eine Grundlage in einem Parlamentsgesetz haben.

15 Vgl. z.B. Art. 131 II der Verfassung des Freistaates Bayern, Art. 33 der Verfassung für Rheinland-Pfalz; Art. 56 III, IV der Verfassung des Landes Hessen.

16 *G. Robbers*. In: *H. v. Mangoldt/F. Klein/C. Starck* (Hrsg.), Kommentar zum Grundgesetz, München 2005, Art. 7 Rdnr. 54; *M.-E. Geis*. In: *K. H. Friauf/W. Höfling* (Hrsg.), Berliner Kommentar zum Grundgesetz, Loseblattsammlung, Stand: 4/2007, Art. 7 Rdnr. 13.

steht ja eine staatliche Aufsicht, der aber bisher kein Verfassungsrang über Art. 7 I GG zugebilligt wurde.

Eine denkbare Alternative wäre es, solche Erziehungsziele, die ihrerseits auf den Schutz von Rechtsgütern von Verfassungsrang hinwirken, unmittelbar für Beschränkungen der Religionsfreiheit heranzuziehen, was nicht immer überzeugend gelingen dürfte. Vorstellbar wäre auch die ausdrückliche Erweiterung des Art. 7 I GG auf eine Aufsicht über das gesamte Erziehungswesen, also eine Verfassungsänderung.

4.2 *Die religiös-weltanschauliche Neutralität des Staates, insbesondere im Schulwesen*

Der Grundsatz der staatlichen Neutralität in religiösen und weltanschaulichen Fragen ist im Grundgesetz nicht explizit enthalten. Er wird vielmehr aus der Religionsfreiheit und anderen Verfassungsvorschriften – wie der religiösen Gleichheit und dem Verbot der Staatskirche – hergeleitet[17]. Er besagt, dass dem Staat grundsätzlich keine Befugnis zusteht, über Richtigkeit und Qualität weltanschaulicher und religiöser Modelle zu entscheiden. Es ist ihm verwehrt, sich mit einer bestimmten Religion oder Weltanschauung zu identifizieren. Demgemäß darf der Staat allerdings auch nicht etwa die Religionslosigkeit seiner Bürger propagieren. Er ist, wie das Bundesverfassungsgericht formuliert hat, »Heimstatt aller Staatsbürger«[18], ohne Unterschied von Religion oder Weltanschauung.

Wenn der Staat einen eigenständigen Erziehungsauftrag wahrnimmt, scheint dieser Grundsatz bei oberflächlicher Betrachtung einen Verzicht auf religiöse Bezüge zu fordern und daher mit dem rechtlichen Stellenwert religiöser Bildung schwer zu vereinbaren zu sein. Dass gleichwohl beides nebeneinander bestehen kann, zeigt die Rechtsprechung des BVerfG. Es hat mehrfach bestätigt, dass die Einführung religiöser Bezüge bei der Gestaltung der öffentlichen Schulen nicht schlechthin verboten ist[19]. Demgegenüber ist jedoch auch die negative Religionsfreiheit anders denkender Eltern und Schüler zu wahren. Wie generell bei Widersprüchen zwischen schulischen und elterlichen Erziehungszielen ein Ausgleich geschaffen werden kann,

17 BVerfGE 18, S. 386. Näher dazu *A. v. Campenhausen*. In: *H. v. Mangoldt/F. Klein/C. Starck* (Hrsg.), Kommentar zum Grundgesetz, München 2005, Art. 140, Rn. 16ff.

18 BVerfGE 19, S. 206, S. 216.

19 BVerfGE 52, S. 223; BVerfGE 41, S. 29, S. 51; BVerfGE 41, S. 65, S. 78. Dies ergibt sich daraus, dass das Grundgesetz keine strikte Trennung von Religion und Staat statuiert, sondern stattdessen durch das Eingehen auf religiös-kirchliche Angelegenheiten (Art. 7 III, Art. 140 GG) an verschiedenen Stellen das Modell einer modifizierten, respektierenden Neutralität des Staates den Religionsgesellschaften gegenüber verwirklicht, vgl. *N. Niehues/J. Rux*, Schul- und Prüfungsrecht, Bd. 1, München ^{4}2006, Rn. 540f., 553ff.

formuliert das BVerfG beispielhaft in seiner »Schulbuchentscheidung«[20]: »Das Neutralitätsgebot« ist danach »für die schulische Erziehung [...] erst dann verletzt, wenn eine gezielte Beeinflussung oder gar Agitation im Dienste einer bestimmten [...] weltanschaulichen Richtung stattfindet«[21]. Entsprechend billigte es in seinen Urteilen zur christlichen Gemeinschaftsschule die »christlichen Bezüge« öffentlicher Schulen insofern, als diese nicht im Sinn eines vom Staat formulierten, verbindlichen Glaubensinhalts, sondern als Verweis auf das Christentum als prägenden Kultur- und Bildungsfaktor verstanden werden müssten[22]. Das »Neutralitätsgebot« verbietet es aber dem Staat, sich mit einer bestimmten Religion zu identifizieren oder einen bestimmten Glauben im Rahmen des allgemeinen Unterrichts zu befördern[23]. Auch können der Staat und seine Schulen religiöse Inhalte nicht selbst festlegen. Die öffentliche Schule hat sich daher darauf zu beschränken, den hierzu von anderer Seite (d.h. den Religionsgesellschaften) formulierten Inhalten den Raum einzuräumen, der gewährt werden kann, ohne die Religiosität anderer zu verletzen. Die staatlichen Erziehungsbemühungen außerhalb des Religionsunterrichts finden dort ihre Grenze, wo die Schwelle der missionarischen Beeinflussung erreicht wird.

Die Kontroverse um das Schulgebet verdeutlicht, wie die Gerichte im Schulbereich auch jenseits der Definition der Unterrichtsinhalte bemüht sind, im Spannungsfeld zwischen der religiös-weltanschaulichen Neutralität des Staates und der – positiven und negativen – Religionsfreiheit einen (einzelfallbezogenen) Ausgleich dieser Prinzipien zu finden[24]. Während der hessische Verwaltungsgerichtshof[25] einen Verstoß gegen die Religionsfreiheit bereits dann annahm, wenn auch nur ein Schüler oder Erziehungsberechtigter dem Schulgebet widerspricht, entschied das BVerwG[26] mit Zustimmung des BVerfG[27] zu Recht, dass das Schulgebet im Interesse der Religionsfreiheit der übrigen Schüler zulässig ist, wenn die Schüler frei und ohne Zwang über ihre Teilnahme am Gebet entscheiden könnten. Nicht teilnehmen-

20 BVerfG, Neue Zeitschrift für Verwaltungsrecht (NVwZ) 1990, S. 54; BVerwGE 79, S. 298. Dort war umgekehrt die anti-autoritäre Ausrichtung eines Schulbuches vor dem Hintergrund des Gebotes staatlicher Neutralität streitig.

21 BVerfG, NVwZ 1990, S. 54.

22 BVerfGE 41, S. 29, S. 65.

23 *G. Robbers*, Religion in der öffentlichen Schule. In: Recht der Jugend und des Bildungswesens (RdJB) 2003, S. 11ff, S. 14; *K. Schlaich*, Neutralität als verfassungsrechtliches Prinzip, Tübingen 1972, S. 91ff.; *A. v. Campenhausen*, Staat, Schule und Kirche. In: Zeitschrift für evangelisches Kirchenrecht (ZevKR) 14 (1968/69), S. 26-58: »Neutralität bedeutet Offenheit für die Entscheidung der Bürger, aber nicht Nötigung zu Standpunktlosigkeit oder Oktroyierung laizistischer Ignoranz«.

24 Einen Überblick und eine Zusammenfassung der einschlägigen Entscheidungen gibt *C. Rathke*, Öffentliches Schulwesen und religiöse Vielfalt, Berlin 2005, S. 107ff.

25 ESVGH 16, S. 1; vgl. dazu außerdem: VG Aachen, KirchE 10, S. 393ff.; OVG Münster, KirchE 12, S. 480ff. Näher dazu *C. Rathke*, Öffentliches Schulwesen und religiöse Vielfalt, Berlin 2005, S. 107ff.

26 BVerwGE 44, S. 196ff.

27 BVerfGE 52, S. 223.

de Schüler dürfen nicht in eine Außenseiterrolle gedrängt werden. In seiner Entscheidung zum Tischgebet im Kindergarten hat der HessVGH die Übertragbarkeit dieser Grundsätze auf den Kindergartenbereich angenommen.

4.2 Die religiös-weltanschauliche Neutralität im Elementarbereich

Lassen sich daraus Konsequenzen für die interreligiöse Erziehung in staatlichen Kindertagesstätten ableiten? Das scheint zunächst deshalb fern zu liegen, weil es beim Schulgebet als Vergleichsobjekt ja nicht um den eigentlichen Unterricht in der Schule geht, sondern um eine gemeinsame Veranstaltung der Schüler und Lehrer außerhalb des »eigentlichen« Unterrichtsgeschehens. Indes liegt die Unterscheidung zwischen »Unterricht« und gemeinsamer Handlung vor dem Unterricht in der Kindertagesstätte lange nicht so nahe wie in den Schulen. Eine Trennung von Unterrichtsstunden und Geschehen außerhalb des Unterrichts – vorher, nachher oder in den Pausen – ist hier nicht in derselben Weise möglich wie in der Schule, weil Phasen der Erziehung und der Pause, des »ernsthaften« Lernens und des »bloßen« Spiels ineinander übergehen.

Hier zeigt sich exemplarisch eine besondere Problematik beim Verständnis des Grundsatzes der religiös-weltanschaulichen Neutralität des Staates. Den Inhalt und die Konsequenzen dieses Grundsatzes hat die Rechtsprechung vor allem am Beispiel der Schule entwickelt. Inhalt und Grenzen der religiös-weltanschaulichen Neutralität in der Kindertagesstätte müssen aber unter Berücksichtigung der Besonderheiten der Erziehung im Elementarbereich entwickelt werden. So ist etwa die Aussage, dass das Christentum als prägender Kultur- und Bildungsfaktor in der Erziehung besonders berücksichtigt werden dürfe, für die Erziehung im Kindergarten möglicherweise nicht sonderlich hilfreich.[28] Kann man wirklich Drei- bis Sechsjährigen biblische Geschichten wie die vom barmherzigen Samariter in einer Weise nahebringen, dass sie nur als »prägender Kultur- und Bildungsfaktor« erkennbar sind – und wenn das nicht möglich sein sollte: Muss man im staatlichen Kindergarten darauf verzichten, obwohl sie sich in der Erziehung besonders bewährt haben und tief in unserer Kultur verwurzelt sind? Wie soll – weiter – ein den Erfordernissen religiös-weltanschaulicher Neutralität genügendes Verhalten eines Erziehers im Kindergarten in elementaren Lebenssituationen des Kindes aussehen? Soll etwa der Erzieher, dem gegenüber eine Vierjährige äußert, das jüngst verstorbene Geschwister sei jetzt beim lieben Gott im Himmel, das Kind darin nicht bestärken dürfen, um sich nicht dem Vorwurf der einseitigen Stellungnahme zugunsten bestimmter religiöser Vorstellungen auszusetzen? Soll dies nur so geschehen dürfen, dass andere Kinder es nicht wahrnehmen können (und wie soll das gehen)? Gehört es nicht zur Erziehung, das Kind in der Suche nach einem eigenen Standpunkt auch in elementaren Fragen des Lebens, die auch religiös gedeutet werden, zu unterstützen?

28 Entsprechend abgeschwächt dürfte dies auch für den Bereich der Grundschulen gelten.

Ein vorsichtiger Versuch, den Neutralitätsgrundsatz sinnvoll auf die Situation in den Kindertagesstätten zu übertragen, kann nun in der Tat bei den Grundsätzen der Schulgebetsentscheidung ansetzen: Danach sind es ja vor allem die Freiwilligkeit der Teilnahme und die Möglichkeit, sich absentieren zu können, ohne in eine Außenseiterrolle gedrängt zu werden, die das Gebet als Ausdruck der Religion in der staatlichen Schule verfassungsrechtlich unbedenklich erscheinen lassen. Wenn man dies überträgt, wird man auch Elemente religiöser oder interreligiöser Erziehung ohne verfassungsrechtliche Bedenken in die kommunalen Kindergärten integrieren können.

Demgemäß sind solche Elemente dann möglich, wenn eine Ausweichmöglichkeit für solche Kinder geschaffen wird, deren Eltern diese Erziehung nicht wünschen. Diese Ausweichmöglichkeit muss zumutbar sein und sie darf nicht mit diskriminierenden Wirkungen für das jeweilige Kind verbunden sein. Denkbar sind dabei kindergarteninterne oder kindergartenexterne Lösungen. Erstere könnten etwa dadurch verwirklicht werden, dass einzelne Gruppen in Kindergärten geschaffen werden, die an entsprechenden Programmen der religiösen oder interreligiösen Erziehung teilnehmen bzw. nicht teilnehmen. Letzteres ist etwa in größeren Städten denkbar, wo die Kommunen religiöse bzw. interreligiöse und interkulturelle Erziehung auf einen Teil ihrer Kindertagesstätten beschränken können. Auf beide Weisen kann einerseits den Vorstellungen solcher Eltern Rechnung getragen werden, die religiöse Elemente in der Erziehung im Kindergarten wünschen, ohne andererseits Religionsfreiheit und Erziehungsrecht der Eltern bzw. Kinder zu verletzen, die eine solche Erziehung nicht wünschen. Auch das Anliegen, eine interreligiöse Erziehung auf festem konfessionellen Fundament der Beteiligten zu erproben, kann damit realisiert werden. So ist es möglich und zulässig zu erproben, ob damit eine Erziehung zu Toleranz zwischen den Religionen und nicht lediglich zu standpunktloser Indifferenz verwirklicht werden kann. Indem man Neutralität durch Freiwilligkeit der Teilnahme und die Möglichkeit der diskriminierungsfreien Distanzierung verwirklicht und nicht durch die bloße Anerkennung der Religion als »prägendem Kultur- und Bildungsfaktor« in der gemeinsamen Erziehung aller Kinder, wird den Besonderheiten der Erziehung im Elementarbereich wahrscheinlich besser Rechnung getragen.

Das Bundesverfassungsgericht hat in seiner Schulgebetsentscheidung auch darauf hingewiesen, dass das Gebet keinen Teil des Unterrichts darstellt und daher auch nicht Bestandteil eines verbindlichen Lehrplans sein könne. Zur Abhaltung eines Schulgebets könne es daher »nicht auf der Grundlage von Anordnungen, sondern nur von – letztlich nicht verbindlichen – Anregungen kommen, die von der staatlichen Schulverwaltung, von der Schulleitung, vom Lehrer der jeweiligen Klasse, von den Schülern selbst oder von ihren Erziehungsberechtigten ausgehen können«[29]. Das Gericht hält es also für zulässig, dass auch von der jeweiligen Schul-

29 BVerfGE 52, S. 223, S. 238; auch beim Tischgebet im kommunalen Kindergarten hat der VGH Kassel darauf verwiesen, dass es nicht auf der Grundlage einer verbindlichen Anord-

verwaltung eine solche Anregung gegeben wird. Übersetzt auf den Kindergartenbereich, wo im Übrigen – wie erwähnt – die Abgrenzung zwischen dem durch verbindliche Lehrpläne geprägten Unterricht und anderen Aktivitäten nicht so trennscharf ist wie in der Schule, bedeutet dies, dass der Kindergartenträger, auch der kommunale, durchaus Anregungen in Richtung auf die Einbindung religiöser und interreligiöser Elemente geben darf. Er ist dabei nicht darauf beschränkt, auf die Initiative der Erzieher oder Eltern zu warten. Entscheidend ist aber die Freiwilligkeit der Teilnahme und die Zumutbarkeit des Fernbleibens.

Hinzuweisen ist aber darauf, dass der Staat bzw. die Kommunen bei solchen Anregungen den Grundsatz der Gleichbehandlung der Religionen zu beachten haben (Art. 3 III GG), der auch Grundlage und wesentlicher Bestandteil der religiös-weltanschaulichen Neutralität des Staates ist. Beim Angebot von Elementen religiöser Erziehung dürfen also nicht bestimmte Religionsgemeinschaften bzw. Konfessionen aus religiösen Gründen bevorzugt oder benachteiligt werden. Dabei darf freilich nach nicht religiösen Kriterien, etwa dem aufgrund der konfessionellen Zusammensetzung der Kinder sich ergebenden Bedarf, unterschieden werden. Beim Angebot interreligiöser Erziehung dürfte dieser Aspekt wegen der im Konzept angelegten Berücksichtigung einer Vielzahl von religiösen Orientierungen eine untergeordnete Rolle spielen.

In jedem Falle erscheint es für den faktischen Erfolg und die rechtliche Unbedenklichkeit dieses Modells interreligiöser Erziehung entscheidend, dass die Erziehungsberechtigten frühzeitig informiert werden und ihnen Entscheidungsfreiheit und zumutbare Ausweichmöglichkeiten eröffnet werden. Hinzuweisen ist freilich darauf, dass die vorstehenden Ausführungen nur insoweit gelten, als gleichsam nicht neutrale Inhalte in die interreligiöse Erziehung eingebunden werden. Sofern die bloße religionskundliche Perspektive eingenommen wird, ist interreligiöses Lernen ohnehin unproblematisch. Freilich scheint mir eine solche Perspektive im Elementarbereich schwer zu verwirklichen.

4.4 Die Rolle der Religionsgemeinschaften

Bei der Beschreibung der Rechtspositionen, die im uns interessierenden Bereich eine Rolle spielen, sind die Religionsgemeinschaften als gleichsam mittelbar Beteiligte bisher nicht gewürdigt worden. Im Schulwesen spielen sie nicht nur als Träger eigener Schulen, sondern auch beim Religionsunterricht an staatlichen Schulen eine wichtige Rolle. Der Grundsatz der religiös-weltanschaulichen Neutralität des Staates äußert sich auch darin, dass der Staat keine Glaubensinhalte definieren und verbindlich festsetzen kann. Der konfessionelle Religionsunterricht ist daher auf die Definition seiner wesentlichen Unterrichtsinhalte durch die Religionsgemeinschaf-

nung beruhte, sondern »von den Erzieherinnen mit Billigung und auf Wunsch der (wohl fast allen) Erziehungsberechtigten angeregt« worden sei, VGH Kassel, NJW 2003, S. 2847.

ten angewiesen, die für den Staat verbindlich ist. Dies ist der Hintergrund von Art. 7 Abs. 3 S. 2 GG, wonach der Religionsunterricht an den öffentlichen Schulen in Übereinstimmung mit den Grundsätzen der Religionsgemeinschaften erteilt wird. Das bedeutet freilich nicht, dass die Religionsgemeinschaften bei der Formulierung der Unterrichtsinhalte keinerlei Bindungen unterliegen. Auch die Grundsätze des Religionsunterrichts müssen sich an den Rahmen der zulässigerweise gesetzten allgemeinen Erziehungsziele halten.[30]

Auch im Elementarbereich kann religiöse oder interreligiöse Erziehung nicht ohne Beteiligung der oder gar gegen die Religionsgemeinschaften stattfinden, nimmt man den aus der religiös-weltanschaulichen Neutralität folgenden Grundsatz ernst, dass der Staat Glaubensinhalte nicht selbst definieren kann. Sie müssen daher entsprechende Erziehungsmodelle mittragen, wozu es wiederum für die Behörden eines Ansprechpartners bedarf, der die Religionsgemeinschaft zu vertreten in der Lage ist. Dies führt, soweit es um den interreligiösen Dialog mit dem Islam geht, in die bekannten organisationsrechtlichen Untiefen. Vorerst wird man sich mit der Kooperation mit lokalen Gemeinschaften behelfen können, solange Ausweichmöglichkeiten und Freiwilligkeit der Teilnahme gewährleistet sind.

5. Kindergärten in freier, insbesondere kirchlicher Trägerschaft

In den Kindergärten freigemeinnütziger oder freier Träger erweitert sich das beschriebene Dreiecksverhältnis in ein Viereckverhältnis zwischen Kindern, Eltern, Staat und Träger[31]. Für die interreligiöse Erziehung ist das Recht des Trägers auf Durchsetzung seiner eigenen Bildungsziele, das bei den kirchlichen Trägern aus Religionsfreiheit und Selbstbestimmungsrecht abzuleiten ist, zu berücksichtigen.

Kirchliche Kindergärten sind grundsätzlich nicht zur Neutralität verpflichtet. Sie dürfen daher auch dezidiert auf religiöser bzw. konfessioneller Grundlage erziehen und müssen dabei auch nicht den Grundsatz der Gleichbehandlung der Religionen einhalten, an den nicht sie, sondern der Staat gebunden ist. Sie müssen sich lediglich an den Rahmen der sehr allgemein formulierten Bildungsziele im Elementarbereich halten, zu denen meist auch ausdrücklich die Toleranz gezählt wird, die freilich ihrerseits ein sehr unscharfer Begriff ist. Dass in den Kindergärten freier Träger und der Kirchen eine wertgebundene Erziehung in einem Umfang möglich ist, wie sie dem Staat wegen seiner religiös-weltanschaulichen Neutralität nicht möglich wäre, ist nicht ein nolens volens hingenommener Zustand, sondern dient im Rah-

30 Näher *N. Niehues/J. Rux*, Schul- und Prüfungsrecht, Bd. 1, München ^{4}2006, Rn. 259; *M. Heckel*, Religionsunterricht für Muslime?, Juristenzeitung 1999, S. 749.

31 Hier ist auch die Rechtsstellung der Erzieher eine völlig andere. Die Bereitschaft zur Erziehung im Sinne der religiösen Vorstellungen des Trägers kann hier zum Gegenstand des Arbeitsvertrages gemacht werden und wird dies auch. Der Träger ist auch nicht wie die Kommunen an die Grundrechte gebunden. Die Verpflichtung des Mitarbeiters zur religiösen Erziehung verletzt dessen Religionsfreiheit nicht.

men einer pluralistischen Ordnung der Verwirklichung eigener, auch religiöser Vorstellungen und wird deshalb auch durch die genannten international-rechtlichen Vorschriften zwar nicht erfordert, aber doch nahegelegt.

Diese Befugnis zur Definition eigener Erziehungsziele und Methoden endet auch nicht dann, wenn Kinder fremder Konfession einen Kindergarten besuchen. Auch wenn Muslime einen katholischen oder evangelischen Kindergarten besuchen, darf in diesem Kindergarten weiterhin nach katholischen oder evangelischen Grundsätzen erzogen werden[32]. Die Befugnis zur Definition eigener, auch religiöser Erziehungsziele und -methoden schließt die Möglichkeit interreligiösen Lernens als Anliegen des Trägers ein.

Wegen der grundsätzlichen Freiwilligkeit des Kindergartenbesuchs und bei Pluralität der Angebote, namentlich wenn auch staatliche, zur Neutralität verpflichtete Kindergärten vorhanden sind, sind Einschränkungen dieser grundsätzlichen Freiheit des Kindergartenträgers nicht zu rechtfertigen. Anderes kann sich nur dann ergeben, wenn außer einem Kindergarten in freier bzw. kirchlicher Trägerschaft kein anderes Angebot in zumutbarer Nähe vorhanden ist. Vor dem Hintergrund des Anspruchs auf einen Kindergartenplatz und der Verpflichtung zur Sicherung eines ausreichenden Betreuungsangebotes muss der Staat, d.h. müssen insbesondere die Kommunen, dafür sorgen, dass für Kinder, die eine derartige religiös geprägte Erziehung nicht wünschen, Ausweichangebote zur Verfügung stehen, sei es innerhalb der Gemeinde, sei es durch die Kostentragung im Rahmen von Gastkinderregelungen und dergleichen. Nur wenn dergleichen nicht möglich oder nicht zumutbar ist, stellt sich das Problem, ob die konfessionelle Ausrichtung eines Kindergartens Beschränkungen unterliegt. In einem solchen Fall sind die Lösungen im Sinne praktischer Konkordanz der Rechte der Beteiligten vor Ort zu suchen.

Diese allgemeinen, die Besonderheiten konkreter Fälle beiseite lassenden Überlegungen zum rechtlichen Rahmen interreligiösen Lernens im Elementarbereich müssen notwendig abstrakt und im verfassungsrechtlichen Himmel allgemeiner Prinzipien bleiben. Aber auch die rechtlichen Vorgaben nicht nur der Verfassung, sondern auch der Kindergartengesetze sind für den behandelten Bereich sehr allgemein gefasst und vage. Sie können nur vor dem Hintergrund konkreter Konzepte und Situationen auf den Einzelfall heruntergebrochen werden. Dies bringt einerseits Unsicherheit mit sich, schafft aber andererseits auch einen Rahmen für die Entwicklung interreligiöser und interkultureller Erziehungsmodelle, den es zu nutzen gilt – durch mutige Ausnutzung der vorhandenen Spielräume zum Wohle der Kinder und in Kooperation mit den Erziehungsberechtigten. Je mehr Einigkeit unter den betroffenen Eltern, Erziehern und Trägern besteht, umso weniger wird es Anlass zu rechtlichen Konflikten geben, umso weniger wird auch im konkreten Konfliktfall die Rechtsprechung sich dazu veranlasst sehen, der interreligiösen Erziehung rechtliche Grenzen zu ziehen.

32 Vgl. auch *W. Raack/R. Doffing/M. Raack*, Recht der religiösen Kindererziehung, München 2003, S. 192.

Frieder Harz

Interkulturelles und interreligiöses Lernen in Kindertagesstätten

1. Interkulturelle und interreligiöse Bildung sind eng miteinander verbunden und haben gemeinsame pädagogische Zielsetzungen

Vom interkulturellen Lernen her ergeben sich wichtige Zugänge zum interreligiösen Lernen. Interkulturelles Lernen bleibt fragmentarisch, wenn nicht religiöse Zusammenhänge mit in den Blick genommen werden. In vielen konkreten Alltags- und Konfliktsituationen sind kulturelle und religiöse Motivationen und Begründungen eng miteinander verflochten. Unter gemeinsamen Zielsetzungen können interkulturelle und -religiöse Erziehung und Bildung sich gegenseitig unterstützen.

- Es gilt von Vorstellungen endgültig Abschied zu nehmen, eine einheitliche kulturelle Tradition in unserem Land sei das Erstrebenswerte, andere Traditionen seien eher störend und sollten im Hintergrund der öffentlichen Wahrnehmung bleiben. Dem entgegen gilt es zu akzeptieren, dass auch Deutschland zu einem multikulturellen Land geworden ist. Konkret wird das z.B. an den Diskussionen zu der Frage, ob das Minarett in ein deutsches Stadtbild passt.
  Als pädagogische Aufgabe ergibt sich daraus, mit kultureller wie religiöser Vielfalt nicht als etwas Ungewöhnlichem, sondern als etwas Normalem, Alltäglichem umgehen zu können, d.h. ganz bewusst im Angesicht solcher Vielfalt die eigene Kultur und den je eigenen Glauben zu leben.
- Kulturelle Andersartigkeit kann auch befremdend wirken. Interkulturelles Lernen zielt darauf, solche Fremdheitserlebnisse nicht zu verurteilen, zu überspielen, zu ignorieren, zu leugnen, sondern sich ihnen zu stellen und sich angemessene Umgangsweisen mit dem Anderen als dem auch Befremdlichen anzueignen. Fremdheitskompetenz zielt auf Kommunikation und Verständigung gerade angesichts wahrgenommener Differenzen. Von dieser Aufgabe lässt sich der Umgang mit anderen Religionen nicht abgrenzen. Im Bereich des interreligiösen Lernens heißt das, sich der Fremdheit auch der anderen Religionen bewusst auszusetzen, dabei die religiöse Glaubwürdigkeit ihrer Mitglieder zu spüren – oft auch in dem Bewusstsein, dass diese Religion letztlich fremd bleibt, vermutlich nie zur eigenen werden wird. Neugier und Interesse einerseits und Distanzerfahrungen andererseits liegen da eng nebeneinander, und mit beidem gilt es umgehen zu lernen.
  In einer Fortbildungsveranstaltung berichten die Erzieherinnen zunächst ziemlich einhellig, dass sie mit Kindern und Eltern aus anderen Religionen keine Probleme hätten, sich gut mit ihnen verständigen können. Der Einladung, das ri-

tuelle Gebet in der Moschee mitzuverfolgen, folgen etliche aber nur zögernd. Und sie teilen anschließend auch mit, wie fremd ihnen doch diese von den Muslimen praktizierte Religiosität ist.

- Prüfstand interkulturellen Lernens sind Konflikte, bei denen unterschiedliche Verhaltensmuster aufeinander prallen, Missverständnisse entstehen, Unsicherheit und Fehlentscheidungen einander hochschaukeln. Die Ursachen dazu liegen oft auch im religiösen Bereich. Deshalb muss sich interreligiöse Erziehung solchen alltäglichen Konflikten stellen, wenn etwa beim Feiern der christlichen Feste religiöse Entfremdung der Kinder vom Elternhaus befürchtet wird, wenn Eltern und Kinder sich durch Unwissenheit und Vorurteile anderer in ihren religiösen Einstellungen und Verhaltensweisen missachtet und verletzt fühlen.
  Erzieherinnen beklagen sich, dass die muslimischen Eltern nicht an der Weihnachtsfeier in Kirche und Kindergarten teilnehmen. Sie deuten es als Desinteresse an diesem Höhepunkt im Kindergartenjahr. Von Jesus ist doch auch im Koran die Rede, da seien doch solche Widerstände unnötig! Genauere Beschäftigung mit der Thematik zeigt, wie sehr christliche Weihnachtslieder Jesus als Gottes Sohn feiern – eine in islamischer Sicht schwere Sünde. Verständlich wird auch die Scheu vieler Muslime, an einem christlichen Gottesdienst teilzunehmen, der von einem christlichen Amtsträger mit besonderer Amtstracht geleitet wird.
- Interkulturelles Lernen heißt, Etikettierungen abzuwehren, Differenzierungen genau wahrzunehmen, zwischen sozialen und ethnischen Konflikten unterscheiden zu lernen. Dazu gehört auch Religion in der Vielfalt ihrer Erscheinungsformen.
  Erstaunt nehmen Erzieherinnen wahr, wie unterschiedlich die Erwartungen muslimischer Eltern an die Erziehung in der Kindertagesstätte sind. Die einen sind großzügig und nehmen für ihre Kinder gerne in Anspruch, dass sie von den religiösen Pflichten noch befreit sind, andere fordern mit großer Genauigkeit die Einhaltung bestimmter Regeln ein. Islamische Feiertage werden je nach Herkunft dieser Eltern unterschiedlich gewichtet. Konfessionen stehen mit unterschiedlichen Lehrmeinungen einander gegenüber.
- Im interkulturellen Lernen soll auch eine größtmögliche Basis gemeinsamer Verhaltensweisen gewonnen werden, die für das Zusammenleben in einer Gesellschaft unentbehrlich ist. Das reicht von der gemeinsamen Verpflichtung auf die Grundwerte unserer Verfassung bis zur sprachlichen Verständigung in der deutschen Sprache, von den Ritualen des Alltags bis zu unseren Bildungsinhalten. Auch interreligiöses Lernen ist für das Gewinnen solcher Basis wichtig, etwa wenn die Gemeinsamkeiten erschlossen werden, die Judentum, Christentum und Islam im Glauben an den einen Gott verbinden.
  Erzieherinnen sind an den Gemeinsamkeiten zwischen Christentum und Islam interessiert. Erfreut registrieren sie, dass die Gestalten der Bibel auch im Koran vorkommen, dass das Gebot der Nächstenliebe auch im Islam gültig ist.
  Im interkulturellen Bereich geht es im Vereinbaren verbindlicher Regeln für alle oft nicht ohne Konflikte ab. Da weigert sich Ali zum Beispiel, sich beim Auf-

räumen zu beteiligen, weil das doch die Sache der Mädchen sei. Gleichberechtigung von Jungen und Mädchen empfindet er von der häuslichen Sozialisation als Kränkung. Ali muss lernen, dass die vereinbarten Regeln für alle gelten.

- Interkulturelle und interreligiöse Erziehung zielen darauf, im vorurteilsfreien Umgang miteinander (Konvivenz) die Kinder im bewussten Wahrnehmen von Verschiedenheit zu fördern. Fremdheitskompetenz, in der sich Wertschätzung, Interesse, Nähe mit der Distanz gegenüber dem als fremdartig Empfundenen verbinden, geht von solchem Wahrnehmen aus. Das Überdecken von Unterschieden verhindert damit auch Lernchancen.
  In vielen Einrichtungen mit muslimischen Kindern wird ganz auf Schweinefleisch verzichtet und mit der Rücksichtnahme auf islamische Tradition begründet. Was aber, wenn auch Folgeprodukte von Gelatine bis zu Gummibärchen unter dieses Verbot fallen? Anregender für interkulturelles und –religiöses Lernen ist, wenn Kinder mit unterschiedlichen Essensangeboten umgehen lernen: muslimische Kinder lernen sich auf die für sie erlaubten Speisen zu beschränken, andere Kinder lernen, sich gegenseitig bei der Einhaltung der für sie gültigen Regeln zu unterstützen.

2. Unterschiedliche religiöse Verwurzelung bringt auch sich gegenseitig ausschließende Vorstellungen von religiöser Wahrheit, von religiösen Überzeugungen und religiöser Praxis mit sich

Auf der Suche nach einer gemeinsamen religiösen Basis zeigen sich mancherlei Hürden und Schwierigkeiten in der Verständigung zwischen den Religionen. Das mag auch ein Grund sein für die Zurückhaltung interkultureller Pädagogik im religiösen Bereich. Religionen haben ihren je spezifischen Wahrheitsanspruch, der sich nicht einfach mit dem anderer Religionen harmonisieren oder gar kombinieren lässt, ohne den religiösen Überlieferungen ihren Ernst und ihre Tiefe zu nehmen.

Vor allem die monotheistischen Religionen vertreten mit dem Glauben an den einen Gott einen Wahrheitsanspruch, der andere religiöse Vorstellungen und Glaubenspraxis ausschließt. Daraus ergeben sich unterschiedliche Ansätze interreligiöser Erziehung und Bildung.

- *Von der Verwurzelung zur Öffnung – der Ansatz des primär monoreligiösen Lernens*
  Religiöse Identität ist durch den jeweils eigenen inneren Zusammenhang der überlieferten Religion bestimmt. Freilich ist jedes Individuum auch Gestalter seines eigenen Glaubens. Aber dies geschieht sinnvollerweise in der Auseinandersetzung mit der Religion, der man sich zugehörig fühlt, und mit Personen, die sie repräsentieren. Daraus ergibt sich die religionspädagogische Aufgabe, ganz gezielt solcher Zugehörigkeit und der Förderung der Verwurzelung in ihr erste Priorität zu geben. Je weniger Kinder vom Elternhaus her durch entsprechende

religiöse Sozialisation eine tragfähige religiöse Identität vermittelt bekommen, umso mehr ist es Aufgabe von Kindertagesstätte und Schule, zur Ausbildung solcher Identität zu verhelfen – zumal sehr viele Eltern daran interessiert sind, dass die Erziehungs- und Bildungseinrichtungen dies leisten.
Von daher liegt es – besonders für Einrichtungen in kirchlicher Trägerschaft – nahe, interreligiöse Erziehung und Bildung in der zeitlichen Abfolge von Verwurzelung und Öffnung zu gestalten: erst Verwurzelung, dann Öffnung. Nur wer sich im Eigenen sicher fühle, könne mit dem Fremden konstruktiv umgehen. Dieses Konzept aber ignoriert die Realität, die genau gegenläufig strukturiert ist: In der konfessionellen Kindertagesstätte ist religiöse Vielfalt weithin im täglichen Miteinander lebendig, während dann später im konfessionellen Religionsunterricht die Kinder getrennt nach ihrer Konfession bzw. Religion unterrichtet werden.
Oft wird die Entscheidung für dieses Konzept mit dem evangelischen bzw. katholischen Profil der Einrichtung begründet, mit dem berechtigten Interesse der Kirchen- oder Pfarrgemeinde, christliche Kinder in ihrer religiösen Identität zu fördern und zu stärken, ohne Verunsicherung durch die Präsenz und Thematisierung anderer religiöser Traditionen zu stiften. Beim Aufnahmegespräch werden Eltern dann in diesem Sinne informiert. Immerhin stehe es ihnen ja frei, sich für einen nichtkirchlichen Träger zu entscheiden. Das christliche Profil der Einrichtung darf nicht dazu herhalten, die Präsenz von Kindern und Eltern anderer Religionen einfach zu ignorieren.

- *Von der Vielfalt zur Identität – der Ansatz des multireligiösen Lernens*
  Den realen Gegebenheiten scheint eher ein Ansatz zu entsprechen, der – im Gegensatz zur These vom Wahrheitsanspruch der Religionen – von Anfang an die Vielfalt der Religionen zugänglich macht. Mit ihm soll die Kindertagesstätte Heimat sein für alle religiösen Traditionen, welche die Eltern und Kinder mitbringen, und alle Kinder sollen mit dieser Vielfalt umzugehen lernen. Kein Kind soll sich mit seiner religiösen Herkunft und seinem Recht auf religiöse Bildung entsprechend seiner religiösen Herkunft benachteiligt fühlen müssen. Dabei rücken vor allem die Feste des interreligiösen Festkalenders in den Mittelpunkt des Interesses. Neben dem christlichen Weihnachtsfest etwa werden dann auch das islamische Zuckerfest und nach Bedarf das hinduistische Lichterfest gefeiert. Wechselweise wird in christlicher und islamischer Weise gebetet. Umschichtig werden Repräsentanten der Religionen zum Kennenlernen ihrer Traditionen in die Kindertagesstätte eingeladen.
  Dieser Ansatz passt gut zu der heute weitverbreiteten Einsicht, man könne sich aus dem Angebot der unterschiedlichen Religionen sein eigenes »religiöses Menü« zusammenstellen: christliche Feste, Seelenerkundung bei einem indischen Guru, keltische Sonnwendfeier usw. Man spricht in diesem Zusammenhang von der Patchwork-Religiosität, die sich das Individuum selbst »zusammenbastelt«. Religion braucht aber die Bindung an geschichtliches Gewordensein, das seine Kontinuität ausmacht. Aus der Orientierung an verpflichtenden Quellen wächst

dann auch die Kraft zu nötigen Veränderungen. Wo Glaube primär das Ergebnis eigener Zusammenstellung aus verschiedenen Traditionen ist, wird er zur individuellen Schöpfung und verliert die Bindung an das außer einem selbst Liegende. Vordergründig scheint dieser multireligiöse Ansatz dem Kind als Subjekt seines Lernens zu entsprechen. Kindliches Entdecken und Erkunden richtet sich aber auf die Umwelt in ihren gegebenen Strukturen, und dazu gehören in religiöser Hinsicht die Religionen mit ihren je spezifischen, nicht austauschbaren Überlieferungen.

So gesehen ist der Verdacht begründet, dass es eher die ungeordnete religiöse Vielfalt ist, die mit multireligiöser Erziehung gefördert wird. Was bei diesem Ansatz zu kurz kommt, ist der Erwerb religiöser Identität. Wie soll man in all der Vielfalt erkennen und erleben können, dass jede Religion ihre eigene Mitte hat, aus der heraus erst ihre Lehren, Haltungen und Verhaltensweisen verständlich werden? Wie sollen Kinder zu dieser Mitte vorstoßen, Zugehörigkeit zum Eigenen entwickeln können?

- *Gleichzeitigkeit von Beheimatung und Öffnung – der Ansatz des interreligiösen Lernens*

  Diese Einsichten führen zu einem dritten Modell des Umgangs mit religiöser Vielfalt, dem eigentlichen interreligiösen Ansatz. Er zielt darauf, im zunehmenden Bewusstmachen der Unterscheidung von Eigenem und Fremdem die Fähigkeit des Dialogs mit dem Anderen zu entwickeln. Dazu gehört sowohl das Entdecken religiöser Heimat als auch das Einüben von Umgangsweisen mit Fremdem. Es geht also um die schwierige Aufgabe, Beheimatung in einer eigenen religiösen Tradition und das Geltenlassen des Anderen und Fremden gleichermaßen anzustreben. Mit dem Heimischwerden im eigenen Traditionszusammenhang gilt es gleichzeitig in den verständnisvollen Umgang mit fremder Religion und Religiosität einzuüben. Religion begegnet in solcher Weise von Anfang an standortbezogen, sofern es um religiöse Verwurzelung geht, und sie erscheint plural, sofern Fremdes in seiner Andersartigkeit zu achten ist. Ziel ist der tolerante Umgang mit dem Anderen.

  Im Blick auf den Kindergarten heißt das, dass Kinder in ihrem noch unreflektierten Zusammenleben mit anderen nach und nach in der religiösen Dimension sowohl eigene Zugehörigkeit als auch das Anderssein entdecken sollen – und zwar in einer Form, die ohne die Differenzierung zwischen gut und schlecht, richtig und falsch, normal und anormal auskommt. Auf solche Weise wachsen Kinder in ihre je spezifische Glaubenshaltung hinein, die sie zunächst übernehmen, und in der sie gemäß ihren wachsenden Fähigkeiten immer mehr eigene Verantwortung für sie übernehmen. Sie lernen zugleich mit dem religiös Anderen umzugehen, dabei auch Infragestellungen und Zweifel zuzulassen. Es gilt also zum einen, das Erleben von religiöser Zugehörigkeit zu fördern. Kinder sollen entdecken, was alles im eigenen religiösen »Haus« zusammengehört und von Traditionen geprägt ist, die nicht einfach austauschbar sind.

Das Kennenlernen des eigenen Glaubens wird zum anderen begleitet vom gleichzeitigen Wahrnehmen der religiös anderen, von Interesse an deren religiösen Heimat, samt Besuchen dort. Kinder lernen so auch, mit den anderen und ihren Gewohnheiten mitzudenken. Dazu gehört natürlich auch das Entdecken von Gemeinsamkeiten und deren Pflege. So erfahren sie, dass Religion ein Gefüge von Überzeugungen, Wissen, Einstellungen, Verhaltensweisen ist, das sich von anderen unterscheidet, das man nicht nach Lust und Laune wechselt; sie lernen, dass sie Christen oder Muslime sind, und zugleich, dass beides gut nebeneinander bestehen kann.

3. Für die Ausbildung religiöser Identität im Sinne der Zugehörigkeit zu einem bestimmten religiösen Traditionszusammenhang ist hilfreich, wenn Kinder zwischen der Rolle der aktiven Teilnahme am religiös Eigenen und der Rolle der eher beobachtenden, distanzierteren Teilnahme am religiös Anderen zu unterscheiden lernen

Die vorgestellten drei Ansätze lassen sich auch mit dem Bild der Wohnung anschaulich machen: das eine ist die abgeschlossene Wohnung; Besuche in anderen Wohnungen werden zunächst vermieden. Das andere ist die Großraumwohnung, in der man sich selbst sein Eckchen sucht und herrichtet. Zum interreligiösen Lernen passt das Bild der einladenden Wohnungen. Die Einzelwohnung verkörpert das Eigene, das, was einem in dem Kreis der hier Lebenden lieb und wert ist. Aber jede Wohnung hat ihre Tür nach draußen. Dort eröffnen sich die Möglichkeiten der Begegnung. Und man kann sich gegenseitig in die Wohnungen einladen. Ziel ist weder die Vereinheitlichung aller Wohnungen oder die Abschaffung der Türen, noch die verriegelte Tür, sondern das Wechselspiel von Hinausgehen und Heimkommen, von Bindung ans Eigene und Aufbruch zum anderen.

Christliche Kinder finden in der Kindertagesstätte in kirchlicher Trägerschaft ein religiöses Zuhause, in einer christlich orientierten religiösen Erziehung, in biblischen Geschichten, Liedern, Gebeten, Feiern des Kirchenjahres, vielleicht auch Gottesdiensten, die sie mitgestalten. Religiös anders Verwurzelte sind genauso Mitglieder der Einrichtung – hier trifft das Bild der verschiedenen Wohnungen nicht mehr. Aber in religiösen Vollzügen sind sie in einer anderen Rolle: nämlich derjenigen, die an christlichen Glaubensvollzügen als religiöse Gäste teilzunehmen eingeladen sind. Es gilt dabei einen Stil zu entwickeln, der den Anschein der Vereinnahmung von vornherein ausschließt. Gästen wird freundlich erklärt, was geschieht, und sie können ihr Verständnis artikulieren. Dazu gehört auch, dass Rückzug als etwas Selbstverständliches verstanden wird. Es bleibt immer der Entscheidungsfreiheit der Gäste überlassen, wie weit sie sich einbringen und mitmachen wollen. Warum müssen denn alle beten oder sich alle um die Erzählkerze zur biblischen Geschichte scharen? Und das gilt analog, wenn türkische Eltern ihre Kinder nicht zu einer christlichen Feier in den Kindergarten bringen wollen. Besuche bei der anderen Religion, z.B. in der Moschee, sind dann Gelegenheit zum Rollenwechsel. Hier können sich die muslimischen Kinder zu Hause und als religiöse »Gastgeber« fühlen.

Christliche Kinder lernen, wie die Erzieherin in allen religiösen Vollzügen mitbedenkt, dass auch nichtchristliche Kinder da sind. Sie lernen, in der christlichen »Wohnung« immer auch die nichtchristlichen »Gäste« im Blick zu haben. Die sollen sich als religiöse Gäste wohlfühlen können. Auf ihre religiösen Besonderheiten wird Rücksicht genommen. Wenn sie sich bei religiösen Vollzügen manchmal anders verhalten, ist das nichts Anstößiges, sondern ganz und gar normal. Und wenn sie erzählen, was sie anders kennen und machen, so ist das erwünscht.

Nichtchristliche Kinder lernen, dass sie als religiöse »Gäste« willkommen sind. Das ist weniger als religiöse Verwurzelung, aber viel mehr als religiöses Desinteresse. Es kommt immer wieder vor, dass muslimische Eltern mit ihren Kindern einen bewusst christlich orientierten Kindergarten mit der Begründung wählen: »Ihr könnt mit Religion umgehen.« Sie erfahren dann hoffentlich, als religiös Andere geachtet und respektiert zu werden.

4. Interreligiöse Erziehung und Bildung betrifft alle in der Kindertagesstätte Beteiligten

- *Das Elternrecht schließt die Entscheidung über die religiöse Zugehörigkeit der Kinder ein.*
  Nichtchristliche Kinder haben meist sicherlich kein Problem, an christlichen Vollzügen teilzunehmen. Sie werden sich wohl kaum danach drängen, ihre religiös andere Orientierung in den Vordergrund zu rücken. Es sind vielmehr die Eltern, die in ihren Befürchtungen ernst zu nehmen sind, dass ihre Kinder ihrer religiösen Identität entfremdet werden. Und das Elternrecht bestärkt sie darin. Sie geben die Aufgabe vor, religiöse Unterschiedlichkeit zu thematisieren.
  Mit den Eltern sollte deshalb schon beim Anmeldegespräch ihr Verhältnis zur religiösen Orientierung in der Einrichtung bedacht werden – nicht als bloßer Hinweis auf das christliche Profil, sondern als Gespräch, in dem die Ziele christlicher Sozialisation in ihrer Verbindung mit der Wertschätzung und Achtung anderer religiöser Bindung vorgestellt werden. Die Rolle der distanzierten Teilnahme schließt Entscheidungen der Eltern ein, inwieweit christliche Vollzüge von ihnen mitgetragen werden können. Dazu sind folgende Fragen hilfreich:

  - Wie ist das Verhältnis der Eltern zu einer christlichen Erziehung im Kindergarten?
  - Wie können die Eltern ausführlich und zuverlässig über Aktivitäten im religiösen Bereich informiert werden?
  - Wo gibt es religiöse Gemeinsamkeiten?

- Wo sind Konfliktzonen, bei denen die Eltern unvereinbare Widersprüche zu ihrer eigenen religiösen Erziehung sehen?
- Welche Formen bieten sich an, mit der religiösen Differenz konstruktiv umzugehen?
- Wie sind Absprachen möglich, bei welchen religiösen Veranstaltungen Eltern ihre Kinder zu Hause lassen?
- Sind Eltern dazu bereit, in der Kindergruppe Einblicke in die Inhalte und Praxis ihrer eigenen religiösen Traditionen zu geben?

Eine muslimische Mutter lud die Kindergruppe zu sich in die Wohnung ein. Die muslimischen Kinder vollzogen das rituelle Gebet, von den Waschungen bis zu den Körperbewegungen beim Rezitieren der Gebetstexte. Die nichtmuslimischen Besucher saßen als religiöse Gäste dabei. Die Rollen waren klar.

- *Unterschiedliche Trägerschaft bedingt auch unterschiedliche Akzentuierungen in der interreligiösen Erziehung und Bildung.*
  Kirchliche Träger sind mit ihrer Kindertagesstätte auch den Aufgaben einer christlichen Gemeinde verpflichtet, die die Verkündigung des Evangeliums einschließen, d.h. christlichen Kindern das Vertrautwerden mit christlichem Glauben und seinen Ausdrucksformen zu ermöglichen. Das bezieht ganz bewusst die Aufgaben interreligiöser Erziehung und Bildung ein, weil zur eigenen christlichen Position die Bereitschaft zur Wertschätzung und Achtung der Menschen mit anderer religiöser Bindung, die Bereitschaft zum Miteinander im Zusammenleben trotz religiöser Unterschiede und später zum fairen Streit um die Wahrheit dazugehört. Zum Streitfall wird die Frage, inwiefern diesem Konzept die Einstellung muslimischer Erzieherinnen in Gruppen mit hohem Anteil muslimischer Kinder entspricht – entgegen der üblichen Beschränkung auf Mitarbeitende, die einer der christlichen Kirchen angehören. Voraussetzung solcher – wünschenswerten – Weiterentwicklung ist auf jeden Fall, dass muslimische Erzieherinnen ihre religiöse Rolle in der christlichen Kindertagesstätte sorgfältig geklärt haben.
  Nichtkirchliche Träger sollten sich mit ihren Konzepten interreligiöser Erziehung keineswegs auf die Basis weltanschaulich neutraler Informationen zurückziehen, da dies dem Bildungsverständnis im Elementarbereich widerspricht. An die Stelle der christlichen Erziehung in engem Zusammenhang mit der christlichen Gemeinde tritt hier wohl die eher punktuelle Begegnung mit gelebter Religion – in all der Unterschiedlichkeit, in der sie in das Erfahrungsfeld der Kinder tritt. Das Beachten der Zugehörigkeit samt dem entsprechenden Rollenverhalten bleibt auch hier gültig und ermöglicht, dass Kinder mit allen Sinnen religiösen Traditionen begegnen können.
- *Kinder lernen unterschiedliches Teilnahmeverhalten kennen; damit gegebene Entscheidungsspielräume bereiten auf die später selbst zu treffende Entscheidung über religiöse Zugehörigkeit vor.*

Grundsätzlich sollte es das Ziel religiöser Erziehung sein, Kinder auf eigene religiöse Entscheidungen vorzubereiten. Frühzeitig sollen sie Gelegenheit bekommen, über die Art ihrer Teilnahme an religiösen Vollzügen mitzuentscheiden, um so zu entdecken, dass sie nicht nur in vorgegebene Traditionen hineinwachsen, sondern sie durch ihr Entscheiden zu ihren eigenen machen. Im interreligiösen Lernen wird dies gefördert, sofern Möglichkeiten eingeübt werden, als religiöser »Gast« auch Distanz zu bestimmten Vollzügen zu praktizieren.
Wichtig ist, dass ein Nicht-Teilnehmen in einer Form geschehen kann, die die anderen in ihrem Verhalten nicht stört und die umgekehrt das andere Verhalten als etwas Normales erscheinen lässt. Mit dem Einüben in *Gebets*haltungen, etwa dem Händefalten, dem selbstständigen Einbringen von Gebetsgedanken ist zu klären, wie man auch mit anderen Gebetsgesten dabei sein kann, oder auch ohne mitzubeten und ohne dass dies als störend oder als ausgrenzend empfunden wird. Beim *Erzählen* biblischer Geschichten kann geklärt werden, aus welchem Buch diese Geschichten stammen und auch, dass manche Menschen diesen Geschichten ablehnend gegenüberstehen und jeder das Recht hat, auch kritische Rückfragen und das Nichtgefallen mitzuteilen. Bei *Gesprächen* über Gott kann gut zur Sprache kommen, dass Vorstellungen von Gott und der Umgang mit ihnen unterschiedlich sind, auch dass viele Menschen an Gott, so wie wir ihn kennen, nicht glauben können, dass hier Überzeugungen voreinander abweichen.
Je mehr statt des vereinnahmenden »Wir« vom »Ich als Christin bzw. Christ« gesprochen und damit deutlich wird, dass es auch andere Positionen gibt, desto leichter wird es auch Kindern fallen, mit einer religiösen Erziehung zurechtzukommen, die sich von der Einstellung der eigenen Eltern unterscheidet.

- *Erzieherinnen und Erzieher brauchen interreligiöse Kompetenz, in der sie sensibel mit religiöser Unterschiedlichkeit umgehen, ihre eigene Rolle klären und Kinder zum Praktizieren ihrer Rolle helfen.*

Es gilt zunächst, das Verhältnis von religiös Eigenem und Fremdem bei sich selbst zu klären. Manche Erzieherin scheitert an dem eigenen Anspruch, die religiöse Vielfalt der in der Einrichtung vertretenen Familien sicher im Blick zu haben. Hier ist Entlastung angesagt von der Erwartung, sich nicht nur im eigenen Christentum, sondern auch in den anderen Religionen gut auszukennen. Zugleich ist damit die Chance eröffnet, von anderen zu Entdeckungsreisen in ihre Religion eingeladen und mitgenommen zu werden: »Ich habe von dem Fest gehört, das ihr gefeiert habt. Ich weiß leider fast gar nichts davon. Kannst du mir erzählen, was ihr da gemacht habt?« Es ist doch gut und auch reizvoll, wenn auf diese Weise einmal die Rollen vertauscht werden. Oder wenn ein Kind fragt: »Warum hat die Mutter von Erkan immer ein Kopftuch auf?«, dann muss nicht gleich sie selbst antworten, sondern kann zurückfragen: »Wen könnten wir dazu fragen? Vielleicht kann uns die Mutter das auch selbst erzählen!«

Dass Sensibilität für die religiös Anderen viel wichtiger ist als viele Kenntnisse, zeigt folgendes Beispiel. Am Ende ihrer Kindergartenzeit wurden die Schulkinder mit einem Segen verabschiedet. Die Erzieherinnen erzählen davon:

Die muslimischen Kinder haben wir einfach mit in die Kirche genommen. Dort wurden sie auch vom Pfarrer gesegnet. Wir dachten, das ist doch nichts Schlechtes. Im nächsten Jahr haben dann an diesem Tag die muslimischen Kinder alle gefehlt. Wir wussten zuerst eigentlich gar nicht, warum. Wir haben die muslimischen Eltern eingeladen und alles mit ihnen besprochen. Viele kamen dann auch zu der Feier mit. Die meisten blieben aber bei der Segenshandlung in den Bänken sitzen. Nach dem Gespräch mit den muslimischen Eltern haben wir uns im folgenden Jahr so verständigt: Alle konnten wählen, ob der Pfarrer oder die Erzieherin dem Kind die Hand auflegen soll. Das war dann für die muslimischen Eltern kein Problem, dass die Erzieherin die Hand dem Kind auf die Schulter legte. Bei den muslimischen Kindern verzichteten wird auf ein Kreuzzeichen und die Rede vom dreieinigen Gott. Außerdem baten wir die Eltern, mit die Hand aufzulegen. Aber am Schluss sprach dann schon der Pfarrer den Segen für alle.

Solche Sensibilität kann auch gefördert werden, indem Erzieher/innen mit den Augen der nichtchristlichen Eltern durch die Einrichtung gehen: Wo wird (neben den vom Profil her gegebenen christlichen Symbolen) deutlich, dass auch Kinder anderer Religionen zu dieser Einrichtung dazugehören? Ist ein interreligiöser Festkalender gut sichtbar angebracht? Zeigen Fotos, Bilder, Symbole, Bücher, Gegenstände etwas von solchen anderen Religionen?

5. Interreligiöse Erziehung und Bildung schließen auch den Umgang mit gegebenen Grenzen ein

- Wenn die Kinder der Tageseinrichtung aus vielen unterschiedlichen Nationen und religiösen Traditionen stammen, dann müsste für jedes Kind dessen religiöse Herkunft mitbedacht werden. Viele Elterngespräche wären zu führen, um über jedes Kind und seinen religiösen Hintergrund ausreichend Bescheid zu wissen. Das erfordert viel Zeit und Engagement und das sich Einlassen auf je neue inhaltliche Zusammenhänge, um Gespräche konstruktiv führen zu können. Ist das wirklich zu leisten?
- »Wenn wir nur an die muslimischen Eltern herankämen!«, klagen viele Erzieherinnen. »Wir finden ja gar keine Gelegenheit, um mit ihnen die nötigen klärenden Gespräche zu führen und Vereinbarungen zu treffen!« Und immer wieder wird beobachtet, dass entstandenes Vertrauen wieder schwindet, hergestellte Kontakte wieder zurückgenommen werden – und man kann nur vermuten, was wohl die Ursache sein mag: Rückzug in das eigene religiöse Milieu? Verunsicherung angesichts gesellschaftlicher Veränderungen? Verstärkte fundamentalistische Tendenzen? Aber es bleibt kein anderer Weg, als immer wieder um Vertrauen zu werben.

- Es geschieht zuweilen, dass Eltern nichtchristlicher Herkunft und Einstellung eine christliche Grundorientierung der Kindertagesstätte in Frage stellen. Etwa wenn eine Mehrheit religiöse Erziehung überhaupt verhindern will. Oder wenn eine Mehrheit muslimischer Eltern betont, dies sei »ihr« Kindergarten, der mit Christentum und Kirche nichts zu tun habe. Und dann kommt vielleicht noch dazu, dass manche sogar kämpferische Hintergedanken dabei haben, an die Überlegenheit des Islams über das Christentum denken und behutsame interreligiöse Aktivitäten in der Einrichtung in diesem Sinne deuten. Wird in solchen Fällen das verständnisvolle Zugehen auf andere mit dem Zurücknehmen der eigenen Position oder gar dem Verzicht auf sie verwechselt? Zu echter Toleranz gehört neben dem Anerkennen und Geltenlassen des Anderen auch das – gegebenenfalls auch energisch vertretene – Recht auf das Eigene.
- Die Realität interreligiöser Erziehung zeigt sich in der oft anstrengenden Fülle jeweiliger Einzelentscheidungen und Klärung von Missverständnissen. Entscheidungen kosten Kraft. Sollen z.B. im Kindergarten Symbole des Islams angebracht werden? Sollen gar Räume der Kindertagesstätte zeitweise islamischen Gruppierungen zur Durchführung ihrer Veranstaltungen überlassen werden? Soll eine Tauferinnerungsfeier durchgeführt werden oder nicht? In jedem Fall sind die lokalen Gegebenheiten sorgfältig abzuwägen. Aber ein klares interreligiöses Gesamtkonzept kann die Einzelentscheidungen sicherlich erleichtern und hilft, sie auch genau zu begründen.

Literaturhinweis

BETA-Positionspapier, Vielfalt leben – Profil gewinnen. Interkulturelle und interreligiöse Erziehung und Bildung in evangelischen Tageseinrichtungen für Kinder, Stuttgart 2002.

D. Böhm/R. Böhm/B. Deiss-Niethammer, Handbuch interkulturellen Lernens. Theorie und Praxis für die Arbeit in Kindertageseinrichtungen, Basel und Wien 1999.

F. Harz, Ist Allah auch der liebe Gott? Interreligiöse Erziehung in der Kindertagesstätte, München 2001.

P. Schreiner u.a. (Hrsg.), Handbuch Interreligiöses Lernen, Gütersloh 2005.

G. Schwikart, Gott hat viele Namen. Kinder aus aller Welt erzählen von ihrem Glauben, Düsseldorf 1996.

G. Schwikart, Julia und Ibrahim. Christen und Muslime lernen einander kennen, Düsseldorf 1995.

M. Tworuschka/U. Tworuschka, Die Weltreligionen Kindern erklärt, Gütersloh 1996.

M. Tworuschka/U. Tworuschka, Der Islam Kindern erklärt, Gütersloh 1999.

Verband Katholischer Tageseinrichtungen für Kinder (KTK) – Bundesverband (Hrsg.), Die Welt der Religionen im Kindergarten. Grundlegung und Praxis interreligiöser Erziehung. Dokumentation Religionspädagogische Jahrestagung 2000, Freiburg 2001.

G. Wagemann, Feste der Religionen – Begegnung der Kulturen, München 1996.

Monika Benedix/Matthias Hugoth

Interkulturelle und interreligiöse Bildung in Kindertageseinrichtungen

Aufgaben für Qualitätsentwicklung und Evaluation

Das Thema »Interkulturelle und interreligiöse Bildung in Kindertageseinrichtungen« bietet vielfältigen Diskussionsstoff. Diskutiert wird auf allen Ebenen: auf der Ebene der pädagogischen Mitarbeiterinnen und der Eltern vor Ort, auf der Ebene der Träger und Trägerorganisationen, auf der Ebene der Kirchen und anderer religiöser Gemeinschaften, schließlich auf der Ebene der Landes- und Bundespolitik. Dabei geht es um die Frage nach den Motiven und Zielen einer solchen Bildungsarbeit, nach den erforderlichen Qualifikationen des Personals, nach Inhalten und Methoden, nach den Möglichkeiten einer Einbeziehung der Eltern bzw. der Familien der Kinder.

Innerhalb der Kirchen und der anderen Religionsgemeinschaften stehen weniger die pädagogischen Fragestellungen im Mittelpunkt als vielmehr Aspekte der Ökumene, also des Dialogs und der Kooperation, aber auch die Frage nach den Möglichkeiten und Grenzen solcher Bildung hinsichtlich der Aufgabe, Gemeinsames zu entdecken und zu gestalten und gleichzeitig das jeweils Besondere zu berücksichtigen und zur Geltung kommen zu lassen.

Auf der Ebene der Landes- und Bundespolitik stehen ebenfalls, wenn auch aus einem anderen Blickwinkel, Fragen des ökumenischen Fortschritts durch eine ökumenische Bildungsarbeit von Anfang an im Mittelpunkt wie auch die Frage, ob und wie interkulturelle und interreligiöse Bildung zu konstitutiven Bestandteilen der Bildungsarbeit von Kindertageseinrichtungen etabliert werden sollen.

Worum es auf allen genannten Ebenen auch jeweils im Detail gehen mag, stets wird, mehr oder weniger bewusst, die Frage nach der Qualität mittransportiert: Wenn schon interkulturelle und interreligiöse Bildung, dann muss sie gelingen, dann muss sie einfach gut sein.

Meist allerdings gibt es nur diffuse Vorstellungen, was dieser Qualitätsanspruch konkret beinhalten soll. Auch in der Fachöffentlichkeit ist der Diskurs über die Qualität interkultureller und interreligiöser Bildungsprozesse in Kindertageseinrichtungen noch kaum angelaufen.

Das betrifft nicht zuletzt die Frage, wie diese Prozesse unter dem Gesichtspunkt der Qualität evaluiert werden sollen.

Die folgenden Ausführungen sind als ein Beitrag zu einem solchen Diskurs zu verstehen. Sie konzentrieren sich allerdings darauf, die Aufgaben zu benennen, die sich an Qualität und Evaluation interkultureller und interreligiöser Bildungsprozesse in Kindertageseinrichtungen stellen; um Forschungsergebnisse zu referieren und um Ansätze und Instrumente der Qualitätsentwicklung und Evaluation zu diskutieren, ist der vorgegebene Rahmen zu eng gesteckt.

Zunächst jedoch soll erörtert werden, warum hier von interkultureller und interreligiöser Bildung in einem Atemzug die Rede ist. Denn viele Kindertageseinrichtungen, die interkulturell arbeiten, würden diese Arbeit nicht mit interreligiöser Bildung in Verbindung bringen; und auch in der Fachdiskussion – selbst in den Bildungsplänen der Bundesländer – spielt Religion innerhalb interkultureller Bildung meist keine Rolle. Es ist äußerst selten, dass man bei der Konzeption dieser Bildungsprozesse auch die Religionspädagogik einbezieht.

In der Regel begnügen sich die eben genannten Kindertageseinrichtungen, die interkulturelle Bildung praktizieren, mit der Bereitschaft, den »Faktor« Religion zu berücksichtigen, wenn von christlichen oder muslimischen Kindern oder von Kindern einer anderen Religionszugehörigkeit religiöse Themen ins Spiel gebracht werden. Eine solche Rücksichtnahme reicht nicht – so unsere These –, wenn es wirklich um interkulturelle pädagogische Arbeit gehen soll. Sie reicht auch nicht aus, um dem Anspruch zu entsprechen, dass sich diese Arbeit durch eine nachweisbare Qualität auszeichnet.

Das Recht des Kindes auf Religion – auch in einer multikulturellen und säkularisierten Gesellschaft

Es gibt nicht wenige Menschen, die der Meinung sind, dass angesichts der Tatsache, dass wir in einer säkularisierten und multikulturellen Gesellschaft leben, religiöse Erziehung aus öffentlichen Erziehungs- und Bildungseinrichtungen entfernt werden sollte. Denn keine Religion, so die Meinung vieler, kann hierzulande den Anspruch auf einen Vorrang erheben. Deshalb sollte, bevor es zu Konflikten zwischen den Vertretern der einzelnen Religionen kommt, Religion in den Privatbereich zurückgefahren werden. Außerdem bezeichnen sich viele Menschen hierzulande als religionslos und möchten deshalb nicht, dass ihre Kinder in Kindergarten und Schule religiös erzogen werden.

Was spricht also dafür, dass trotz dieser Einwände religiöse Erziehung in die Bildungsarbeit von Kindertageseinrichtungen integriert wird – auch dann, wenn die Einrichtungen von Kindern besucht werden, die unterschiedlichen Religionen angehören oder gar konfessionslos sind?

Vor allem die beiden kirchlichen Trägerorganisationen – die »Bundesvereinigung Evangelischer Tageseinrichtungen für Kinder (BETA)« und der »Verband Katholischer Tageseinrichtungen für Kinder (KTK) – Bundesverband« – haben zahlreiche Publikationen veröffentlicht, in denen der Anspruch des Kindes auf Religion nachgewiesen und in denen Gründe für den Einbezug des Bildungsbereichs Religion (wenn auch in Kombination beispielsweise mit »Sinn« und »Werte«[1]) in den Kanon der Bildungsbereiche aufgeführt werden.[2]

Diese Gründe sollen hier nicht detailliert referiert werden, da die Themenstellung dieses Beitrags auf andere Fragen abhebt; das im Anhang abgedruckte Dokument – das Argumentationspapier »Religiöse Erziehung als Bildung begreifen« des KTK-Bundesverbandes – und das Thesenpapier des Rates der Evangelischen Kirche in Deutschland »Religion, Werte und religiöse Bildung im Elementarbereich. 10 Thesen« – enthalten einige der wichtigsten Argumente für eine Qualifizierung religiöser Erziehung als Bildung.

Es ist hier jedoch im Blick auf die Qualität der interkulturellen und interreligiösen Bildungsarbeit von Kindertageseinrichtungen festzuhalten, dass zu den Merkmalen dieser Qualität erstens eine plausible Begründung, zweitens eine klare Zielbeschreibung, drittens eine Beschreibung der Ansätze und Methoden zur Erreichung dieser Ziele gehört und viertens die Frage der Evaluation.

I. Der Qualitätsanspruch an interkulturelle und interreligiöse Bildung von Kindern in Kindertageseinrichtungen

Kindertageseinrichtungen sind wie alle sozialen und pädagogischen Einrichtungen unseres Sozial- und Bildungssystem schon seit Längerem mit der Frage konfrontiert, wie sie die Qualität ihrer Arbeit nachweisen, wie sie diese sichern und stetig weiterentwickeln können. Dieser Qualitätsanspruch bezieht sich sowohl auf die Organisation und Rentabilität der Arbeitsprozesse als auch auf die Inhalte der sozialen und pädagogischen Arbeit.

1 Der »Orientierungsplan für Bildung und Erziehung für die baden-württembergischen Kindergärten« hat in den Kanon seiner Bildungs- und Entwicklungsfelder das Feld »Sinn, Werte, Religion« aufgenommen.

2 *Evangelische Kirche/BETA*, Exemplarisch sind zu nennen: Wo Glaube wächst und Leben sich entfaltet. Der Auftrag evangelischer Kindertageseinrichtungen. Eine Erklärung des Rates der Evangelischen Kirche in Deutschland, Gütersloh 2004; *Evangelische Kirche/BETA*, Vielfalt leben – Profil gewinnen. Interkulturelle und interreligiöse Erziehung und Bildung in evangelischen Tageseinrichtungen für Kinder, Stuttgart 2002; *KTK-Bundesverband*, Lebensräume erschließen. Überlegungen zur religiösen Erziehung im Elementarbereich. Eine Handreichung zur grundlegenden Orientierung, Freiburg i. Br. [4]2005; Religion für alle Kinder? Konfessionslose und andersgläubige Kinder in katholischen Kindertageseinrichtungen. Leitlinien und Materialien für die religiöse Erziehung, Freiburg i. Br. 2003; Argumentationspapier: Religiöse Erziehung als Bildung begreifen, Freiburg i. Br. 2006. Gemeinsam haben BETA und KTK-Bundesverband sich auch zum Bildungsauftrag kirchlicher Kindertageseinrichtungen positioniert: Bildung von Anfang an. Der Bildungsauftrag von Kindertageseinrichtungen in kirchlicher Trägerschaft, Freiburg i. Br./Stuttgart 2002 (zu beziehen über: www.KTK-Bundesverband.de). Zur Grundlegung (inter)religiöser Bildung in Kindertageseinrichtungen und zur konkreten Praxis vgl. das Leitfadenbuch von *M. Hugoth*, Fremde Religionen – fremde Kinder? Leitfaden für interreligiöse Erziehung, Freiburg i. Br. 2003.

Von dem Qualitätsanspruch an die Bildungsleistungen, die in Kindertageseinrichtungen erbracht werden, ist auch die religiöse bzw. interreligiöse Bildung nicht ausgenommen. Das ist allerdings nicht allen plausibel, vor allem den Trägern und Mitarbeiterinnen kirchlicher Einrichtungen nicht. Denn: Religiöse Erziehung hat mit persönlichen Einstellungen, Glaubenshaltung und Glaubenspraxis zu tun, wie soll man diese Dinge mit objektivierbaren Qualitätskriterien bemessen können?

Solche Fragen zeigen, dass die Qualität von Erziehungs- und Bildungsarbeit häufig an dem Outcome dieser Prozesse festgemacht wird. In konservativ kirchlichen Kreisen beispielsweise immer noch und immer wieder daran, was die Kinder an religiösem Wissen und an kirchlich-liturgischen Handlungsformen gelernt haben und ob die Kinder nach dem Kindergarten weiterhin regelmäßig die Gottesdienste besuchen, weil sie gelernt haben, dass dies zu einem ordentlichen Christenmenschen dazu gehört.

Wollte man sich bei der religiösen Bildung und der Bildung überhaupt allein auf das Outcome beziehen, um die Qualität der Bildungsarbeit zu bemessen, dann sähe die Sache nicht immer gut aus. Denn vieles, was Kinder sich aneignen und lernen, begreifen sie erst später und wirkt sich erst später sichtbar in ihren Entscheidungen, ihrem Verhalten und Handeln aus.

Dennoch kommt die religiöse/interreligiöse Bildung nicht an der Qualitätsfrage vorbei – erst recht nicht, wenn sie im Kontext einer interkulturellen Bildung erfolgt. Denn wenn sie zum Kanon der Bildungsbereiche von Kindertageseinrichtungen dazugehört, dann muss sie auch einen Beitrag zu deren Qualitätsniveau leisten. Dies heben auch die Bildungspläne der Bundesländer hervor, die religiöse/interreligiöse Erziehung ausdrücklich zu den obligatorischen Bildungsbereichen von Kindertageseinrichtungen zählen.

II. Qualitätskriterien für interkulturelle und interreligiöse Bildungsprozesse

Im Unterschied zum Bereich der Schule, in der man die Frage »Was ist ein guter (Religions-)Unterricht?« ausführlich diskutiert und sowohl die normative Dimension der Qualitätsbestimmung – die »Philosophie« eines Unterrichtsfachs und ihre Bedeutung für die Qualität des Unterrichts – als auch die Frage nach der Möglichkeit empirisch fassbarer Daten erörtert hat, gibt es für das Bildungsgeschehen in Kindertageseinrichtungen noch keine breite Qualitätsdiskussion, zumindest nicht bezogen auf religiöse Erziehung und Bildung. Deshalb kann bei der Frage nach der Qualität interkultureller und interreligiöser Bildungsprozesse ein Blick auf die Diskussion über Unterrichtsqualität im Schulbereich hilfreich sein.

Für die qualitative Bewertung von Bildungsprozessen haben sich – vereinfacht dargestellt – folgende Formen bewährt:

1. die Beurteilung der Anwendung bestimmter Lehr-Lern-Methoden (Sinnhaftig keit und Effektivität),
2. die Beurteilung von Wirkungen der Lehr-Lernprozesse (Zugewinn an Wissen und Können),
3. die Beurteilung des Zusammenhangs dieser beiden Aspekte.[3]

Ferner müssen für die Bestimmung der Qualität interkultureller und interreligiöser Bildungsprozesse in Kindertageseinrichtungen die strukturellen und personalen Bedingungen bedacht werden, unter denen diese Prozesse gestaltet werden, also die räumlichen, zeitlichen, instrumentellen (die Ausstattung mit Materialien betreffenden) Rahmenbedingungen für die Bildungsarbeit und die persönlichen und fachlichen Kompetenzen der pädagogischen Mitarbeiterinnen und Mitarbeiter (Haltungen, Wissen, didaktische Fähigkeiten).

Zu den Kriterien, nach denen die Qualität von Bildungsprozessen auf den eben genannten drei Ebenen beurteilt werden kann, gehören:[4]

- *Ziel- und Kompetenzorientierung*
  Worauf zielen die interkulturellen und interreligiösen Bildungsprozesse ab? Was soll erreicht werden? Welche Kompetenzen sollen die Kinder am Ende erworben haben?
- *Kinderorientierung*
  Inwieweit werden die Bildungsprozesse auf die Kinder ausgerichtet, auf ihre Fragen, Beobachtungen und Erfahrungen, aber auch darauf, was sie an Wissen und kultureller/religiöser Beheimatung mitbringen? Wo besteht die Notwendigkeit, wo die Gefahr, dass die Vorstellungen und Interessen der Erzieherinnen den Bedürfnissen der Kinder übergeordnet werden?
- *Strukturiertheit und Gestaltcharakter*
  Wie werden die Bildungsprozesse methodisch gestaltet? Ist diese Methode reflektiert und bewährt? Welche Gestalt haben interkulturelle und interreligiöse Bildungsprozesse im Kontext der gesamten Bildungsarbeit in einer Einrichtung? Gehören diese interkulturellen/interreligiösen Bildungsprozesse selbstverständlich dazu, erscheinen sie eher exotisch und als Ausnahme bzw. ein Zusatz?
- *Lernkultur und Lernatmosphäre*
  Welchen Stellenwert hat in einer Kindertageseinrichtung die hier zu leistende Bildungsarbeit? Was wird dafür getan, dass die Einrichtung als »Lernort« erkennbar und erfahrbar wird – vor allem für die Kinder? Gibt es eine Hierarchie zwischen den Bildungsbereichen? Welchen Stellenwert hat die interkulturelle

3 »Unterrichtsqualität bezieht sich sowohl auf die Qualität der Lehrmethoden (fern von Schematismus und Monokultur bestimmter Methoden) als auch auf die Wirkungen.« *A. Helmke*, Unterrichtsqualität erfassen, bewerten, verbessern. Seelze/Stuttgart ^{5}2007, S. 19.

4 In Anlehnung an *R. Englert*, Die Diskussion über Unterrichtsqualität – und was die Religionsdidaktik daraus lernen könnte. In: *C. Bizer u. a. (Hrsg.),* Was ist guter Religionsunterricht? Neukirchen 2006, S. 52–64 (Jahrbuch für Religionspädagogik; Bd. 22).

und interreligiöse Bildung? Wie werden Lernprozesse mit den Kindern, bei den Kindern untereinander, unter den Erzieherinnen initiiert, gestaltet, bewertet, verbessert? Macht Lernen Spaß, fordert es heraus, stellt es eine (positive) Zu-Mutung für alle dar?

- *Umgang mit Religion und Theologie*
  Welches Wissen über die Religionen bringen die Erzieherinnen mit? Welche Schritte sind zum theologischen Begreifen der Glaubensinhalte und religiösen Lebensformen erforderlich? Wie eignen sich die Erzieherinnen diese theologischen Kompetenzen an, wo sollten sie Expertinnen und Experten hinzuziehen?

III. Beispiele für die Bestimmung der Qualität interkultureller und interreligiöser Bildungsprozesse

In allen Qualitätshandbüchern und Gütesiegeln der Trägerverbände sind Kriterienkataloge, Praxisindikatoren und Nachweisverfahren aufgenommen – beim Gütesiegel des KTK-Bundesverbandes beispielsweise im Qualitätsbereich III »Kirchengemeinde«.[5]

Im Folgenden werden beispielhaft die »Qualitätsfragen für die Praxis zum interreligiösen und interkulturellen Miteinander« aus dem Handbuch der Nordelbischen Kirche für Kindertageseinrichtungen aufgeführt:

Handbuch der Nordelbischen Kirche
Qualitätsfragen für die Praxis zum interreligiösen und interkulturellen Miteinander
Wie wird im religiösen Miteinander Verschiedenheit gelebt?
Unterschiedliche Gebetsgesten, welche die Kinder aus ihrer religiösen Sozialisation mitbringen, werden bewusst als Teil des gemeinsamen Betens gepflegt.
Wo erfahren Kinder, dass sie in ihrer eigenen religiösen Tradition bestärkt werden?
Kinder werden ermuntert, von ihren religiösen Festen im Elternhaus zu erzählen.
Lernen Kinder angesichts unterschiedlicher kultureller und religiöser Traditionen selbst Verantwortung für das Zusammenleben zu übernehmen?
Kinder machen sich gegenseitig auf den gebotenen Umgang mit Lebensmitteln aufmerksam.
Erleben Kinder, dass Kränkungen, die aus kultureller und religiöser Unterschiedlichkeit entstehen können, mit Vergebung und Neuanfang bereinigt werden?
Konflikte, die sich aus unterschiedlichen Traditionen und Verhaltensweisen ergeben, werden thematisiert und geklärt.
Wie wird in der Einrichtung Neugier auf andere Religionen geweckt?
Der Moscheebesuch ist fester Bestandteil des Besuchsprogramms.

5 *KTK-Bundesverband*, KTK-Gütsiegel. Rahmenhandbuch. Freiburg i. Br. 2007 (überarbeitete Fassung).

Spüren Kinder, dass religiös Anderes auch fremd, rätselhaft und unerklärbar bleiben kann?
Erzieherinnen gestehen offen ihr Nichtwissen zu Einzelheiten aus anderen Religionen ein.
Wie können Kinder wahrnehmen, dass auch in anderen Religionen die Menschen Hoffnung für ihr Leben gewinnen können?
Kinder lernen die Ernsthaftigkeit kennen, in der Menschen unterschiedlicher Religionen ihren Glauben praktizieren.
Wie können Kinder angesichts unterschiedlicher religiöser Einstellungen, Überzeugungen und Verhaltensweisen vielfältige kreative Ausdrucksmöglichkeiten finden?
Kinder suchen nach Lösungen, wie eine aus religiösen Gründen nicht erwünschte Geburtstagsfeier auf andere Weise ausgeglichen werden kann.

Alle diese Qualitätsfragen sollen dabei helfen, einen sensiblen Blick auf die Bedürfnisse von Kindern und deren Sinnfragen zu entwickeln.

Jede der Fragen ist nun darauf zu beziehen, was das für die Ebene der Pädagogik, der Ebene der Kooperation mit Eltern, der Ebene der Mitarbeiterinnen, der Ebene des Trägers und der Ebene der Gesellschaft bedeutet.

Es entsteht ein dialogischer Prozess mit allen Beteiligten, wo die, für die Einrichtung relevanten Qualitätsmerkmale festgelegt werden.

IV. Aufgaben der Evaluation interkultureller und interreligiöser Bildungsprozesse in Kindertageseinrichtungen

Wenn eine Kindertageseinrichtung seine Bildungsarbeit systematisch dem Anspruch von Qualität unterstellt, diese Arbeit also nach offiziellen Qualitätskriterien verrichtet, dann ist dies nur wirklich sinnvoll und nachhaltig nutzbar, wenn diese Qualität auch evaluiert wird.

Für viele Mitarbeiterinnen in Kindertageseinrichtungen klingt der Begriff Evaluation allerdings noch immer nach Kontrolle, Überwachung, Bewertung und Fremdbestimmung. Deshalb würden sie es am liebsten bei eher gefühlsmäßigen Einschätzungen belassen und bei einer informellen Verständigung mit dem Team darüber, was als gelungen, als zufriedenstellend, mittelmäßig oder schlecht gelaufen gelten kann. Dabei übersehen sie, welche Chancen aus der Anwendung systematischer Evaluationsverfahren sowohl für die Verbesserung der Qualität der Arbeit als auch für das persönliche Weiterkommen erwachsen können.
Der erste Schritt besteht in einer Verständigung darüber, was mit Evaluation gemeint ist. »Der Begriff Evaluation bezeichnet die systematische Sammlung, Analyse und Interpretation von Informationen. Eine Evaluation wird durchgeführt, um einen Sachverhalt anhand von wissenschaftlichen Methoden zu bewerten. Dabei können beispielsweise Produkte evaluiert werden (etwa in Vergleichstests für Autokindersitze), spezifische Methoden und Techniken (unterschiedliche Lehr- und Trai-

ningsmethoden), Zielvorgaben (z.B. die Ausbildungsziele Fachkompetenz und soziale Kompetenz bei der Weiterbildung von Führungskräften), umfassende Projekte und Programme (Informations- und Aufklärungskampagnen), Arbeitsprozesse (Beschwerdemanagement bei Dienstleistungsunternehmen) und auch Strukturen bzw. ganze Systeme (beispielsweise bei einem Vergleich der Bildungssysteme zweier Länder).«[6]

Für eine systematische Evolution sind Kriterien zu entwickeln, nach denen diese Qualität bewertet werden soll. Diese Kriterien können vorwiegend formaler Natur sein und sich auf die Bewertung von Methoden, Verfahren, Organisation und Strukturen konzentrieren (was der ersten der oben vorgestellten drei Formen zur qualitativen Bestimmung von Bildungsprozessen entspricht); sie können aber auch stärker die Ergebnisse, also das erworbene Wissen, die Kompetenzen für den Umgang mit diesem Wissen usw. prüfen (und würden dann der zweiten Bestimmungsform entsprechen).

Hat sich das Team einer Kindertageseinrichtung (am besten zusammen mit ihrem Träger) dafür entschieden, dass die in ihrer Einrichtung geleistete Bildungsarbeit evaluiert werden soll, sollten die Mitarbeiterinnen einer Kindertageseinrichtung die anstehenden Fragen nach folgendem Muster klären und die entsprechenden Entscheidungen treffen. Das Verfahren kann folgendermaßen ablaufen:[7]

1. Entscheidung für die Durchführung einer Evaluation
2. Entscheidung über den zu untersuchenden Bildungsbereich
3. Entwicklung von Fragestellungen
4. Verständigung auf die Erhebungsinstrumente
5. Durchführung, Auswertung und Dokumentation der Daten
6. Interpretation der Ergebnisse
7. Formulierung von Konsequenzen

Schließlich sollte überlegt werden, wie dem Träger, den Eltern und einer größeren Öffentlichkeit rund um die Kindertageseinrichtung die Ergebnisse (der »Erfolg«) der interkulturellen und interreligiösen Bildungsarbeit präsentiert werden sollen.

6 *W.E. Fthenakis u. a.*, Träger zeigen Profil. Qualitätshandbuch für Träger von Kindertageseinrichtungen, Weinheim 2003, S. 92.

7 In Anlehnung an: *H.J. Abs u. a.*, Grundlegende Gütekriterien für Schulevaluation. In: *W. Böttcher u. a. (Hrsg.)*, Evaluation im Bildungswesen. Eine Einführung in Grundlagen und Praxisbeispiele, Weinheim 2006, S. 97–108, hier S. 99 (Grundlagentexte Pädagogik).

Anhang

Religiöse Erziehung als Bildung begreifen
Argumentationspapier des »Verbandes Katholischer Tageseinrichtungen für Kinder (KTK) – Bundesverband«, Freiburg

1. *Bildungsarbeit mit Kindern heißt ...*
   Kinder anzuregen, die Welt zu ergründen, und sie dabei zu begleiten, diese Welt zu begreifen.
   Der Beitrag der religiösen Erziehung:
   Religionen sind in der Lebenswelt der Kinder präsent: Durch Gebäude und religiöse Gegenstände, durch Kunst und Musik, durch Feste und Feiern, durch Medien ebenso wie durch die Menschen, die sich zu einer Religion bekennen.
   Wenn den Kindern bei der Erschließung der Welt die Religionen vorenthalten werden, nimmt man ihnen die Chance, das, was sie umgibt, kennen und begreifen zu lernen.
2. *Bildungsarbeit mit Kindern heißt ...*
   Fragen von Kindern zu provozieren und sie bei der Suche nach Antworten zu unterstützen.
   Der Beitrag der religiösen Erziehung:
   Auf die Fragen der Kinder, die oft zu den Urfragen der Menschen gehören, gibt es viele Antworten. Die Religionen stellen einen Bereich dar, in dem Menschen seit jeher Antworten auf ihre Fragen gefunden haben.
   Den Kindern auf ihre Fragen nach dem Woher, Wohin und Wozu des Lebens, nach Anhaltspunkten für ein gutes, gerechtes und sinnvolles Handeln die Antworten der Religionen vorzuenthalten, würde bedeuten, ihnen die Möglichkeit zu entziehen, bewährte Anhaltspunkte kennen zu lernen und sich mit diesen auseinanderzusetzen.
3. *Bildungsarbeit mit Kindern heißt ...*
   Werte und Normen der Menschen kennen zu lernen und den Kindern zu helfen, eigene Standpunkte zu entwickeln.
   Der Beitrag der religiösen Erziehung:
   Die Religionen formulieren begründete Werte und Normen, die den Menschen Halt und Orientierung für ein gelingendes Leben bieten.
   Kindern diese Werte und Normen bei ihrer Suche nach dem, woran sie sich halten und orientieren können, vorzuenthalten, würde bedeuten, ihnen den Zugang zu den ethischen Quellen und Kräften zu verwehren, die das humane Niveau unserer Gesellschaft bis heute bestimmen.
4. *Bildungsarbeit mit Kindern heißt ...*
   Kinder anzuregen und darin zu unterstützen, ihre eigene Identität zu entwickeln.
   Der Beitrag der religiösen Erziehung:

Religionen bieten Auffassungen von Gott, Welt und Mensch an, mit denen Menschen sich identifizieren können. Sie tragen zur Entwicklung und Stärkung der persönlichen Identität bei.
Kindern die Möglichkeit zu verwehren, innerhalb identitätsstiftender Bildungsprozesse den Bereich der Religionen kennen zu lernen, würde bedeuten, ihnen die Chance zu nehmen, sich mit religiösen Auffassungen von Gott, Welt und Mensch, mit Werten und Lebensformen, mit Bildern und Symbolen auseinanderzusetzen.

5. *Bildungsarbeit mit Kindern heißt ...*
sich in der Beziehung zu Menschen zurechtzufinden und gemeinschaftsfähig zu werden.
Der Beitrag der religiösen Erziehung:
Bei der religiösen Erziehung lernen Kinder die gemeinschaftsstiftenden Elemente der Religion(en) kennen. Sie erfahren, wie das Leben in einer Gemeinschaft aus einer bestimmten Spiritualität heraus gestaltet werden kann.
Kindern die Chance zu nehmen, die gemeinschaftsbildenden Inhalte und Lebensformen der Religionen kennenzulernen, würde bedeuten, ihnen ein bedeutsames Lernfeld für den Aufbau und die Realisierung sozialer Beziehungen vorzuenthalten.
6. *Bildungsarbeit mit Kindern heißt ...*
die Kultur kennenzulernen, die das Land, in dem sie leben, seit jeher bestimmt.
Der Beitrag der religiösen Erziehung:
Bei der religiösen Erziehung lernen die Kinder die Religion als kulturbestimmendes Moment kennen und sich damit auseinanderzusetzen.
Kindern die Einsicht in die kulturbestimmende Bedeutung der Religion vorzuenthalten, würde bedeuten, einen wesentlichen Teil unserer Kulturgeschichte bewusst auszublenden und die heute noch wirksamen kulturproduktiven Kräfte der Religionen zu leugnen.
7. *Bildungsarbeit mit Kindern heißt ...*
ihre multikulturelle Lebenswelt wahrzunehmen und interkulturelle Lebens- und Aktionsformen einzuüben.
Der Beitrag der religiösen Erziehung:
Bei der religiösen Erziehung lernen die Kinder unsere multikulturelle Gesellschaft genauer in den Blick zu nehmen und die Bedeutung der Religion in den unterschiedlichen Kulturen zu begreifen.
Die Religionen auszublenden, wenn sich die Kinder mit ihrer multikulturellen Lebenswelt auseinandersetzen, würde bedeuten, bestimmende Faktoren für diese multikulturelle Situation zu leugnen und den Kindern eine verkürzte Einsicht in wichtige Erklärungszusammenhänge zu vermitteln.
8. *Bildungsarbeit mit Kindern heißt ...*
Kinder bei der Entwicklung eines eigenen Menschenbildes zu unterstützen.
Der Beitrag der religiösen Erziehung:

Bei der religiösen Erziehung werden unterschiedliche Menschenbilder vorgestellt und ihre religiösen Wurzeln entdeckt. Wenn bei der Behandlung des Themas, welche Auffassungen es vom Menschen gibt und welche Bedeutung diese Auffassungen für die Beziehung der Menschen zueinander haben, die religiöse Dimension ausgeblendet wird, enthält man den Kindern einen wesentlichen Erklärungszusammenhang für die unterschiedlichen Sichtweisen des Menschseins vor.

9. *Bildungsarbeit mit Kindern heißt ...*
   Kinder zu stärken und ihr Selbstwertgefühl zu stabilisieren.
   Der Beitrag der religiösen Erziehung:
   Durch die religiöse Erziehung lernen Kinder die Botschaft der Religionen, vor allem der christlichen Religion, von der Akzeptanz des Menschen durch Gott, die Botschaft vom Zuspruch Gottes gegenüber dem Menschen und von der Verantwortung, die Gott dem Menschen gegeben hat, kennen und sich damit auseinanderzusetzen. Die Religion außen vor zu lassen bei dem Bemühen, Kinder zu stärken und ihr Selbstwertgefühl zu fördern, würde bedeuten, genau die Bereiche auszublenden, in denen der Mensch am stärksten Bejahung und Zuspruch erfährt.
10. *Bildungsarbeit mit Kindern heißt ...*
   die Bildungsprozesse so zu gestalten, dass sie für die Schule anschlussfähig sind.
   Der Beitrag der religiösen Erziehung:
   Bei der religiösen Erziehung wird ein wesentlicher Bildungsbereich, der auch Gegenstand des Unterrichts in der Grundschule ist, inhaltlich erschlossen.
   Den Bereich »Religion« bei dem Bemühen auszuklammern, anschlussfähige Bildungsprozesse in Kindertageseinrichtungen zu gestalten, würde bedeuten, ein Lernfeld zu vernachlässigen, das zum Standard der Grundschule gehört.

Elisabeth Dörler/Regine Froese/Rabeya Müller

Interreligiöser Dialog mit muslimischen Eltern

Das Thema wird im Folgenden aus drei Perspektiven aufgenommen. Elisabeth Dörler beschreibt Erfahrungen des Zusammenlebens von Christen und Muslimen auf dem Hintergrund ihrer Weiterbildungstätigkeit für Erzieherinnen in Österreich. Regine Froese berichtet aus ihren Untersuchungen zu christlich-muslimischen Familien. Rabeya Müller diskutiert den Dialog mit muslimischen Eltern aus der Perspektive des Islams.

I. Elisabeth Dörler

Im Brennpunkt meiner Überlegungen stehen die Kindergartenpädagoginnen[1], die im Alltag über die ihnen anvertrauten Kinder den Kontakt und die Zusammenarbeit mit deren Eltern suchen müssen.

Hintergrund meines Beitrags sind fachspezifische Weiterbildungsseminare für Kindergartenpädagoginnen in Vorarlberg/Österreich, in denen interreligiöse Kompetenz im Bereich Christentum-Islam vermittelt werden sollte. In der gemeinsam erarbeiteten Workshopunterlage (s.u., S.121) spiegeln sich die Reflexionen von Kindergartenpädagoginnen aus Ortsteilen mit einem besonders hohen Anteil an muslimischen Kindern[2], die sich besonders für den interreligiösen Dialog bzw. ein gutes Miteinander der Religionen im Kindergarten engagieren.

Die Ergebnisse der Reflexion wurden in drei Kategorien eingeteilt: Schwierigkeiten, Chancen und Grenzen.

Schwierigkeiten

Es gibt Schwierigkeiten im interreligiösen Dialog mit muslimischen Eltern. Die meisten davon sind aber überwindbar. Sie rühren meist aus dem Anspruch des ganzheitlichen Bildungsauftrags der Kindergärten, für den aber Kindergartenpädagoginnen in Bezug auf interkulturelle bzw. interreligiöse Kompetenz bis vor kurzer Zeit kaum vorbereitet wurden, her. Dazu kommen Eltern, die ebenfalls nicht auf die Begegnung von Religionen im Kindergarten eingestellt sind, sondern einfach ent-

1 Kindergartenpädagoginnen sind in Österreich fast immer weibliche Pädagoginnen, die an den »Bildungsanstalten für Kindergartenpädagogik« besonders für den Bereich Kindergarten ausgebildet werden.
2 Bregenz-An der Ach, Feldkirch-Levis, Höchst-Oberdorf.

weder an eine »Beaufsichtigung der Kinder« oder eine »Vorstufe zur Schule« denken.

Grundfrage ist jedoch die religiöse Identität der Kindergartenpädagogin selber, da dieses Thema zunächst eine Anfrage an ihre eigene Identität ist. Wenn sie dies für sich positiv geklärt hat, kann sie sowohl mit christlichen als auch muslimischen Eltern offen ins Gespräch kommen. Schwieriger ist das Gespräch, wenn auch Eltern aus bewusst areligiösem Hintergrund dazukommen, die Religion an sich ablehnen.

Durch eine religiös differenzierte Arbeitsweise ergibt sich praktisch viel Mehrarbeit, die wenig geschätzt wird, obwohl sie zu Erfolgen führt. Denn durch die Differenzierung wird vordergründig das Gemeinsame, das aber leicht Minderheiten vereinnahmt, gehemmt. So müssen Kindergartenpädagoginnen sehr kreativ sein, um der Differenzierung im Gemeinsamen, Verbindenden, das alle Kinder einbindet, gerecht zu werden.

Im Gespräch mit Muslimen ergeben sich die Probleme eher am Rande der theologischen Fragen. So sind arbeitsmigrantische Muslime immer noch in einer sozialen und bildungsschwächeren Stellung als die meisten anderen Eltern.

Das Thema Sprache[3] wurde als nicht zum interreligiösen Dialog gehörend bezeichnet. Sehr wohl wird die Bedeutung der Beherrschung der deutschen Sprache als Voraussetzung für das Gelingen des Dialogs gesehen.

Dazu kommt die wichtige Beobachtung, dass sogenannte »Integrationskräfte«, deren Hauptkompetenz die Doppelsprachigkeit (meist Türkisch) ist, für den interkulturellen und interreligiösen Dialog nicht sehr hilfreich sind, wenn sie weder eine pädagogische Ausbildung bzw. interkulturelle/interreligiöse Kompetenz besitzen noch sich mit den eigenen Grenzen auseinandergesetzt haben.

Chancen

Die Kindergartenpädagoginnen weisen sehr deutlich darauf hin, dass es sehr viele Chancen gibt, durch die man den interreligiösen Dialog aufnehmen kann, wenn man dies auf allen Ebenen[4] und nicht nur auf der rein theologisch-spirituellen tun will.

In dem sich die Kindergartenpädagogin einfach für das Erleben und damit für die Religion des ihr anvertrauten Kindes interessiert, findet sie öfter Anknüpfungspunkte für ein interreligiöses Gespräch. Das bedeutet, dass das Ergreifen dieser

3 Dies lässt sich aus den Bemühungen der Verantwortlichen für den Kindergartenbereich des Landes Vorarlberg erklären, siehe: Sprachliche Frühförderung im Kindergarten für vorwiegend Kinder mit nichtdeutscher Erstsprache (Sprachticket). Zusammenfassung der Fortbildungsveranstaltungen im Herbst 2005. Hrsg. Land Vorarlberg – Kindergarten. http://www.vorarlberg.at/pdf/sprachkatalog.pdf.

4 Ohne das Dokument zu kennen, bestätigen die Pädagoginnen damit die vier Stufen des interreligiösen Dialogs, wie dies schon 1991 der Päpstliche Rat für den interreligiösen Dialog dargestellt hatte: Dialog des Lebens, Dialog des Alltags, theologischer Dialog, spiritueller Dialog.

Chance vom persönlichen Interesse an den Menschen, besonders denen aus anderen Kulturen und Religionen, abhängt.

Solche Chancen sind islamische Hochzeits- und Beschneidungsfeiern, von denen erzählt wird. Darüber kommen die Kindergartenpädagoginnen mit den Eltern und Kindern ins Gespräch, fragen bei den Eltern vor allem bei den Unterschieden nach, um diese recht zu verstehen, suchen Gemeinsamkeiten und thematisieren dies dann auch im Sinne der ganzheitlichen Pädagogik, die alle Lebensbereiche der Kinder einbeziehen soll, in ihrer Arbeit.

Eine zweite Chance, die sich regelmäßig ergibt, sind die hohen islamischen Feiertage: das Fasten, das Fest am Ende der Fastenzeit (Zuckerfest) und das Opferfest. Schwierig ist für christlich geprägte Kindergartenpädagoginnen öfter, dass der islamische Mondkalender mit seinem jährlichen ca. zehntägigen Vorrücken nicht einfach wie ein »Herbst- oder Frühjahrsfest« behandelt werden kann. Doch bringen die Eltern und Kinder gerade beim Fest zum Ende der Fastenzeit sehr gerne Süßigkeiten mit, durch die dann dieses Fest sowohl im Gespräch mit den Eltern als auch im Kindergarten einen Platz bekommen kann. Ähnlich ist es mit dem Opferfest, wenn vom Feiern zu Hause berichtet wird. Ist die Beziehung zwischen Kindergartenpädagogin und islamischen Eltern schon etwas gefestigt, werden Kindergartenpädagoginnen oft auch in die Familien zum Fastenbrechen (Iftar) während des Fastenmonats (Ramadan) eingeladen, was natürlich sehr viele Chancen zum Austausch bietet.

Dieses Anteilnehmen bzw. Interesse an islamischen Festen bzw. Brauchtum benötigt Zeit, ergibt jedoch viele Gesprächsmöglichkeiten und fördert letztendlich das gute Miteinander der Kulturen und Religionen im Bereich des Kindergartens. Auf dieser Basis können dann auch islamische Eltern, die mit den europäischen bzw. christlichen Gepflogenheiten nicht so vertraut sind, auf der Ebene der Gegenseitigkeit – weil sie eben keine Angst mehr haben müssen vereinnahmt zu werden – in die Elternarbeit am Kindergarten einbezogen werden oder beginnen umgekehrt auch nach christlichen Bräuchen zu fragen.

Chancen für das Gelingen des interreligiösen Gespräches liegen auch im Vertrauen muslimischer Eltern in die pädagogischen Fähigkeiten derer, denen sie ihre Kinder anvertrauen. Die Eltern sind interessiert am Sozialverhalten ihrer Kinder, an deren Benehmen. Da manches Verhalten kultur- bzw. religionsbedingt ist, ergeben sich auch hier Dialogmöglichkeiten. Sehr differenziert wird hier zwischen Kultur und Religion unterschieden, da gebildete Muslime eine andere Alltagskultur leben als solche aus ökonomisch und damit vielfach an Bildung schwächeren Hintergründen. Auch spielen die verschiedenen ethnischen Hintergründe (Türkei, Bosnien …) eine wichtige Rolle. Umgekehrt haben auch katholische Kinder, deren Eltern aus slawischen Ländern nach Österreich gekommen sind, durchschnittlich noch ein anderes katholisches Kulturbrauchtum als die Vorarlberger.

Vielfach ist nun auch spürbar, dass die heutige Generation von muslimischen Eltern für pädagogische Gespräche und Angebote (z.B. Spiele) offener geworden ist (wahrscheinlich auch durch die nun höhere Sprachkompetenz), dass also die langjährige Arbeit Früchte trägt.

Die größte Chance liegt sicher in der gegenseitigen Akzeptanz, durch die Wertschätzung, Herzlichkeit erfahrbar wird.

Als besonders fördernd für das interreligiöse Gespräch empfinden diese Kindergartenpädagoginnen eine religiöse Erziehung zu Hause, die einfach ein positives Klima für das Thema Religion ergibt.

Von sich aus können Kindergartenpädagoginnen dieses Gespräch fördern, in dem sie z.B. die islamischen Speiseregeln durch Einbeziehen der Eltern bei Kindergartenfesten einbeziehen. Ähnlich ist es mit Kirchen- und Moscheebesuchen, in denen die unterschiedlichen Religionen der Kinder thematisiert werden. Dazu gehört allgemein das Sprechen über Religion in kindgerechter Weise als etwas zum Leben Gehörendes.

Qualifikation der Kindergartenpädagogin im interkulturellen bzw. interreligiösen Bereich, wie es Weiterbildungsangebote bieten, unterstützen die Fähigkeiten in diesem sensiblen Bereich sehr und werden auch von den Kindergartenpädagoginnen geschätzt und gefordert.

Grenzen

Leider sind dem interreligiösen Gespräch im Kindergarten manchmal auch Grenzen gesetzt. Diese müssen gesehen werden, dürfen aber nicht verallgemeinert werden oder gar zum Abbruch der Gesprächsbereitschaft auf Kosten der Kinder führen.

Zu den Grenzen gehört der Umgang mit Eltern, die zu islamischen Gruppierungen gehören, die aus Überzeugung das Gespräch mit Christen oder die christlichen Werte ablehnen. Auch sind Kindergartenpädagoginnen irritiert, wenn die Mitglieder des einen islamischen Vereins bestimmte Regeln akzeptieren können, Mitglieder eines anderen Vereins dieselben jedoch nicht.[5]

Im Weiteren gehören zu den Grenzen das sogenannte »Boykottieren« von Übereinkünften, denen im Gespräch zugestimmt wurde, die dann aber nicht eingehalten werden. Hier wird das Gesprächsklima an sich gestört.

Am gravierendsten empfinden die Kindergartenpädagoginnen die Grenzen, wenn die Kinder in einen Zwiespalt zwischen versuchter Integration und der religiösen Abgrenzung der Eltern stehen, da dies auf Kosten der Kinder ausgetragen wird.

Thesen

Die Erfahrungen im Blick auf die Voraussetzungen dafür, dass das interreligiöse Gespräch im Kindergarten gelingen kann, fasse ich mit folgenden Thesen zusammen:

5 Dies entspricht den für Außenstehende unübersichtlichen Strukturen der islamischen Institutionen mit ihren jeweiligen Ausrichtungen bzw. Ansprüchen.

- Es braucht für Eltern wie Kindergartenpädagoginnen kommunizierbare, interreligiös offene Leitbilder, in denen die eigene religiöse Identität erkennbar ist, um in einen Dialog kommen zu können.
- Kindergartenpädagoginnen brauchen in ihrer Aus- und Fortbildung die Möglichkeit, sich interreligiöse Kompetenz sowohl kognitiv als auch emotional aneignen zu können.
- Es muss zwischen interkultureller und interreligiöser Kompetenz unterschieden werden.
- Respekt und Achtung vor Religion muss auf jeder Ebene spürbar sein.

Schwierigkeiten im Alltag

- Mehrarbeit auf allen Ebenen, die wenig geschätzt wird
- Überforderung der KiGä bei fehlenden Deutschkenntnissen (keine Sprachlehrerinnen)
- Differenzierung hemmt das Gemeinsame
- ganzheitlicher Bildungsauftrag vereinnahmt oft Minderheiten
- Identitätsfrage für die KiGä selber
- arbeitsmigrantische Muslime sind sozial-intellektuell schwächer als die Mehrheitsgesellschaft
- aggressives Recht auf Islam (Alleinanspruch statt gegenseitiger Respekt)
- westliche – säkulare Erziehungsansprüche gegen religiös geprägte Erziehungsansprüche aus christlicher und islamischer Sicht
- Rückgang am Interesse an religiöser Erziehung allgemein

Sprache

- Das Thema »Sprache« gehört primär nicht zum interreligiösen Dialog. Gelungener Dialog ist aber wesentlich von der Sprachkompetenz aller Beteiligten abhängig.

»Integrationskräfte« schwierig, wenn

- nur Sprachkompetenz (meist türkisch)
- keine pädagogische Ausbildung
- keine interkulturelle bzw. interreligiöse Kompetenz
- keine Auseinandersetzung mit den eigenen Grenzen

Chancen im Alltag

- islamische Feste, über die man spricht
- mitgebrachtes Gebäck/Essen
- Mitbringsel aus dem Herkunftsland
- gemeinsames Fastenbrechen als Anlass zum Erzählen über islamisches Brauchtum
- Hochzeiten/Beschneidungsfeiern, von denen erzählt und damit über die islamischen Feste im Lebensablauf erzählt wird
- Interesse am »Benehmen« – Sozialverhalten der Kinder

- Eltern der jetzigen Generation sind offener geworden – das Gefühl, dass die Arbeit Früchte trägt
- absolutes Vertrauen in die pädagogischen Fähigkeiten – Anvertrauen der Kinder
- persönliche Anteilnahme am Schicksal der Kindergartenpädagogin
- bei Akzeptanz wesentlich mehr Herzlichkeit, Wertschätzung
- Freude über die Leistung der Kinder
- Annahme von pädagogischem Spielmaterial

Gesprächsfördernd sind

- positive religiöse Erziehung zu Hause
- einhalten der Speiseregeln durch Einbeziehung der Eltern bei Würstchen u.ä. bzw. dem Umgehen des »Problems« durch vegetarisches Essen
- Kirchen- und Moscheebesuche mit jeweiliger Begleitung
- thematisieren von Religion in kindgerechter Weise
- Qualifikationen für den interkulturellen / interreligiösen Bereich wie Islam-Lehrgänge

Grenzen des Gesprächs im Alltag

- Desinteresse am bzw. negative Sicht des Christentums und damit verbundenes Abgrenzungsverhalten
- Nichteinhalten von Versprechen (andere Höflichkeit, die bei uns als »Boykott« gewertet wird)
- Zwiespalt der Kinder zwischen sozialer Integration und religiöser Abgrenzung der Eltern
- unterschiedliche, nicht einzuordnende Religiosität der muslimischen Eltern (Vereine)
- Islamisierung mancher Eltern (Einfluss bestimmter islamischer Gruppierungen)

Thesen

- Es braucht kommunizierbare, interreligiös offene Leitbilder mit erkennbarer eigener religiöser Identität, um in einen Dialog kommen zu können.
- Kindergartenpädagog/innen brauchen in ihrer Aus- und Fortbildung die Möglichkeit, sich interreligiöse Kompetenz sowohl kognitiv als auch emotional aneignen zu können.
- Es muss zwischen inter-kultureller und interreligiöser Kompetenz unterschieden werden.
- Respekt und Achtung vor Religion muss auf jeder Ebene spürbar sein.

Erstellt von Elisabeth Dörler mit Hilfe von Kindergartenpädagoginnen aus Einrichtungen mit hohem Muslimanteil in Vorarlberg/A.

II. Regine Froese

1. *Definition »christlich-muslimische Familien«*

Die häufigste Elternkonstellation in christlich-muslimischen Familien besteht aus einer christlichen Mutter und einem muslimischen Vater. Diese Paar-Kombination wird auch von der Mehrheit islamischer Theologen als Ausdruck der Verbindung zwischen den Anhängern des »ahl al kitab« (i.e. Leute der Schriftreligionen) betrachtet und daher akzeptiert. Der umgekehrte Fall einer christlicher Vater + muslimische Mutter–Konstellation dagegen, der auch empirisch gesehen in der Minorität erscheint, wird aus islamischer Sicht meist abgelehnt und kann religionshistorisch mit sippenrechtlichen Aspekten begründet werden.

Die Herausforderungen und Perspektiven einer religionsverschiedenen Paarbeziehung erfahren ihre Konkretion meist erst durch die Geburt von Kindern und den damit verbundenen Fragen nach persönlicher religiöser Praxis und allgemeiner wie religiöser Erziehung im Geflecht von Eindeutigkeit und Pluriformität. Nicht nur rechnerisch, sondern auch empirisch lassen sich folgende religiöse Familienentwürfe in christlich-muslimischen Familien finden:

A: Religionskritisch-areligiöser Entwurf

Dieser Entwurf findet sich bei Eltern, die sich selbst als Religionsdistanzierte bezeichnen. Die Kinder sollen ein Maximum an Freiheit von Moschee- oder Kirchenindoktrination erfahren. Dies wird meist durch den Besuch des Ethikunterrichts in der Schule und Verzicht auf religiöse Symbole in der Familie dokumentiert.

B: Religiös-pluralistischer Entwurf

Auch diese Familien wehren sich gegen jeglichen Zwang in der Religion. Der freien Entscheidungsmöglichkeit der Kinder wird große Bedeutung beigemessen. Für die Eltern spielt weiterhin die moralische Qualität von Religion eine vorherrschende Rolle, dagegen rückt der spirituelle Charakter in den Hintergrund.

C: Christlicher Entwurf

Die Bezeichnung »christlich« entzieht sich in den meisten Fällen einer konfessionellen Interpretation. In erster Linie wird die eigene Tradition zur Bastion gegen fundamentalistische Kräfte der Fremdreligion. Zum zweiten füllen manche Eltern ein islamisches Erziehungsvakuum mit christlichen Inhalten. Eine eindeutige Toleranz-Schmerzgrenze des muslimischen Ehepartners liegt offensichtlich in der Frage der Kindertaufe.

D: Muslimischer Entwurf

Der muslimische Entwurf weist auf muslimischer Seite eine weitaus größere Traditionsaffinität auf als der christliche. Dies wird besonders in der islamischen Durchdringung des Alltags, der Festzeiten und Sozialkontakte deutlich. Vonseiten des christlichen Ehepartners erfolgt des Öfteren eine Annäherung an muslimisches Denken und Handeln.

E: Interreligiöser Entwurf mit christlichem Schwerpunkt

Dieser Entwurf beinhaltet ähnlich wie Entwurf C die Stärkung des Christlichen durch Schwächung oder Reduzierung des Muslimischen. Dabei ist nicht von Spannungen zwischen religionsverschiedenen Elternteilen auszugehen, sondern von Alltagszwängen wie etwa der stärkeren beruflichen Belastung des muslimischen Vaters und von einer grundsätzlichen Offenheit beider Elternteile.

F: Interreligiöser Entwurf mit muslimischem Schwerpunkt

Auch hier verstärken sich die Grundzüge des zugehörigen Entwurfs D. Es scheint, dass die muslimischen Elterbiographien, die sich hier dem interreligiösen Dialog in der Familie geöffnet haben, noch nicht die gleichen Erosionsprozesse wie die christlichen durchlaufen haben. Zugleich profitiert die religionsverschiedene Kommunikation von der Neugier christlicher Elternteile auf den Islam und umgekehrt vom muslimischen »Jonglieren« mit Tradition und Situation.

G: Interreligiöser Entwurf

An dieser Stelle ist festzuhalten, dass primär der Entwurf G ein ausgewogenes Verhältnis der beiden Religionen beabsichtigt und eine dem nicht widersprechende Beheimatung der Kinder in beiden Traditionen. Derartiges wird etwa durch den Vorzug narrativer Elemente in der religiösen Kindererziehung und durch den tiefen Respekt der Eltern voreinander ermöglicht.

2. Kinderfragen

Kinder benötigen eine religiöse Beheimatung, um auch begegnungsfähig zu sein. Dennoch zögern die meisten Eltern in religionsverschiedenen Familien, ihre persönliche religiöse Praxis im Familienalltag zu verorten und in der Kindererziehung zu implementieren. Kinder *ahnen* gewissermaßen die Spannung, die in diesem Vakuum liegt, artikulieren sie daher nur vage und mehrdeutig.

Oberflächlich betrachtet erfolgt tendenziell die meist marginale religiöse Sozialisation im Kontext der Mehrheitsgesellschaft, das bedeutet zum großen Teil die Prägung durch eine christlich-abendländische Gesellschaft und Kulturlandschaft. Doch tiefer geforscht ergibt sich, dass viele Kinder die muslimische Tradition, obwohl in vielen Fällen nur von Ausflügen in die »fremdartig-faszinierende Verwandtenwelt des Orients« bekannt, sozusagen unbewusst internalisiert haben und so beispielsweise in der Auslegung des monotheistischen Idolatrieverbots auffällig selbstbewusst und mit muslimischer Eindeutigkeit argumentieren.

3. Elternfragen

Wie schon oben erwähnt neigt die Mehrheit der Eltern zu einer »liberalen Erziehung« und zur Absage an die Usurpation der Kinder durch eine Religion. Dies zeigt sich allerdings in der Praxis häufig als erzieherische Hilflosigkeit, die sich besonders in der Entscheidung von Taufe und Beschneidung sowie in den existenziellen Kinderfragen nach Tod und Gerechtigkeit aktualisiert.

Ein besonders deutliches Signal der ängstlichen Zurückhaltung vieler Eltern in der religiösen Erziehung liegt in der familiären Festkultur. Während das Weihnachtsfest vielerorts durch die Inklusion einer Jungfrau Maria-Meryem-Tradition und als Lichter- bzw. Friedensfest nur noch verschwommen als christlicher Feiertag identifiziert wird, gerät das Osterfest – falls es gefeiert wird – meist bar jeder theologischen Interpretation zum reinen Hasen- und Frühlingsereignis. Islamische Feste dagegen werden in vielen Familien nur im Herkunftsland des muslimischen Elternteils gefeiert.

In den religiösen Vollzügen des Familienalltags weisen christlich-muslimische Eltern tendenziell also eine große Unsicherheit auf, die sich einerseits in der Forderung nach verstärkter Wahrnehmung durch die Religionsgemeinschaften als auch andererseits in dem Bedürfnis nach professioneller Unterstützung in der religiösen Kindererziehung äußert.

4. Konsequenzen für eine dialogische Elternarbeit

Christlich-muslimische Eltern werden als Ressourcen für einen interreligiöse Arbeit in KiGa und KiTa häufig nicht wahr- und ernstgenommen. Dabei kann gerade die Erfahrung dieser Paare mit Fremdheit, Identität und Verständigung wichtige Impulse für jeglichen interreligiösen Lernprozess in der Primarbildung liefern. Aus diesem Grunde sollte zweierlei gelten:

- Pädagogen in KiGa/KiTa agieren als Brückenbauer im Blick auf die christlich-muslimischen Eltern. (vgl. These 1–3)
- Christlich-muslimische Eltern können sich selbst durch die Hineinnahme in ein interreligiöses Gesamtlernkonzept als Brücken verstehen: Zwischen Mutter und Vater, zwischen Eltern und Kindern, zwischen Mehrheits- und Minderheitsgesellschaft, zwischen Religionen und Kulturen etc. (vgl. These 4)

Thesen

1. *Im pädagogischen Prozess sollten Kinder niemals explizit zur Abbildung Gottes aufgefordert werden.*

Diese erste These erweist sich als besonders diskussionsbedürftig. Auf der einen Seite scheint die in der These angemahnte Sensibilisierung für das Spezifikum christlich-muslimischer Kinder als Konzession an den Islam verstanden zu werden, da die muslimische Radikalisierung des Bilderverbots im christlichen Kontext durch die Inkarnationstheologie (vgl. Joh 8,19) in Frage gestellt ist.

Neben dem theologischen Einwand muss auch die religionspsychologische Überlegung, dass Kinder in der Elementar- und Primarerziehungsphase fast ausschließlich zu anthropomorpher Gottesdarstellung tendieren und daher eine »Abbildungsaversion« sozusagen aufgezwängt wäre, ernst genommen werden. Nicht zuletzt liegt hier der Verdacht einer »Erwachsenentheologie« nahe, die die Sichtweise und Bedürfnisse der Kinder vernachlässigt.

Doch aus gutem Grund wurde meine erste These so provokativ formuliert: Sowohl in empirischen Kinderuntersuchungen wie auch in der Praxis von KiGa und KiTa wurden kontinuierlich, aber vereinzelt Aufforderungen zu einer Abbildung Gottes beobachtet. Auch in meiner eigenen Untersuchung von 30 Kindern aus christlich-muslimischen Familien konnte ich feststellen, dass eine derartige Gottesbildpraxis durchaus verbreitet zu sein scheint. Nicht zuletzt deshalb erscheinen die Ergebnisse meiner explorativen Studie (2005) so aufsehenerregend, da etwa die Hälfte der befragten Kinder eine anthropomorphe Gottesdarstellung – ohne dazu aufgefordert zu sein – verweigern oder ihr ausweichen. Die entdeckte »Abbildungsaversion« stellt meines Erachtens generalisierende Gottesbildtheorien im Kindesalter in Frage, da in diesen Fällen nur unzureichend der nicht christliche Kontext bzw. der muslimische Kontext berücksichtigt wurde. Nach wie vor fehlen aussagekräftige Ergebnisse über das Gottesabbildungsverhalten von Kindern mit islamischem Hintergrund. Es besteht also der begründete Wunsch nach einer intensiveren Erforschung muslimischer Kinderreligiosität.

In der Praxis bieten sich besonders muslimische Erziehrinnen oder Pädagoginnen mit Kenntnissen des Volksislams und Hochislams an, um eine nötige Sensibilität für islamische Traditionen zu gewährleisten und auch im Falle des Umgangs mit dem Bilderverbot vermittelnd und zugleich kindgerecht zu agieren.

2. *Die Vernetzung mit Moschee und Kirchengemeinde bietet neue Perspektiven der interreligiösen Elternarbeit: interreligiöses Café, Fußballturniere, Infostände, Theateraufführungen etc.*

Während in vielen Fällen der Kontakt zwischen KiGa/KiTa und konfessionellen Trägern wie den Kirchengemeinden als bewährt gelten kann, ist die Vernetzung mit Moscheegemeinden nur in Einzelfällen erprobt. Dies liegt auf der einen Seite vermutlich an der kritischen Distanz und an unbearbeiteten Ängsten vor der Fremdheit des Islams, andererseits stellen aber auch Erfahrungen wie Sprachprobleme oder das Fehlen eines eindeutigen Ansprechpartners in der Moschee eine große Herausforderung für die geforderte Netzwerkarbeit dar. Auch an dieser Stelle könnte ein Team aus christlichen und muslimischen Pädagogen, aus Pädagogen der Mehrheits- und der Minderheitsgesellschaft derartige Praxishindernisse weitgehend abfedern.

Denn die Vorteile einer derartigen vernetzten Arbeit mit Kirchengemeinde und Moschee liegen auf der Hand: Das interreligiöse Element der KiGa-/KiTa-Arbeit erfährt durch gemeinsame Projekte eine Personalisierung und Elementarisierung. Christlich-muslimische Eltern sind in diesem Falle besonders aufgefordert, sich diesem Dialogprozess von Kirche-Moschee-KiGa/KiTa als Suchende und Erfahrene zugleich zu beteiligen. Dazu bietet die Vernetzung diesen christlich-muslimischen Familien ein Forum für den Austausch mit anderen religionsverschiedenen Familien.

3. *Elternbesuche lassen ErzieherInnen Kontext und Herkunft der Kinder besser verstehen, Eltern bieten sie die Möglichkeit, spezifische Fragen der religiösen Erziehung zu klären und Beratung in Anspruch zu nehmen.*

Während die Vorteile einer Elternbesuchsarbeit auf der Hand liegen, scheinen besonders Einwände aus Sicht der Arbeitsorganisation schwer zu wiegen: Die tariflich abgestimmten und festgesetzten Arbeitszeiten in KiGa/KiTa sind nicht auf die für die Elternbesuche notwendigen Abendstunden anwendbar. Darüber gilt vielen Pädagogen eine derartige Besuchsarbeit als aufwändig und außerhalb des Rahmens erzieherischer Ausbildung.

Um allerdings die Ressourcen christlich-muslimischer Familien für die interreligiöse Arbeit in KiGa/KiTa zu nutzen, ist meines Erachtens der Eltern- bzw. Familienbesuch unverzichtbar. Die spezifischen Fragen, Hintergründe und auch Perspektiven derartiger Familien lassen sich weitgehend nur im persönlichen Kontakt und mit der systemischen Kenntnis der individuellen Familiensituation erfahren. Pragmatisch gesehen könnte eine solche Arbeit nur in kleinem Umfang, i.e. nur mit den christlich-muslimischen Familien, nicht mit allen KiGa/KiTa-Familien, und durch die notwendige, entsprechende Aus- und Fortbildung der Pädagogen gelingen, so dass letztendlich auch Beratung in (religiösen) Erziehungsfragen nicht als Überforderung, sondern als Chance für ein gemeinsames Engagement für den interreligiösen Dialog betrachtet werden kann.

4. Eltern können die interreligiöse Arbeit in KiGa/KiTa unterstützen und projektartig begleiten.

Der schwierigste Aspekt dieser These ist das Problem »Wie können Eltern trotz Konflikten Brücke sein?« oder anders gefragt: »Wie kann die Brücke zu Hause gelingen?« Es bleibt unbestritten, dass religionsverschiedene Familien durch ihre Familienkonzeption auf große Herausforderungen stoßen. Unbestritten ist auch, dass eine akademisch gebildete Familie ihre Religionsverschiedenheit oft reflektierter bearbeitet und durch eine elaborierte Sprache für die Kooperation mit KiGa/KiTa anschlussfähiger gestaltet.

Dennoch halte ich die Brückenfunktion christlich-muslimischer Eltern generell für eine äußerst wichtige Unterstützung interreligiöser Elternarbeit in KiGa/KiTa. Selbst wenn Konflikte die Brückenexistenz in der Familie fragwürdig scheinen lassen, sollte meines Erachtens nicht versäumt werden, den interkulturellen-interreligiösen »Reichtum« religionsverschiedener Familien zu entdecken und aus dieser Perspektive heraus die Brückenarbeit mit und durch diese Eltern zu gestalten. Nicht zuletzt wird auf diese Weise ermöglicht, dass christlich-muslimische Familien in einem solchen Prozess des Zur-Sprache-bringen-des-Eigenen reflektierend und artikulierend die Räume von Beheimatung und Begegnung erfahren. So besteht die Brücke auch in der Ansprechbarkeit für andere religionsverschiedene Familien und in der Entwicklung einer gemeinsamen Plattform.

Fazit

Die interreligiöse Elternarbeit in der KiGa/KiTa-Wirklichkeit scheint ein langer Weg zu sein. Ihm stehen eine noch nicht kompatible Arbeitsweltorganisation, zerbrechliche Kontakte zu den Moscheegemeinden und einer Scheu vor der Implementierung von Religion im KiGa/KiTa-Alltag entgegen.

Dringend erforderlich wären m.E. deshalb das Team-Teaching von christlichen und muslimischen Elementar- und Primarpädagogen, um in erster Linie das interreligiöse Lernen und Arbeiten der Professionellen zu fördern und die Professionalität als prozessuale interreligiöse Lernkompetenz darzustellen und zu erleben. Kindern und Eltern in christlich-muslimischen Familien kann so eine Perspektive geschaffen werden, in der sich Beheimatung und Begegnung wechselseitig durchdringen.

Ausgewählte Literatur

U. Dietzfelbinger et al. (Hg.), Christlich-muslimische Ehen und Familien, Interkulturelle Beiträge 18, Frankfurt/Main 1998.

R. Froese: Zwei Religionen, eine Familie: Das Gottesverständnis und die religiöse Praxis von Kindern in christlich-muslimischen Familien, Religionspädagogik in pluraler Gesellschaft, Band 7, Gütersloh 2005.

R. Froese, »Wir schneiden uns unsere Religion nicht dort ab, wo es den anderen vielleicht jucken könnte«: Christlich-muslimische Erziehung 2004. In: Wege zum Menschen, 3 (2005), S. 229–238.
J. Giesen, Pädagogische Herausforderung: Multikulturelle und interreligiöse Arbeit in evangelischen Kindertageseinrichtungen. In: Nordelbische Stimmen 3 (2005), S. 11–13.
Sekretariat der Deutschen Bischofskonferenz (Hrsg.), Leitlinien für multireligiöse Feiern von Christen, Juden und Muslimen. Eine Handreichung der deutschen Bischöfe, Arbeitshilfen 172, Bonn 2003.
A. Takim, Der Islam verstanden als ein Netzwerk von Zeichen: Eine muslimische Lesart von Jacques Waardenburg. In: H. Schmid et al. (Hrsg.), Identität durch Differenz?, Regensburg 2007, S. 41–51.
Website christlich-muslimische Familien in UK: www.mcmarriage.org.uk

III. Rabeya Müller

Um einen interreligiösen Dialog mit muslimischen Eltern zu beginnen, ist es notwendig, sich ein bestimmtes Hintergrundwissen anzueignen. Dabei gilt es zu berücksichtigen, dass die Vorstellungen von muslimischen Eltern und ihren Kindern nicht homogen zu betrachten sind und sich in einem Spannungsbogen zwischen Traditionen und tatsächlichen theologischen Grundlagen bewegen.

Dies resultiert zunächst daraus, dass die erste Generation von MuslimInnen, die in die Bundesrepublik Deutschland einwanderten, zum überwiegenden Teil der Arbeiterschicht angehörte. Sie brachten also keine definitive religiöse Bildung mit, sondern eher traditionell Überliefertes, das ihnen selbst als ›islamisch‹ geläufig war. Da diese erste Generation zumeist damit rechnete, wieder in die Ursprungsländer zurückzukehren, sorgte sie sich auch nicht um Bildungseinrichtungen, und so wuchs die zweite Generation mit den tradierten Vorstellungen ihrer Eltern als ›Islam‹ auf. Nun haben wir bereits die dritte, teilweise schon die vierte Generation vor uns und stehen vor der Frage, ob mit einer Vermittlung eines offenen und toleranten Islamverständnisses eine Chance für ein besseres Zusammenleben entwickelt werden könnte.

Doch zunächst zu den notwendigen Kenntnissen über Islam und das Islamverständnis muslimischer Eltern (aber auch Kinder).

Gottesvorstellungen

Grundlegend für alles, was Muslime und Musliminnen tun, ist ihre Gottesvorstellung. Sie gehen von einem einzigen Schöpfer aus, d.h., der Islam ist eine strikt monotheistische Religion. Hierbei ist wesentlich zu berücksichtigen, dass der Terminus »Allah« einfach nur der arabische Begriff für »der Gott« ist und die arabischen ChristInnen Gott ebenfalls mit »Allah« ansprechen.

Diese Schöpferkraft hat sich, nach islamischer Auffassung, dem Menschen im Qur'an offenbart und sagt darin unter anderem, dass Gott dem Menschen »näher sei als dessen Halsschlagader«[6].

Das symbolisiert die ungeheure Nähe, die der Schöpfer selbst zu Seinem Geschöpf hat.

Es bedeutet aber auch, dass jeder Mensch von dieser Schöpferkraft gewollt ist. Das ist ein entscheidender Faktor, auch für den Umgang mit Nichtmusliminnen und Nichtmuslimen, den die Anhänger und Anhängerinnen des Islams immer wieder realisieren sollten.

Das bedeutet, dass alle Menschen, die mit uns gemeinsam diese Welt bevölkern, genauso von dieser Schöpferkraft gewollt sind wie wir selbst, was eine außerordentliche Qualität des Dialogs und eine stabile Grundlage für das Zusammenleben darstellen sollte. Essenziell ist auch, dass diese Schöpferkraft sagt, dass Sie sich selbst zur Barmherzigkeit gegenüber dem Menschen verpflichtet hat.[7]

Es gibt also keine Exklusivität in dieser Beziehung für die Angehörigen einzelner Glaubensgemeinschaften. Die Gottesvorstellung prägt ganz entscheidend das Menschenbild und damit auch das Verhältnis zu den NichtmuslimInnen. Hier haben wir also einen wesentlichen Unterschied zum Denken in abgeschlossenen Gemeinschaften, nämlich sich mit den unterschiedlichen Begriffen auseinanderzusetzen, die der Qur'an selbst prägt. Andererseits wird diese Exklusivität traditionell aufrechterhalten.

Der Unterschied zwischen einem Muslim/einer Muslima, der/die AnhängerInnen der islamischen Religion ist, (Muslim/a und Islam stammen von der Wortwurzel salima, was auch »Heil sein, in Ordnung sein« bedeutet) zu dem Begriff mu'min (dieses Wort stammt von der Wurzel amana, was bedeutet »auf der Suche sein, einen Prozess verfolgen, sich orientieren wollen«) sollte sinnhaft wahrgenommen werden. Besonders der Begriff mu'min kann grundsätzlich auf jeden Menschen zutreffen, egal welcher Prägung.

Hier eröffnet sich die Möglichkeit für eine gemeinsame Basis des Zusammenlebens auf eine friedliche Art und Weise, die viel zu selten wahrgenommen wird. MuslimInnen erkennen nach und nach die Notwendigkeit, die Begriffe, die der Qur'an beinhaltet, auch bewusst zu denken.

Die Vorstellung, eine eigene Hierarchisierung bei den Menschen vorzunehmen, wird vom Qur'an abgelehnt und mit dem sog. Satanischen Prinzip gleichgesetzt.

Die Geschichte ist bekannt: Gott befiehlt Seinen Engeln sich vor der Schöpfung Mensch niederzuwerfen, einer weigert sich mit der Begründung: »Ihn hast du aus

6 »Und wahrlich, Wir erschufen den Menschen, und Wir wissen, was er in seinem Innern hegt; und Wir sind ihm näher als (seine) Halsschlagader.«[50:16].

7 »Sprich: ›Wem gehört das, was in den Himmeln und was auf Erden ist?‹ Sprich: ›Allah.‹ Er hat Sich Selbst Barmherzigkeit vorgeschrieben.« ...[6:12].

Erde geschaffen, mich aber aus Feuer – ich bin besser als er!«[8] Diese Ansicht besser als ein anderes Mitgeschöpf zu sein, wird hier klar als »šaitanisch = satanisch« entlarvt. Es bietet durchaus die Möglichkeit muslimische Kinder mittels ihrer eigenen Schrift an die Gleichheit aller Geschöpfe auf der Ebene der Geschöpflichkeit zu erinnern.

Eng an die jeweilige Gottesvorstellung ist die Genderfrage gekoppelt. Denn wie die Schöpferkraft Frau und Mann geschaffen hat, ist prägend für ihre Rolle in der Gesellschaft.

Die Mehrheit der Muslime und Musliminnen zwängt Gott *nicht* in eine geschlechtliche Betrachtung hinein. Geschlechtlichkeit ist etwas, das zum »Geschaffen-Sein« also zum Geschöpf gehört und nicht zum Schöpfer. Somit ist Allah/Gott nach islamisch-theologischer Vorstellung geschlechtslos.

Die Gottesvorstellung prägt ihrerseits die Schöpfungsgeschichte. Es ist interessant, dass in einigen muslimischen Kreisen die »Geschichte von der Rippe« genauso verbreitet ist wie in christlichen, wobei die wenigsten berücksichtigen, dass es zwei Schöpfungsberichte gibt, und offenbar ignorieren, dass sich die Version mit der Rippe im Qur'an *nicht* wiederfindet

Bei genauem Nachlesen stellen wir fest, was der Qur'an tatsächlich über die Schaffung des Menschen sagt: nämlich, dass die Schöpferkraft den Menschen aus einer einzigen Substanz erschaffen hat.[9] In Arabisch heißt dieses Wort »nafsun wahidatun«, was nebenbei gemerkt grammatikalisch ein weibliches Wort ist. Diesen Fakt im Hintergrund zu haben ist sehr wichtig, wenn Frauen sich eine hermeneutische Herangehensweise, den Qur'an zu lesen, erarbeiten wollen. Es ist auch entscheidend für das Selbstbild und Selbstkonzept der Frauen, das dann stimmiger wird mit der Vorstellung von Allah, der gerecht ist und einen Teil der Menschheit nicht nachrangig geschaffen hat, sie nicht marginalisiert, sondern sie von gleichem Wert und gleicher Würde erschaffen hat.

Bei dieser Ausgangsbasis ist es dann nicht mehr von Interesse, ob der erste Mensch ein Mann oder eine Frau war. Wesentlich ist die Erschaffung des Prototyp Mensch, was ebenfalls die Tendenz widerspiegelt, dass der Qur'an vornehmlich von essenziellen *Strukturen* ausgeht.

Spiritualität – Bindung an den Schöpfer

Ob als Mann oder als Frau, wichtig ist, dass es einen Schöpfer und Seine Geschöpfe gibt und dass der Schöpfer nicht gleich Seinem Geschöpf ist. Die Geschaffenen ha-

8 »Er sprach: ›Was hinderte dich daran, dich niederzuwerfen, nachdem Ich es dir befohlen habe?‹ Er sagte: ›Ich bin besser als er. Du hast mich aus Feuer erschaffen, ihn aber erschufst Du aus Lehm!‹«[7:12].

9 »Ihr Menschen, respektiert euren Herrn, Der euch erschaffen hat aus einem einzigen Wesen; und aus diesem erschuf Er das entsprechende Partnerwesen, und aus den beiden ließ Er viele Männer und Frauen entstehen. Und fürchtet Allah, in Dessen Namen ihr einander bittet, sowie (im Namen eurer) Blutsverwandtschaft. Wahrlich, Allah wacht über euch.« [4:1].

ben eine ontologische Bindung an diesen Schöpfer, die sich bei MuslimInnen im Ritual, der Meditation und im Fasten ausdrückt.

Das rituelle Gebet wird fünfmal am Tag abgehalten, daneben gibt es noch außerordentliche Gebete wie z.B. das Freitagsgebet, das sogenannte Ğum'a-Gebet (ğum'a arab.= Freitag, wörtl. Tag der Versammlung, Wurzel ğama'a), bei dem sich die Gemeinde versammelt.

In früheren Zeiten haben die Muslime und Musliminnen während der freitäglichen Zeremonie auch über Angelegenheiten der Gemeinde beraten, während heute oft eine Reduktion auf die Hutba, eine Predigt erfolgt, die der Imam (Gemeindeleiter) in der Moschee hält. Früher ist diese Hutba meist in der Landessprache der verantwortlichen Gemeinde gehalten worden. Zwischenzeitlich sind aber viele dazu übergegangen, die Freitagsansprache in Deutsch abzuhalten, weil das die gemeinsame Sprache auch mit von außen hinzukommenden Teilnehmern am Gebet ist und weil vor allem die junge Generation diese Sprache besser versteht. Im Anschluss an die Hutba wird das gemeinsame Freitagsgebet gebetet.

Das Fasten stellt für fast alle Muslime und Musliminnen eine besondere Verbindlichkeit dar, sogar bei solchen, bei denen andere Rituale weniger beachtet werden. Fasten ist nicht eine rein als Tradition bewertete Sache, es ist etwas ganz Persönliches zwischen Gott und Geschöpf, von niemand anders kontrollierbar.

Kinder fasten im Kindergarten in der Regel noch nicht, aber sie bekommen dies zu Hause unmittelbar mit, und es ist sicher sinnvoll auch im Kindergartenalltag darauf einzugehen.

Wem geb' ich was – die soziale Komponente

Kommen wir zu einer weiteren wichtigen Perspektive, nämlich der sozialen Komponente. Sie werden den Begriff öfter als »Zakah« oder Almosengeben gehört haben, aber Zakah heißt nicht Almosen. Zakah bedeutet eigentlich, dass das Vermögen um einen Betrag gereinigt wird, der dem/der BesitzerIn nicht mehr zusteht, der für die Gemeinschaft verwendet werden sollte, und als solches begreifen die MuslimInnen diese Abgabe auch. Zakah wird an bestimmte Gruppen von Menschen gezahlt, die im Qur'an aufgeführt sind, und auch diese Zahlungen beziehen sich nicht ausschließlich auf Muslime und Musliminnen, diese Zuwendung hängt nicht von der Religionszugehörigkeit ab, sondern von den Lebensumständen bzw. dem Zweck der Verwendung.

Um das Aufkommen der Zakah kümmern sich häufig die Gemeinden. Kinder zahlen noch keine Zakah, aber sie werden oft früh angehalten, die sog. Spende, die »Sadaqa« zu geben. Das können kleine Dinge sein, die den Kindern gehören und von denen sie lernen sollen, anderen etwas abzugeben, aber auch ein Lächeln oder ein freundliches Wort können Sadaqa sein.

Kinder in einem solchen Verhalten zu fördern ist sicherlich für die gesamte Gemeinschaft sinnvoll.

»Heimkehr zum Schöpfer« oder was will eine Muslim/a in Makka?

Eine weitere wichtige spirituelle Erfahrung ist für viele Muslime und Musliminnen die Pilgerfahrt nach Makka, eine Art Heimkehr zum Schöpfer.

Es ist eine ganz besondere Erfahrung, an einem solchen Ort zu sein, wo der Prophet gewandelt ist und wo sich so viele Dinge, die für die islamische Religionsgemeinschaft von so großer Bedeutung sind, ereignet haben.

Saudi Arabien bezeichnet sich selbst als der Hüter der Ka'aba und es kommt vor, dass MuslimInnen Probleme haben, ein Visum zu bekommen.

Praxis und Wirklichkeit

Kommen wir zu Praxis und Wirklichkeit. Was häufig untrennbar mit islamischer Praxis verwoben scheint, ist der Begriff »Šaria«. Šaria übersetzen viele einfach mit »Islamisches Recht«.

Das ist aber zu eng gegriffen. Šaria bedeutet von seiner Wortbedeutung her, dass es sich um den Weg zur Quelle handelt.

Immer wieder zu dieser Quelle zurückzukehren ist etwas, wozu Muslime und Musliminnen in der heutigen Zeit wieder Mut fassen müssen. Šaria ist eine Struktur im Qur'an, deren Bestandteile an sich oft mit Šaria bezeichnet werden. Da haben wir etwas, was als Auslegungsverordnung bezeichnet werden kann, bzw. Recht und daraus folgend Rechtsgutachten: Einmal der sogenannte »Fiqh«, das andere sind die »Fatwas«. Eine Fatwa ist etwas, was in der deutschen Öffentlichkeit immer sehr gerne mit Urteil gleichgesetzt wird, soll heißen gesetzliche Verbindlichkeiten werden mit einer Rechtsmeinung gleichgesetzt. Eine Fatwa aber ist ein Rechtsgutachten und entsprechend dem Rechtswesen ist es möglich, ein Gegengutachten einzuholen.

Das islamische Recht ist sehr flexibel – es lassen sich aus der Struktur qur'anischer Vorgaben für die Gemeinschaft gültige Auslegungsverordnungen herausarbeiten, die zu deren Wohl dienen. Diese Auslegungsverordnungen können zeitlich begrenzt werden und zu anderen Zeiten andere normative Auslegungen erhalten.

Eines der maßgeblichsten Beispiele hierfür ist die »Ğizya«. Die Ğizya wird häufig unschön mit Kopfsteuer übersetzt. Das ist einfach nicht das richtige Wort dafür. Ğizya ist so etwas wie eine Loyalitätsabgabe, die diejenigen z.B. in einer islamischen Mehrheitsgesellschaft zahlen mussten, die nicht an der Landesverteidigung speziell im militärischen Bereich beteiligt wurden bzw. werden wollten. Sie sind also davon befreit gewesen und haben dafür die Ğizya, die Solidaritätsabgabe gezahlt. Das war beispielsweise in Al-Andalus 800 Jahre so. Die ChristInnen haben die Ğizya an die MuslimInnen gezahlt. Dann kam das Zeitalter der Reconquista, d.h., es existierte plötzlich eine christliche Herrschaft, eine christliche »Mehrheitsgesellschaft«. Es war für die MuslimInnen selbstverständlich, dass sie nun die Ğizya an die christliche Führung zahlten, um ebenfalls nicht an der Landesverteidigung teilnehmen zu müssen.

Ermöglicht hat den MuslimInnen das eines der vielen möglichen Rechtsinstrumente, die eine Auslegung des Qur'an ermöglichen. Das wichtigste ist der »Iğtihad« (=die geistige Anstrengung aufgrund der jeweiligen Zeitumstände zu machen, d.h. den Konsens zu einer dem Geist des Qur'ans entsprechenden [Rechts-] Auffassung zu gelangen). Der Iğtihad ist allerdings etwas, was in einigen muslimischen Gruppierungen umstritten ist. In früheren Zeiten war es völlig selbstverständlich, dass mittels eines Iğtihads unter anderem auch eine zeitgemäße Auslegung durchgeführt wurde.

Ein weiteres wesentliches Rechtsinstrument ist der »Qiyas«, der Analogieschluss. Ebenfalls erwähnenswert ist die »Maslaha«, was auch wiedergegeben werden kann als »zum Wohl der Gemeinde«. Es geht darum, dass aus der Struktur Möglichkeiten erschlossen werden, wie mit vorgegebenen Rechtsgütern umgegangen werden kann, um das Wohl der Gemeinde zu fördern, auch wenn keine Texte vorliegen.

Es ist durchaus möglich, dass unterschiedliche Rechtsgelehrte zur gleichen Zeit an unterschiedlichen Orten im Bezug auf einen Qur'anvers unterschiedliche Meinungen vertraten oder z.B. am gleichen Ort zu unterschiedlichen Zeit ebenfalls Rechtsgelehrte unterschiedliche Meinungen vertraten.

Kluge Rechtsgelehrte haben immer gesagt, dass ihr Fatwa mit ihnen stirbt und dass es keinen Ewigkeitscharakter hat, d.h., dass MuslimInnen immer wieder versuchen müssen, aus ihrem Buch für sich und ihre Gemeinschaft, in der sie leben, neu zu schöpfen.

Was den MuslimInnen heute in der BRD häufig im Wege steht, ist die kritische Bewertung ihrer ethnischen Prägungen. Die Problematik besteht darin, dass z.B. viele kulturelle Gegebenheiten, die als Tradition bekannt sind, sakralisiert und dem Qur'an zugeschrieben werden, obwohl sie nicht im Qur'an wiederzufinden sind.

Kommen wir zu der Frage, ob es einen deutschen Islam gibt. Das ist wohl eine nicht ganz adäquate Aussage – sie impliziert, dass es auch einen arabischen, türkischen oder pakistanischen Islam gäbe. Der Islam jedoch bleibt nationenunabhängig. Maximal lässt sich sagen, dass die Gegebenheiten in Deutschland die MuslimInnen veranlassen sollten, wieder neu aus ihrem Buch zu schöpfen und einen lebbaren Islam in der BRD herauszukristallisieren und zu praktizieren.

Besonders die traditionellen Prägungen begegnen einem im Alltag immer wieder, wobei nicht vergessen werden sollte, dass es auch viele positive Traditionen gibt. Es wäre wünschenswert, solche zu erhalten, ob sie traditioneller Art oder religiös legitimiert sind, denn hiervon profitiert die Gesamtgesellschaft.

Auch seitens der hiesigen Gesellschaft werden Integrationshemmnisse für Musliminnen und Muslime ganz selbstverständlich gepflegt. Ein deutscher Islam kann ja nicht bedeuten, dass dieser von außen geprägt wäre oder wird, sondern dass sich ein Islam hier entwickeln sollte, der als weiterer Aspekt in dieser Gesellschaft akzeptiert würde. Der Islam hat noch immer den Ruf einer Fremdreligion, aber er ist längst hier etabliert. Integration jedoch heißt (vom lateinischen Begriff »integrare«) zwei Dinge zu einem Ganzen zusammen zu bringen, und das setzt die dazu gehörende Bereitschaft von beiden Seiten voraus. Faktisch bedeutet es, wenn die BürgerInnen der BRD realisieren, dass der Islam ein Bestandteil ihrer Gesellschaft ist, und ihn als solchen sehen und respektieren, können wir von wirklicher Integration sprechen.

MultiplikatorInnen werden häufig damit konfrontiert, dass auch unter den MuslimInnen unterschiedliche Ausprägungen existieren, die nicht rein ethnischer Natur sind, sondern etwas mit den Rechtsschulen und Gruppierungen zu tun haben.

Der Großteil der MuslimInnen ist sunnitischen Glaubens. Sunnitisch bedeutet, der Sunnah, also der Lebensweise des Propheten Muhammad folgend. Die Sunniten unterteilen sich in Rechtsschulen, besonders bekannt sind die vier größten. Die größte davon ist die hanafitische (nach Abu Hanafi) Rechtsschule, die in der Türkei, in Pakistan und in Teilen Asiens, vertreten ist. Der ganze Maġreb ist überwiegend malikitisch (nach Ibn Malik), Malaysia ist stark hanbalitisch (nach Ibn Hanbal), aber auch schafiitischer (nach Schafi) Prägung. Das sind Vorgaben, die sich nicht in Glaubensbekenntnissen unterscheiden, sondern eben in dem, was wir zuvor versucht haben zu verstehen, wenn wir über Fatwas, über Rechtsverordnungen, über Auslegungen des Qur'an in Bezug auf die Rechtsprechung nachgedacht haben.

Die andere Konfession, zum größten Teil im Iran befindlich, aber auch in Teilen des Iraks und in Pakistan, sind die Šiiten. Die unterschiedlichen Richtungen sind darauf zurückzuführen, dass es Differenzen gab über die Nachfolge des Propheten Muhammad (s.a.s.). Die Sunniten waren der Meinung, dass der rechtmäßige Nachfolger der Khalif Abu Bakr sein sollte, das war der Schwiegervater des Propheten. Die Šiiten waren der Meinung, dass es sein Neffe und Schwiegersohn Ali sein sollte, obwohl die Sunniten ebenfalls Ali als vierten Khalifen anerkennen. Das heißt, er kommt in der Reihenfolge an vierter Stelle. So bildete sich damals die Partei Alis, die Šiatu l-Ali. Die Šiiten vertreten außerdem darauf aufbauend das Dogma des Imamats, d.h. sie glauben an eine Reihe von Imamen, die ihre Führer darstellten. Der letzte ist der verschwundene Imam, der Mahdi, auf dessen Rückkehr sie hoffen.

Mit diesem Hintergrundwissen geht es nun darum, sich in der Praxis Fragen zu stellen und die möglichen Antworten zu diskutieren:

Fragen an das eigene Selbstverständnis zur Vermittlung von religiösen bzw. ethischen Inhalten oder: In was für einer Gesellschaft wollen Sie leben?

(I.)

1. Sollen traditionelle Inhalte vermittelt werden?
2. Sollen korrigierend die theologisch möglichen Inhalte aus den Schriften vermittelt werden?

(II.)

Geraten die ErzieherInnen bei der Vermittlung solch religiöser bzw. ethischer Inhalte in Konflikte?

1. Mit anderen
   - Wenn sie nicht der islamischen bzw. der jeweiligen Religion angehören?
2. Mit sich selbst
   - Wenn sie selbst die religiösen Kenntnisse nur traditionell vermittelt bekommen haben?
   - Würden islamische Einrichtungen auch christliche Werte vermitteln?
   - Würden christliche Eltern das wollen?
   - Würden interreligiöse Module in der ErzieherInnenausbildung ihrerseits wieder die Neutralität der Institution herstellen?
   - Macht eine derartige Erziehung im Kindergarten interreligiös sprachfähiger, auch wenn die Erziehung im Elternhaus anders gehandhabt wird?
   - Wie müsste in diesem Fall der »Dialog« mit den Eltern aussehen?

Bei dem angestrebten Hintergrundwissen und dem Blick für die Komplexität der Materie gilt es die Kinder aus dem steten Spannungsbogen zwischen Tradition und theologischem Grundwissen zu fördern, eigenständig zu denken und dabei die ethnischen Vorgaben als Bereicherung für die Gesamtgesellschaft zu betrachten.

Volker Elsenbast

Wissenschaftliche Untersuchungen zum interreligiösen Lernen im Kindesalter

1. Warum wurde bislang so wenig zum interreligiösen Lernen im Kindesalter geforscht?

Interreligiöses Lernen und Interreligiöse Pädagogik im Kindesalter sind – zumindest in Deutschland – erst jüngst in den Blick wissenschaftlicher Untersuchungen geraten. Das hat zahlreiche Gründe:

1. Religion selbst scheint in den »postmodernen« Gesellschaften einem Wandel in zweifacher Hinsicht zu unterliegen: Religion »funktioniert« anders und ihre Funktionen für die Gesellschaft haben sich verändert. Auch hier stellen sich Wahrnehmungs- und Interpretationsaufgaben, die in ihrer Bedeutung oft deshalb übersehen werden, weil sie von der Kategorie Säkularisierung im Sinne des Verschwindens von Religion beherrscht wurden.
2. Das Phänomen einer multireligiösen Gesellschaft wird – unter anderem aus den soeben genannten Gründen – in seiner Tragweite und in seinen Herausforderungen erst allmählich wahrgenommen und interpretiert. So erwiesen sich der Staat und sein gegenwärtiges Konzept der weltanschaulichen Neutralität oft überfordert, wenn es um religionspolitisch bedeutsame Entscheidungen gerade im Bildungsbereich geht (Kruzifix, Kopftuch, Religionsunterricht, Bildungspläne im Elementarbereich …). Dass grundlegende Kenntnisse und belastbares Wissen hier hätten hilfreich sein können, aber nicht in gewünschtem Maße zur Verfügung standen, sei nebenbei bemerkt.
3. Unverkennbar bewegt man sich in einem gesellschafts-, bildungs- und religionspolitisch »heiklen« Bereich, der zudem im Zusammenhang mit Integrations- und Teilhabemöglichkeiten in dieser Gesellschaft steht, z.B. im Blick auf Bildungswesen, Arbeitsmarkt, Kultur.
4. Zwar haben wissenschaftliche Untersuchungen des Kindesalters in den einschlägigen Wissenschaften (Erziehungswissenschaft, Soziologie, Psychologie u.a.) ihren etablierten und konstitutiven, aber begrenzten Ort. Dennoch schlägt die Marginalität der auf das Kindesalter bezogenen Arbeitsfelder im Blick auf Wertschätzung, Professionalisierung, Ressourcenallokation auch auf die wissenschaftlichen Bemühungen durch. Erst allmählich scheinen diese pädagogischen Arbeitsfelder in ihrer Bedeutung ernst genommen zu werden – unter anderem auch mit der Folge, dass sich überfällige, aber auch überzogene Anforderungen an sie ergeben, die immer wieder kritisch zu überprüfen sind.

5. Aufgrund der Schulpflicht entsteht in der Grundschule/Primarstufe zwangsläufig eine religiös heterogene Schülerschaft. Damit ist erhöhte wissenschaftliche Aufmerksamkeit hinreichend legitimiert. Außerschulische Bildungsprozesse, Lern- und Lebenswelten werden im Allgemeinen vergleichsweise wenig in den Blick genommen.

2. Was macht Forschung zum interreligiösen Lernen im Kindesalter so schwierig?

Aber es gibt auch Gründe, die »in der Sache selbst« liegen. Von ihnen sollen einige kurz skizziert werden:

1. Konzeptionen des interreligiösen Lernens leben sehr stark von den Konzepten des interreligiösen *Dialogs* her. Sie setzen also Menschen voraus, die von einer jeweiligen Religion geprägt sind, sich von ihr her verstehen, sie vertreten oder gar zur Vertretung von Religionsgemeinschaften autorisiert und beauftragt sind. Die »eigene« Religion ist die der Bezugsreligion. Lernen jedoch ist umfassender als Dialog, Religion ist umfassender als die Religion der Religionsgemeinschaft, Kinder sind keine Erwachsene.
2. Damit hängt nun umgekehrt die Frage zusammen, wie denn die Religion von Kindern zu konzeptualisieren ist. Die Rede von einem »Kinderglauben« akzentuiert anders als die von einer »Theologie der Kinder«, die sie entwickeln.
3. Unter dem Etikett »interreligiöses Lernen« wird weitaus häufiger »interreligiöse Pädagogik« verstanden. Es werden Bildungsziele, Szenarien und Arrangements diskutiert und anhand von Projekten, Unterrichtseinheiten usw. konkretisiert. Es kann nicht davon ausgegangen werden, dass das interreligiöse *Lernen* von lernenden Kindern ähnliche Wertschätzung (z.B. in Form von Beobachtung im Unterricht oder in der Rekonstruktion von Bildungsbiografien) findet wie die strukturellen, organisatorischen, didaktischen und methodischen Arrangements der (professionellen) Bildungsakteure.
4. Dies ist eng verknüpft mit dem Problem, entsprechende Forschungsstrategien und -methoden zu entwickeln, die Kindern und Jugendlichen sowie ihrem Lernen und ihrer Religion angemessen sind.

Konzeptionelle Probleme: das Beispiel Fremdheit

Im interreligiösen Lernen spielt die Kategorie der Fremdheit eine bedeutende Rolle. Sie wird oft mit »unerwarteten Erfahrungen«, die nicht zu bisherigen Erfahrungen passen, in Zusammenhang gebracht[1]. Es sind also als erstes *Erwartungen* für die Erfahrungen von Fremdheit entscheidend. Als zweites wäre in Blick zu nehmen, wie nun gerade Kinder und Jugendliche mit *Unerwartetem* umgehen. Hat es als solches angenehme, überraschende, bereichernde Qualität oder ist es als solches bedrohlich und verunsichernd? Oder müssen wir uns diese Zuschreibung weitaus gemischter, uneindeutiger und vor allem flüchtiger vorstellen? Ist das Unerwartete nicht sogar genauso ein Standardmerkmal im Kinderleben neben all Vertrautem, Gesichertem? Besteht Lernen und Entwicklung nicht aus dem »Vernichten von Fremdheit«? Wird nicht dadurch, dass wir Fremdes »als Fremdes bestehen lassen«, dieses doch an unsere Vorstellungen assimiliert?

Methodische Probleme und Strategien

Dem interreligiösen Lernen als Aktivität von Kindern auf die Spur zu kommen, wirft besondere methodische Probleme auf: Man ist auf Produkte und Handlungen von Kindern angewiesen, die man der Kategorie »interreligiöses Lernen« zuordnet. Es gilt, diese zu stimulieren, ohne sie zu erzeugen. In der Regel erweist sich dazu folgende Strategie als nützlich: Als Stimulus wird eine Frage oder eine Aufforderung, etwa zu schreiben oder zu malen, an die Kinder gerichtet. Oder die Kinder werden mit dem Problem einer Person konfrontiert. Hierbei scheint es sich zu bewähren, dass bei Kindern im Vorschulalter für diese Person eine Puppe, eine Figur oder ähnliches verwendet wird.

Für das interreligiöse Lernen bietet es sich an, sich mit einer Frage, Aufforderung oder einem Problem an eine Kindergruppe zu wenden, die aus Kindern verschiedener Religionszugehörigkeit zusammengesetzt ist. Dabei ist zu beachten, dass damit die Entscheidung gefallen ist, dass Religionszugehörigkeit auch für die Kinder die entscheidende differenzierende Kategorie ist. Aus der Perspektive der Kinder können natürlich »innerreligiöse Differenzen« weitaus wichtiger und produktiver sein. Dennoch ist es plausibel, dass mit einer derartigen Zusammensetzung das (inter-)religiöse Lernen von Kindern stimuliert und gefördert werden kann.

Die Gesprächsführung in diesen Gesprächen ist meist zurückhaltend-moderierend, das Gespräch in Gang haltend. Wenn aber in Erfahrung gebracht werden soll, wie Kinder bestimmte Aspekte eines Problems interreligiös bearbeiten, dann legt sich die Zurückführung auf dieses Problem nahe, wenn die Kinder sich nach einiger Zeit anderen Aktivitäten oder Themen widmen. Damit ist keineswegs ausgeschlossen, dass es strukturelle Merkmale in den Gesprächen gibt, die sich bei verschiedenen Altersgruppen nicht unterscheiden, z.B. Elemente des Dialogischen.

1 Z.B. *H. Streib*, Strangeness in inter-religious classroom communication. Research on the Gift-to-the-Child material. In: *D. Bates/G. Durka/F. Schweitzer (Hrsg.)*, Education, Religion and Society. Essays in honour of John M. Hull, London/New York 2006, S. 191–204.

Damit ergibt sich auch, dass wir es in diesem Forschungsfeld mit kleinen Fallzahlen zu tun haben. Oft wird versucht, mittels einer kontrastiven Strategie ein möglichst breites Fallspektrum zu erreichen. Angesichts des gegenwärtigen Forschungsstands ist dies aber allein schon in explorativer wie heuristischer Hinsicht bemerkenswert. Darüber hinaus können strikt gefasste Annahmen durch die so gewonnene Evidenz begründet relativiert werden, offenere Annahmen begründet konfirmiert werden.

3. Erträge

Die bisherigen Untersuchungen wurden bislang im Zusammenhang der Grundschule durchgeführt, nicht immer in der Grundschule, aber mit Grundschulkindern. Trotz der geringen Fallzahlen lassen sich erste Tendenzen erkennen, die vor allem darüber Auskunft geben, wie Kinder mit religiöser Pluralität umgehen *können*.

Wie die Untersuchungen von Gottfried Orth[2] zeigen,

- können Kinder über Topoi traditioneller Gottesvorstellungen ins Gespräch miteinander kommen,
- ist Kindern religiöse Vielfalt selbstverständlich,
- ist ihnen die eigene Religion, so weit sie sich bei ihnen entwickelt hat, nicht gleichgültig,
- sind sie bestrebt, Gemeinsamkeiten zu entdecken,
- geht es nach Auffassung der Kinder in allen Religionen um Gemeinschaft.

Auch in den Studien von Heinz Streib[3] wurde unter anderem beobachtet,

- dass Kinder in ein engagiertes Gespräch kommen,
- dass Gemeinsamkeiten und Unterschiede erkannt und benannt werden können,
- dass es ihnen nicht um die Überlegenheit einer Religion geht,
- dass sie auf gleichsam spielerische Weise Elemente einer gemeinsamen Theologie entwickeln.

Aus ihren Untersuchungen kommt Julia Ipgrave[4] zu folgenden Ergebnissen:

2 Z.B. *G. Orth,* Kindergespräche über Bilder – Umgang mit religiöser Differenz. In: *D. Fischer/A. Schöll (Hrsg.),* Religiöse Vorstellungen bilden. Erkundungen zur Religion von Kindern über Bilder, Münster 2000, S. 173–184.

3 *H. Streib*, Inter-Religious Negotiations: Case Studies on Students' Perception of an Dealing with Religious Diversity. In: *H.-G. Heimbrock/Ch. Th. Scheilke/P. Schreiner (Hrsg.),* Towards Religious Competence. Diversity as a Challenge for Education in Europe, Münster 2001, S. 129–149; *H. Streib,* Wie finden interreligiöse Lernprozesse bei Kindern und Jugendlichen statt? Skizze einer xenosophischen Religionsdidaktik. In: *P. Schreiner/U. Sieg/V. Elsenbast (Hrsg.),* Handbuch interreligiöses Lernen, Gütersloh, S. 230–243; *H. Streib*, a.a.O. 2006.

4 *J. Ipgrave*, Pupil-to-Pupil Dialogue in the Classroom as a Tool for Religious Education, Occasional Papers II, Conventry: Universtity of Warwick, Warwick Religious and Education Research Unit.

- Kinder wissen erstaunlich viel über verschiedene Religionen.
- Ihnen ist die religiöse Vielfalt zwar selbstverständlich, sie wird oft negativ erlebt.
- Kinder fühlen sich der eigenen Religion zugehörig und wollen ihren Bestand sichern.
- Sie entwickeln ihre Vorstellungen durch Interaktionen mit anderen und durch das Nachdenken über die Vorstellungen der anderen weiter. Vorstellungen aus anderen Religionen werden zusammen mit eigenen Erfahrungen und religiösen Vorstellungen zum »Material«, um »neue Theologien« zu entwickeln.

Studien an der Universität Dortmund scheinen diese ersten Befunde zu bestätigen.

4. Ausblick

Als eine sich bewährende Forschungsstrategie kommt das stimulierte und moderierte Gespräch über religiöse Fragen und existentielle Probleme in multireligiös zusammengesetzten Gruppen in den Blick.

Die Forschungssituation ist zugleich ein pädagogisches Arrangement für Interreligiöses Lernen. Eine Rekonstruktion der pädagogischen Aspekte wäre für religionspädagogische Ansätze fruchtbar zu machen.

Nicht nur im Falle von Religion und religiöser Vorstellungen sind Kinder Konstrukteure und Kollaborateure ihrer Welt mit all den ihnen zur Verfügung stehenden und gestellten Mitteln. Gibt es Typen von Logiken, nach denen diese Konstruktion und Kollaboration erfolgt? Gibt es Kriterien und Typen von hierzu förderlichen Lernarrangements?

In eine andere Richtung weist die gesellschaftlich möglicherweise virulentere Fragestellung: Welche Dynamik ist in Gesprächen von religiös homogenen Gruppen im Blick auf ihre Urteile und Einstellungen gegenüber Angehörigen anderer Religionen zu entdecken? Wie bewältigen homogene Gruppen Pluralität?

Marion Gierden-Jülich

»Von Kindesbeinen an: Von der Notwendigkeit, den Umgang mit Pluralität zu erlernen«

Politische Optionen für interkulturelle und interreligiöse Bildung

Noch bis vor wenigen Jahren schien es, als habe die berühmte Gretchenfrage – »Wie hältst Du es mit der Religion?« – ihren Stachel verloren. Die Frage nach der Religion erschien antiquiert – in der Öffentlichkeit tauchte dieses Thema höchstens noch zu Weihnachten und Ostern auf.

Natürlich war dies im privaten Raum anders – es hat immer Menschen gegeben, denen das Thema Religion am Herzen lag. Doch vielen galt Religion schlichtweg als unmodern.

Heute stellen wir ein neu erwachtes Interesse an Religion fest. Eine Million junge Menschen feiern in Köln den Weltjugendtag. Die Medien entdecken das Thema wieder. Das Bild des Papstes blickt uns nicht nur an seinem Geburtstag von den Zeitschriften entgegen, und sein Buch über Jesus liegt am ersten Tisch der Bahnhofsbuchhandlungen aus.

Sind dies aber tatsächlich ernst zu nehmende Zeichen für eine neue Orientierungssuche? Die Statistik liefert jedenfalls keinen Beleg für großen Zulauf zu den Religionsgemeinschaften. Zwar gibt es weniger Kirchenaustritte als in den vergangenen Jahrzehnten, gleichzeitig steigt aber die Zahl der Konfessionslosen.

Richtig ist sicherlich: es gibt ein neues Interesse an Religion. Dieses beschränkt sich aber nicht nur auf positive Wahrnehmung des Themas, sondern beinhaltet auch Religion als »Angstthema«. Das Sichtbarwerden einer für uns fremden Religion, des Islams, löst in der Öffentlichkeit zwiespältige Gefühle aus.

Gefürchtet wird nicht nur der terroristische Missbrauch des Islams, sondern auch »das Fremde« direkt vor der eigenen Haustür. Mediale Inszenierungen mit Bildern von schreienden, aufgehetzten Männern und tief verschleierten Frauen sowie Schlagzeilen, die vor einer Islamisierung Deutschlands und Europas warnen, tragen dazu bei.

Das Thema Religion ist also in aller Munde. Und dennoch leben wir in einer Welt, die oft so funktioniert »etsi deus non daretur«, als wenn es Gott nicht gäbe. Wir müssen aber nicht nur die faktisch gelebte Religion der Gegenwart betrachten, sondern Religion auch als Zukunftsthema begreifen.

Wir brauchen Konzepte, um mit der religiösen Vielfalt umzugehen. Hier hat auch der Staat eine Verpflichtung – gerade auch ein freiheitlich säkularer und weltanschaulich neutraler Staat. Denn weltanschaulich neutral heißt nicht wertneutral. Die Bewahrung der Würde des Menschen, die Meinungsfreiheit, die Freiheit der

Kunst und auch die Religionsfreiheit sind nur einige der Werte, für die unser Staat einsteht.

Aus dem rechtsstaatlichen Rahmen, der diese Werte gewährt, hat sich auch die Verhältnisbestimmung von Staat und Religion in unserem Land entwickelt. Die staatliche Neutralität in Fragen der Religion ist keine distanzierende im Sinne des Laizismus, sondern eine fördernde Neutralitätspflicht. Der Staat gewährleistet, dass sich die Religionen in einem partnerschaftlichen Verhältnis in die Gesellschaft einbringen können. So entstehen gemeinsam verantwortete Räume – sog. »res mixta« – in denen Religion nicht nur Privatsache ist, sondern gesellschaftlich prägend wirken kann.

Dieses Verhältnis von Staat zu Religion ist historisch gewachsen. Es war von Beginn an nicht exklusiv, sondern pluralistisch angelegt; es hat sich entwickelt zwischen Staat und katholischer, evangelischer und orthodoxer Kirche sowie jüdischer Gemeinde. Heute müssen wir das Gespräch über dieses Staats-Religions-Verhältnis auch mit den Muslimen suchen, um eine rechtliche Integration des Islams in unserem Land auf der Basis unserer Verfassung zu ermöglichen.

Mit der von ihm eingeleiteten Islamkonferenz hat Bundesinnenminister Dr. Schäuble ein wichtiges Zeichen gesetzt: der Islam ist als in unserem Land präsente Religion Bestandteil unserer Gesellschaft. Darum führen wir in unserem Ministerium einen Dialog mit dem Islam. Dieser Dialog umfasst z.B. Themen wie bekenntnisorientierten Religionsunterricht oder die Ausbildung islamischer Religionslehrer.

Dabei dürfen wir allerdings nicht aus dem Blick verlieren, dass nicht alle Integrationsfragen gleichzeitig Religionsfragen sind. Weder dürfen wir die Herausforderungen der Integration eindimensional auf die religiöse Dimension fokussieren, noch dürfen Religion und religiöse Bildung allein als Integrationsleistung verbucht werden.

Der Staat hat ein Interesse an Religion und religiöser Bildung. Er schützt die Pluralität und hat ein Interesse daran, dass seine Bürgerinnen und Bürger in und mit dieser Pluralität positiv leben. Staatlicherseits muss daher auch gewährleistet sein, dass dies von Kindesbeinen an erlernt werden kann.

In Nordrhein-Westfalen ist derzeit der Entwurf eines Gesetzes zur frühen Bildung und Förderung von Kindern – kurz »KiBiz« – in der parlamentarischen Beratung. In dem Entwurf wird die bewährte Pluralität der Trägervielfalt weitergeführt und ausdrücklich auf die Eigenständigkeit und Autonomie der freien Träger hingewiesen.

Inhaltliche Vorgaben für die Gestaltung pädagogischer Konzepte gibt es nicht. Gerade das ermöglicht Profilbildung und Schwerpunktsetzungen. Zentraler Ansatzpunkt ist allerdings der Ausbau der Sprachförderung. Denn ohne eine gemeinsame Sprache und die Förderung der Sprachkompetenz ist keine Verständigung möglich – sie bildet deshalb die Basis, ohne die Pluralität nicht gelebt werden kann, ohne die Gefahr der Separierung zu bergen.

Noch gibt es keine Kindertagesstätten in islamischer Trägerschaft. Nicht nur für Kindertagesstätten, sondern auch für alle anderen Trägerstrukturen im Sozial- und

Bildungsbereich gilt jedoch, dass Vielfalt und Pluralität der Offenheit dienen. Indem sie sich in diesen Bereichen engagieren, drücken Religionsgemeinschaften ihr Interesse an der Mitgestaltung der ganzen Gesellschaft aus. Nicht Abschottung steht hier im Vordergrund, sondern der Wunsch, ein aktiver Teil der Gesellschaft zu sein.

Pluralität in der Bildungslandschaft wirft auch die Frage nach interreligiöser Bildung, mithin nach interreligiösem Dialog auf. Wer gibt in diesem Dialog die Ziele vor? Es besteht die Gefahr, dass man sich hier auf den kleinsten gemeinsamen Nenner einigt und zu Handlungsanleitungen ohne oder mit minimalem transzendentalen Überbau gelangt. Dies haben die Religionen nicht verdient.

Deshalb sollten wir eher von der »Begegnung der Religionen« sprechen, denn so wird deutlich, dass es sich um ein Zusammentreffen von komplementären Größen handelt, die gemeinsam handeln können, ihr Handeln jedoch aus unterschiedlichen Quellen, aus der jeweiligen Sicht des Anderen und der Welt im Lichte des eigenen Glaubens speisen.

Findet diese Begegnung zwischen Repräsentanten oder Theologen statt, so setzt sie ein hohes theologisches Niveau und eine reflektierte Religiosität bei den Gesprächspartnern voraus. Auch bei Einladungen von Gemeinden treffen in der Regel Gläubige unterschiedlicher Religionen aufeinander, die fest im eigenen Glauben beheimatet sind.

Ganz anders gestaltet sich demgegenüber die Begegnung der Religionen in den Kindertagesstätten. Diese Kinder begegnen sich in ihrem Alltag, beim gemeinsamen Spielen, bei gemeinsamen Mahlzeiten mit Selbstverständlichkeit. Soll man hier wirklich im Sinne interreligiöser Erziehung das Trennende betonen – bei Kindern, die vielleicht noch keine Heimat in ihrer eigenen Religion gefunden haben, vielleicht noch nicht einmal explizit mit dem Thema Religion in Berührung gekommen sind?

Elementarisierung ist ein gebräuchlicher religionspädagogischer Fachbegriff in der christlichen Theologie. Durch Elementarisierung können Bezüge zwischen religiösen Inhalten und dem eigenen Leben hergestellt werden, kann verdeutlicht werden, welche Aspekte eines religiösen Themas für die heutige Lebenswelt elementar und dadurch relevant sein können.

Könnte dies, wenn der Spagat gelänge, Kinder weder zu unterschätzen noch zu überfordern, auch Perspektiven für die interreligiöse Bildung in Kindertagesstätten eröffnen? Könnte es dazu beitragen, Kindern eine Beheimatung in der eigenen Tradition zu geben und gleichzeitig ihren Blick für andere Traditionen zu öffnen? Zu wünschen wäre jedenfalls:

- dass die Kinder erfahren, dass es normal ist, verschieden zu sein, wie es der Religionspädagoge Roland Kollmann treffend formuliert hat,
- dass die Kinder sich in dieser Verschiedenheit angenommen fühlen,
- dass die Kinder sich in ihrer Religion entwickeln können und Religion nicht als Stigma mit sich tragen,

- aber auch, dass den Kindern nicht eine Religion zugeschrieben wird, die sie und ihre Eltern gar nicht leben.

Das alles erfordert von den Erzieherinnen und Erziehern, aber auch von Eltern und anderen Engagierten viel Einfühlungs- und Differenzierungsvermögen. Es erfordert aber auch Mut – vor allem den Mut, das Thema Religion nicht auszublenden und nicht in einem Einheitsbrei aufgehen zu lassen.

Auch wenn unser Land keine Staatskirche kennt, ist unsere Kultur stark durch das Christentum geprägt. Wir müssen keine christlichen Feste verleugnen, um vermeintlichen interreligiösen Reinheitsgeboten zu genügen. Wir brauchen interreligiöse und interkulturelle Sensibilität und Kompetenz. Das beinhaltet einen eigenen Standpunkt und das Wissen darum, wann ich einen anderen verletze oder vereinnahme. Wir brauchen Offenheit, um mit Unterschieden leben zu können.

Die Erfahrungswelt von Kindern heute ist durch mehr Pluralität gekennzeichnet als die vorheriger Generationen. Wir müssen sie darin unterstützen, sich von der Pluralität nicht bedroht zu fühlen, sondern von Kindesbeinen an produktiv mit ihr umgehen zu können. Ihnen zu helfen einen eigenen Weg zu finden – allein darin kann unser aller gemeinsames Ziel liegen.

Teil 2
Empirische Befunde

Anke Edelbrock/Margarete Patak/Friedrich Schweitzer/Albert Biesinger in Zusammenarbeit mit Viktoria Scherr und Cornelia Frische[1]

Religion und Religionen in der Kindertagesstätte

Eine empirische Untersuchung zu interreligiöser Bildung in der Praxis

Die Untersuchung, über deren Ergebnisse im Folgenden berichtet wird, bezieht sich auf ein kaum bearbeitetes Themenfeld. Obwohl inzwischen bekannt ist, dass das deutsche Bildungssystem besonders im Blick auf die Förderung von Kindern mit einem sog. Migrationshintergrund im internationalen Vergleich weit abgeschlagen dasteht und hinter den Erfordernissen sehr weit zurückbleibt, haben sich offenbar die meisten Verantwortlichen in Politik, Öffentlichkeit und Wissenschaft noch immer nicht genügend klargemacht und eingestanden, dass Migrationshintergründe in vielen Fällen nicht nur kulturelle oder nationale Differenzen mit sich bringen, sondern eben auch religiöse Unterschiede. Alle Bemühungen um ein interkulturelles Lernen, die inzwischen eine erfreuliche Verbreitung gefunden haben, greifen aber zu kurz, wenn sie die religiöse Dimension von Kultur und Kulturen außer Acht lassen. Die in Deutschland stark präsente türkische Kultur beispielsweise lässt sich ohne Berücksichtigung des Islams gar nicht verstehen. Dabei ist längst bekannt, dass Unkenntnis immer auch die Anfälligkeit für Vorurteile steigert und dass ein Zusammenleben in Frieden, Toleranz, Verständigung und Respekt mehr voraussetzt als eine bloß äußerliche Gesetzestreue. Die Frage nach Religion und Religionen in der Kindertagesstätte betrifft daher ein ebenso aktuelles wie weithin ausgeblendetes Thema.

Die Notwendigkeit, Aufgaben einer interreligiösen Bildung in den Vordergrund zu stellen, belegen nicht zuletzt die wissenschaftlichen und bildungspolitischen Veröffentlichungen zur Kindertagesstätte. Auch hier ist zunächst als erfreuliche Entwicklung zu notieren, dass Bildung inzwischen nicht mehr auf die Schule beschränkt wird, sondern dass Bildungsaufgaben »von Anfang an«, schon in der frühen Kindheit, zu Recht immer mehr Aufmerksamkeit und Anerkennung gewinnen. Die Prüfung der entsprechenden Veröffentlichungen zeigt aber rasch, dass religiöse und interreligiöse Bildung dabei in aller Regel nicht im Blick sind. Die nun in allen Bundesländern in Kraft getretenen Orientierungs- und Bildungspläne für den Elementarbereich weisen zwar in vielen Fällen Bildungsaufgaben im Blick auf Werte, Sinn und Religion aus, aber die verfügbaren wissenschaftlichen Untersuchungen lassen nicht erkennen, ob es auch eine entsprechende Praxis in den Kindertagesstät-

1 Die Aufgaben und Tätigkeiten der Autorinnen und Autoren bei der Leitung und Durchführung der Untersuchung sind im Vorwort des vorliegenden Bandes beschrieben.

ten gibt. Auch die Ministerien und die einschlägigen Institute verfügen, wie uns auf Anfrage hin mitgeteilt wurde, über keinerlei Daten in diesem Bereich. Die einzig größere Untersuchung, die derzeit verfügbar ist, bezieht sich auf eine vergleichsweise weit zurückliegende Zeit (man könnte sagen: auf das Kindergartenalter der jungen Eltern von heute) und war auf Einrichtungen in evangelischer Trägerschaft beschränkt.[2]

Machen es gesellschaftliche und politische Integrationsaufgaben unerlässlich, sich auf die Herausforderungen interreligiöser Bildung auch im Kindesalter einzustellen, so gilt dies noch viel mehr, wenn von den Kindern und von den Familien her gedacht wird und wenn deren Bedürfnisse berücksichtigt werden. Die Projektleiter vertreten seit Langem die Überzeugung, dass Kinder ein Recht auf Religion und religiöse Begleitung haben und dass sie um Wesentliches betrogen werden, wenn ihnen Gott vorenthalten wird.[3] Kinder haben religiöse Fragen und Orientierungsbedürfnisse. Religiöse Rituale können in wichtiger Hinsicht zu ihrer gesunden Entwicklung beitragen. Welche Unterstützung Eltern ihren Kindern in religiöser Hinsicht bieten, ist auch aus therapeutischer sowie kriminologischer Sicht von hoher Bedeutung.[4] Die Aufgabe einer religiösen Begleitung kann heute aber ebenso wie viele andere Aufgaben nicht mehr den ohnehin vielfach tendenziell überforderten oder sich zumindest überfordert fühlenden Eltern überlassen bleiben. Diese brauchen vielmehr ihrerseits Unterstützung, nicht zuletzt durch die Kindertagesstätte. Religiöse und interreligiöse Bildung gehört deshalb mehr denn je zu den Aufgaben, denen sich die Einrichtungen stellen müssen, gerade weil sich Religion in einer pluralen, multikulturellen und multireligiösen Gesellschaft nicht mehr von selbst versteht.

Angesichts der nur als desolat zu bezeichnenden Forschungslage, die keine Aufklärung über Religion und Religionen in der Kindertagesstätte bietet, haben wir uns für einen doppelten, zugleich qualitativen und quantitativen Zugang entschieden. Die qualitative Untersuchung ging der quantitativen voraus, weil zunächst sichergestellt werden musste, welche Aspekte bei einer schriftlichen Befragung zu berücksichtigen sind. Im Folgenden werden deshalb zunächst die Ergebnisse der qualitativen Untersuchung dargestellt, danach die der quantitativen Erhebung. In beiden Fällen geht es um eine explorative Studie, die den Charakter einer Pilotuntersuchung aufweist. Unsere Ergebnisse sind zwar durchaus aussagekräftig, aber nicht repräsentativ im engeren Sinne. Im dritten Teil der vorliegenden Darstellung werden die Befunde beider Untersuchungsstränge diskutiert und interpretiert. Im An-

2 *B. Dippelhofer-Stiem/I. Kahle*, Die Erzieherin im evangelischen Kindergarten. Empirische Analysen zum professionellen Selbstbild des pädagogischen Personals, zur Sicht der Kirche und zu den Erwartungen der Eltern, Bielefeld 1995.

3 *A. Biesinger*, Kinder nicht um Gott betrügen. Anstiftungen für Mütter und Väter, überarb. Neuauflage Freiburg ^{14}2007, *F. Schweitzer*; Das Recht des Kindes auf Religion. Ermutigungen für Eltern und Erzieher, Gütersloh ^{2}2005.

4 Vgl. *A. Biesinger/H.-J. Kerner/G. Klosinski/F. Schweitzer* (Hg.), Brauchen Kinder Religion? Neue Erkenntnisse – praktische Perspektiven, Weinheim/Basel 2005.

hang werden die Befragungsinstrumente sowie ausgewählte Berechnungen dokumentiert.

Ein weiterer Beitrag im vorliegenden Band (bes. S. 19ff.) gibt in knapper Form ebenfalls Einblick in die Ergebnisse der vorliegenden Untersuchung. Insofern überschneidet sich dieser Beitrag mit dem Text im Folgenden, was jedoch nicht zu vermeiden war, da beide Beiträge jeweils für sich lesbar sein sollen. Das dort zu den begrifflichen Entscheidungen (»interreligiöse Bildung«) sowie zur Schwerpunktsetzung bei interreligiösen Fragen Gesagte gilt auch für den vorliegenden Text.

I. Die qualitative Untersuchung

Welchen Stellenwert hat die interreligiöse Bildung im Alltag der bundesdeutschen Kindergärten und Kindertagesstätten? Wird interreligiöse Bildung zu den Grundaufgaben gezählt oder eher in den Bereich der Sonder- und Zusatzaufgaben eingeordnet? Wie wird das Verhältnis von Kultur und Religion bestimmt? Wird Religion dem öffentlichen oder dem privaten Bereich zugeordnet?

Wenn interreligiöse Bildung stattfindet, in welcher Form ist sie dann im Alltag der Einrichtungen präsent? Und von welchen Variablen wird sie beeinflusst? Sind die Kinder, ihre Herkunft und ihre Religion, die entscheidenden Variablen? Oder hängt die Berücksichtigung interreligiöser Bildung im Alltag einer Einrichtung ausschließlich von den Erzieherinnen selbst ab? Welchen Einfluss haben die Eltern oder der Träger der Einrichtung? Wie genau wirkt sich eine kirchliche oder städtische Trägerschaft auf die Umsetzung einer religiösen und auch interreligiösen Bildung aus?

1. Die Durchführung der Interviews

Die Fragestellung zu Beginn der qualitativen Erhebung ist komplex. Um den einzelnen Aspekten in einem möglichst umfassenden Rahmen nachgehen zu können, wurde die Form eines halboffenen Interviews gewählt. Hiermit wird einerseits gewährleistet, dass die verschiedenen Themenbereiche in allen Interviews angesprochen werden. Andererseits lässt die Form eines halboffenen Interviews genügend Freiraum, um auch auf individuelle Begebenheiten und Schwerpunkte der jeweiligen Einrichtung entsprechend eingehen zu können.

1.1 Der Interviewleitfaden

Zunächst wurde ein Interviewleitfaden erstellt, dessen Aufbau und Inhalt im Folgenden vorgestellt wird.[5] Das Interview wird mit der Frage nach den in der Einrich-

5 Der vollständige Interviewleitfaden findet sich im Anhang.

tung betreuten Kindern eröffnet. Der Grund hierfür liegt erstens in unserem Interesse an der Alltagsarbeit der Einrichtungen. Da die Erzieherinnen tagtäglich mit den Kindern zusammen sind, richten wir ihr Augenmerk zunächst auf sie, um so thematisch auch zu Alltagserfahrungen hinzuleiten. Auch fällt es zweitens jeder Erzieherin leicht, über die Kinder zu berichten, so dass sich dieser Bereich als Einstiegsfrage besonders gut eignet.[6] Teilweise sind die mit der Leitung betreuten Personen einer Einrichtung nicht direkt in der Arbeit mit den Kindern tätig. Trotzdem ist auch in diesem Fall die Einstiegsfrage geeignet, weil den Leiterinnen die Kinder durch Eltern(erst)gespräche, Einsatz in den Gruppen, Gespräche im Team usw. bekannt sind.

Wir wählten für die Interviews in der Regel Städte (Stadtgebiete) mit einem hohen Anteil von Menschen mit Migrationshintergrund aus. Hierin liegt ein dritter Grund für die Einstiegsfrage. Es ist davon auszugehen, dass u.a. aufgrund des Situationsansatzes besonders in Einrichtungen mit vielen Migrationskindern die interkulturelle und interreligiöse Bildung ein zentrales Thema ist.[7] Vor diesem Hintergrund ist es wichtig, in einem Interview zunächst einmal die Kinder der Einrichtung näher beschreiben zu lassen. Wie viele Kinder kommen in die Einrichtung? Wie alt sind die Kinder? Welche kulturelle und religiöse Vielfalt nehmen die Erzieherinnen bei den betreuten Kindern wahr?

Da sich eine unterschiedliche nationale Herkunft oft am auffälligsten an der Sprache zeigt, wird für ein besseres Einfühlungsvermögen in die konkrete Situation der Einrichtung auch nach der Sprache der Kinder gefragt. Wichtig ist jedoch dabei zu beachten, dass die Frage der Sprachförderung kein Schwerpunkt des vorliegenden Projektes ist und im Interview auch nicht vertieft untersucht werden soll.

Hauptinteresse ist die Fragestellung, ob und wie eine konkrete Umsetzung interkultureller und interreligiöser Bildung in den Einrichtungen geleistet wird. Was kann angesichts der vielfältigen Aufgaben, vor denen Einrichtungen im Elementarbereich stehen, auf dem Gebiet interkultureller und interreligiöser Bildung wirklich geleistet werden? Nicht zuletzt die PISA-Erhebungen haben neue Aufgabengebiete in die Einrichtungen gebracht. Qualitätssicherung und das Hervorbringen eines »schulreifen Kindes« sind nur zwei Aspekte, die sich aus dieser Diskussion ergeben haben. Die Chance der Interviews liegt darin, vor Ort erfahren zu können, was im Bereich der interkulturellen und interreligiösen Bildung getan wird. Hier wird der explorative Charakter der Untersuchung besonders fassbar, da wir von keiner Untersuchung wissen, die dieser Fragestellung bisher nachgegangen ist.

6 In dem offenem Interview, welches Silvia Habringer-Hagleiter mit der Kindergartenpädagogin Karin Kern führte, beginnt Karin Kern von sich aus, von einzelnen Kindern in der Einrichtung zu berichten. Vgl.: *S. Habringer-Hagleitner,* Zusammenleben im Kindergarten. Modelle religionspädagogischer Praxis, Stuttgart 2006, S. 216–265.

7 Berichte aus Kindertageseinrichtungen unterstützen diese Vermutung. Eine kulturelle Vielfalt bei den Kindern lässt z.B. nach möglichen »Brücken der Verständigung« im Alltag der Einrichtungen suchen. Vgl.: *G. Hermann/G. Wunschel,* Spuren individueller und kultureller Vielfalt. In: klein & groß 05 (2003), S. 23–26, 24.

Nachdem in einem ersten Zugang im Interview über die Kinder gesprochen worden ist, wird im Weiteren die konkrete interkulturelle und interreligiöse Arbeit der Einrichtung aufgenommen. Im Interview wird zunächst wieder ganz von den Kindern her gefragt: Wirkt sich die kulturelle und religiöse Vielfalt der Kinder auf das tägliche gemeinsame Leben in der Einrichtung aus? Wenn ja, welche konkreten Auswirkungen sind das (Sprache, andere Wertvorstellungen usw.)? Es ist die Alltagspraxis, die hier im Interview thematisiert werden soll: Findet in Ihrer Kindertagesstätte das Christentum bei der Arbeit mit den Kindern eine Berücksichtigung? Finden andere Religionen Berücksichtigung? Haben sich bestimmte Inhalte/Methoden/Materialien im Bereich des interkulturellen und interreligiösen Lernens besonders bewährt? Haben Sie schon einmal eine Fortbildung zum interkulturellen und interreligiösen Arbeiten besucht? Wo sehen Sie die Grenzen Ihrer Arbeit und Ihrer Möglichkeiten? Gibt es Momente, an denen Sie manchmal nicht weiter wissen? Wo gibt es Probleme im Miteinander? Die Visionen der Erzieherinnen sollen anhand der Fragen »Wie würden Sie das Miteinander am liebsten gestalten? Was hätten Sie gerne?« thematisiert werden. Da es dabei um ganz individuelle Stellungnahmen geht, wird auch gefragt: »Was ist Ihnen ganz persönlich angesichts der kulturellen und religiösen Vielfalt im Umgang mit den Kindern wichtig? Was sollen die Kinder im Idealfall am Ende ihrer Kindergartenzeit gelernt haben?« Ferner könnte es sein, dass vonseiten der Einrichtung bereits Vorhaben zum interkulturellen und interreligiösen Lernen geplant worden waren, diese aber z.B. aufgrund mangelnder Resonanz im Sande verlaufen sind. Deshalb soll dieses konkret im Interview nachgefragt werden. Von Interesse ist auch, ob aus der Sicht der Erzieherinnen bestimmte Themen im Fortbildungsangebot fehlen.

Eltern sind wichtige Partner der Erzieherinnen auch – und besonders – in der interkulturellen und interreligiösen Arbeit.[8] Kindertageseinrichtungen können in einem viel größeren Maße, als es z.B. Schulen möglich ist, auf spezielle Familien- und damit auch Elternbedürfnisse eingehen.[9] Teilweise bringen sich Eltern aktiv ein. So kommt es vor, dass muslimische Eltern in einer konfessionellen Kindertageseinrichtung das Zuckerfest ausrichten.[10] Mangelnde oder schwierige Elternbeziehungen können den Alltag der Einrichtungen aber auch beeinträchtigen.[11] Deshalb berücksichtigt der Interviewleitfaden die Eltern als einen weiteren Themenbereich. Bekommen Erzieherinnen von den Eltern konkrete Informationen zum kultu-

8 Vgl. *E. Schlösser*, Zusammenarbeit mit Eltern – interkulturell. Informationen und Methoden zur Kooperation mit deutschen und zugewanderten Eltern in Kindergarten, Grundschule und Familienbildung, Münster 2004.

9 In der interkulturellen Arbeit bieten z.B. verschiedene Kindertagesstätten Deutschkurse für Mütter und Kinder an. Vgl. z.B. *K. Steiner*, Das Rucksackprojekt. In: was + wie 3 (2003), S. 103f.

10 Vgl. *K. Steiner*, Das Zuckerfest oder: Interreligiöse Arbeit in unserer Ev. KiTa. In: was + wie (2003), S. 102.

11 Vgl. *B. G. Kappel*, Konflikte mit Eltern im kulturellen Alltag. Beobachtungen in einem Kindergarten. In: TPS 3 (2001), S. 26–28.

rellen und religiösen Familienhintergrund der Kinder? Haben die Eltern bestimmte Fragen zum Thema »Kultur und Religion« und deren praktischer Umsetzung? Kommen die Eltern mit einer bestimmten Erwartungshaltung für den Bereich der interkulturellen und interreligiösen Erziehung? Gibt es besondere Konfliktfelder oder -themen?

Fokussiert der Interviewleitfaden bis hierher die Alltagspraxis der Einrichtungen, so soll gegen Ende des Interviews auch das pädagogische bzw. religionspädagogische Konzept der Einrichtung angesprochen werden. Das Interesse liegt dabei an der Fragestellung, ob die Bereiche der interkulturellen und interreligiösen Bildung in dem Konzept Berücksichtigung finden.

Der Einfluss der Träger auf die konkrete Arbeit der Einrichtungen wird unterschiedlich hoch eingeschätzt. Dass sich ein »guter Träger« positiv auf die Qualität der Arbeit in der Einrichtung auswirkt, wird allgemein anerkannt.[12] Die Träger können – besonders auch im interreligiösen Bereich – die Arbeit der Einrichtungen aber auch hemmen.[13] Daher berücksichtigt der Interviewleitfaden auch die Rolle des Trägers im Bereich der interkulturellen und interreligiösen Arbeit. Gibt es z.B. Trägervorgaben für die Bearbeitung kultureller und religiöser Themen? Hemmt oder unterstützt der Träger die Arbeit an konkreten Punkten?

Abgeschlossen wird das Interview mit der Frage nach individuellen Ergänzungen, Bemerkungen und Anmerkungen der Interviewten.

1.2 Geführte Interviews

Die 37 geführten Interviews lassen sich grob in zwei Gruppen einteilen: Zunächst wurden sechs Experteninterviews geführt, in denen wesentliche Aspekte von interkultureller und interreligiöser Bildung aus der Sicht von Expertinnen und Experten erörtert wurden. Die Einsichten aus diesen Interviews gingen in die Gestaltung des Leitfadens ein und bildeten darüber hinaus einen allgemeinen Erwartungshorizont. Schließlich gaben die Expertinnen und Experten auch wichtige Hinweise zu möglichen Interviewpartnerinnen in Kindertagesstätten. Weitere Interviewpartner fanden wir über den direkten telefonischen Kontakt. Nach entsprechenden Internetrecher-

12 Vgl. *M. Hugoth/F. Jansen*, Gute Tageseinrichtungen brauchen gute Träger. Neue Trägerstrukturen und Ansätze zur Weiterentwicklung der Trägerqualität, Freiburg 2005.

13 Renke Brahms, Pastor für Religionspädagogik in den evangelischen Einrichtungen für Kinder in Bremen berichtet: »Eine Kindertageseinrichtung, die interreligiös arbeiten will, braucht die Unterstützung des Trägers. Nicht selten ist es, dass die Verantwortlichen in den [kirchlichen] Gemeinden nur ihre Mitglieder im Blick haben, die Kindertagesstätte demgegenüber aber alle im Wohngebiet lebenden Menschen. Dies kann zu Konflikten führen, aber auch bereichernd für die ganze Gemeinde sein. Unerlässlich ist ein gemeinsam entwickeltes Leitbild oder Selbstverständnis von Gemeinden und Kindertageseinrichtungen im Hinblick auf eine Begegnung von Familien unterschiedlicher Religionen.« *R. Brahms*, Gott kann auf krummen Wegen gerade schreibe. In: Welt des Kindes 2 (2002), S. 22–24, 24.

chen riefen wir Einrichtungen in Stadtteilen mit einem hohen Bevölkerungsanteil mit Migrationshintergrund an, erläuterten unser Anliegen und baten um einen Interviewtermin.

In Kindertageseinrichtungen selbst wurden 23 halb-offene Interviews durchgeführt. Die dafür ausgewählten Einrichtungen befanden sich in Aachen, Berlin, Dresden, Frankfurt am Main, Mannheim und Stuttgart. Befragt wurden vor allem die Leiterinnen und Leiter der Einrichtungen. Insgesamt war die Atmosphäre der Interviews offen und vertrauensvoll, allerdings dürfen die durchaus zu bemerkenden Unterschiede in der jeweiligen Offenheit der Befragten nicht übersehen werden.

Zur Vertiefung der Hauptinterviews konnten zusätzlich noch sieben muslimische Erzieherinnen sowie eine muslimische Mutter befragt werden. Diese Interviews wurden im Großraum Stuttgart geführt und kamen nach Anfragen bei Jugend- und Sozialämtern und auf Empfehlungen der Einrichtungen zustande.

1. 3 Auswertung der Interviews

Die Auswertung folgte, unter Beachtung der generellen Regeln für die Auswertung qualitativer Interviews, einem themenzentrierten Ansatz.[14] Im Zentrum stand nicht die auf die einzelne Person bezogene Auswertung, sondern die Frage nach interkultureller und interreligiöser Bildung im Alltagsgeschehen der Kindertagesstätten. Ein Vergleich der Interviews zeigt, dass die unterschiedlichen Interviewpartner und -partnerinnen im zweiten Block des Interviews, in dem offen nach dem konkreten interkulturellen und interreligiösen Leben und Lernen in der Einrichtung gefragt wurde, unabhängig voneinander besonders die Mahlzeiten und Feste ansprachen. Die Eltern der Kinder waren ein weiterer Themenkreis. Die Bedeutung des Trägers wurde eher in kirchlichen als in städtischen Einrichtungen angesprochen.

2. Ausgewählte Ergebnisse

Unter der für die Untersuchung leitenden Frage nach interkultureller und interreligiöser Bildung sowie insbesondere nach deren Zusammenhang erweisen sich eine Reihe von Befunden als besonders aufschlussreich. Religiöse Fragen und Probleme werden von den Kindern und ihren Eltern aufgeworfen. Häufig geht es um Fragen zwischen Christentum und Islam in der Erziehung. Besonders eindrücklich sind die Fragen, die im Umkreis des gemeinsamen Essens in Kindertagesstätten aufbrechen. Darauf soll im Folgenden besonderer Nachdruck liegen. Ähnliches gilt für religiöse Feste, die im Kindergarten gefeiert werden sollen. Weitere Aspekte aus der Befragung wie etwa die Frage der angemessenen Kleidung beim Turnen, Schwimmen

14 Vgl. *U. Flick/E. von Kardorff/I. Steinke (Hrsg.)*, Qualitative Forschung. Ein Handbuch. Reinbek. [5]2007.

und Planschen können an dieser Stelle lediglich erwähnt werden. Auch auf Ergebnisse zur Elternarbeit, die in interkulturellen und interreligiösen Kontexten vor besondere Herausforderungen steht, und zur Zusammenarbeit mit den Trägern soll eingegangen werden.

2.1 Gemeinsames Essen in Kindertagesstätten

Gemeinsame Mahlzeiten sind in den Einrichtungen wichtige tägliche Vorgänge. Morgens findet in der Regel ein gemeinsames Frühstück statt. Je nach Regelung wird es von der Einrichtung für alle Kinder gestellt oder die Kinder bringen ihr eigenes Frühstück von zu Hause mit. Manche Einrichtungen, besonders die, die das Konzept des »offenen Hauses« zugrunde legen, bieten allen Kindern über einen längeren Zeitraum (z.B. 8.00 bis 10.00 Uhr) die Möglichkeit, sich ganz individuell an einem Büffet zu bedienen. Hier kann es dann auch dazu kommen, dass ein Kind für sich allein isst. Das Mittagessen nehmen die Kinder und Erzieherinnen in Kindertagesstätten gemeinsam ein. Dieses wird fast immer zentral von der Einrichtung ausgegeben. Teilweise wird das Essen direkt vor Ort gekocht, teilweise von Großküchen angeliefert. Grundsätzlich gilt dann: Sitzen Kinder aus verschiedenen Kulturen am Tisch, gilt es, unterschiedliche Speisevorschriften zu beachten.

Schweinefleisch

Der Umgang mit dem islamischen Schweinefleischverbot wurde in diesem Zusammenhang in den Interviews besonders oft angesprochen. Ganz unterschiedlich wird die Berücksichtigung des Verbots im alltäglichen Ablauf umgesetzt: In einigen der Einrichtungen ist man bemüht, ausschließlich vegetarische Speisen auszugeben. Dies geschah zum überwiegenden Teil aus Rücksicht auf die muslimischen Kinder: »Jetzt, sind wir hauptsächlich vegetarisch und wenn, dann gibt es nur Geflügel und Fisch [...] Sonst nix, weil das, äh, ist einfach sonst zu schwierig.« (Interview 20, Aussagen 354 und 358). Eine Einrichtung berichtete von der Einführung des vegetarischen Essens während der BSE-Krise, woran man dann festgehalten habe (Interview 22, Aussage 150). Andere Einrichtungen geben unterschiedliches Essen aus: Muslimische Kinder erhalten, wenn es Schweinefleisch zum Mittagessen gibt, ein vegetarisches Essen (Interview 5, Aussage 106) oder beim von der Einrichtung ausgegebenen Frühstück gibt es neben Schweinefleischwurst auch »Putensalami« (»Mit dem Frühstück zum Beispiel selber machen, das ist ja alles kein Thema mehr. Wir haben eben Putensalami da oder so was.« Interview 11, Aussage 184).

Deutlich wurde in den Interviews eine grundsätzliche Akzeptanz des Schweinefleischverbots, so z.B.: »Wenn ich mich an, sage ich mal, religiöse Regeln halte, was wir tatsächlich auch machen. Wir geben kein Schweinefleisch, damit die Leute hier nicht damit ein Problem kriegen, die hier herkommen.« (Interview 13, Aussage 8). Gerungen aber wird um eine alltagstaugliche Berücksichtigung.

Für die Kinder selbst werden Speisegebote besonders dann zum Thema, wenn es beim alltäglichen Essen zu Differenzierungen kommt, wenn also unterschiedliches Essen ausgegeben wird. Vonseiten der Erzieherinnen wurde den Kindern dann erklärt, dass muslimische Kinder kein Schweinefleisch essen dürfen. Kinder suchen aber auch selbst nach Erklärungen für das Schweinefleischverbot. Deutlich wird dies am folgenden Beispiel aus einer integrativen Einrichtung, in der ein muslimisches Kind mit Down-Syndrom betreut wurde. Die Interviewteilnehmerin berichtet: »Für die anderen Kinder war es keine Frage: ›Ja, Sultan ist ganz doll behindert, weil Sultan darf nämlich keine Würstchen essen‹.« (Interview 11, Aussage 176) Behinderung und Würstchenverbot stehen für diese Kinder in einem kausalen Zusammenhang. Unklar bleibt dabei, was die Kinder als Ursache und was sie als Wirkung sehen. Wird die Behinderung vielleicht in Analogie zu einer Allergie gesehen, die das Würstchenessen verbietet? Dieses Beispiel verdeutlicht, in welch hohem Maß die Kinder auf Erläuterungen vonseiten der Erzieherinnen angewiesen sind!

Aber auch beim gemeinsamen Frühstück, bei dem jedes Kind sein mitgebrachtes Essen zu sich nimmt, kann es zu Gesprächen über Speiseverbote kommen. So berichtete eine Einrichtungsleiterin: »Wir haben auf dem letzten Elternabend eine Diskussion darüber gehabt, weil es soweit kam, dass unsere deutschen Eltern sagten, meine Kinder oder unsere Kinder lassen sich die Wurst nicht mehr aufs Brot tun. Die wollen Nutella oder Marmelade, weil die muslimischen Kinder sonst schimpfen. Die sagen dann ›Du isst Schweinefleisch!‹ und erwarteten dann, dass wir das regeln. Unsere Kinder essen miteinander und frühstücken immer zu viert oder zu fünft und die Gespräche, die dann stattfinden, die finden halt statt. Auf der anderen Seite merkt man halt, wie stark doch dieser Druck auf den Muslimischen lastet, dass sie das weitergeben und sagen, dass du das nicht isst! Und das, da war halt so ein Ärger der deutschen Eltern, dass sie sagen: ›Ich möchte, dass mein Kind weiterhin Schweinefleisch isst!‹ Und da meldete sich ein Vater zu Wort und meinte, die sollten einfach registrieren, dass es ungesund wäre, Schweinefleisch zu essen und alle Leute, die Schweinefleisch essen würden, die hätten das eine Bein, ich glaub, das was am Herzen ist, das wär weitaus dicker als das andere. Und das wäre so, das wäre statistisch erwiesen und deswegen sollten sie es eh lassen. So und das ist dann, das ist ein Mann, der ist hier in ›X-Stadt‹ [geändert] Ingenieur an der Uni, glaub ich, der glaubt aber an so was, dass man zwei unterschiedlich dicke Beine hat« (Interview 18, Aussage 51).

Hier ist auf die Vermischung zwischen Kultur, Nationalität und Religion zu achten, auf die im Weiteren noch einzugehen ist: »deutsche Eltern« wollen, dass ihre Kinder auch weiterhin Wurst aus Schweinefleisch essen; »muslimische Eltern« wollen genau dies für ihre Kinder vermeiden. Die hier beschriebene Situation ist nicht einfach: Die Kinder sitzen am Frühstückstisch zusammen und es prallen zwei unterschiedliche, von den Eltern jeweils für wahr befundene Aussagen aufeinander. Der Umgang mit dieser Situation ist auch für die Kindergartenleiterin nicht leicht. Sie erwartet vonseiten der muslimischen Eltern eine größere Toleranz: »Also für mich ist es eigentlich dieses, der eigentliche interkulturelle Gedanke. Dass die Kulturen eben nicht nebeneinander, sondern miteinander leben. Und dazu gehört ja, dass von der anderen Seite eben die eine Kultur auch nicht ausgegrenzt wird, sondern akzeptiert wird, toleriert in irgendeiner Form. Diesen Begriff Toleranz, hab mich auch ne ganze Weile mit beschäftigt, weil der ja auch immer so in der Migrationsarbeit gerne verwandt wird. Und hab dann irgendwann mal eigentlich gesagt, dass Toleranz eigentlich kein gutes Wort ist. Weil Toleranz hat so für mich so was Herablassendes. Ich toleriere das, dass du so bist, wie du bist, auch wenn es vielleicht nicht ganz ok ist. Vielleicht ist das übertrieben, aber auch da hadere ich manchmal so ein bisschen. Ob dann Akzeptanz das bessere Wort ist?« (Interview 18, Aussage 71). Aber können Kinder, die erzählt bekommen, dass Schweinefleischessen zu einem dicken Bein führt, wurstessenden Kindern gegenüber Akzeptanz aufbringen? Ist es nicht naheliegend, dass sie ihre Kindergartenfreude und -freundinnen vor der Gefahr eines dicken Beines schützen wollen?

In einer Einrichtung wurde auch vom geäußerten Wunsch muslimischer Eltern nach geschächtetem Fleisch berichtet. »Es gab ein großes Problem / letztes Jahr hier. Und zwar wollten so eine Reihe streng gläubiger moslemischer Eltern / wollte geschächtetes Fleisch hier. Und das machen wir nicht. Also, das ist ja, wird ja hier auch nur geduldet bei uns eigentlich, dieses /.« (Interview 15, Aussage 86).[15] Die Einrichtung lehnte mit Unterstützung des städtischen Trägers die Bitte ab, machte den Eltern gegenüber das Angebot, sie könnten den Kindern geschächtetes Fleisch von zu Hause mitgeben, »wenn sie das möchten, können sie auch so ein Stück Fleisch mitbringen und wir machen es den Kindern warm.« (Interview 18, Aussage 198) Dieses Angebot ist nur selten angenommen worden. In der Kita wird viermal pro Woche vegetarisches Mittagessen gereicht, einmal pro Woche gibt es Fleisch. An diesem Tag erhalten auch die muslimischen Kinder vegetarisches Essen: »Und dann gibt es vegetarisch, für die Kinder. Also, das heißt, wenn wir Frikadellen machen, dann gibt es dann halt Gemüseburger oder Getreidebratlinge. Gibt's ja auch so. Was halt so ähnlich ist.« (Interview 15, Aussage 90)

Gelatine

Gelatine wird unter Verwendung von Tierknochen und Hautabfällen hergestellt. Aus diesem Grund kommt es bei Muslimen zum Verzicht gelatinehaltiger Lebensmittel,

15 Das Bundesverfassungsgericht hat am 15. Januar 2002 entschieden, »dass in Deutschland lebenden muslimischen Metzgern unter bestimmten Bedingungen das Schächten von Tieren gestattet werden muss. Diese Form der Schlachtung ohne Betäubung des Tieres ist hierzulande grundsätzlich verboten. Das Tierschutzgesetz sieht jedoch Ausnahmen vor, wenn ›zwingende Vorschriften einer Religionsgemeinschaft‹ dies nahe legen.« In: Migration und Bevölkerung, Februar 2002, Bundeszentrale für politische Bildung, hg. v. Netzwerk Migration in Europa. www.migration-info.de/migration_und_bevoelkerung/artikel/020202.htm (12.3.07).

wie z.B. auch die interviewte muslimische Mutter berichtet (Interview 19, Aussage 203). Viele Süßigkeiten, unter anderem auch Gummibärchen, enthalten Gelatine.

Gelatine wurde in den Interviews weitaus seltener als Schweinefleisch angesprochen. In zwei Kindertagestätten wurde die Verwendung von Gelatine von vornherein ausgeschlossen: Eine mit einem tunesischen Muslim verheiratete deutsche Tagestättenleiterin, die, wie sie annimmt, aufgrund ihres nicht-deutsch klingenden Namens seitens der Migranteneltern einen Vertrauensvorschuss eingeräumt bekommt, formuliert: »Ich denke, was wichtig ist, ist, dass man im Vorfeld solche Dinge / wie z.B. bei uns gibt's kein Schweinefleisch oder keine Gelatineprodukte, dass das klar sein muss und dass das Vertrauen da sein muss bei den ganzen muslimischen Leuten. Das muss für die Kinder klar sein, denn wenn die Eltern uns nicht trauen, dann tun die das auch nicht. Und ich finde, das gehört unheimlich dazu, dass sie dieses Gefühl haben können: Das, was die mir hier sagen, das ist okay!« (Interview 18, Aussage 17). In einer anderen Einrichtung, in der das Mittagessen vor Ort zubereitet wird, ist auch ganz klar: »Wir nehmen überhaupt keine Gelatine« (Interview 15, Aussage 84). In anderen Einrichtungen wird dies weniger grundsätzlich gehandhabt: »Ja, manchmal vergessen wir`s. Bei den Gummibärchen. Aber dann ist's auch nicht so schlimm.« (Interview 14, Aussage 157) Die Einstellung der muslimischen Eltern ist für die entsprechende Handhabung in der Einrichtung sicherlich ein wichtiger Hintergrund. So wurde berichtet, dass die Frage des Essens gelegentlich auch von den Eltern in Erstgesprächen angesprochen wird (Interview 16, Aussage 216). Neben der Frage des Selbstbewusstseins der Eltern und einer gegebenen Wahlmöglichkeit für die Eltern zwischen mehreren Einrichtungen ist dies aber auch besonders von der deutschen Sprachfähigkeit der Eltern abhängig. So berichtet eine Leiterin einer Einrichtung mit knapp 80 Prozent Kindern mit Migrationshintergrund und einer Arbeitslosigkeit der Eltern von rund 25 Prozent, dass sie vermute, die Essensfrage würde vonseiten der Eltern auch aufgrund von Sprachschwierigkeiten nicht angesprochen (Interview 19, Aussage 136).

Der interviewten muslimischen Mutter war der Nichtverzehr von Gelatine ein wichtiger Punkt. Aufgrund eines Umzuges waren ihre drei Töchter in zwei unterschiedlichen Kindergärten betreut worden. Der erste Kindergarten hatte keine Regelungen für die Süßigkeiten getroffen. Auch die Mutter hatte es in den Gesprächen nicht angesprochen. Die Mutter berichtet von folgender Situation:

229 – *muslimische Mutter:* Und da hat man mich nicht gefragt. Da bin ich selber hingegangen. Ja, und da hat ja auch Betül aus Versehen gegessen gehabt.
230 – *I:* Was dann? Was macht man dann?
231 – *muslimische Mutter:* Gar nichts.
232 – *I:* Gar nichts. Das ist dann /. Bist du dann hingegangen, in den Kindergarten, noch mal?
233 – *muslimische Mutter*: Ja. Zu den Frauen habe ich gesagt, also, eigentlich habe ich nicht gleich darauf gesagt. Nur meine Kinder habe ich dann gesagt: »Bitte, bitte, bitte, versucht, das nicht zu essen.« Und bei diesem Kindergarten

> haben wir am Ende Lösung gefunden. Muss ich ehrlich sagen, das hat die Erzieherin gefunden, hätte ich nie gedacht. Die Erzieherin hat mir gesagt, also: »Ihre Kinder geben immer, wenn sie mal Haribo kriegen / die geben wieder ihre Freunde ab.« Oder die Erzieherin / »ich darf das nicht«. Also, das machen sie selbstständig, wirklich. Und dann hat die Erzieherin gesagt, also: »Wir haben eine Lösung gefunden, bringen Sie mal Sorte von Ihnen / Haribo mit. Dann, wenn die mal Geburtstag haben, dann kann ich die Kinder dann von /.«

So wurde also die Lösung gefunden, dass die muslimische Mutter gelatinefreie Gummibären mit in die Einrichtung brachte, die die Erzieherinnen ihren Töchtern bei Bedarf, bei Geburtstagsfesten oder ähnlichem, gaben.

Einzelne Speiseverbote: »Weggemännchen«

Es wurden auch regionale Besonderheiten angesprochen, so z.B. sog. »Weggemännchen«, aus Weißbrot gebackene Männchen mit Pfeife, die zum St. Martinsfest gegessen werden. Eine Leiterin einer nicht-konfessionellen Einrichtung berichtete von muslimischen Eltern, die ihren Kindern das Essen dieser »Weggemännchen« verbieten.

> »Die heißen bei uns Weggemännchen. Die gibt's bei uns nur zu St. Martin. Und jedes Kind kriegt zu St. Martin so ein Weggemännchen. Und wir machen es so, dass wir dann einen ganz Großen backen und den dann auch wirklich teilen. So mit unsern Kindern teilen wir dann symbolisch. Und ich bespreche mich dann auch mit meinem Mann, weil der nun mal Muslim ist und frag dann: ›Sind da Dinge jetzt drin, wo du das Gefühl hättest, da könntest du dich nicht wieder finden?‹ Da ist der sehr offen und ich sag mal, der hat jetzt nicht diesen Blick, sondern ebenfalls diesen / und sagt dann: ›Ne, das ist in Ordnung!‹ Nur in dem Moment merke ich, dass sofort unsere muslimischen Eltern vorsichtig werden und sagen: ›Ne, also mein Kind darf so ein Weggemännchen nicht essen.‹ Ich sag dann: ›Hören Sie mal, das was/ Das kaufen Sie hier im Supermarkt! Das ist ein Stück Brot, das hat nichts mit Religion zu tun, das hab ich nicht in der Kirche gekauft, das ist nicht gesegnet, irgendwas.‹ Aber da kommen unheimliche Ängste und/« (Interview 18, Aussage 23).

Offensichtlich war es für die Leiterin schwer, das Essverbot der Weißbrotmännchen zu akzeptieren. Gleichzeitig bringt sie viel Verständnis für die muslimischen Eltern auf. Durch ihren muslimischen Ehemann, aber auch durch muslimische Mütter ist sie gut informiert:

»Ja genau, das weiß ich daher [von meinen Mann], aber sind auch Sachen, die mir die muslimischen Frauen auch hier aus der Moschee erzählen. Dass sie sagen, Mensch, aber der hat gesagt, die sollen dieses Weggemännchen nicht essen. Das hat er uns ganz klar gesagt. Insofern hab ich natürlich Verständnis, weil ich einfach weiß, wie stark dieser Glaube ist und wie bildlich dieser Glaube auch ist. Der ist nicht sehr intellektuell häufig, sondern mehr so sehr viel, dieser Glaube ist – also so erlebe ich es – dass es sehr stark so mit Bildern und auch mit Ängsten zu tun hat.« (Interview 18, Aussage 47)

Die Leiterin ist in einer schwierigen Situation. Einerseits will sie das Vertrauen, welches sie sich zu den muslimischen Eltern aufgebaut hat, nicht gefährden. Andererseits bedauert sie es, dass nicht alle Kinder der Einrichtung gemeinsam von diesem großen, selbstgebackenen »Weggemännchen« essen dürfen.

Gebet beim Essen

In konfessionellen Einrichtungen stellt sich vor allem im Zusammenhang mit den Mahlzeiten oft die Frage, ob und wie in der Einrichtung bei den Mahlzeiten gebetet wird. In den Interviews wurde eine sehr unterschiedliche Handhabung deutlich: vom selbstverständlichen Nichtbeten bis hin zum obligatorischen Gebet im Morgenkreis.

Konfessionelle Einrichtungen, in denen nicht gebetet wird, haben dafür unterschiedliche Gründe. Eine Leiterin einer evangelischen Einrichtung, in der sie bereits seit 1988 arbeitet, berichtet von einer Umorientierung der Einrichtung: »Und da hat man / man hat es [das Evangelisch-Sein der Einrichtung], glaube ich, schon ein paar Jahre lang versteckt. Wir waren zwar evangelisch, aber woran man es gesehen hat, war vielleicht nur der bessere Personalschlüssel, den es damals noch gab. Der mittlerweile auch weg ist. Ja? Und heute sind /. Also, heute sind wir /. Ich glaube, dass wir ein bisschen auch auf dem Weg sind, das wieder zu profilieren. Wir sind /. Wir haben jetzt eine Kollegin in einer religionspädagogischen Fortbildung, die /. Und, wir wollen halt eigentlich letztendlich die Leute da hinschicken, dass sie mehr und mehr / sich damit anfreunden.« (Interview 13, Aussage 94) Das Nichtbeten in dieser Einrichtung sieht sie in dieser Tradition begründet: »Also, beten in dem Sinn oder so was, das machen wir nicht.« (Interview 13, Aussage 268) »Und ich glaube, da sind wir noch nicht. Wir sind da einfach noch nicht. Also, es gibt /. Es gibt Tischsprüche, die man auch manchmal mit Überzeugung sagen kann, die vielleicht einem Gebet ähnlich kommen oder so. Das ist /. Ja. Aber /. Aber im Morgenkreis zum Beispiel, werden schon manchmal auch Geschichten erzählt, die einen religiösen Hintergrund haben.« (Interview 13, Aussage 274)

In einer anderen evangelischen Einrichtung, in der die Pfarrerin regelmäßig donnerstags »Kinderkirche« hält, wird im sonstigen Alltag mit Blick auf die muslimischen Kindern nicht gebetet: »Und dann, grad so, grade bei den muslimischen

Eltern, da erzähl ich eben ganz klar von der Kinderkirche. Sie wissen das ja. Ich sage: Wir beten im Alltag nicht, weder morgens noch mittags.« (Interview 11, Aussage 58)

Dann gibt es auch Einrichtungen, in denen es keine grundsätzliche Regelung zum Gebet gibt, sondern in der die Entscheidung für oder gegen das Gebet der einzelnen Erzieherin überlassen wird. Eine Leiterin begründet es mit der Intimität des Gebets: »Weil ich auch immer die These vertrete habe, Gebet ist ein ganz persönliches Gespräch, im Grunde genommen, ein Zwiegespräch. Und das muss man den Kolleginnen überlassen, ob sie das mit einer Herde/Horde von Kindern, die dann rumhampeln und Witze machen, ob sie das wollen. Und das so Kindern so aufzuzwingen, finde ich auch schwierig, ja?« (Interview 12, Aussage 120)

Wie gehen konfessionelle Einrichtungen, in denen gebetet wird, mit anwesenden muslimischen Kindern um? Hier zeigten sich im Wesentlichen zwei Herangehensweisen: Zum einen wird versucht, allgemeine Gebete zu formulieren, die alle Kinder mitsprechen können.[16] Zum anderen werden christliche Gebete gesprochen und die Kinder anderer Religionsgemeinschaften werden darauf hingewiesen, dass sie nicht mitbeten müssen.

Von der ersten Herangehensweise berichtet die Leiterin einer katholischen Einrichtung: »Die Hortkinder, die älteren z.B., die sprechen ein Rap-Gebet. Ich war letztens da. Fand ich sehr nett. So: ›Wir danken dir für die Gaben hier.‹ So was finde ich total klasse. Die Kleinen fassen sich an den Händen und sagen: ›Danke, dass wir zu essen haben. Und wir freuen uns.‹ Ne? Das ist einfach so offen und so für alle, dass das dermaßen gut ankommt.« (Interview 19, Aussage 106)

Wird hier auf der inhaltlichen Ebene beim Gebet nach einem Konsens gesucht, so wird auf der formalen Ebene in der Gebetshaltung der Kinder differenziert. Dies zeigt der folgende Interviewausschnitt (Interview 19):

94 – *L Kita*: Offen heißt, die Eltern konnten dazukommen, die konnten sehen, dass wir da nicht irgendetwas überstülpen möchten: dass Beten heißt Hände falten. Wir beten fast nur in der Haltung der Muslime.

95 – *I*: Also so Handflächen nach oben?

96 – *L Kita*: Genau. [...]

97 – *I*: Wobei die Handhaltung /. Was /? Gibt es schon mal christliche Eltern, die dann sagen: »Das finden wir aber ungewöhnlich, das so /.«, also mit den Handflächen nach oben?

16 Dies ist eine oft vorgenommene Praxis, wie auch andere Berichte zeigen. Angelika Ibrahim-Zimmermann berichtet von Erfahrungen aus einer katholischen Einrichtung: »Die muslimischen Eltern in diesem [katholischen] Kindergarten begrüßten eigentlich das Beten. Schwierig war für sie vor allem die Anrede von Jesus als Gottessohn, da Jesus für sie ein Prophet ist und ›Gott keine Kinder zeugt‹. Bald war es möglich, kindgerechte Gebete zu finden, bei denen von Gott allein die Rede ist und deren Inhalt christliche wie muslimische Eltern überzeugten.« *A. Ibrahim-Zimmermann,* Zwischen Identität und Pluralität. In: Welt des Kindes 2 (2006), S. 23–25, 25.

98 – *L Kita*: Nein. Wir machen das den Kindern ja /.

99 – *I:* Oder beten die Erzieherinnen sowohl mit gefalteten als auch mit /?

100 – *L Kita:* Jeder betet wie er möchte!

101 – *I:* Okay. Ja. Und neue Kinder, woran orientieren die sich? Also, die jetzt zu Hause nicht beten?

102 – *L Kita:* Das ist ganz einfach: Die Dreijährigen können eher so machen. [macht die offene Gebetshaltung vor]

103 – *I:* [lacht] Als diese zehn Finger ineinander zu verschränken. [macht die entsprechende Gebetshaltung]

104 – *L Kita:* Genau so ist es. Und irgendwann finden die das dann super spannend, das hinzukriegen und sie finden es für sich raus.

Die Leiterin kann das gemeinsame Gebet gut vertreten, weil für sie eine grundsätzliche Nähe zwischen Islam und Christentum besteht, wie die oben zunächst weggelassene Fortführung der Äußerung 95 zeigt: »Wir gestalten zum Beispiel mit die Nacht der offenen Kirchen. Wir gestalten die mit für Kinder. Wir machen die Kirche anders offen. Anders erleben. Nacht der offenen Kirche bedeutet ja, Kirche mal anders sehen. Wir machen Spiele in der Kirche. Wir laden die Eltern mit ein. Und im Lauf der Jahre merkt man es. Wir machen es offen, wir zeigen: Ihr [Muslime] braucht euch nicht zu verstecken. Wir [Christen/Katholiken] brauchen es auch nicht und wir machen nicht viel anders als ihr. Wir glauben an dieselben Werte, nur sie werden anders dargestellt.«

Auch in einer anderen evangelischen Einrichtung führte das gemeinsame Gebet aller Kinder zu einer Reflexion der Gebetshaltung: »Und ich sag' mal, früher, na vielleicht noch vor drei, vier Jahren haben wir noch gesagt: ›So, wir falten unsere Hände und sprechen unser Gebet.‹ Wir sind jetzt dazu übergegangen, da wir einen großen Anteil von muslimischen Kindern haben, dass wir sagen: ›Wir nehmen unsere Gebetshaltung an.‹ Wie die aussieht, das kann jeder selbst entscheiden. Muslime beten ja so und wir eben so, na wir evangelische Christen. Kein Problem.« (Interview 22, Aussage 110)

Die zweite Herangehensweise zeigt sich in der Aussage einer katholischen Kinderhausleiterin: »Wir beten zum Mittagessen, vor jedem Essen. Die [muslimischen Kinder] brauchen nicht mitbeten. Die sind am lautesten beim Beten« (Interview 17, Aussage 140). Die sich später im Interview anschließende Frage, inwieweit den Eltern diese Praxis transparent sei, wird verneint: »I: Und wann wird dann zum Beispiel das Gebet angesprochen? Weil Sie ja gesagt haben, Sie beten vor dem Mittagessen. Wann wird das den Eltern dann gesagt? [kurze Pause] Gar nicht?« »L-Kita: Das wird gar nicht gesagt. Die Kinder wissen ja: ›Du brauchst nicht mitbeten‹« (Interview 17, Aussage 196f). Worin könnten Gründe für diese geringe Transparenz und Klarheit gegenüber den Eltern liegen? Im Einzugsgebiet der Tagesstätte ist die Arbeitslosigkeit der Eltern hoch. Es gibt einen hohen Anteil an sozialen Wohnungsbauten. Viele Kinder haben einen Migrationshintergrund: mehr als die Hälfte der Kinder hat keinen deutschen Pass, zusätzlich die Kinder, die »nicht Deutsch sprechen. Ich zähl' die Deutschen aus dem Osten dann noch dazu« (Aussage 89). Zum geringen sozialen Status kommt der geringe Bildungsstand: »Es liegt auch an dem Bildungsstand der Eltern und an den Problemen, die die Eltern haben und die diesen Bildungs-, äh, diesen Bildungsrückstand auch gar nicht aufholen können. Wir haben hier sehr viele Analphabeten, haben wir hier. Wir haben hier Familien, wo es wirklich die absolute Regel ist, dass es keine Bücher zu Hause gibt« (Aussage 69). Die Leiterin sieht ihre Hauptaufgabe in der Brennpunktarbeit und das bedeutet meistens Bewältigung von aktuellen Konflikten. Die religiöse Erziehung der katholischen Einrichtung wird hier mit den Eltern selten bis gar nicht thematisiert. Ob in dieser Einrichtung wohl auch Kinder wie Betül und Zeyneb sind, die zu Hause von ihrer Mutter gesagt bekommen, keine Gebete zu sprechen? Die muslimische Mutter berichtet im Interview ganz deutlich von ihrer Anweisung gegenüber ihren Töchtern: »Aber bei meinen Kindern zum Beispiel, wenn sie zum Beispiel so Gebete machen müssen, hatte ich meinen Kindern gesagt: ›Bitte, bitte, so was machen wir nicht‹« (Interview 9, Aussage 255).

Von der grundsätzlichen Schwierigkeit, mit Menschen, die die deutsche Sprache nur sehr wenig beherrschen, in ein Gespräch über religiöse Erziehung einzusteigen, berichtet eine Erzieherin aus einer evangelischen Einrichtung (Interview 22):

116 – *Erzieherin* [Zögerlich]: Ja, also ich denke mal, dass, dass /. Sie erzählen nicht soviel über ihre Religion. Nicht viel. Also da erfahr' ich also von den Eltern selber nicht soviel. Ich denke aber, es hat natürlich auch viele andere Gründe. Weil oft die nicht Deutsch sprechende Mama kommt und das Kind bringt.

117 – *I:* Und dann einfach keinen Kommunikation zustande kommt?

118 – *Erzieherin:* Ja, und dann möglichst sich aus Unsicherheit schnell wieder zurückzieht. Und, und dann Angst hat, selbst wenn sie ein bisschen Deutsch kann, ähm, da in ein Gespräch mit uns zu kommen dann. Is' ganz klar. Würde mir auch so gehen mit einer anderen Sprache, denk' ich mal.

Zwei kirchliche Einrichtungen, eine evangelische und eine katholische, gaben im Interview an, dass das Gebet bei ihnen obligatorisch sei. Beide Einrichtungen liegen im Osten Deutschlands. In beiden Einrichtungen werden nur wenige Kinder aus Familien mit Migrationshintergrund betreut. Ihr Anteil macht rund 5 Prozent der Gesamtkinderschar aus. Die Leiterin der evangelischen Einrichtung berichtet, dass die Eltern bei der Anmeldung unter Hinweis auf die Konfession der Einrichtung davon unterrichtet werden, dass biblische Geschichten erzählt werden und dass gebetet wird (Interview 26, Aussage 178). Die katholische Einrichtung berichtet aus ihrer Praxis: Um 9 Uhr beginnt der Tag mit dem Gebet im Morgenkreis. Das Gebet fällt dabei unterschiedlich aus: »Das ist also ganz unterschiedlich. Manchmal sitzen wir bloß zusammen und die Kinder können erzählen. Meistens am Montag, einfach nur erzählen. Und dann wird einfach der Segen Gottes über das, was sie erzählt haben, heruntergebetet. Andermal wieder ein fest geformtes Gebet. Andermal ein Lied« (Interview 27, Aussage 50). In diesen beiden Einrichtungen findet christliche

Erziehung statt. Anzufragen bleibt, ob den Kindern dies transparent und verständlich gemacht wird! Wird den Kindern z.B., wenn sie biblische Geschichten erzählt bekommen, erklärt, dass die Bibel das Buch der Christinnen und Christen ist? Wird ihnen gesagt, dass das Christentum auf Jesus Christus gründet, auf das kleine Baby, dessen Geburt die Christen zu Weihnachten feiern, der gleiche Mann, der dann nach seinem Tod von Gott auferweckt worden ist, woran sich die Christen am Ostersonntag erinnern? Erst wenn Kinder solche oder ähnliche verständliche Erläuterungen bekommen, können sie selbst – zumindest in Ansätzen – verstehen, dass die Erzieherinnen ihnen etwas vom Christentum erzählen. Eine solche Transparenz und Verständlichkeit wiederum ist Voraussetzung für gelingende interreligiöse Erziehung und Bildung im Kindergartenbereich.

2.2 Religiöse Feste feiern

Wie können Feste mit religiösem Ursprung gefeiert werden, wenn Kinder – und bei den Feiern oft auch ihre Eltern – mit unterschiedlichem religiösem Hintergrund anwesend sind? Diese Frage stellte sich in den Interviews einerseits, wenn Einrichtungen Feiern mit christlichem Ursprung unter Anwesenheit muslimischer Kinder und Eltern begehen, andererseits auch wenn unter Anwesenheit christlicher Kinder und Eltern Feiern mit muslimischem Ursprung begangen werden sollen. Betrachtet man die Interviews, kristallisieren sich vier Grundrichtungen heraus, wie die Einrichtungen auf diese Frage reagieren. Die Interviews zeigten dabei auch, dass nicht alle Einrichtungen dieser Frage im Grundsatz nachgehen. So z.B., wenn die Erzieherinnen der einzelnen Gruppen selbst entscheiden, ob und wie sie die Feste in ihrer Gruppe feiern (Interviews 12, Aussage 122). In diesen Fällen kommt es nicht zu einer gemeinsamen Reflexion der oben genannten Frage (z.B. bei Teambesprechungen).

Im Folgenden werden die vier Grundrichtungen zunächst allgemein genannt. In einem weiteren Schritt werden sie mit Beispielen konkretisiert.

(I.) Eine Reaktion ist, dass die Feste mit religiösem Ursprung gar nicht gefeiert werden. Diese Möglichkeit wurde besonders bei islamischen Festen gewählt.

(II.) Eine zweite Grundrichtung ist ein Feiern mit bewusstem Ausklammern des religiösen Aspekts. Hierdurch findet dann eine inhaltliche Umwidmung, zum Teil auch eine Umbenennung des Festes statt: das Osterfest wird zum Frühlingsfest, das St. Martinsfest zum Lichterfest.

(III.) Eine dritte Grundrichtung ist ein Feiern unter Aufnahme des religiösen Ursprungs. Innerhalb dieser Grundrichtung sind zwei Varianten festzustellen: (III.a) Es gibt Einrichtungen, in denen die Anwesenheit der Kinder mit unterschiedlichem religiösen Hintergrund bei der Feier deutlich reflektiert wird. (III.b) Dann gibt es aber auch Einrichtungen, bei denen es zu einer solchen Reflexion nur in einem geringen Maß oder auch gar nicht kommt.

(IV.) Eine vierte Grundrichtung ist ein Feiern der Feste mit religiösem Ursprung auf einer allgemein-religiösen Ebene, sozusagen oberhalb oder jenseits der konkreten einzelnen Religion.

Wie nun hat man sich diese Grundrichtungen konkret vorzustellen?

Das Nichtfeiern von Festen mit religiösem Ursprung (I):

Ein bewusstes Nichtfeiern eines Festes mit religiösem Ursprung wurde besonders häufig beim Fest am Ende des Ramadans erwähnt. Muslimische Kinder kommen am Tag des Festes oft nicht in die Einrichtung, denn das Fest des Fastenbrechens ist ein Familienfest. So haben einige Einrichtungen beschlossen, das Fest nicht zu feiern (z.B. Interview 17, Aussage 110; Interview 13, Aussage 60). In diesem Fall soll das Fest dann aber zumindest in der Gruppe angesprochen werden (Interview 17, Aussage 102), auch um den Muslimen zu verdeutlichen, dass man von der Feier weiß (Interview 13, Aussage 186). Eine andere Einrichtung vermerkt bewusst, welche Kinder beim Seker-Bayram Fest nicht anwesend sind, ist es doch ein Zeichen dafür, welche Familien ihren Glauben auch leben (Interview 29, Aussage 188). Deutlich wird auch, dass nicht-muslimische Erzieherinnen es als nicht authentisch erleben, wenn sie das Fest mit den Kindern feiern: »Was wir früher gemacht haben, war das Zuckerfest zu – ich sage mal in Anführungsstrichen – feiern, weil wir gedacht haben /. Damals haben wir gedacht, wir müssten, um offen zu sein, das mehr in unsere Kita reinbringen. Aber irgendwann wurde dann mal die Frage wirklich / da: Wer von unseren Erziehern weiß eigentlich ganz genau den Hintergrund? Wer kann das vermitteln, warum das gefeiert wird? Ist es damit getan, dass wir hier den Kindern eine Zuckertüte geben, nur weil dieses Fest stattfindet? Was transportieren wir da? Und dann haben wir dann gesagt, nee, das machen wir nicht mehr. Sondern, wir gratulieren den Kindern, die an diesem Tag Ramadan-Ende haben, aber wir verteilen keine Zuckertüten mehr, ohne irgendwie zu wissen /. Also, ohne genau das transportieren zu können. Weil wir /. Also, irgendwann haben wir wirklich gemerkt, dass wir wirklich / das ist aufgesetzt, das stimmt nicht. Es ist nicht unseres« (Interview 13, Aussage 60). Gibt es muslimische Erzieherinnen im Team, übernimmt diese den Part der Festerklärung (Interview 29, Aussage 204). Dies ist aber nicht oft der Fall, und so werden manchmal muslimische Mütter gebeten, die Erklärung zu übernehmen (Interview 30, Aussage 61).

Weihnachten ist auch ein Familienfest. Aus diesem Grund hat eine der befragten evangelischen Einrichtung beschlossen, Weihnachten nicht in der Einrichtung zu feiern. In der Adventszeit wird der Weg von Maria und Josef nach Bethlehem mit Hilfe von Egli-Puppen gestellt und es werden christliche Lieder gesungen (Interview 27, Aussage 50 und 54). Wenn die Einrichtung nach Weihnachten am 2. Januar wieder öffnet, liegt das Jesuskind in der Krippe und die Erzählung wird bis zum Dreikönigsfest weitergeführt (Interview 27, Aussage 56). Anders als das Fest am

Ende des Ramadans erhält Weihnachten hier, obwohl es nicht gefeiert wird, doch eine große Beachtung.

Das Feiern von Festen mit religiösem Ursprung unter Ausklammerung des religiösen Aspekts (II):

Viele nicht-konfessionelle Einrichtungen feiern Feste, die einen religiösen Ursprung haben, und klammern die religiösen Inhalte dabei bewusst aus. So erläutert eine Leiterin: »Ostern feiern wir auch. Also das ist es eben auf den Osterhasen symbolisiert. Aus meiner Sicht wird die christliche Geschichte ganz rausgehalten. Ich habe noch nie mit den Kindern über Christus gesprochen, dass der [zögert] ans Kreuz genagelt wurde. Ich bin da nämlich gar nicht so gut drin. Deshalb lass ich es lieber sein, bevor ich was Falsches vermittele. Also Ostern wird auf das Erwachen des Frühlings also Begrüßung, das die Natur wieder erwacht, und der Osterhase, da wird darauf das Augenmerk gelegt, und ja, Weihnachten machen wir im Prinzip auch am Weihnachtsmann ein bisschen fest« (Interview 24, Aussage 51). In einem anderen Interview wird deutlich, dass die Leiterin den religiösen Ursprung der Osterfestes nicht kennt: »Ich meine, gut, zu Ostern, da bastelt man halt und versteckt Körbchen. Aber, warum wir jetzt da Ostern feiern? Gut, Beginn des Frühlings, ja? So, und. [Pause] Aber, wüsste ich jetzt eigentlich auch nicht, warum wir Ostern feiern.« (Interview 15, Aussage 122) Hier findet also aufgrund von Unsicherheit oder auch Unwissenheit eine Ausklammerung der religiösen Inhalte statt. In anderen Fällen widmet man die Feiern um oder begrenzt sie auf einen bestimmten inhaltlichen Aspekt. In der Weihnachtszeit wird Jesus nicht erwähnt (Interview 14, Aussage 187) und man ist bemüht, »neutrale« Weihnachtslieder zu singen (Interview 24, Aussage 19). Dies geschieht jeweils mit Blick auf die muslimischen Kinder, die nicht vereinnahmt werden sollen. So berichtet eine Leiterin: »Wir haben so was die Fest- und Feiergestaltung im Kindergarten angeht, es immer in letzter Zeit so gehandhabt, dass wir Feste so genannt und auch so gestaltet haben, dass sie ´nen Rahmen bieten, wo sich jeder wohl fühlen kann. D.h. wir haben dann das St. Martinsfest nicht St. Martinfest genannt, sondern Lichterfest. Es gab dann zwar Laternen, aber wir haben versucht, diese ganz typischen Merkmale da rauszunehmen, um eben den muslimischen Leuten das Gefühl zu geben, sich da auch wohl fühlen zu können. Kommt natürlich von der anderen Seite, den deutschen Eltern dann die Frage, warum machen wir das« (Interview 18, Aussage 17). Eine Leiterin fasst zusammen, dass in ihrer Einrichtung grundsätzlich kulturell, nicht aber religiös gefeiert werde (Interview 23, Aussage 14).

Es gibt auch Einrichtungen, die das Fest am Ende des Ramadans ohne religiösen Bezug feiern. Offensichtlich handelt es sich um muslimische Familien, die nicht religiös geprägt sind. Die Mütter kommen am Tag des Festes in den Kindergarten, verteilen Süßigkeiten und bringen zum Frühstück türkisches Essen mit (Interview 15, Aussage 98).

Das Feiern von Festen mit religiösem Ursprung in der Tradition einer konkreten Religion (III):

In den Interviews zeigte sich bei den konfessionellen Einrichtungen eine sehr große Varianz bei dem Einbezug des Christentums in den Alltag mit den Kindern. Es gibt Einrichtungen, in denen ausschließlich der Pfarrer/die Pfarrerin für eine christliche Bildung zuständig ist. Dies wird den Eltern der muslimischen Kinder erklärt, und manche stimmen der Teilnahme ihrer Kinder ausdrücklich zu: »Das ist vollkommen in Ordnung, meine Tochter kann dran teilnehmen, äh, wir haben unsere Religion und die kriegt sie ganz klar zu Hause mit und sie soll erfahren, was glauben die Menschen hier.« So berichtet die Leiterin einer evangelischen Einrichtung von der Äußerung einer muslimischen Mutter (Interview 11, Aussage 86). In anderen Einrichtungen ist die religiöse Bildung ein fester Anteil des Kindergartenalltags. In diesen Fällen bedarf es einer großen Aufmerksamkeit, die Kinder mit ihrer Religion wahrzunehmen und zu respektieren. Eine Leiterin einer katholischen Einrichtung beschreibt, dass für sie hierbei Transparenz von großer Bedeutung und sie mit muslimischen Eltern über die christliche Bildung im Gespräch sei: »Also, es gibt immer mehr türkische Eltern, die sagen: ›Das finden wir so schön, diesen Gedanken, dass ein Lichtbringer für euch da ist.‹, dass die zu Hause auch ein bisschen Weihnachten feiern. Die erzählen uns dann: ›Wir haben mit denen vier Kerzen angemacht und jeder hat ein kleines Geschenk bekommen. Und das ist jetzt das Licht. Und für dich wird heute auch Licht‹« (Interview 19, Aussage 114). Langjähriges Vertrauen, so ihre Erfahrung, ermöglichen religiöse Gespräche mit einer großen Offenheit:

124 – *L Kita*: Äh. Ich glaube schon, dass der größte Teil der Muslime – der gläubigen Muslime, sage ich jetzt mal – weiß, wer unser Gott ist für die Katholiken. Die anderen, die es nicht wissen, denen ist es auch egal. Das ist aber genauso wie bei den Katholiken selber, ne? Also, also wer sich dafür interessiert von den Muslimen, der weiß es, so wie wir über den muslimischen Glauben Bescheid wissen. Da ist dann auch eine Akzeptanz. Weil der Intellekt dann sehr wahrscheinlich auch wieder so hoch ist, dass man sagen kann /.

125 – *I:* Und das gibt es dann aber auch, Eltern, die dann wirklich dieses Interesse mitbringen und die gedanklichen Voraussetzungen, das zu / sich damit auseinanderzusetzen?

126 – *L Kita:* Ja! Ich hatte dieses Jahr Ostern eine Mutter hier stehen, und die sagte zu mir: »Steffi, warum nagelt ihr euren Gott ans Kreuz? Das begreife ich nie!« Ich glaube, ich auch nicht. Würde mir heute wieder passieren. Also, die Eltern gibt es. Das sind dann wohl Eltern, die auch schon Jahre in der Einrichtung sind. Ne? Und zwei oder drei Kinder haben, das Kind ab drei dann da ist. Dann geht es in den Hort, dann kommt das nächste Kind.«

In den Interviews trafen wir auch auf nicht-konfessionelle Einrichtungen, die die christlichen Feiern in Gegenwart der muslimischen Kinder mit Bezug auf ihren religiösen Ursprung feiern. Bei der Weihnachtsfeier z.B. wird bewusst die Weihnachtsgeschichte aus dem 2. Kapitel des Lukasevangeliums erzählt. Ziel ist dabei die Integration der muslimischen Familien in die christliche Kultur (Interview 29, Aussage 164).

Eine muslimische Erzieherin verdeutlichte im Interview, dass sie es schön fände, wenn man für die Gestaltung von nicht-christlichen Festen nicht auf Anstöße von Seiten der häufig noch sehr kleinen Kinder oder auf das Engagement der entsprechenden Eltern warten würde. Muslimische oder andere nicht-christliche Feste sollten ebenso wie die wichtigsten christlichen Feste von vornherein bei der Planung mitberücksichtigt werden. Allerdings dürfe man bei der Gestaltung der Feste nicht vergessen, den Kindern die jeweiligen Hintergründe und Inhalte zu vermitteln. Es sei schade, wenn alle Feste schließlich nur noch in kommerzialisierter Weise gefeiert würden – also Weihnachten als Geschenkefest, das Ende des Ramadan als Süßigkeitenfest usw.: »Jedes Fest muss wertvoll für seinen Besitzer sein und bleiben« (Interview 34, Aussage 40).

Es gab Interviews, die den Eindruck erwecken, dass Feste mit religiösem Ursprung gefeiert werden, ohne den Kindern mit anderem religiösem Hintergrund eine große Berücksichtigung zukommen zu lassen *(IIIb)*. So wurde in einem Interview berichtet, dass man aus Versehen einmal ein muslimisches Kind mit in die Kirche genommen habe. Als die Eltern davon erfuhren, haben sie das Kind aus der Einrichtung herausgenommen. Die Leiterin resümiert daraus: »Und man muss mit den Eltern /. Wir dürfen nicht voraussetzen, sie bringen ihr Kind in einen evangelischen Kindergarten, und wissen, was hier los ist und wie's gemacht wird. Sondern die Eltern, die wissen auch nichts über die Religion. Sondern wir müssen es ihnen schon sagen« (Interview 22, Aussage 336).

Das Feiern von Festen mit religiösem Ursprungs auf einer allgemein-religiösen Ebene (IV):

Die letzte festgestellte Grundrichtung ist das Feiern von Festen mit religiösem Ursprung auf einer allgemein-religiösen Ebene, sozusagen ein Feiern jenseits der konkreten einzelnen Religion.

Eine evangelische Einrichtung z.B. steht deutlich zu ihrer christlichen Ausrichtung: Muslimische Eltern wissen, so die Leiterin, »dass wir in der Vorweihnachtszeit – aber natürlich nicht bloß da, sondern auch an Ostern und überall – eben die biblischen Geschichten mit den Kindern erarbeiten und bearbeiten usw. Und das ist ihnen recht sogar. Sie kriegen das bei den Anmeldungen auch mit. Wir sagen: ›Das ist ein evangelischer Kindergarten. Wir haben ein evangelisches Profil. Das heißt für uns das und das und das: Geschichten. Wir beten vor dem Essen‹« (Interview 8, Aussage 80). So werden in dieser Einrichtung auch nur christliche Feste gefeiert, islamische Feste werden besprochen: »Wir feiern jetzt kein Ramadan, aber es ist immer ein Thema. Es ist immer ein Thema. Und das finde ich auch sehr wichtig. Dass man sagt / Dass man darüber spricht. Dass jetzt die Eltern dieser Kinder / Jetzt / Das trifft / Also unsere Weihnachtsfeier hat es schon getroffen, dass die Eltern nichts gegessen haben. Äh, man kann es ja nicht immer so richten, in unserem Kalender. Und dann fragen die Kinder, dann haben wir auch darüber gesprochen. Dann sag' ich: ›Die fasten gerade. Und das gibt es aber bei uns auch. Das macht nicht jeder, das muss auch nicht jeder. Aber das ist auch okay. Ich mach das zum Beispiel auch ein paar Tage, aber an einem anderen Zeitpunkt‹« (Aussage 113). Beim Feiern der christlichen Feste ist es ein ausdrückliches Ziel der Einrichtung, dass an diesen Feiern alle Eltern teilnehmen können – unabhängig von ihrer eigenen Religionszugehörigkeit. Und so wird nach einem passenden Thema jenseits der konkreten Religionen gesucht und die Feiern finden nicht in der Kirche statt (Aussage 76): »Und wir machen an der Weihnachtsfeier nicht die biblische Geschichte. Sag ich aber gleich was dazu. Sondern ein Thema, wo wir denken – so haben wir es auch beschrieben – wo wir als Christen, die Muslime als Muslime, die Hindu als Hindu dahinterstehen können. Was für uns auch eine Weihnachtsbotschaft ist. Ich sag jetzt mal, Thema Frieden, soziales Miteinanderumgehen, äh, Bewahrung der Schöpfung usw. Solche Geschichten. Und das ist ja nicht nur ein christliches Thema« (Aussage 78).

2.3 Elternarbeit

In den Interviews wurde immer wieder deutlich, wie wichtig der Elternkontakt und damit die Elternarbeit für ein gelingendes alltägliches Miteinander sind. Die Kindertagesstätte ist häufig die erste Institution, in der die Eltern ihre Kinder regelmäßig bringen und diese dort allein zurücklassen. Die Kinder können den Eltern erst ansatzweise von ihren Aktivitäten in der Einrichtung erzählen. Die Eltern sind auf eine Transparenz und Offenheit des Kindergartens angewiesen, um ihre Kinder vertrauensvoll zurücklassen zu können. Das Vertrauen zwischen Eltern und Erzieherinnen/Erzieher wurde vermehrt als eine notwendige Basis für ein gutes Miteinander hervorgehoben. Dieses gilt auch für den religiösen Bereich. Die Leiterin einer katholischen Einrichtung beschreibt, wie sie von vornherein auch im religiösen Bereich die Offenheit zu den Eltern sucht: »Es ist ganz einfach so, dass ich den Eltern versuche zu erklären, dass wir hier in einem katholischen Gebiet leben, die Kinder früher oder später damit ja konfrontiert werden. Ist so. Dass es einfach auch eine wichtige Sache ist, zu akzeptieren, woran andere glauben. Ich sage den Eltern aber auch sofort, dass ihr Glaube nicht im Ansatz in Frage gestellt wird! Und dass hier auch im Hause Abschluss Ramadan, Moscheebesuch und so weiter gefeiert werden. Und dann gucken die mich schon groß an. Und dann ist das Bild sofort wieder verändert. So für diese paar Eltern, die dann dachten: ›Oh Gott, wenn das dahingeht...!‹ Das Bild ist schlagartig verändert und dann fangen die an zu fragen: ›Was machen Sie denn dann eigentlich? Muss mein Kind da beten?‹ ›Nein, muss Ihr Kind nicht.‹

So. Und irgendwann kam auch mal eine türkische Mutter rein, die auch immer wieder Bedenken hatte. Und kam sie rein und wollte einen Liedtext haben, weil ihre Tochter das immer /. Das Lied heißt ›Licht der Liebe, Lebenslicht. Gottes Geist verlässt uns nicht.‹ Sie fand den Text so schön. Jetzt würde sie endlich sehen, was wir mit den Kindern machen und es auch verstehen. Ich glaube, in den ganzen Jahren waren zwei Eltern da, die aufgrund der katholischen Einrichtung gesagt haben: ›Nein‹.« (Interview 19, Aussage 142)

In dem alltäglichen, niederschwelligen Kontakt zwischen den Eltern und den Erzieherinnen/Erziehern – den paar Sätzen, die beim Bringen und Abholen gewechselt werden, die kurzen Tür- und Angelgespräche – liegt eine große Chance, die manche der Einrichtungen auch beim Thema Religion nutzen. So berichtete eine Kindertageshausleiterin von folgender Begebenheit: »Es kommt ein türkisches Kind und sagt: ›Mama hat alle Bilder umgedreht.‹ ›Warum?‹ ›Ja, weil die Oma stirbt‹.« (Interview 19, Aussage 64a) Die Reaktion der Kindertageshausleiterin auf diesen ihr nicht bekannten Brauch: »So. Dann frage ich bei den Eltern nach. Und so erfuhr ich es: Also, es gibt türkische Mitbürger, die daran glauben, dass die Engel durchs Fenster kommen, wenn jemand stirbt. Und die Engel kommen aber nur, wenn die Bilder umgedreht sind. Damit sie sich nicht fürchten müssen und dann auch sofort den Sterbenden finden. Eine wunderschöne Vorstellung. Aber wenn man das nicht weiß, dann denkt man sich ›Ja, was tun die denn?‹« (Interview 19, Aussage 64b)

3. *Zur Reflexion der Ergebnisse*

Im vorliegenden Forschungsvorhaben stellten die qualitativen Zugangsweisen zugleich eine wichtige Vorbereitung für eine quantitativ angelegte, mit Fragebogen operierende Untersuchung dar. Ehe die quantitative Untersuchung dargestellt wird, soll an dieser Stelle zunächst eine erste Reflexion der gewonnenen Ergebnisse vorgenommen werden. Zu unseren Ausgangsfragen, die wir zu Beginn dieses Kapitels erläuterten, lassen sich mit Hilfe der vielen Aufführungen, Informationen und Einblicke, die wir in den Interviews erhalten haben, erste Antworten finden.

Die interreligiöse Bildung hat im Alltag der Kindergärten und Kindertagestätten einen sehr unterschiedlichen Stellenwert. Es gibt Einrichtungen, und zwar sowohl in kommunaler als auch in kirchlicher Trägerschaft, die die interreligiöse Bildung zu ihren Grundaufgaben zählen. Hier wird der religiöse Hintergrund der Kinder ganz selbstverständlich in den Alltag der Einrichtung aufgenommen. So findet unter Aufnahme der christlichen Tradition z.B. der St. Martinsumzug statt oder den muslimischen Kindern wird zum Fest des Fastenbrechens gratuliert. Religion wird hier als ein Teil des öffentlichen Bereichs gesehen. Dann gibt es aber auch Einrichtungen, die Religion als Privatsache betrachten. In diesen Einrichtungen findet dann auch keine interreligiöse Bildung statt. Religion wird hier entweder in der gesamten Einrichtung tabuisiert, verweltlicht oder unsichtbar gemacht. Oder es gibt einzelne Erzieherinnen in der Einrichtung, die ihre eigene Religion – quasi als Privatreligion – in ihrer Gruppe leben und weitergeben.

Versucht man die Angaben der Interviews zu kategorisieren, so kristallisieren sich beim Umgang der Einrichtungen mit der Multireligiosität der Gesellschaft fünf Grundmodelle heraus.

(1) Die Tabuisierung und Verweltlichung der Religion in städtischen Einrichtungen

Hier wird versucht, Religion ganz aus dem Kindergartenalltag herauszuhalten. Allenfalls bei christlichen, manchmal auch bei islamischen Festen kommt Religion vor, dann aber ausschließlich in der verweltlichten Form: Ostern wird als Frühlingsfest gefeiert (Interview 15), St. Martin als Laternenfest (Interview 18) und das Ende des Ramadans als Süßigkeitenfest (Interview 10).

Motivation für dieses Verhalten ist sicherlich einerseits die Überzeugung, Religion sei Privatsache und habe so nicht in Kindertagesstätten vorzukommen – eine Sichtweise, die aus rechtlicher Sicht so nicht korrekt ist.[17] Andererseits ist dieses Verhalten auch durch Unsicherheit begründet, wie die bereits oben erwähnte Äußerung einer Leiterin einer städtischen Einrichtung zeigt: »Ich habe noch nie mit den Kindern über Christus gesprochen, dass der [zögert] ans Kreuz genagelt wurde. Ich bin da nämlich gar nicht so gut drin. Deshalb lass ich es lieber sein, bevor ich was Falsches vermittele.« (Interview 24, Aussage 51) Hier sind die Aus- und Fortbildungen im Elementarbereich gefordert.

In den Interviews gab es aber auch immer wieder Momente, die verdeutlichten, dass auch in Einrichtungen, die dieses Modell vertreten, Religion vorkommt. So hat z.B. eine Erzieherin eine tote Amsel, die im Kindergartenfreigelände lag, gemeinsam mit den Kindern »beerdigt« (Interview 10, Aussage 606). Die gegenseitige Durchdringung von kulturellen und religiösen Aspekten macht eine durchgängige Tabuisierung der Religion fast unmöglich. Bei der Frage, welche Feste in der Einrichtung gefeiert werden, erläutert eine Leiterin einer städtischen Einrichtung: »Also wir, wir machen da/ Ja gut, ´n Stück weit, das ist ja so ´n Automatismus. Ne? So dass diese Sachen aus der Mehrheitskultur, ja, immer so eingebracht werden. Man bastelt zum Beispiel Laternen mit den Kindern, wir machen aber keinen eigenen Sankt-Martins-Zug. Wir machen dann bei der Schule mit, oder, oder bei Sankt Barbara oder so, ne? Was wir schon äh häufig machen, ist ´ne Weihnachtsfeier. Das ja. Da kommen die Leute aber auch alle. Da kommen auch die muslimischen Familien.« (Interview 16, Aussage 112) Auch muss gesehen werden, dass ein Ausschluss der Religion aus dem Kindergartenalltag zum Familienleben vieler Kinder mit Migrationshintergrund gegenläufig ist. So schreibt Ursula Neumann in den Materialien zum 12. Kinder- und Jugendbericht mit Blick auf die unter sechsjährigen Kinder mit Migrationshintergrund: »Für die Bildungsvoraussetzungen von Kindern mit

17 Vgl. hierzu die Ausführungen von Heinrich de Wall im vorl. Band.

Migrationshintergrund ist der Zusammenhang zwischen Sprache und Religion bedeutsam. In den Familien besteht sowohl eine starke Loyalität gegenüber den Herkunftssprachen als auch gegenüber der Religion der Herkunft. Beide Orientierungen sind verknüpft und in der Praxis der Familien oft aneinander gebunden.«[18]

(2) Das Nichtsichtbarmachen der Religion in kirchlichen Einrichtungen

In den Interviews haben wir mit Leiterinnen kirchlicher Einrichtungen gesprochen, in denen die christliche Basis der Einrichtung nicht verbalisiert wird, obwohl eine christliche Grundhaltung den gemeinsamen Alltag bestimmt. So haben wir z.B. mit einer katholischen Einrichtungen geredet, in denen die christliche Identität in der »Stimmung, Atmosphäre und Haltung der Einrichtung« (Interview 1, Aussage 105) zum Ausdruck kommen soll. Eine Leiterin einer evangelischen Kindertagesstätte sagte z.B. »Also die Atmosphäre / Das steht über allem. Also das / [...] Das ist so wichtig für die Eltern. Also z.B.: Wie wirst du hier empfangen? Also / und das ist auch für uns ein Ausdruck christlicher – sag' ich mal dieses Wort – Nächstenliebe natürlich« (Interview 8, Aussage 62). Der Leiterin ist es ganz wichtig, dass Kinder und Eltern – ganz unabhängig von ihrer Nationalität – mit gleicher Freundlichkeit und Herzlichkeit angenommen werden – christliche Nächstenliebe soll hier spürbar werden. Wenn die Leiterin diesen christlichen Grundsatz aber nicht verbalisiert, bleibt die christliche Religion für die Kinder und Eltern der Einrichtung letztendlich unsichtbar. Eine andere Leiterin überlegt, dass die neuen Sonnenkollektoren auf dem Dach ihrer konfessionellen Einrichtung auch ein Beitrag zur Bewahrung der Schöpfung seien und somit auch ein Zeichen des christlichen Profils der Einrichtung (Interview 13, Aussage 323).

In diesen beiden kirchlichen Einrichtungen findet keine gezielte religiöse oder interreligiöse Erziehung statt, das christliche Profil steckt – oder soll besser man sagen versteckt sich? – in impliziten, für die Kinder und Eltern nicht verbalisierten Handlungsmaximen. Der Zusammenhang des im Alten Testament formulierten Auftrags zur Bewahrung der Schöpfung und den auf dem Dach der Einrichtung angebrachten Sonnenkollektoren wird nicht kommuniziert. Das christliche Profil der Einrichtung wird an diesen Punkten nicht erkennbar. Immerhin – so ist auch noch anzumerken – müssen die impliziten Haltungsmaximen der Nächstenliebe oder des Umweltschutzes auch nicht unbedingt auf der Grundlage des Christentums gewachsen sein, sie könnten auch Früchte eines humanistischen Weltbildes sein.

18 *U. Neumann*, Kindertagesangebote für unter sechsjährige Kinder mit Migrationshintergrund. In: *L. Ahnert/H.-G. Rossbach/U. Neumann/J. Jeinrich/B. Koletzko*, Bildung, Betreuung und Erziehung von Kindern unter sechs Jahren, (Materialien zum Zwölften Kinder- und Jugendbericht, Bd. 1) München 2005, S.177–226, 190.

(3) Die Einladung aller Kinder in die eine konfessionelle Welt in kirchlichen Einrichtungen

Andere kirchliche Einrichtungen fühlen sich ausschließlich ihrer eigenen konfessionellen Welt verpflichtet und laden Kinder, die nicht in dieser Konfession zu Hause sind, ein, an religiösen Vollzügen dieser Konfession teilzunehmen. Diese Grundrichtung wird oft mit dem Begriff der »monoreligiösen« Bildung charakterisiert.[19] Wichtig ist hier die Klarheit und Transparenz. Eltern muss dieses religionspädagogische Konzept beim Erstkontakt erläutert werden. Dann können sich auch nicht- oder andersgläubige Familien hier aufgenommen fühlen, wie die Interviews zeigten. Hier sei an die Äußerung einer muslimischen Mutter erinnert, die die Leiterin einer evangelischen Einrichtung wiedergab: »Das ist vollkommen in Ordnung, meine Tochter kann dran teilnehmen, äh, wir haben unsere Religion und die kriegt sie ganz klar zu Hause mit, und sie soll erfahren, was glauben die Menschen hier« (Interview 11, Aussage 86). Ferner ist es auch wichtig, dass jede Erzieherin und jeder Erzieher die religiösen Familienhintergründe eines jeden Kindes kennt und im Alltagsgeschehen berücksichtigt. Dass das nicht immer einfach ist, zeigt folgender Ausschnitt eines Interviews mit einer muslimischen Erzieherin: »Also, wir haben eine Adventsrunde und in dieser Adventsrunde hat eine christliche Kollegin gesagt: ›Oh, habt ihr alle schon eure Adventskalender zu Hause hängen?‹ Und da hab' ich mir dann gedacht, ob dieses eine türkische Kind, was jetzt neu in dieser Einrichtung ist und überhaupt das erste Mal eine Adventsrunde hat, ob das überhaupt verstanden hat, was das ist: ein Adventskalender. Das indische Kind hat auch in der Gegend rumgeguckt, dann hab ich gedacht: ›Oh je, vielleicht haben sie es ja doch nicht so ganz geblickt‹« (Interview 34, Aussage 40). In diesem Fall führte die Nichtberücksichtigung der unterschiedlichen religiösen Beheimatung zu einer Irritation der Kinder, die im Laufe des Vormittags noch von der muslimischen Erzieherin aufgehoben werden konnte. In einem anderen Fall, von dem oben bereits berichtet wurde, führte die unüberlegte Mitnahme eines muslimischen Kindes in eine evangelische Kirche dazu, dass das Kind von seinen Eltern aus dieser Einrichtung herausgenommen wurde.

(4) Die Berücksichtigung verschiedener Religionen ohne religiöse Vollzüge in städtischen Einrichtungen

Auch in kommunalen Einrichtungen spielen die verschiedenen Religionen eine Rolle, wie das folgende Beispiel einer städtischen Einrichtung zeigt. In dieser Einrichtung werden anlässlich religiöser Feste erklärende Aushänge für die Eltern erstellt. Eine muslimische Erzieherin übernahm die Aushänge für das Opferfest und für das Fest am Ende des Ramadans. Die christliche Leiterin gestaltete die Aushänge bei

19 Vgl. hierzu die Ausführungen von Frieder Harz im vorl. Band.

christlichen Festen. Bei den Eltern stießen diese Aushänge auf Interesse. Einen bemerkenswerten Nebeneffekt dieser Aushänge beschreibt folgender Interviewausschnitt mit der Einrichtungsleiterin: »Die türkische Erzieherin [...], die hat zum Opferfest, zum türkischen Opferfest einen Aushang gemacht. Und, ähm, das war ein Ausdruck, eine Übersetzung aus dem Internet, und das war derart grottenschlecht übersetzt. Das war ein total falsches Deutsch und Grammatikfehler und dann hab ich zu ihr gesagt: ›Du, Fidan, das können wir unmöglich aushängen. Das geht nicht, und ich würde doch vorschlagen, wir nehmen gleich den Text aus der Bibel.‹ Und da hat sie gesagt: ›Wie, das steht doch nicht in der Bibel?‹ Ich sag: ›Doch. Das ist die Geschichte von Abraham [lacht], wie der seinen Sohn Isaak opfert.‹ Und es war, also dieser Moment, ja, das selbst so am eigenen Leibe irgendwie zu erfahren: das sind ja unsere gemeinsamen Wurzeln eigentlich dieses Alte Testament. Das war so / Ich kann's gar nicht beschreiben. Es ging irgendwie so'n richtiger Aufschrei hier durch die Kita, auch bei allen Kolleginnen« (Interview 14, Aussage 96). Die Erzieherinnen dieser Einrichtung stehen miteinander im interreligiösen Dialog! Über die Aushänge sind die Eltern angesprochen. Bis zu den Kindern war das Gespräch über die Religionen noch nicht gedrungen, aber zumindest im Interview konnte sich die Leiterin eine kindgerechte Aufarbeitung der Aushänge und eine adäquate Umsetzung in der Gruppe durchaus vorstellen. Aus den Erfahrungen unseres Projektes wäre dabei dann eine Zuordnung der vorgestellten Religionen zu den anwesenden Kindern hilfreich. Damit würde die zunächst eher unkonkrete Religion für die Kinder fassbarer. Eine gemeinsame Moschee-, Synagogen- und Kirchenbesichtigung würde die Anschaulichkeit noch erhöhen. Zu diskutieren ist, ob es bei einer solchen Begegnung zwischen den Kindern, bei denen sie zwar nicht an einzelnen religiösen Vollzügen (Gebet, Gottesdienst oder ähnliches) teilnehmen, ihnen aber die Zuordnung einzelner Religionen zu bestimmten Kindern und Erzieherinnen deutlich wird, um einen multireligiösen oder interreligiösen Bildungsansatz handelt.[20] Denn eine solche Begegnung trägt zur Unterscheidung zwischen der eigenen Religiosität und der der anderen Kinder bei.

(5) Die Berücksichtigung verschiedener Religionen mit religiösen Vollzügen in kirchlichen Einrichtungen

Im alltäglichen Zusammensein finden die von den Kindern vertretenen Hauptreligionen ihre Berücksichtigung. Charakteristische Merkmale der Religionen werden dargestellt. Die Kinder lernen die unterschiedliche Religionszugehörigkeit innerhalb ihrer Gruppe kennen. Religiöse Vollzüge werden in der Gruppe durchgeführt. In zwei Einrichtungen wurde dabei z.B. das Verbindende der Religionen durch ein gemeinsam gesprochenes Gebet hervorgehoben. Wobei sichergestellt war, dass die Formulierungen von allen mitgebetet werden konnten. Das Trennende der Religio-

20 Vgl. hierzu auch die Ausführungen von Frieder Harz im vorl. Band.

nen wurde durch die unterschiedliche Gebetshaltung sichtbar gemacht. Für die christlichen Kinder waren in diesem Fall die katholischen Erzieherinnen Identifikationsfiguren. Konfessionelle Unterschiede wurden kaum aufgenommen. Für muslimische Kinder bedeuteten die Erzieherinnen in dem Sinne eine Hilfe zur eigenen Identifikation, in dem sie für sich klären, wir sind das, was die Erzieherin nicht ist. Die Einrichtung greift gern auf das religiöse Leben und Wissen der muslimischen Eltern zurück, in dem die Muslime z.B. den Kindern der Einrichtung muslimische Feste nahe bringen oder die Erzieherinnen bei religiösen Fragen oder Unklarheiten (wie z.B. bei den zugehängten Bildern[21]) direkt auf die Mütter zugehen. Religion und Religionen sind in diesen Einrichtungen ein selbstverständlicher Bestandteil des Alltags. Den Kindern wird ihren kindlichen Möglichkeiten entsprechend deutlich, dass es in ihrem Kindergarten Kinder mit unterschiedlichen Religionen bzw. auch ohne Religionszugehörigkeit gibt, und sie wissen sich selbst einer Gruppe zuzuordnen. Hier findet interreligiöse Bildung statt.

In den vielen Interviews haben wir vieles gesehen, gehört und gelernt. Bei den vielen Besuchen, die wir gemacht haben, ist die enorme Arbeit, die in den Kindertagesstätten und Kindergärten geleistet wird, für uns sehr anschaulich geworden. Wir wissen, die Frage nach der interreligiösen Bildung im Alltag der bundesdeutschen Kindergärten und Kindertagesstätten ist nur *ein* thematischer Ausschnitt des Gesamtprofils. Vieles ist zu tun und zu beachten: die körperliche, sprachliche, kognitive, emotionale und soziale Entwicklung der Kinder ist zu fördern. Die Entwicklungsfortschritte einzelner Kinder werden dokumentiert. Organisation und Verwaltung müssen bewältigt werden. Eine gute Außendarstellung und die Wahrnehmung von Außenkontakten müssen gewährleistet sein. Die Themen Qualitätsentwicklung und Qualitätssicherung haben zurzeit einen hohen Stellenwert. Kooperationen mit Grundschulen werden gegründet, um die Schulreife des Kindes bereits früh zu fördern. Diese Liste ließe sich beliebig fortführen und je nach Einrichtung modifizieren.

Deutlich geworden ist in den Gesprächen aber auch, dass das Thema Religion zunächst grundsätzlich in jeder Einrichtung präsent ist: Feste, die ihren Ursprung in der vom Christentum geprägten Gesellschaft haben, werden gefeiert. Kultur und Religion sind so eng verwoben, dass ein Übergehen der Religion nicht wirklich möglich ist. Kinder mit unterschiedlichen Religionszugehörigkeiten sind aufgrund gesellschaftlicher Veränderungen, zu denen unter anderem Migration zu zählen ist, anwesend. Mit der Nichtberücksichtigung ihrer Religiosität wird ein Teil ihres Alltages und Menschseins ausgeklammert.

Die qualitative Untersuchung hat gezeigt, dass die Kindertagesstätten und Kindergärten auf dem Weg sind, für das alltägliche Zusammensein einen handhabbaren Umgang mit der Multireligiosität der Gesellschaft zu finden. Sie hat aber auch gezeigt, dass noch viele Fragen und Unsicherheiten da sind und wir aus wissenschaftlicher Perspektive gesehen erst am Anfang des Weges stehen.

21 Vgl. oben S. 171.

II. Die quantitative Untersuchung

1. Fragestellung

Nach den Interviews mit Leiterinnen[22] der Kindergärten sollte der Ist-Zustand von bestimmten Aspekten der religiösen und interreligiösen Bildung und der Haltung der Beteiligten dazu untersucht werden. Um einen möglichst weiten Überblick über die Handhabung in möglichst vielen Einrichtungen zu erhalten, wurde das Instrument des Fragebogens gewählt.

Dabei ergaben sich aus den Interviews vor allem folgende Fragen: Welche religiöse und interreligiöse Bildung findet in Kindergärten statt? In welcher Form findet diese statt? Unterscheiden sich konfessionelle von nicht-konfessionellen Kindergärten?

Dabei fragten wir nach der Rolle des Trägers: Was erwartet er vom Kindergarten bzgl. der religiösen und interreligiösen Bildung und wie unterstützt er die Erzieherinnen dabei?

Außerdem ging es uns um den Einfluss und die Haltung der beteiligten Personen: Wie hängt die Persönlichkeit der Erzieherin mit der religiösen/interreligiösen Bildung zusammen? Gibt es Unsicherheiten bzgl. der religiösen oder der interreligiösen Bildung? Wie ist der Einfluss der Multinationalität und -religiosität der Kinder auf die Erziehung? Wie ist die Haltung der Eltern dazu?

Zudem untersuchten wir Umgebungsvariablen: Welche Auswirkung hat die Ausbildung der Erzieherinnen in kirchlichen oder staatlichen Einrichtungen? Wie zufrieden sind die Erzieherinnen mit der Aus- und Weiterbildung im religiösen und interreligiösen Bereich? Wie werden die Vorgaben der neuen Orientierungspläne im religiösen und interreligiösen Bereich umgesetzt?

Da es bisher noch kaum bzw. keine empirischen Studien zu diesen Fragen gibt, auf die wir zurückgreifen könnten, versteht sich die Untersuchung als explorativ, d.h. sie soll einen ersten Einblick in die Thematik geben, möglicherweise theoriengenerierend wirken und Hinweise auf weitere wichtige Untersuchungsbereiche geben. Deswegen entschieden wir uns bewusst, nicht eine für die Bundesrepublik repräsentative Stichprobe anzustreben, sondern die Einrichtungen zu befragen, von denen wir uns besonders interessante Ergebnisse erhofften (siehe 3.), weshalb wir nur Einrichtungen aus Städten wählten, in denen das Thema wahrscheinlich eine Relevanz hat, d.h. in denen viele Kinder mit nicht-christlichen Religionen leben, also Brennpunkte der verschiedenen Religionen und Nationen. Somit wurden die ländlichen

22 Da es sich dabei fast ausschließlich um Frauen handelte, verwenden wir hier – wie auch beim Begriff »Erzieherin« – die weibliche Form, ansonsten verwenden wir meist zusammenfassend die männliche Form (z.B. Pfarrer).

Gegenden bewusst ausgelassen, da nach dem statistischen Bundesamt[23] dort der Teil der Bevölkerung mit Migrationshintergrund deutlich geringer ist.

Da es eine begrenzte und explorative Studie ist, entschieden wir uns, zunächst die Erzieherinnen als Expertinnen und Gestalterinnen des Kindergartenalltags über ihre eigene Einschätzung zu befragen und darüber, wie sie die Haltung der anderen Beteiligten wahrnehmen (Träger, Eltern etc.). Damit nahmen wir allerdings mögliche Verzerrungen durch die Sicht der Erzieherinnen und Effekte wie soziale Erwünschtheit und ähnliches in Kauf, die bei der Interpretation der Daten mitberücksichtigt werden müssen.

2. Erstellung des Fragebogens

Entsprechend unseren Untersuchungsfragen erstellten wir Fragebogenitems, die die einzelnen Aspekte möglichst wertfrei abbilden sollten, wobei wir uns um gleichmäßige Gewichtung der einzelnen Aspekte bemühten. Wir entschieden uns vor allem für geschlossene Fragen (Antworten zum Ankreuzen), um eine möglichst hohe Vergleichbarkeit und statistische Auswertbarkeit zu gewährleisten.

Die einzelnen Fragebogenitems sind der Übersichtlichkeit und Einfachheit der Beantwortung halber als Aussagen formuliert (siehe Anhang 6.2.1.1), so dass das Antwortschema immer gleich ist. Sie lassen meist fünf Stufen von völliger Zustimmung bis zu völliger Ablehnung zu. In dem Bericht wurde dies sprachlich folgenderweise umgesetzt: 4 (»trifft völlig zu«) als »immer« oder »sehr«, 3 (»trifft ziemlich zu«) als »häufig« oder »ziemlich«, 2 (»trifft teils teils zu«) als »manchmal« oder »mäßig«, 1 (»trifft wenig zu«) als »selten« oder »wenig«, 0 (»trifft nicht zu«) als »nie« oder »nicht«. Die fünf Stufen und ihre Benennung wurden in Übereinstimmung mit der gängigen Praxis[24] gewählt, um den Ausfüllenden nicht zu überfordern, aber gleichzeitig genügend Feinheit der Abstufungen zu ermöglichen, wodurch die Reliabilität und Validität verbessert wird[25].

Bei den fünfstufigen Antworten kann vermutet werden, dass das Skalenniveau zwischen Ordinal- und Intervallskala liegt. Wie bei Bortz[26] empfohlen, gehen wir in der statistischen Auswertung von einem Intervallskalenniveau aus und betrachten zur Überprüfung dieser Wahl die Plausibilität der Ergebnisse. Bei den kategorialen Fragen gehen wir von einem Nominalskalenniveau aus.

Mit vier Seiten versuchten wir einen Ausgleich zu erreichen zwischen der nötigen Länge, um die verschiedenen Informationen und Gesamtwerte mit hinreichender Genauigkeit und Inhaltsvalidität zu erfassen, und der möglichen Kürze des Fra-

23 Siehe die Angaben der statistischen Hefte der Bundesländer, http://www.destatis.de/atlas/atlas.svgz (15.02.07).

24 *B. Rohrmann*, Empirische Studien zur Entwicklung von Antwortkategorien für die sozialwissenschaftliche Forschung, Zeitschrift für Sozialpsychologie, 9 (1978), 222-245.

25 *M. Bühner*, Einführung in die Test- und Fragebogenkonstruktion, München [2]2006.

26 *J. Bortz*, Statistik für Sozialwissenschaftler, Berlin, Heidelberg [3]1989, 34.

gebogens, um die Motivation der Beantwortenden nicht zu überfordern[27]. Aus ähnlichen Gründen ließen wir offen, wer im Kindergarten den Fragebogen ausfüllen sollte (Leiterin oder Erzieherin), nur baten wir, dass die Ausfüllende tatsächlich in den Gruppen mitarbeiten und nicht nur reine Leitungsfunktion haben sollte.

Diesen Fragebogen gaben wir zunächst an ca. 20 Experten (Leiterinnen von Kindertagesstätten, Träger von Kindertagesstätten, Beteiligte an der Erzieherinnenausbildung, Supervisoren, Professoren etc.) und arbeiteten deren Veränderungsvorschläge ein. Dann verschickten wir in einer Voruntersuchung 50 Fragebögen an zufällig ausgewählte Einrichtungen, untersuchten deren Antwortverhalten und bereinigten offensichtliche Fehlerquellen.

3. Auswahl der befragten Einrichtungen, Vorgehen der Befragung

Es wurden Großstädte bzw. Stadtteile mit einem höheren Bevölkerungsanteil mit Migrationshintergrund ausgewählt, da wir davon ausgingen, dass in Einrichtungen mit mehr ausländischen Kindern das Thema »Interreligiosität« einen größeren Stellenwert hat. Ausnahme ist Dresden, das wir trotz geringem Bevölkerungsanteil mit Migrationshintergrund in die Befragung mit aufnahmen, um auch eine Stadt aus den neuen Bundesländern mitzuberücksichtigen. Die betreffenden Städte wählten wir derart aus, dass die unterschiedlichen Regionen Deutschlands (Nord/Süd; Ost/West) sowie die verschiedenen konfessionellen Schwerpunkte (katholisch, evangelisch, ohne Bekenntnis) vertreten sind, außerdem entschieden wir uns, Mannheim/Ludwigshafen mit einzubeziehen als Städte, in denen die industriell bedingte Migration besonders groß ist, sowie Frankfurt am Main als Beispiel einer besonders multikulturellen Stadt. Als zu untersuchende Städte wurden schließlich Aachen, Berlin, Frankfurt, Hamburg, Mannheim/Ludwigshafen und Stuttgart gewählt.

Wir entschieden uns, ausschließlich städtische und katholische und evangelische Einrichtungen anzuschreiben, da die anderen Träger (Waldorfkindergarten etc.) einerseits eine zu geringe Zahl an Einrichtungen haben, um gesonderte Aussagen über sie zuzulassen, sie andererseits sich wahrscheinlich von den anderen Einrichtungen unterscheiden, so dass bei Hinzurechnung die Ergebnisse verfälscht würden. Im Folgenden werden die katholischen und evangelischen Einrichtungen unter dem Begriff »konfessionelle Einrichtungen« zusammengefasst, die anderen unter dem Begriff »nicht-konfessionelle Einrichtungen«.

Da wir in der Voruntersuchung festgestellt hatten, dass der Rücklauf bei den konfessionellen Einrichtungen ungefähr dreimal so hoch war wie bei den nichtkonfessionellen, schrieben wir doppelt so viele nicht-konfessionelle wie konfessionelle Einrichtungen an, soweit dies die Anzahl und das zahlenmäßige Verhältnis der Einrichtungen zueinander in den einzelnen Städten zuließen, ansonsten schrieben

27 *M. Bühner*, Einführung in die Test- und Fragebogenkonstruktion, München ^{2}2006.

wir alle betreffenden Einrichtungen in einer Stadt an. So wurden insgesamt 940 städtische und 758 konfessionelle Einrichtungen angeschrieben.

Die ausgewählten Einrichtungen bekamen den Fragebogen mit einem Anschreiben (siehe Anlage 6.2.1.2) und einem frankierten Rückumschlag zugesandt. Zur Motivation wurde zum einen darauf verwiesen, dass es das Ziel der Untersuchung sei, Information zur Verbesserung der Lage im Kindergarten zu sammeln, zum anderen wurden unter allen teilnehmenden Kindergärten fünf Spielzeuggutscheine à 100 Euro verlost (analog zu Kirchhoff et al.[28]). Die Kindergärten, die den Fragebogen nicht zurückgesandt hatten, wurden ungefähr eine Woche nach Einsendeschluss noch einmal telefonisch daran erinnert, woraufhin aber nur noch wenige weitere Fragebögen zurückgeschickt wurden.

4. Ergebnisse

Vorbemerkung: Der Übersichtlichkeit halber wurden die statistischen Einzelberechnungen in den Anhang ausgelagert und im Text nur die Ergebnisse bzgl. der Signifikanz aufgeführt. Mit »signifikant« bzw. »hochsignifikant« ist gemeint, dass die Wahrscheinlichkeit, dass der gefundene Unterschied zufällig ist, kleiner als 5 Prozent bzw. 1 Prozent ist.[29]

Da die Ergebnisse insgesamt als plausibel gelten können, sehen wir unsere Entscheidung, die fünfstufigen Fragen als intervallskaliert zu bewerten (siehe 6.2.2), als gerechtfertigt an.

4.1 Stichprobe

Von 1 698 versandten Fragebögen wurden insgesamt 364 Fragebögen zurückgesandt (21,44 Prozent Rücklauf), davon 241 (66,2 Prozent der Stichprobe) von konfessionellen Einrichtungen und 118 (32,4 Prozent der Stichprobe) von nichtkonfessionellen (siehe Tab. 1). Fünf der Fragebögen ließen sich nicht eindeutig zuordnen. Die beiden Gruppen sind zwar unterschiedlich groß, aber jeweils groß ge-

28 *S. Kirchhoff/S. Kuhnt/P. Lipp/S. Schlawin*, Der Fragebogen. Datenbasis, Konstruktion und Auswertung, Wiesbaden ^{3}2003.

29 Hierbei möchten wir ausdrücklich darauf verweisen, dass statistisch »signifikant« bzw. »hochsignifikant« nicht gleichbedeutend mit »bedeutsam« ist. Da wir eine recht große Stichprobe haben, werden auch regelmäßige kleine Unterschiede leicht signifikant, die möglicherweise dennoch im Alltag zu vernachlässigen sind. Da die Angabe der Effektgröße, die den Versuch darstellt, die Alltagsbedeutsamkeit von signifikanten Unterschieden zu messen, die Fülle des Materials noch deutlich vergrößern und somit die Ergebnisse eher unklarer machen würde, haben wir uns entschieden, darauf zu verzichten. Stattdessen geben wir meist die Mittelwerte an, damit sich der Leser selbst ein Bild der tatsächlichen Bedeutsamkeit der Unterschiede machen kann.

nug, so dass sinnvolle Aussagen gemacht werden können. Insgesamt ist die Stichprobengröße sehr zufriedenstellend. Die befragten Einrichtungen betreuen insgesamt 25 789 Kinder, die folgenden Ergebnisse beruhen also auf einer breiten Datenbasis.

Ein Rücklauf von 21,44 Prozent liegt im normalen bis oberen Rahmen bei Fragebogenuntersuchungen per Post[30]. Vielleicht wäre durch einen kürzeren Fragebogen ein größerer Rücklauf erreicht worden (obwohl diese Annahme umstritten ist, siehe Metaanalyse von Heberlein und Baumgartner[31]), so dass bei späteren Untersuchungen eine stärkere Eingrenzung der Thematik mit weniger Fragen günstig sein könnte. Möglicherweise war auch die Reihenfolge der Fragen ungünstig: Als einfache Aufwärmfragen wurden Fragen nach dem Anteil der verschiedenen Religionen und Nationen der Kinder der Einrichtung eingesetzt, da es sich dabei um reine Information ohne persönliche Wertung handelt. Vielleicht erforderten diese jedoch mitunter sehr lange zur Beantwortung (zumindest konnte man beim Vergleich der Gesamtkinderzahl und Summe der Kinder der einzelnen Religionen große Diskrepanzen und somit Schwierigkeiten entdecken), wodurch vielleicht der Eindruck eines sehr zeitaufwendigen Ausfüllens und daraus folgend vermehrte Abbrüche entstanden.

Wegen der unterschiedlichen Anzahl der vorhandenen Kindergärten wurden in den unterschiedlichen Städten verschieden viele Einrichtungen angeschrieben. Auch der Rücklauf unterschied sich sehr von Stadt zu Stadt (siehe Tab. 1, hochsignifikanter Unterschied, siehe Chi-Quadrat-Test 1, Anhang 6.2.3.2.4). Besonders hoch war der Gesamtrücklauf in Aachen, Frankfurt und Stuttgart. In Aachen und Stuttgart war der Rücklauf bei den nicht-konfessionellen Einrichtungen besonders hoch. Vielleicht kann man dies in Aachen damit erklären, dass es sich um eine »kleine« Großstadt handelt, bei der die typischen Großstadtprobleme (z.B. Kinder aus sozial schwachen Familien mit Sonderförderungsbedarf etc.) sich noch in Grenzen halten und die Erzieherinnen damit weniger überlastet sind und eher zusätzlich noch einen Fragebogen ausfüllen können. Den guten Rücklauf in Stuttgart kann man vielleicht als »Heimvorteil« interpretieren, die Universität Tübingen hat dort einen guten Namen, so dass die Angeschriebenen eher bereit sind, Zeit zu investieren und zu antworten. Besonders niedrig war der Rücklauf in Dresden und Hamburg, ersteres lässt sich möglicherweise an einer vorsichtigeren Haltung bzgl. Informationsweitergabe in den neuen Bundesländern erklären. Insgesamt bewerten wir die Unterschiede als im Rahmen des zu Erwartenden.

30 *J. Glatter*, Datenerhebungsmethoden, Vorlesungsskript, TU Dresden, 2008; http://awisog.geo.tu-dresden.de/lehre/materialien.html, Theorien und Methoden I, 9. Vorlesung, Folie 8/33, (04.08.07).

31 *T. A. Heberlein/R. Baumgartner*, Factors Affecting Response Rates to Mailed Questionnaires: A Quantitative Analysis of the Published Literature, American Sociological Review, 43(1978), 447–462.

Stadt	Anzahl ausgefüllter Fragebögen	Anteil an der Gesamt-stichprobe (Prozent)	Rücklauf Prozent gesamt	Rücklauf Prozent konfessi-onell	Rücklauf Prozent nicht-konfessionell
Aachen	25	6,9	27,78	40,63	20,69
Berlin	82	22,5	18,26	34,84	9,18
Dresden	17	4,7	15,18	30,00	11,96
Frankfurt	69	19,0	27,49	40,28	10,28
Hamburg	53	14,6	16,26	22,58	8,77
Mannheim/ Ludwigshafen	32	8,8	18,82	21,57	14,71
Stuttgart	86	23,6	28,67	35,33	21,33
Gesamt	364	100	21,44	31,79	12,55

Tab. 1: Anzahl ausgefüllter Fragebögen und Rücklauf

Wie erwartet war der Rücklauf bei den konfessionellen Einrichtungen hochsignifikant höher als bei den nicht-konfessionellen (Chi-Quadrat-Test 2, Anhang 6.2.3.2.4). Dies kann man so interpretieren, dass die konfessionellen Einrichtungen dem Thema Religion deutlich aufgeschlossener und positiver gegenüber eingestellt sind als die nicht-konfessionellen. Diese Interpretation wird auch durch die Kommentare zu unseren Erinnerungsanrufen gestützt: Die städtischen Kindergärten begründeten die Nicht-Teilnahme an der Untersuchung häufig damit, dass für sie Religion »kein Thema« sei. Möglicherweise wird die rasche Ablehnung durch die optische Aufmachung des Fragebogens, der den Titel »Religionen in Kindertagesstätten und Kindergärten« trägt, verstärkt, so dass vielleicht manche Erzieherin in einem nicht-konfessionellen Kindergarten den Fragebogen ins Altpapier warf, weil sie sich nicht zuständig fühlte. Außerdem zeigte sich bei den Erinnerungsanrufen eine Grundunsicherheit der nicht-konfessionellen Einrichtungen, wie viel Information sie weitergeben dürfen: Einige Einrichtungen gaben an, ohne Erlaubnis ihrer Träger, meist das Jugendamt, keine Informationen weiterzugeben, wodurch der Rücklauf ebenfalls gemindert wurde. Insgesamt ist durch den teilweise geringen Rücklauf eine Verfälschung der Ergebnisse in den »pro-religiösen« Bereich zu erwarten, da wahrscheinlich vor allem die Einrichtungen den Fragebogen ausgefüllt haben, die Religion gegenüber aufgeschlossen sind.

An späterer Stelle (4.9) werden die unterschiedlichen Ergebnisse noch einmal unter Berücksichtigung der regionalen Unterschiede betrachtet und die Legitimität, die Fragebögen der unterschiedlichen Regionen ohne Gewichtung zusammenzufassen, untersucht.

Die Anzahl der von den befragten Einrichtungen betreuten Kinder und deren religiöse Ausrichtung wird an späterer Stelle (4.8) beschrieben.

4.2 Religiöse Bildung in konfessionellen und nicht-konfessionellen Einrichtungen

4.2.1 Vergleich der Mittelwerte religiöser Bildung

Ausgehend von dem in den Interviews mit den Leiterinnen der Kinderbetreuungseinrichtungen genannten tatsächlichen religionspädagogischen Handeln und entsprechender Haltungen erarbeiteten wir vier heuristische Konstrukte religiöser und interreligiöser Bildung, die wir quantitativ im Fragebogen bzgl. der Vorkommenshäufigkeit in konfessionellen und nicht-konfessionellen Einrichtungen untersuchten. Zur eindeutigen Zuordnung werden wir die vier Bezeichnungen jeweils in Anführungsstriche setzen, wenn wir die unten erläuterten Konstrukte meinen, ohne Anführungsstriche, wenn wir den Begriff im weiteren Sinne meinen. Der Begriff »religiöse und interreligiöse Bildung« wird ohne Anführungsstriche dabei als Überbegriff gebraucht, der die Gesamtheit der vier Konstrukte umfasst. Im Folgenden sollen diese Konstrukte zunächst inhaltlich näher erläutert werden, zur genauen Zuordnung der einzelnen Items zu den Gesamtwerten siehe Anhang 6.2.2.1–6.2.2.4.

»Christliche Bildung«
Der Gesamtwert »christliche Bildung« setzt sich aus drei Bereichen zusammen:

1. die allgemeine Selbsteinschätzung: hierbei befragten wir die Einrichtungen, für wie groß sie die Rolle des Christentums in ihrer Einrichtung halten. Diese Selbsteinschätzung halten wir für äußerst wichtig, da davon die allgemeine Haltung mitbestimmt wird. So berichtete eine der Leiterinnen im Interview, dass sie die praktizierte Nächstenliebe als eine wichtige Kenngröße ihrer konfessionellen Einrichtung sehe. Diese Nächstenliebe würde sich aber nicht so sehr in den einzelnen bewussten Erziehungshandlungen als vielmehr in vielen kleinen Alltagsgesten ausdrücken, so z.B. darin, wie sie die Mütter begrüßte (Interview 8, Aussage 62, vgl. I.3). Allerdings ist ein Vergleich dieser Selbsteinschätzung eher schwierig, da sich die einzelnen Interviewten etwas sehr Unterschiedliches unter den verschiedenen Graden der Wichtigkeit vorstellen könnten. Daher konkretisierten wir die Umsetzung der christlichen Bildung durch
2. konkrete Handlungen und Hilfsmittel dafür (Gebete und Lieder, Feiern von Festen, Materialien): Hierbei wurden die im Interview genannten einzelnen Handlungen und Ausdrucksmittel untersucht. Dazu gehören zum einen die klassischen Mittel des gemeinsamen Gebets und christlichen Liedes sowie biblische Geschichten. Zum anderen wurde dabei auch das Eingebettetsein des Kindergartens in die christliche Gemeinschaft, speziell der Kontakt zu einer christlichen Gemeinde und der Besuch von Kirchen erfasst. Ergänzend wurde die reine Information (im Unterschied zum Erleben) über die christliche Religion erfasst.
   Daneben wurden nach dem Einsatz von Materialien zur religiösen Erziehung gefragt, dabei spezifizierten wir die Ausrichtung der Materialien bewusst nicht, um den Fragebogen nicht einseitig werden zu lassen. Dennoch zählen wir diese Fra-

ge zur christlichen Bildung dazu, da in den Interviews mit einer einzigen Ausnahme nur über Materialien zur christlichen Erziehung berichtet wurde.
Das Feiern von ausgewählten christlichen Festen bestimmt mit fast einem Drittel einen großen Anteil des Gesamtwertes. Wir gaben diesem Bereich solches Gewicht, da in der Wahrnehmung der Kinder Feste eine große Rolle spielen (siehe 4.3). Als aussagekräftige Feste wählten wir zum einen das typische Kindergartenfest St. Martin, zum anderen Weihnachten als ein Fest, das zwar von einem christlichen Ursprung ausgehend doch fast Allgemeingut geworden ist, und als drittes Ostern, das möglicherweise stärker seinen religiösen Charakter behalten hat.
3. Verankerung in Teamgesprächen und Konzeption: Ein weiterer Aspekt, der in den Interviews immer wieder betont wurde, ist die Wichtigkeit der Einbettung der christlichen Erziehung in das Gesamtkonzept des Kindergartens. Daher fragten wir gezielt nach der Verankerung der christlichen Bildung in Teamgesprächen und expliziter Behandlung in der Konzeption.

»Islamische Bildung«
Wir wählten den Islam als zu untersuchende nicht-christliche Religion, da er nach dem Christentum die in Deutschland häufigste Religion[32] ist. Der Gesamtwert »islamische Bildung« setzt sich analog zum Gesamtwert »christliche Bildung« aus den ersten beiden der oben genannten drei Bereiche zusammen:
1. die allgemeine Selbsteinschätzung: wiederum fragten wir danach, wie groß die Rolle des Islams im Alltag sei.
2. konkrete Handlungen und Hilfsmittel dafür (Gebete/Suren und Lieder, Korangeschichten, Feiern von Festen, Kontakt zu islamischer Gemeinde, Besuch von Moscheen). Als untersuchte Feste wählten wir nach Rücksprache mit Experten das Ende des Ramadans und das Opferfest als zentrale islamische Feste.
Dabei verzichteten wir auf die Frage nach dem Einsatz von Materialien zur Unterstützung der islamischen Erziehung, da in den Interviews nur eine Einrichtung über solches Material berichtete und wir den Fragebogen möglichst kurz halten wollten.
3. Nach der Verankerung der islamischen Bildung in Teamgesprächen und Konzeption fragten wir ebenfalls nicht, da es sich in keinem Fall um eine islamische Einrichtung handelte und dementsprechend, wie auch nach den Erfahrungen aus den Interviews, keine positiven Antworten zu erwarten waren.

»Interreligiöse Bildung«
Der Gesamtwert »interreligiöse Bildung« besteht aus zwei ungefähr gleich gewichteten Teilen: zum einem aus dem oben erläuterten Gesamtwert »islamische Bil-

32 2006 lebten nach Angaben der Evangelischen Zentralstelle für Weltanschauungsfragen in Deutschland 3,2 Mio. Muslime (EZW 2006).

dung«, zum anderen aus einer Reihe von Items, die allgemeine Aspekte interreligiöser Bildung beinhalten. Diese wiederum setzen sich aus zwei Bereichen zusammen:

1. Allgemeine Einschätzung, wie wichtig die unterschiedlichen Religionszugehörigkeiten und das Lernen darüber genommen wird. Dabei wird zum einen nach den tatsächlichen Auswirkungen der unterschiedlichen Religionszugehörigkeit gefragt, die natürlich auch nur von Erzieherinnen, die diesen Aspekt als wichtig ansehen, wahrgenommen werden können, zum anderen aber auch danach, ob interreligiöses Lernen als wichtiges pädagogisches Ziel betrachtet wird.
2. Verankerung in Teamgesprächen und Konzeption, wiederum analog zur »christlichen Bildung«.

»Allgemeine Unterstützung religiöser Bildung«

Im Gesamtwert »allgemeine Unterstützung religiöser Bildung« wird erfasst, inwieweit grundsätzliche Bereitschaft besteht, religiöse Fragen zu berücksichtigen. Dabei wurde neben der allgemeinen Offenheit spirituellen Fragen gegenüber, das Wissen über die in den einzelnen Familien gelebte Religion und das Thematisieren der Religion im Erstgespräch mit den Eltern als Indikator für die Wichtigkeit dieses Themas und als Vorraussetzung dafür, das Kind auch im religiösen Bereich individuell zu begleiten, erfasst.

In einem zweiten Schritt wurden zur besseren Veranschaulichung und Interpretierbarkeit der Ergebnisse die befragten Einrichtungen in Kategorien eingeteilt, im Blick auf das Ausmaß, in dem sie religiöse Bildung anbieten (siehe 4.2.2). Zur Bildung der Kategorien teilten wir die erreichbaren Gesamtwerte in fünf gleichgroße Bereiche ein, die mit »kaum«, »wenig«, »mittelmäßig«, »viel« und »sehr viel« Vermittlung religiöser Bildung benannt wurden. Dadurch kann man z.B. den Anteil von konfessionellen Einrichtungen, die »sehr viel« religiöse Bildung anbieten, mit dem entsprechenden Anteil der nicht-konfessionellen Einrichtungen vergleichen.

Wir stellten entsprechend der bisherigen Theorien die zu testende Hypothese auf, dass ihrem Selbstverständnis entsprechend konfessionelle Kindergärten deutlich mehr »christliche Bildung« betreiben als nicht-konfessionelle und auch die »allgemeine Unterstützung religiöser Bildung« dort höher ist. Dies klingt zunächst selbstverständlich, eine Überprüfung ist aber dennoch wichtig, da es bisher noch keine empirischen Untersuchungen zu dieser Fragestellung gibt. Als dritte Hypothese erwarteten wir einen Unterschied bzgl. der »interreligiösen Bildung«, wobei wir die Richtung nicht vorhersagen konnten, da unklar war, ob christliche Kindergärten auch mehr über andere Religionen sprechen oder sogar weniger als die nicht-konfessionellen.[33]

33 Da noch nicht genug empirische Ergebnisse vorliegen, um darauf aufbauend sinnvolle Hypothesen aufzustellen, entschieden wir uns, nur diese Haupthypothesen aufzustellen und die Einzelaspekte explorativ – also nicht hypothesentestend – zu untersuchen. Somit brauchen wir keine alpha-Fehler-Adjustierung zur Entscheidung bzgl. der statistischen Signifikanz durchzuführen, die sonst bei mehrfacher Untersuchung einer Variablen bzgl. des Einflusses von verschiedenen Faktoren statistisch notwendig wäre.

Entsprechend unserer ersten Hypothese führen konfessionell gebundene Kindergärten viel mehr »christliche Bildung« durch als nicht-konfessionell gebundene (90,2 vs. 26,0 von 100 möglichen Punkten; hochsignifikanter Unterschied, siehe Abb. 1; t-Test 1[34], Anhang 6.2.3.2.1). Dieser Unterschied war erwartet, die Größe des Unterschieds ist jedoch bemerkenswert: Während die konfessionellen Kindergärten sehr viel »christliche Bildung« betreiben und bei vielen Items die größtmögliche Punktzahl angaben, scheint Religion für die nicht-konfessionellen Einrichtungen von geringer Bedeutung zu sein. Dabei muss wegen der geringen Rücklaufquote bedacht werden, dass die Gesamtpopulation wahrscheinlich noch deutlich geringere Werte hat.

Deutliche – wenn auch nicht ganz so große – Unterschiede zeigten sich in der »allgemeinen Unterstützung religiöser Bildung« (konfessionelle Einrichtungen: 71,8 vs. 39,6 von 100 möglichen Punkten, hochsignifikanter Unterschied, siehe Abb. 1; t-Test 1, Anhang 6.2.3.2.1).

Untersucht man genauer, wodurch diese großen Unterschiede bedingt sind, wird deutlich, dass in allen Einzelitems, aus denen die Gesamtwerte »christliche Bildung« und »allgemeine Unterstützung religiöser Bildung« zusammengesetzt sind (siehe Anhang 6.2.2.1, 6.2.2.3), und in allen allgemeinen Items des Gesamtwerts »interreligiöse Bildung« (nicht aber den spezifisch islamischen Items) die konfessionellen Einrichtungen signifikant oder hochsignifikant höhere Werte haben (siehe t-Test 3, Anhang 6.2.3.2.1). Allerdings gibt es einige Werte, bei denen die Mittelwerte der Einrichtungsarten nicht so weit auseinanderliegen wie z.B. F6: »Ich weiß darüber Bescheid, welche Rolle die Religion in den einzelnen Familien spielt«. Ähnlich sieht es bei der religiösen Feier einiger Feste aus (siehe 4.3).
Die Items hingegen, bei denen sich besonders große Unterschiede ergeben, sind vor allem die Rolle des Christentums im Alltag des Kindergartens und dessen konkrete Umsetzung (F15 und 16) wie Gebet und Besuch von Kirchen etc., die Behandlung der Religion in Teamgespräch und Konzeption (F37 und 39), sowie das Erstgespräch mit den Eltern (F5), in dem die nicht-konfessionellen Einrichtungen nur selten das Thema Religion selbstständig ansprechen, die konfessionellen jedoch fast regelmäßig.

Zusammenfassend kann man das dahingehend interpretieren, dass bzgl. des Kulturell-Gemeinschaftlichen wie Festen (siehe 4.3) noch zumindest ein Mindestmaß an Religion vertreten wird und auch noch eine gewisse Bereitschaft besteht, allgemein religiöse Fragen zu thematisieren, bzgl. der Religion des Einzelnen im Alltag jedoch in nicht-konfessionellen Einrichtungen kaum ein Bewusstsein besteht.

34 Wir entschieden uns analog zur Empfehlung von Bortz, 1989, die Gesamtwerte religiöse Bildung als Konstrukte und die Daten damit verbunden als normalverteilt zu betrachten, obwohl in die Gesamtwerte auch jeweils ordinalskalierte Daten miteingingen, da ansonsten ein großer Informationsverlust der Preis gewesen wäre. Bestätigt wurden wir dadurch, dass sich auch im Mann-Whitney-U-Test für ordinalskalierte Daten die jeweils gleichen Signifikanzen/fehlenden Signifikanzen ergeben.

In den befragten Kindergärten wird insgesamt sehr wenig »islamische Bildung« betrieben, zwischen den konfessionellen und nicht-konfessionellen bestehen keine Unterschiede (siehe Abb. 1; t-Test 1, Anhang 6.2.3.2.1). Dies steht im deutlichen Gegensatz zu unserem Eindruck aus den Interviews, in denen einige Leiterinnen angaben, dass der Islam einen großen Stellenwert in ihrem Kindergartenalltag einnimmt. Möglicherweise liegt das daran, dass diese Einrichtungen Ausnahmeerscheinungen sind, die statistisch wenig Einfluss auf das Gesamtergebnis haben (siehe 4.3).

»Interreligiöse Bildung« findet deutlich seltener statt als sowohl »christliche Bildung« als auch »allgemeine Unterstützung religiöser Bildung« (Unterschiede hochsignifikant, siehe t-Test 2, Anhang 6.2.3.2.1). Dabei haben die konfessionellen Kindergärten wieder höhere Werte, auch dieser Unterschied ist hochsignifikant, wenngleich deutlich geringer (31,5 vs. 22,65 von 100 möglichen Punkten; siehe Abb. 1; t-Test 1, Anhang 6.2.3.2.1). Das Thema »andere Religionen« und das Miteinander der Religionen sind also für die konfessionellen Kindergärten wichtiger als für die nicht-konfessionellen. Dies war nicht erwartet, da viele konfessionelle Kindergärten nur Erzieherinnen der eigenen Religion einstellen und auch weniger nichtchristliche Kinder betreuen (siehe 4.8).

Der Gesamtwert »christliche Bildung« ist auch signifikant höher als der Gesamtwert »allgemeine Unterstützung religiöser Bildung« (t-Test 2, Anhang 6.2.3.2.1). Insgesamt scheint der Schwerpunkt der religiösen Bildung in Kindergärten auf der Vermittlung der christlichen Tradition zu liegen.

Die Gesamtwerte »christliche« und »interreligiöse Bildung« hängen mittelstark zusammen (hochsignifikant), dagegen die Gesamtwerte »christliche« und »islamische Bildung« nicht (siehe Anhang 6.2.3.1, Tab. 5). Das spricht dafür, dass wer viel »christliche Bildung« vermittelt, auch andere Religionen ernst nimmt, jedoch diese eher in allgemeiner Weise thematisiert als gesondert viel auf den Islam einzugehen. Der Gesamtwert »allgemeine Unterstützung religiöser Bildung« hängt eng mit dem Gesamtwert »christliche Bildung« und mittelstark mit dem Gesamtwert »interreligiöse Bildung« zusammen, gar nicht hingegen mit dem Gesamtwert »islamische Bildung«. Die Bereitschaft, Religion allgemein – auch mit den Eltern – zu thematisieren, ist möglicherweise stärker bei denen gegeben, die offensiv ihren christlichen Bildungsanspruch verwirklichen, wohingegen eine etwas größere Zurückhaltung bei den eher schwierigen Themen des interreligiösen Zusammenlebens herrscht. Da der Gesamtwert »islamische Bildung« ein Teil des Gesamtwertes »interreligiöse Bildung« ist, hängen die Werte eng zusammen.

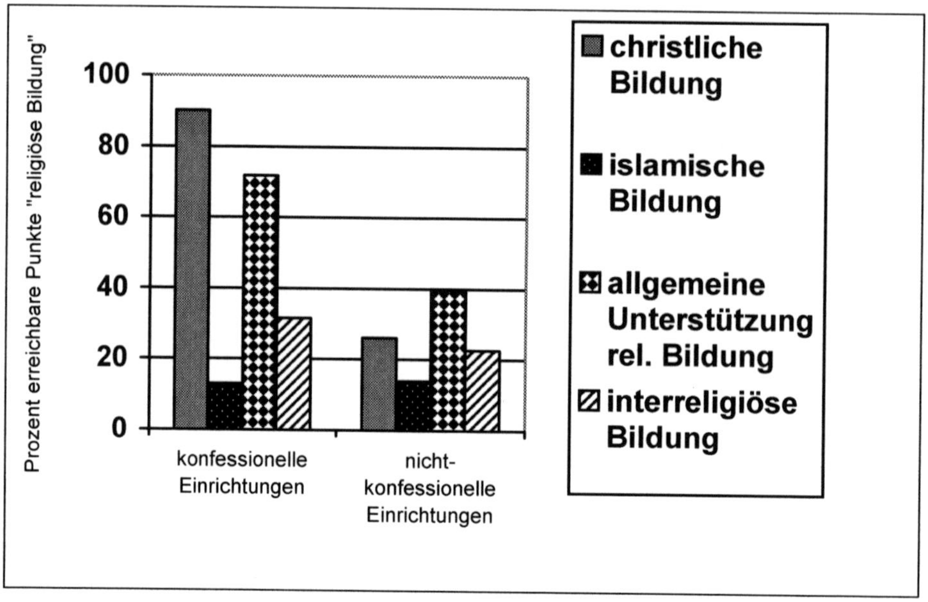

Abb. 1: Gesamtwerte religiöse und interreligiöse Bildung bzgl. konfessionelle/nicht-konfessionelle Einrichtungen (Mittelwerte von jeweils 100 erreichbaren Punkten)

4.2.2 Vergleich der Einrichtungen nach Einteilung in Kategorien

Um die Unterschiede zwischen den konfessionellen und nicht-konfessionellen Einrichtungen anschaulicher zu machen, wurden in einem zweiten Schritt Kategorien geschaffen, die sich darauf beziehen, in welchem Umfang religiöse Bildung jeweils vermittelt wird.

Zur Bildung der Kategorien entschieden wir uns entsprechend den Empfehlungen von Bortz[35], die erreichbaren Gesamtwerte in fünf gleichgroße Bereiche einzuteilen[36], da die Ergebnisse so im Gegensatz zu der alternativen Darstellungsmöglichkeit als Quartile von der ungleichgroßen Stichprobengröße (siehe 4.1) unabhängig sind. Die einzelnen Kategorien wurden »kaum«, »wenig«, »mittelmäßig«, »viel« und »sehr viel« Vermittlung religiöser Bildung benannt, womit wir versuchten, die gleichen numerischen Abstände möglichst ähnlich ins sprachliche Empfin-

35 *J. Bortz*, Statistik für Sozialwissenschaftler, Berlin, Heidelberg ^{3}1989.

36 Konkret umfassen die Kategorien somit folgende Werte: christliche Bildung (maximale Punktzahl 37): kaum: 0–7, wenig: 8–14, mittelmäßig: 15–22, viel: 23–29, sehr viel: 30–37; islamische Bildung (maximale Punktzahl 21): kaum: 0–7, wenig: 8–14, mittelmäßig: 15–22, viel: 23–29, sehr viel: 30–37; allgemeine Unterstützung religiöser Bildung (maximale Punktzahl 12): kaum: 0–2, wenig: 3–4, mittelmäßig: 5–7, viel: 8–9, sehr viel: 10–12; interreligiöse Bildung (maximale Punktzahl 37): kaum: 0–7, wenig: 8–14, mittelmäßig: 15–22, viel: 23–29, sehr viel: 30–37.

den zu übersetzen. Dabei ist uns bewusst, dass schon durch die Benennung eine gewisse Interpretation vorgenommen und das Empfinden beeinflusst wird. Den durch die Kategorisierung entstandenen Informationsverlust und das Sinken des Skalenniveaus vom Intervallskalenniveau auf Ordinalskalenniveau nahmen wir der Anschaulichkeit halber in Kauf. Aus diesen Gründen werden in der weiteren Untersuchung jedoch bei Zusammenhangsbetrachtungen mit einzelnen Variablen jeweils die Gesamtmittelwerte und nicht die Kategorien verwandt.

Es wird deutlich, dass in konfessionellen Einrichtungen eine umfangreiche »allgemeine Unterstützung religiöser Bildung« stattfindet, ca. 40 Prozent der befragten Einrichtungen tun in diesem Bereich »sehr viel«, ca. 34 Prozent »viel« und ca. 22 Prozent befinden sich im Mittelmaß (siehe Abb. 2). Nur in rund 4 Prozent der konfessionellen Einrichtungen findet »wenig« oder »kaum« »allgemeine Unterstützung religiöser Bildung« statt.

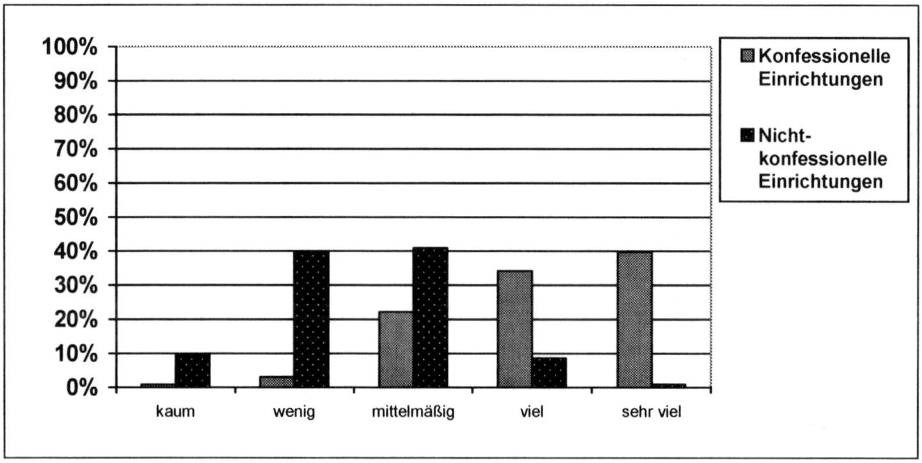

Abb. 2: Prozent Einrichtungen, die jeweilige Menge »allgemeine Unterstützung religiöser Bildung« durchführen

Dabei sind die konfessionellen Einrichtungen signifikant häufiger in höheren Kategorien als die nicht-konfessionellen Einrichtungen[37]. Dort findet in ungefähr der Hälfte der Einrichtungen »kaum« bis »wenig« »allgemeine Unterstützung religiöser Bildung« statt. Die andere Hälfte der Einrichtungen aber unterstützt die religiöse Bildung: ca. 41 Prozent mit einer mittelmäßigen, ca. 9 Prozent mit »viel« und 1 Prozent mit »sehr viel« Unterstützung.

37 Alle benannten Unterschiede sind signifikant, der Übersichtlichkeit halber wurden die entsprechenden Chi-Quadrat-Tests nicht einzeln dargestellt, zumal die korrespondierenden t-Tests der Mittelwerte im Anhang zu finden sind (siehe Anhang 6.2.3.2.1, t-Test 1).

Wie erwartet engagieren sich also die konfessionellen Einrichtungen viel und deutlich mehr als die nicht-konfessionellen. Dennoch muss hervorgehoben werden, dass die Hälfte der nicht-konfessionellen Einrichtungen die Religiösität ihrer Kinder zumindest berücksichtigt, eine gewisse Sensibilität für die Religiösität der Kinder also in rund jeder zweiten nicht-konfessionellen Einrichtung vorhanden ist.

Bezüglich der Vermittlung »christlicher Bildung« liegen die Einrichtungsarten deutlich weiter (ebenfalls signifikant) auseinander. Auffällig ist, dass in fast 84 Prozent der konfessionellen Einrichtungen »sehr viel« »christliche Bildung« vermittelt wird, in ca. 13 Prozent noch »viel« (siehe Abb. 3). Die konfessionellen Einrichtungen nehmen ihren christlichen Bildungsauftrag also sehr ernst.

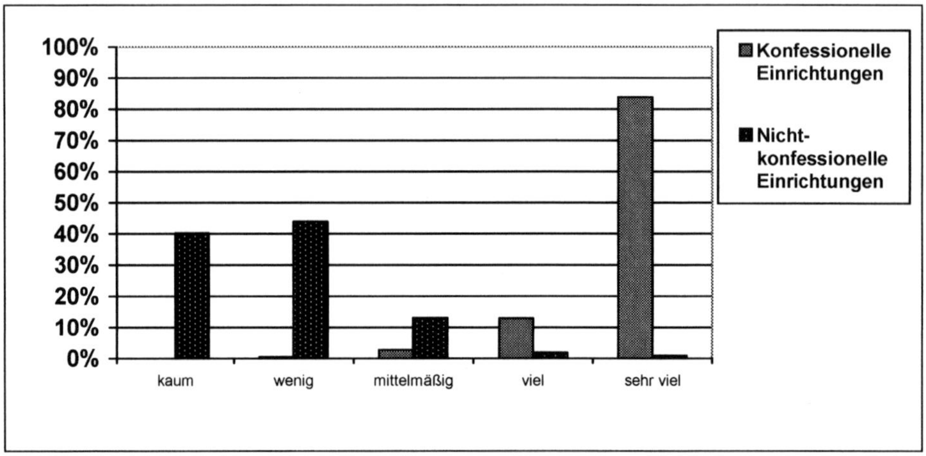

Abb. 3: Prozent Einrichtungen, die die jeweilige Menge »christliche Bildung« vermitteln

Dagegen findet in rund 84 Prozent der nicht-konfessionellen Einrichtungen »kaum« bis »wenig« »christliche Bildung« statt. In gut 13 Prozent der nicht-konfessionellen Einrichtungen findet die »christliche Bildung« eine mittelmäßige Berücksichtung und in ca. 2 Prozent findet »viel«, ca. 1 Prozent »sehr viel« »christliche Bildung« statt. Zusammengefasst kann man also sagen, dass in nur rund 16 Prozent der nicht-konfessionellen Einrichtungen das Christentum inhaltlich aufgenommen wird.

Bei der Vermittlung »islamischer Bildung« dagegen sind beide Einrichtungsarten zumeist in den Kategorien »kaum« oder »wenig« (konfessionelle Einrichtungen: ca. 75 Prozent »kaum« und ca. 18 Prozent »wenig«; nicht-konfessionelle Einrichtungen ca. 81 Prozent »kaum« und ca. 10 Prozent »wenig«), sie unterscheiden sich dabei nicht signifikant (siehe Abb. 4).

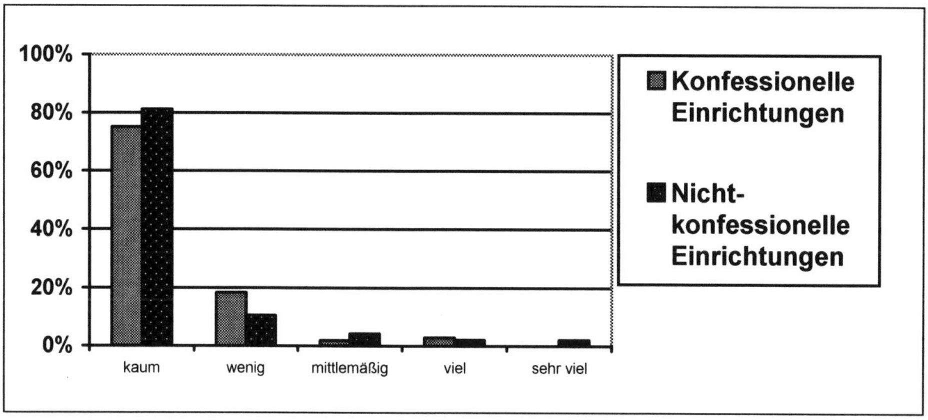

Abb. 4: Prozent Einrichtungen, die die jeweilige Menge »islamische Bildung« vermitteln

Bzgl. der »interreligiösen Bildung« ist auffällig, dass sie in konfessionellen Einrichtungen eine größere Berücksichtung findet als in nicht-konfessionellen (signifikanter Unterschied). 25,5 Prozent der konfessionellen Einrichtungen berücksichtigen sie in einem mittelmäßigen Umfang, in 4 Prozent der Einrichtungen wird »viel« »interreligiöse Bildung« vermittelt (siehe Abb. 5). Bei den nicht-konfessionellen sind es dagegen nur insgesamt gut 9 Prozent, die auf »interreligiöse Bildung« eingehen (»mittelmäßig«: 4,5 Prozent, »viel« fast 4 Prozent und »sehr viel« gut 1 Prozent). Das heißt, dass in fast 71 Prozent der konfessionellen und in sogar fast 91 Prozent der nicht-konfessionellen wenig oder kaum »interreligiöse Bildung« stattfindet.

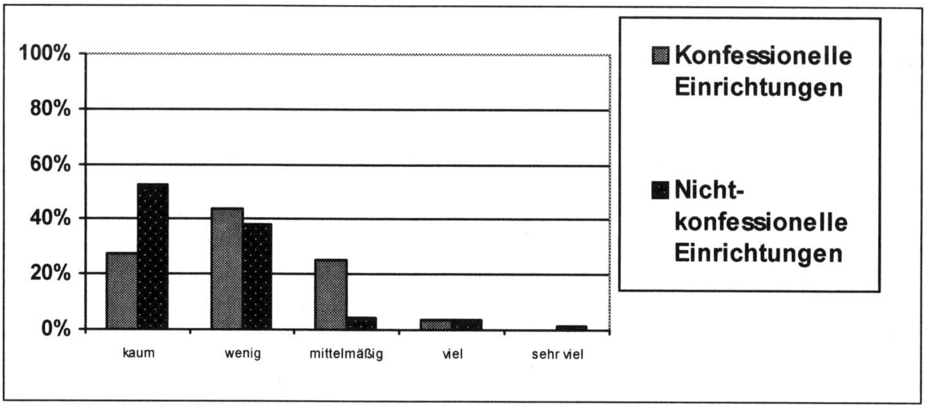

Abb. 5: Prozent Einrichtungen, die die jeweilige Menge »allgemeine Unterstützung religiöser Bildung« durchführen

4.3 Feste als ausgewählter Einzelaspekt der religiösen und interreligiösen Bildung

Aus den Interviews wurde deutlich, dass Feste wichtige Fixpunkte im Alltag des Kindergartens sind (z.B. Interview 8, Aussagen 74–89), die den Kindern lange in Erinnerung bleiben und damit auch deren Weltsicht prägen. Daher haben wir die Feier von ausgewählten christlichen und islamischen Festen als Beispiele religiöser Erziehung gesondert untersucht. Feste anderer Religionen wurden in den Interviews nicht genannt und deshalb nur durch eine Zusatzfrage im Fragebogen behandelt.

Bei den Fragen bzgl. der Feste formulierten wir bewusst offen (z.B. F 25: »Zur Weihnachtszeit vermitteln wir den Kindern, dass die Geburt Jesu gefeiert wird«), so dass sowohl der möglicherweise stärker in den konfessionellen Kindergärten betonte Erfahrungsaspekt der Religion wie auch der vielleicht in den nicht-konfessionellen Kindergärten im Vordergrund stehende Informations- und Bildungsaspekt berücksichtigt werden kann. In den Interviews wurde deutlich, dass die ursprünglich religiösen Feste mit sehr unterschiedlichen Schwerpunkten gefeiert werden, wobei es eine weite Spanne gibt zwischen sehr »religiösen« Feiern (Hinweis auf Ursprung des Festes, Betonung der religiösen Symbolik und der Auswirkungen des zu feiernden Ereignisses auf unser Leben etc.) und Feiern, bei denen das religiöse Element sehr in den Hintergrund tritt (Ostereier anmalen, ohne auf den symbolischen Gehalt zu verweisen, Weihnachen als Lichterfest zu feiern, ohne die Geburt Jesu zu erwähnen etc.). Diese Art des Feierns bezeichnen wir im Folgenden als »nicht-religiöses« Feiern, wobei wir uns der damit vollzogenen Zuspitzung bewusst sind, da es durchaus möglich ist, dass auch in diesen Fällen im Hintergrund die religiösen Traditionen präsent sind und dass religiöse Empfindungen vorkommen. Uns interessierte besonders, wie häufig die unterschiedlichen Arten des Feierns in den befragten Einrichtungen stattfinden und wer diese Feste gestaltet, was natürlich auch unterschiedliche Schwerpunktsetzung bedeutet.

Insgesamt wird deutlich, dass die ausgewählten christlichen Feste (St. Martin, Weihnachten, Ostern) sowohl in den konfessionellen als auch in den nicht-konfessionellen Einrichtungen fast immer gefeiert werden, also einen großen Stellenwert einnehmen (siehe Abb. 6). Daraus kann man ableiten, dass die christliche Tradition – in unterschiedlicher heutiger Ausgestaltung – auch in Einrichtungen, die ansonsten wenig Wert auf Religion legen, die Aufteilung des Jahres nach Festen bestimmt.

Dabei ist auffällig, dass in den konfessionellen Einrichtungen die Feste meist sowohl in ihrer religiösen Ausprägung (z.B. Erzählen von den religiösen Hintergründen) als auch in ihrer nicht-religiösen Ausprägung (z.B. Laternenbasteln) gefeiert werden. Ausnahme ist Weihnachten, das vorrangig religiös gefeiert wird. Dieses Ergebnis kann jedoch ein Artefakt sein, da wir bei der Formulierung des Items »Weihnachten nicht-religiös gefeiert« im Gegensatz zu den nicht-religiösen Formen des Feierns von Ostern und St. Martin das religiöse Feiern ausschlossen (F 24 »...und stellen keinen Bezug zur christlichen Tradition her«). In weiteren Untersuchungen sollte diese Frage offener und eher parallel zu den anderen gestellt werden. Bei konfessionellen Einrichtungen ist das religiöse Feiern der drei genannten Feste die Regel: Es ergab sich ein Deckeneffekt, da fast alle konfessionellen Einrichtungen angaben, diese Feste immer zu feiern.

Konfessionelle Einrichtungen feiern christliche Feste hochsignifikant häufiger in religiöser Ausprägung als nicht-konfessionelle, St. Martin feiern sie gleichzeitig hochsignifikant häufiger in nicht-religiöser Ausprägung. Die nicht-konfessionellen Einrichtungen feiern dagegen signifikant häufiger Ostern nicht-religiös und hochsignifikant häufiger Weihnachten nicht-religiös (alle Angaben siehe t-Test 5, Anhang 6.2.3.2.1).

Betrachten wir nur die religiösen Ausprägungen der Feiern, so ist auffällig, dass die nicht-konfessionellen Einrichtungen am häufigsten St. Martin feiern, ein Fest dessen Hintergrund Nächstenliebe – oder mit weniger religiöser Nomenklatur: »Solidarität mit den Armen« – wohl derart in die westlichen Werte eingegangen ist, dass es auch in explizit nicht-christlichen Einrichtungen gefeiert werden kann (Interview 7, Aussage 106; Interview 15, 154–158). Ähnlich hoch liegt die religiöse Feier von Weihnachten, was mit der Figur des »Jesuskindes« wohl auch allgemein akzeptiert ist und leicht kindgerecht gestaltet werden kann. Die religiöse Feier von Ostern wird dagegen hochsignifikant seltener als Weihnachten oder St. Martin in nicht-konfessionellen Einrichtungen durchgeführt (siehe t-Test 7, Anhang 6.2.3.2.1).

Vergleicht man, welche Feste insgesamt häufiger religiös oder nicht-religiös gefeiert werden, ist Ostern das einzige Fest, das hochsignifikant häufiger in nicht-religiöser als religiöser Ausprägung gefeiert wird (St. Martin und Weihnachten werden hochsignifikant häufiger religiös gefeiert, siehe t-Test 6, Anhang 6.2.3.2.1). Dies kann zum einen daran liegen, dass das Thema Tod und Auferstehung, mehr noch der damit verbundene Bereich von Sünde und Sühne, vielen kein kindgerechtes Thema scheinen mag. Zum anderen fehlt möglicherweise einigen Erzieherinnen selbst die Information. So berichtete eine Leiterin einer städtischen Einrichtung in einem Interview offen, dass sie selbst nicht wisse, was an Ostern gefeiert würde: »Ich meine, gut, zu Ostern, da bastelt man halt und versteckt Körbchen. Aber, warum wir jetzt da Ostern feiern? Gut, Beginn des Frühlings, ja? So, und. Aber, wüsste ich jetzt eigentlich auch nicht, warum wir Ostern feiern.« (Interview 15, Aussage 122). Eine andere Erklärung wäre, dass Weihnachten in weiten Kreisen der Bevölkerung noch immer fest verankert ist, was sich z.B. an der höheren Zahl der Kirchgänger zum Weihnachtsgottesdienst[38] zeigt. Dafür könnte auch sprechen, dass auch in den konfessionellen Einrichtungen Ostern signifikant seltener als St. Martin und hochsignifikant seltener als Weihnachten religiös gefeiert wird (siehe t-Test 8, Anhang 6.2.3.2.1).

38 *W. Huber, u.a. (Hrsg.)*: Die vierte EKD-Erhebung über Kirchenmitgliedschaft. Kirche in der Vielfalt der Lebensbezüge. Gütersloh 2006, 453.

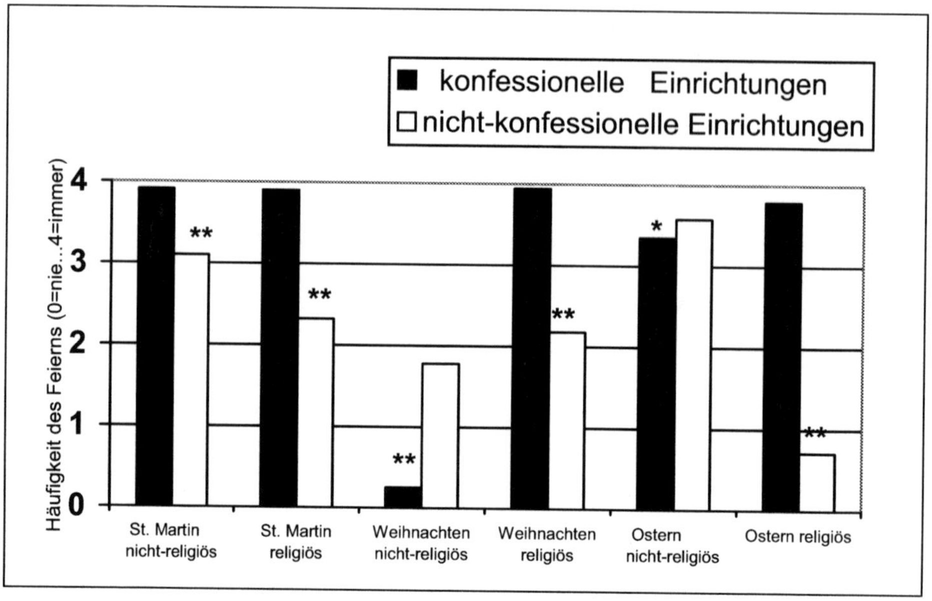

*Abb. 6: Häufigkeit des Feierns von christlichen Festen bzgl. konfessionellen und nicht-konfessionellen Einrichtungen (mögliche Werte: 0–4; *: Unterschied signifikant, <0,05; **: Unterschied hochsignifikant <0,01)*

Die islamischen Feste werden von allen gleich selten gefeiert (siehe Abb. 7; t-Test 5, Anhang 6.2.3.2.1). Dies widerspricht dem Eindruck, den wir aus den Interviews gewonnen hatten, wo mehrere Einrichtungen berichteten, dass sie islamische Feste feierten (Interview 15, Aussagen 78 u. 98–100; Interview 24, Aussage 9; es gab aber auch Interviews, in denen hervorgehoben wurde, dass islamische Feste bewusst nicht gefeiert werden, z.B. Interview 13, Aussage 60). Möglicherweise waren die betreffenden Einrichtungen Ausnahmeerscheinungen und zum Teil ja auch deshalb als Interviewpartner gewählt. Denkbar ist jedoch auch eine Tendenz, im Interview in gewissen Bereichen sozial erwünscht zu antworten oder die einmalige Feier eines Festes oder die Planung desselben zu verallgemeinern. Bestätigt wurde das Ergebnis, dass die islamischen Feste kaum gefeiert werden, im vergeblichen Versuch, einen Termin für eine teilnehmende Beobachtung eines solches Festes zu bekommen. Feste anderer Religionen werden nur in wenigen Ausnahmefällen gefeiert.

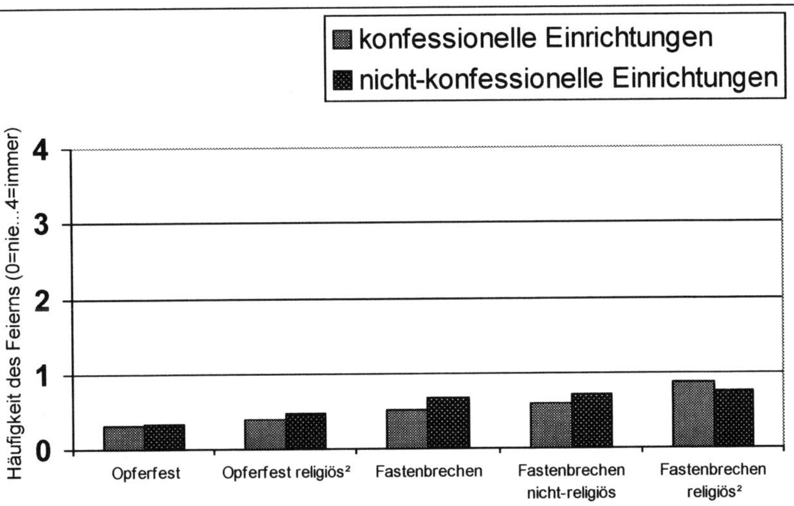

[2]Auf Nachfrage bei Experten in der Praxis wurde uns mitgeteilt, dass es keine nicht-religiöse Form des Opferfestes gäbe. Die etwas erhöhten Werte von »Opferfest religiös« zu »Opferfest« allgemein können durch die Formulierung der Fragen erklärt werden: Während beim ersten das tatsächliche Feiern im Vordergrund steht, liegt beim zweiten der Schwerpunkt auf der Informationsvermittlung. Gleiches gilt für »Fastenbrechen religiös« und »Fastenbrechen« allgemein.

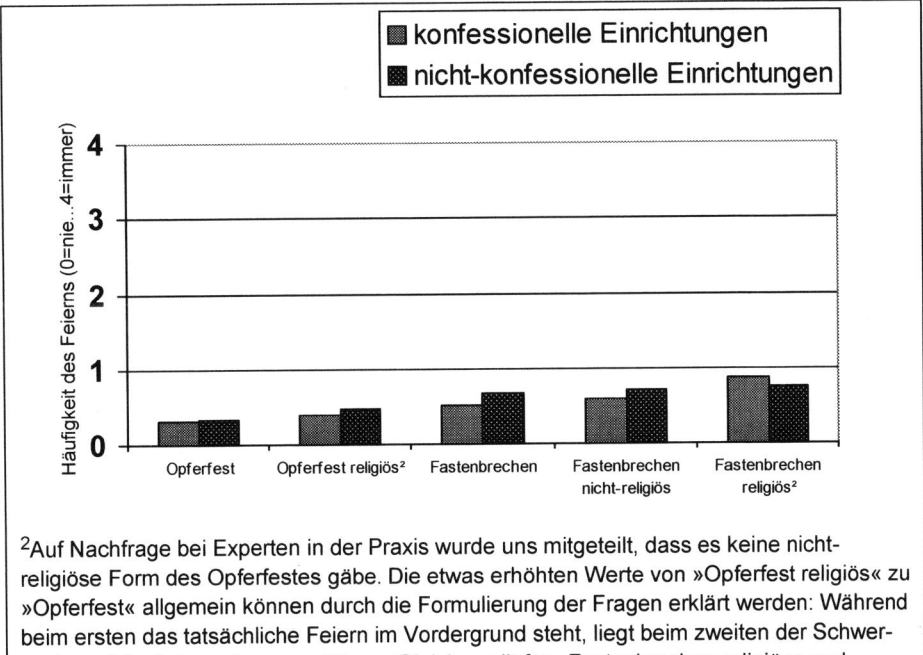

Abb. 7: Häufigkeit des Feierns von islamischen Festen bzgl. konfessionellen und nicht-konfessionellen Einrichtungen (mögliche Werte: 0–4)

Die christlichen Feste werden fast immer von den Erzieherinnen (97,5 Prozent), manchmal auch von christlichen Eltern (15,4 Prozent), deutlich häufiger aber auch von haupt- oder ehrenamtlichen Gemeindemitarbeitern (27,9 Prozent) vorbereitet. Selten werden die Feste auch von nicht-christlich geprägten Eltern (4,5 Prozent) vorbereitet. Dies scheint einer der Bereiche zu sein, in denen sich die Träger konkret engagieren können und in denen Unterstützung von außen auch von den Einrichtungen gut angenommen werden kann.

Die islamischen Feste werden ebenso häufig von muslimischen Eltern (16,4 Prozent) wie von Erzieherinnen (14,8 Prozent) vorbereitet, sehr selten auch von anderen (2,5 Prozent). Dies deutet auf ein stärkeres Engagement der zahlenmäßig deutlich geringer vertretenen muslimischen Eltern hin.

Es wurden auch andere Aspekte der religiösen und interreligiösen Erziehung (z.B. konkretes Handeln im Alltag der Kindergärten wie Gebet, Besuch von Kirchen etc.) untersucht, die jedoch der Übersichtlichkeit halber hier nicht einzeln aufgeführt werden.

4.4 Trägerengagement

Zum Vergleich der Träger erstellten wir einen Wert »Trägerengagement im religiösen Bereich« und einen Wert »Trägerengagement im interreligiösen Bereich«. Darin fließt jeweils zum einen ein, ob der Träger überhaupt Erwartungen und Ziele für den betreffenden Bereich formuliert hat und welche Ziele dies sind[39], beides aus der Sicht der ausfüllenden Erzieherin – also der Anteil, der auch tatsächlich wahrgenommen wird und somit auch umgesetzt werden kann. Zum anderen fließt die von der Erzieherin wahrgenommene konkrete Hilfe des Trägers in den entsprechenden Bereichen ein in Form von Mitarbeit, Beratung, Unterstützung bei der Konzeptionsentwicklung oder gezielter Vermittlung von Fortbildung (siehe Anhang, 6.2.2.5, 6.2.2.6: Zuordnung und Gewichtung der Items zu Gesamtwerten). Dabei ist uns bewusst, dass die gleiche Befragung der Träger möglicherweise andere Ergebnisse erbracht hätte, es war uns aber wichtig, nicht nach der allgemeinen Zielformulierung und dem allgemeinen Angebot zu fragen, sondern nach dem, was tatsächlich an der Basis ankommt und wirksam wird.

Die Träger der konfessionellen Einrichtungen sind sowohl im religiösen als auch im interreligiösen Bereich hochsignifikant engagierter als die Träger nichtkonfessioneller Einrichtungen (t-Test 9[40], Anhang 6.2.3.2.1). Dabei sind erwartungsgemäß die Unterschiede im religiösen Engagement extrem groß, die Unterschiede im interreligiösen Bereich dagegen deutlich geringer (siehe Abb. 8). Insgesamt kann man sagen, dass die konfessionellen Träger zwar vor allem die eigene Religion, gleichzeitig aber auch das Verständnis der anderen Religionen fördern wollen und auch das Thema »andere Religionen« wichtiger als die nichtkonfessionellen nehmen.

39 Religiöse Ziele: Taufversprechen einlösen/zur Taufe hinführen; eigene religiöse Wurzeln kennen; Hineinwachsen in eine Religionsgemeinschaft. Interreligiöse Ziele: eigene religiöse Wurzeln kennen; andere Religionen kennenlernen; neutrale Informationen über Religionen.

40 Wir entschieden uns analog zur Empfehlung von Bortz, 1989, die Gesamtwerte Trägerengagement als Konstrukte und die Daten damit verbunden als normalverteilt zu betrachten, obwohl in die Gesamtwerte auch jeweils ordinalskalierte Daten miteingingen, da ansonsten ein großer Informationsverlust der Preis gewesen wäre. Bestätigt wurden wir dadurch, dass sich auch im Mann-Whitney-U-Test für ordinalskalierte Daten die jeweils gleichen Signifikanzen/fehlenden Signifikanzen ergeben.

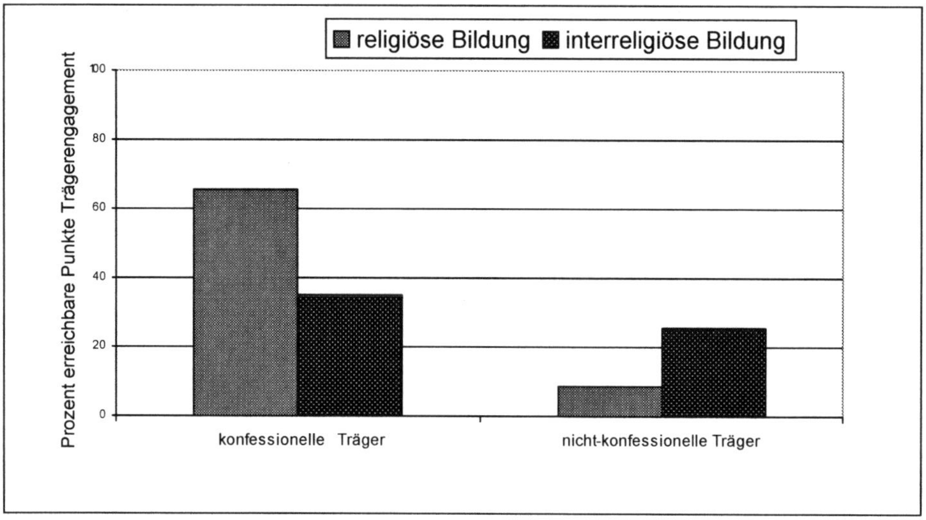

Abb. 8: Trägerengagement im religiösen und interreligiösen Bereich

Die wichtigsten von den Erzieherinnen wahrgenommenen Ziele des Trägers sind in den konfessionell gebundenen Einrichtungen »Hineinwachsen in eine Religionsgemeinschaft« und »eigene religiöse Wurzeln kennen lernen« (siehe Abb. 9).

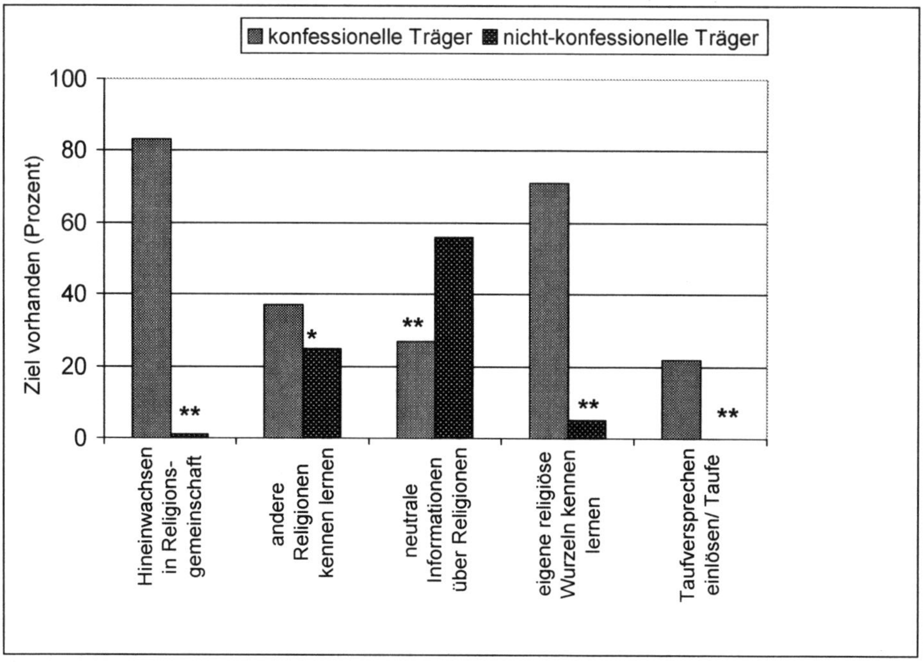

Abb. 9: Ziele des Trägers im religiösen und interreligiösen Bereich
(: Unterschied signifikant, <0,05; **: Unterschied hochsignifikant, <0,01)*

Bewusst haben wir die unterschiedliche Herangehensweise an andere Religionen durch zwei Items abgefragt: »andere Religionen kennen lernen« und »neutrale Information über andere Religionen«. Letzteres war erwartungsgemäß das wichtigste wahrgenommene Ziel der nicht-konfessionellen Träger, das einzige, in dem sie einen höheren Wert als die konfessionell gebundenen haben (hochsignifikanter Unterschied, siehe Chi-Quadrat-Test 5, Anhang 6.2.3.2.4). Demgegenüber haben die konfessionellen Träger signifikant häufiger das Ziel »andere Religionen kennen lernen«. Erneut zeigt sich also die unterschiedliche Herangehensweise der konfessionellen und nicht-konfessionellen Einrichtungen an Religion: Während bei den nicht-konfessionellen eher der informative und kulturelle Aspekt im Vordergrund steht, geht es bei den konfessionellen eher darum, ein Verhältnis zu anderen Religionen zu gewinnen.

Dass die religiöse Bildung einen deutlich höheren Stellenwert bei den konfessionellen Trägern hat als bei den nicht-konfessionellen, zeigt sich auch darin, dass diese deutlich mehr konkrete Hilfe beim Umsetzen der religiösen Ziele geben (siehe Abb. 10, U-Test 1, Anhang 6.2.3.2.3). Dabei findet die Hilfe im Bereich religiöse Erziehung vor allem in Form von Beratung und Mitarbeit, seltener durch Hilfe bei der Konzeptionserstellung und Vermittlung von Fortbildung statt (siehe Abb. 11). Gerade letzteres kann auch positiv so gedeutet werden, dass die Träger den einzelnen Einrichtungen Spielraum und Entscheidungsfreiheit geben. Die nicht-konfessionellen Träger geben insgesamt sehr wenig konkrete Hilfe im religiösen Bereich. Besonders erwähnt werden soll der hohe Anteil der nicht-konfessionellen Träger (69 Prozent), die keinerlei konkrete Hilfe im religiösen Bereich geben.

Die konfessionellen Träger, die signifikant höhere Werte im Gesamtengagement für »interreligiöse Bildung« haben, haben nur genauso hohe Werte bzgl. der konkreten Hilfestellung im interreligiösen Bereich wie die nicht-konfessionellen (U-Test 1, Anhang 6.2.3.2.3). Hier geben sie deutlich weniger konkrete Hilfe als im religiösen Bereich, fast 40 Prozent geben keinerlei Hilfe im interreligiösen Bereich (siehe Abb. 12). Möglicherweise fühlen sich die Träger in diesem Bereich weniger kompetent oder auch weniger zuständig. Vielleicht wird dieser auch mit der multikulturellen Gesellschaft eng verbundene Bereich eher als in die staatliche Zuständigkeit fallend wahrgenommen.

Für die nicht-konfessionellen Träger hingegen ist der interreligiöse Bereich wichtiger als der religiöse (hochsignifikanter Unterschied, Wilcoxon-Test 1, Anhang 6.2.3.2.3), auch wenn die Unterschiede absolut gesehen gering ausfallen. Die nicht-konfessionellen Einrichtungen haben im interreligiösen Bereich annähernd die gleichen Werte wie die konfessionellen, es zeigen sich keine signifikanten Unterschiede (siehe Abb. 10 und 12, U-Test 1, Anhang 6.2.3.2.3). In den nicht-konfessionellen Einrichtungen finden sich auch mehr Kinder nicht-christlicher Religionszugehörigkeit (siehe 4.8), so dass es dem in den Einrichtungen oft zugrunde liegenden Situationsansatz entspricht, dies auch aufzunehmen, wobei es gleichwohl erstaunt, dass das Thema nicht mehr aufgenommen wird. Trotz der im Vergleich zum religiösen Bereich stärkeren Förderung des interreligiösen Bereichs durch die nicht-konfessionellen Träger haben diese einen noch geringeren Gesamtwert »interreligiöse Bildung« im Vergleich zum Gesamtwert »christliche Bildung« (siehe 4.2), so dass man entweder davon ausgehen kann, dass der Träger nur sehr beschränkt Einfluss auf das tatsächliche Geschehen im Kindergarten hat oder dass die christliche Erziehung so kulturell eingebettet ist, dass sie auch ohne Förderung geschieht.

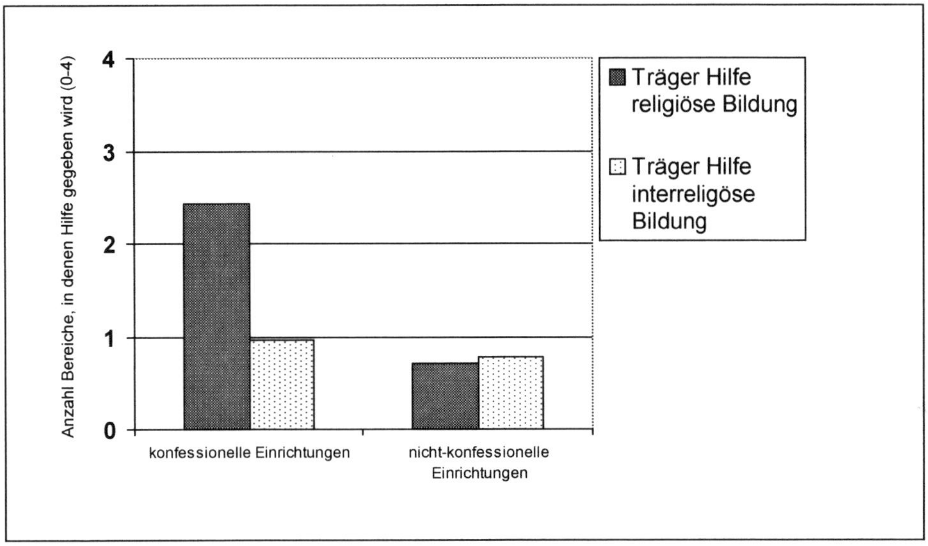

Abb. 10: Anzahl Bereiche, in denen der Träger konkrete Hilfe gibt (mögliche Werte 0–4)

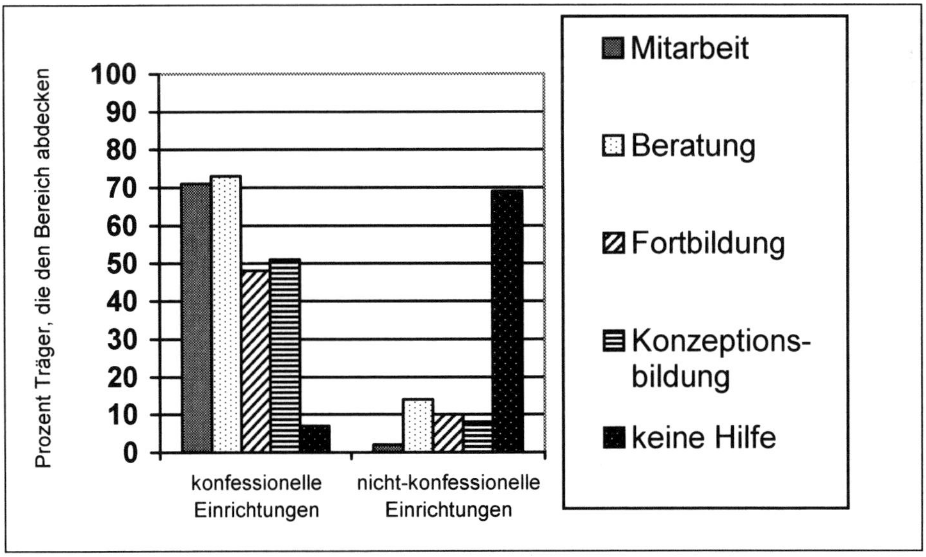

Abb. 11: Einzelne Hilfsbereiche des Trägers im religiösen Bereich

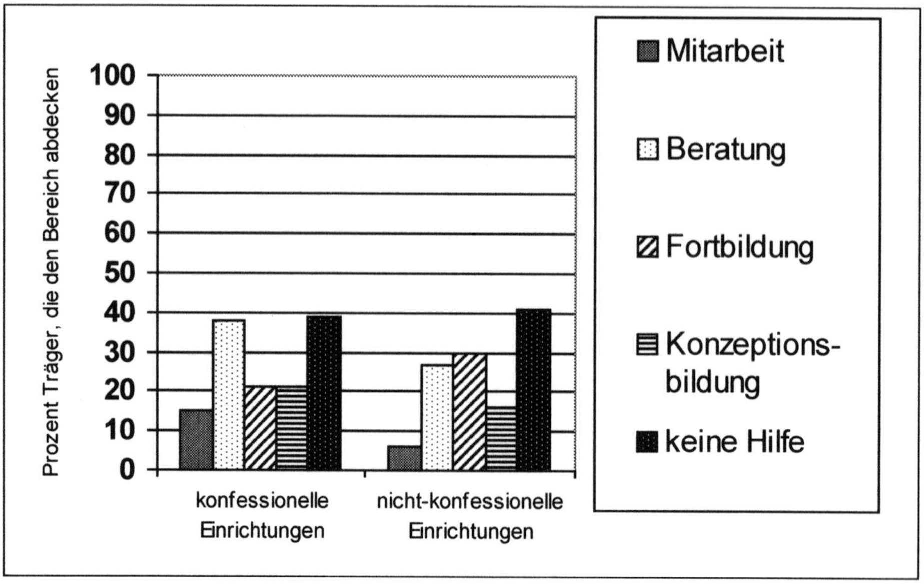

Abb. 12: Einzelne Hilfsbereiche des Trägers im interreligiösen Bereich

4.5 Erzieherinnen

4.5.1 Person der Erzieherin

4.5.1.1 Arbeitsjahre

Die Ausfüllenden haben meist schon sehr lange Berufserfahrung, gut 70 Prozent arbeiten schon mehr als 10 Jahre in ihrem Beruf (siehe Häufigkeitstabelle 1, Anhang 6.2.3.3). Möglicherweise wurden die Fragebögen meist von den Leiterinnen der Einrichtungen ausgefüllt. Die ausfüllenden Erzieherinnen der nicht-konfessionellen Einrichtungen arbeiten schon etwas länger als die der konfessionellen Einrichtungen (signifikant, siehe U-Test 2, Anhang 6.2.3.2.3), wobei der Unterschied nicht sehr groß ist und möglicherweise ab einer bestimmten Arbeitserfahrung der weitere Zugewinn an Erfahrung keine große Rolle mehr spielt.

Es besteht ein kleiner positiver Zusammenhang (signifikant) zwischen Arbeitsjahren und »interreligiöser Bildung« (siehe Tab. 2). Möglicherweise sind erfahrene Erzieherinnen so souverän, sich auch mit dem eher schwierigen Thema der Interreligiosität auseinander zu setzen. Möglicherweise sind die Erzieherinnen mit mehr Arbeitserfahrung auch in einer Zeit ausgebildet worden, in der multikulturelle und multireligiöse Erziehung einen größeren Stellenwert einnahm als in der Ausbildung der Erzieherinnen in neuerer Zeit.

4.5.1.2 Ausbildungsstätte

Die meisten Erzieherinnen in nicht-konfessionellen Einrichtungen sind an einer staatlichen Einrichtung ausgebildet worden (fast 80 Prozent), dagegen wurde die Mehrzahl der Erzieherinnen der konfessionellen Einrichtungen (fast 60 Prozent) an kirchlichen Einrichtungen ausgebildet (die Unterschiede sind hochsignifikant, siehe Anhang 6.2.3.2.4, Chi-Quadrat-Test 8). Die anderen Ausbildungsstätten sind eher zu vernachlässigen.

Wie zu erwarten betreiben Erzieherinnen, die an kirchlichen Ausbildungsstätten ausgebildet worden sind, mehr »christliche Bildung« und mehr »allgemeine Unterstützung religiöser Bildung« als Erzieherinnen, die an staatlichen Ausbildungsstätten ausgebildet wurden (hochsignifikante Unterschiede, siehe Anhang 6.2.3.2.1, t-Test 10). Allerdings verlieren diese Unterschiede ihre Signifikanz, wenn der gegenwärtige Träger statistisch kontrolliert wird (Varianzanalyse 1 und 2, Anhang 6.2.3.2.2). Das könnte bedeuten, dass die Erzieherinnen zwar Elemente aus ihrer Ausbildung in ihren Arbeitsalltag mitnehmen, jedoch von den Erwartungen des Trägers darin bestimmt sind, was sie tatsächlich umsetzen. Alternativ kann davon ausgegangen werden, dass diejenigen an kirchlichen Ausbildungsstätten ausgebildeten Erzieherinnen, die Religion besonders wichtig nehmen, hinterher vorrangig in konfessionellen Einrichtungen arbeiten.

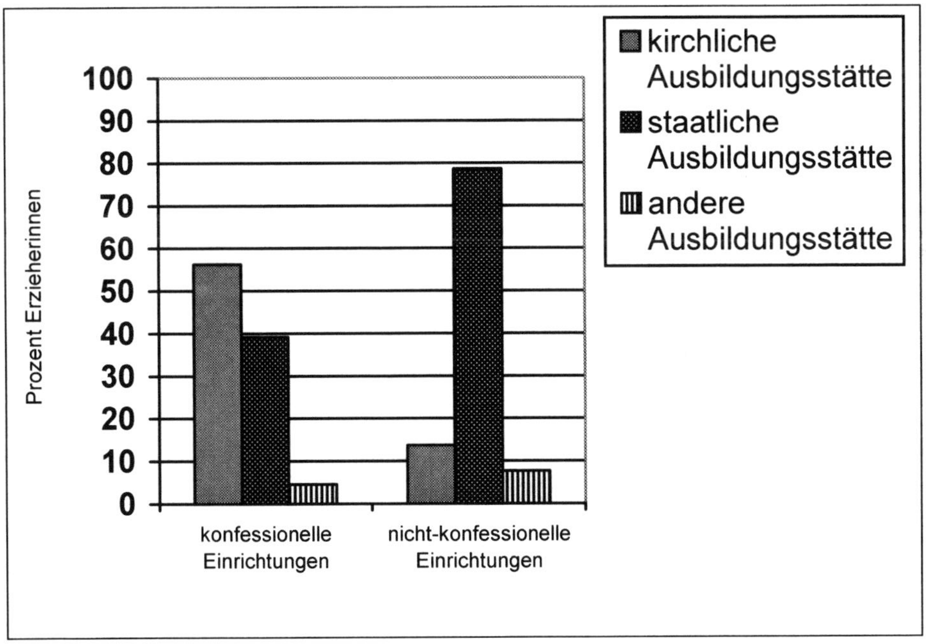

Abb. 13: Anteil Erzieherinnen aus konfessionellen und nicht-konfessionellen Einrichtungen, die in einer kirchlichen bzw. staatlichen Ausbildungsstätte ausgebildet wurden

4.5.1.3 Selbsteinschätzung Religiosität

Die Erzieherinnen in konfessionell gebundenen Einrichtungen sehen sich selbst als sehr religiöse Menschen, während die Erzieherinnen an nicht-konfessionellen Einrichtungen sich als nur mäßig religiös einschätzen (der Unterschied ist hochsignifikant; siehe Abb. 14; t-Test 11, Anhang 6.2.3.2.1).[41] Dabei ist zu bedenken, dass wir eine besondere Auswahl der Erzieherinnen haben, nämlich die, die den Fragebogen zurückgesandt haben. Möglicherweise bedeutet das, dass der Durchschnitt für die Gesamtpopulation noch einmal deutlich niedriger ist.

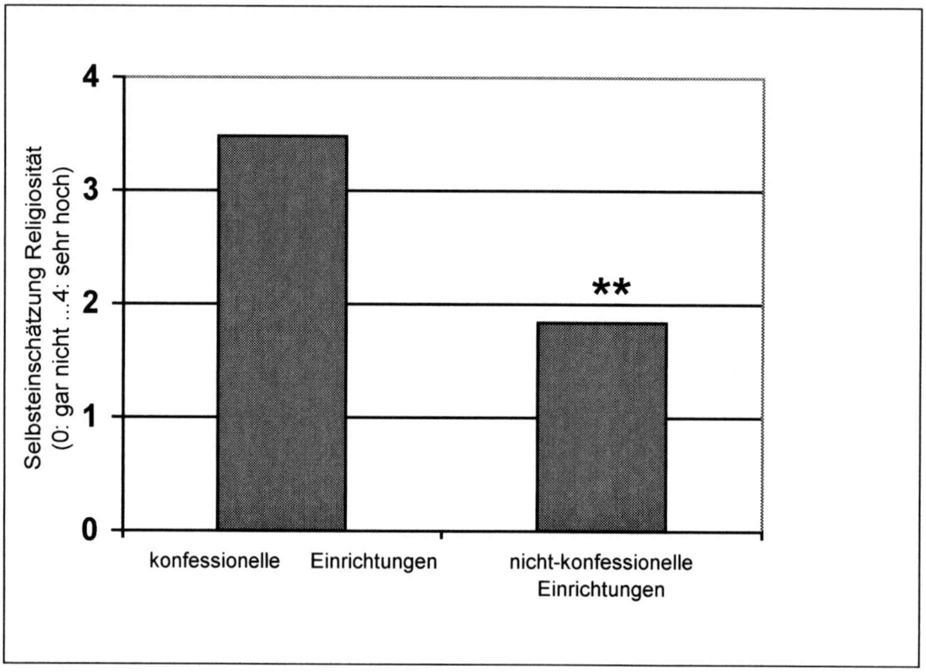

*Abb. 14: Selbsteinschätzung Religiosität der ausfüllenden Erzieherin (mögliche Werte: 0–4; *: Unterschied signifikant, <0,05; **: Unterschied hochsignifikant <0,01)*

Die Selbsteinschätzung bzgl. der Religiosität hängt besonders eng mit dem Gesamtwert »christliche Bildung« zusammen (hochsignifikant; siehe Tab. 2). Die Persönlichkeit der Erzieherin und ihre eigene Religiosität haben also einen zentralen Stellenwert bei der Vermittlung der eigenen Religion. Das könnte bedeuten, dass ein Träger, dem die religiöse Bildung wichtig ist, dies sowohl bei der Auswahl der Mitarbeiter berücksichtigen sollte als auch bei der Ermutigung zu bestimmten Fortbil-

41 Es wurde uns aus Gründen der Akzeptanz für unseren Fragebogen bei der Expertenbefragung geraten, die formelle Religionszugehörigkeit der ausfüllenden Erzieherin nicht zu erfragen.

dungsveranstaltungen, die sich dann sinnvollerweise nicht nur auf die Vermittlung der Religion, sondern auch auf die Stärkung des eigenen Glaubens beziehen sollten.

Ein deutlicher Zusammenhang besteht auch zwischen der Selbsteinschätzung Religiosität und dem Gesamtwert »interreligiöse Bildung« (hochsignifikant). Wenn man die eigene Religion wichtig nimmt, kann also auch die der anderen ernst genommen und behandelt werden. Mit der »islamischen Bildung« besteht kein Zusammenhang, es ist also noch einmal ein großer Unterschied, ob man allgemein andere Religionen thematisiert und berücksichtigt oder ob man sich konkret auf den Islam bezieht.

Allerdings kann die kausale Richtung des Zusammenhangs zwischen eigener Religiosität und religiöser Erziehungspraxis auch umgekehrt sein: Die Erzieherinnen, die viel religiöse und interreligiöse Erziehung betreiben, erleben sich deshalb selbst als religiösere Menschen. In der sozialwissenschaftlichen Forschung haben sich Korrelationen immer wieder als wechselseitig bedingt und sogar interagierend gezeigt, so dass wir dazu tendieren, von beiden Zusammenhangsrichtungen auszugehen.

	Gesamtwert »christliche Bildung«	Gesamtwert »islamische Bildung«	»Allgemeine Unterstützung religiöse Bildung«	Gesamtwert »interreligiöse Bildung«
Selbsteinschätzung Religiosität	0,652**[42]	0,052	0,585**[42]	0,255**[42]
Arbeitsjahre	-0,024	0,054	0,049	0,129*[43]

Tab. 2: Zusammenhänge zwischen Gesamtwerten religiöse und interreligiöse Bildung und Selbsteinschätzung Religiosität und Arbeitsjahre (*: Korrelation auf dem Niveau von <0,05 (zweiseitig) signifikant; **: Korrelation auf dem Niveau von <0,01(zweiseitig) signifikant = hochsignifikant)

4.5.2 Zufriedenheit mit Aus- und Weiterbildung

Die Erzieherinnen in den konfessionell gebundenen Einrichtungen sind recht zufrieden mit Aus- und Weiterbildungsangeboten im religiösen Bereich, insbesondere im Bereich der religiösen Weiterbildung. Dagegen sind die Erzieherinnen in den nicht-konfessionell gebundenen Einrichtungen nur mäßig zufrieden mit beiden Be-

42 Diese Werte bedeuten, dass die Einrichtungen, in denen die ausfüllenden Erzieherinnen sich selbst als religiöser einschätzen, auch einen höheren Gesamtwert bzgl. der »christlichen« und der »interreligiösen Bildung«, sowie der »allgemeinen Unterstützung religiöser Bildung« haben.

43 Dieser Wert bedeutet, dass die Einrichtungen, in denen die ausfüllenden Erzieherinnen mehr Berufserfahrung haben, auch einen höheren Gesamtwert bzgl. der »interreligiösen Bildung« haben.

reichen (Unterschiede sind jeweils hochsignifikant; siehe Abb. 14, t-Test 12, Anhang 6.2.3.2.1). Mit den Aus- und Weiterbildungsangeboten im interreligiösen Bereich sind die Erzieherinnen in konfessionellen Einrichtungen etwas weniger zufrieden, aber noch immer hochsignifikant zufriedener als ihre Kolleginnen in den nicht-konfessionellen Einrichtungen.

Dabei ist auffällig, dass Erzieherinnen aus kirchlichen Ausbildungsstätten deutlich zufriedener mit ihrer Ausbildung im religiösen und im interreligiösen Bereich und mit ihrer Weiterbildung im religiösen Bereich sind als Erzieherinnen, die in staatlichen Einrichtungen ausgebildet wurden (hochsignifikante Unterschiede, Abb. 15, t-Test 14, Anhang 6.2.3.2.1). Bzgl. der Zufriedenheit mit der Weiterbildung im interreligiösen Bereich unterscheiden sich die Gruppen nicht. Die niedrigen Werte könnten bedeuten, dass diese Bereiche in staatlichen Ausbildungsstätten in der Wahrnehmung der Erzieherinnen zu kurz kommen. Die Zufriedenheitswerte der Erzieherinnen, die in konfessionellen Einrichtungen arbeiten, sind bzgl. der Weiterbildung im religiösen wie auch im interreligiösen Bereich signifikant höher als die bzgl. der Ausbildung (t-Test 13, siehe Anhang 6.2.3.2.1). Möglicherweise lässt sich das damit erklären, dass in Weiterbildungsangeboten durch die freie Auswahl die eigenen Interessen eher bedient werden können, vielleicht hängt es aber auch mit anderen Faktoren wie z.B. der stärkeren Einbettung in die Praxis zusammen.

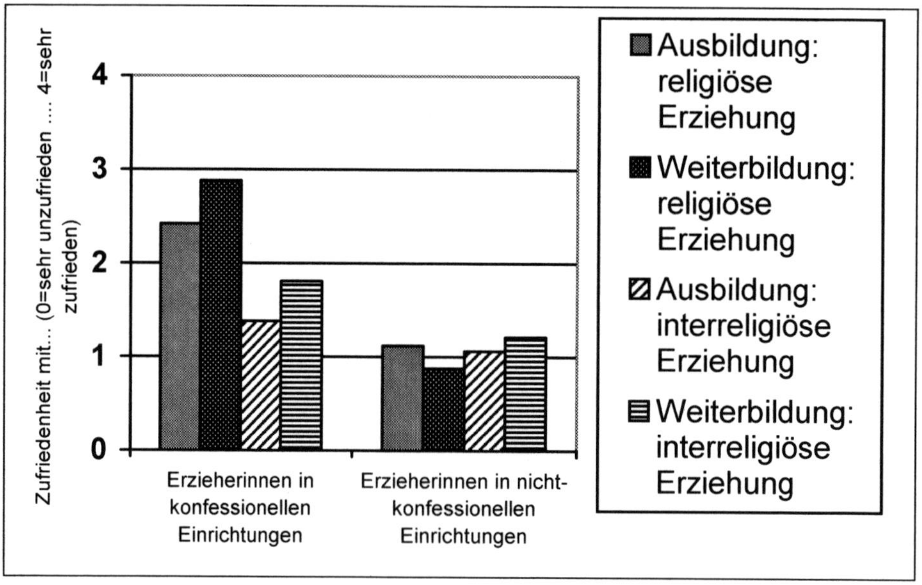

Abb. 15: Zufriedenheit mit Aus-/Weiterbildung: Unterschiede nach konfessionellen/nicht-konfessionellen Einrichtungen (mögliche Werte: 0–4)

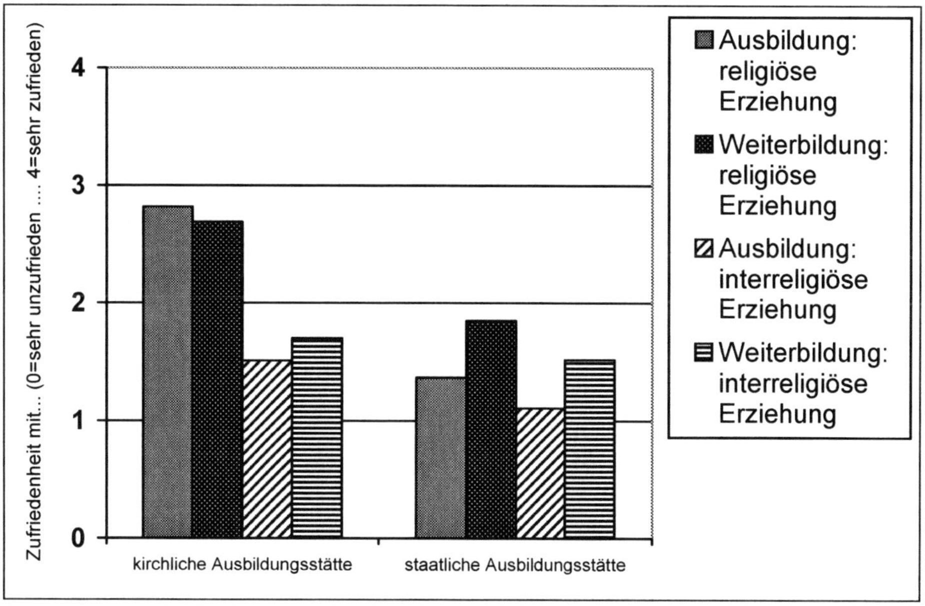

Abb. 16: Zufriedenheit mit Aus-/Weiterbildung: Unterschiede nach staatlichen und kirchlichen Ausbildungsstätten (mögliche Werte: 0–4)

4.5.3 Unsicherheit hinsichtlich der Vermittlung religiöser Inhalte

Insgesamt geben die Erzieherinnen im Blick auf die Erlaubnis zur Vermittlung religiöser Inhalte nur sehr wenig Unsicherheit an (durchschnittlich keine bis kaum unsicher, siehe Abb. 17), wobei erwartungsgemäß die Erzieherinnen in konfessionellen Einrichtungen sich weniger unsicher fühlen bzgl. der Erlaubnis, christliche Inhalte zu vermitteln (hochsignifikanter Unterschied), bzgl. der Vermittlung islamischer Inhalte gibt es keinen Unterschied zwischen den Einrichtungen (siehe t-Test 15, Anhang 6.2.3.2.1). Interessanterweise berichten die Erzieherinnen in konfessionellen Einrichtungen verstärkt von dem Wunsch, den Kindern nicht-christlicher Religionen gerecht zu werden (hochsignifikanter Unterschied, siehe t-Test 15, Anhang 6.2.3.2.1), für die Erzieherinnen aus nicht-konfessionellen Einrichtungen scheint dies kaum ein Thema zu sein.

Dass nur wenige Unsicherheiten angegeben werden, widerspricht nicht den Angaben aus der mündlichen Befragung. So wurde etwa in einer Einrichtung die Feier am Ende des Ramadans eingestellt, weil Erzieherinnen den Eindruck haben, nicht richtig darüber Bescheid zu wissen (Interview 13, Aussage 60). Hier geht es nicht um die Erlaubnisfrage, sondern um die Vertrautheit mit der anderen Religion.

Möglicherweise entspricht die Zurückhaltung bei der Angabe von Unsicherheiten auch einfach der sozialen Erwünschtheit: Erzieherinnen, die Kinder anvertraut bekommen, müssen Sicherheit ausstrahlen und dürfen keine Unsicherheit zugeben.

Gleichzeitig muss bedacht werden, dass die Ausfüllenden meist über viele Jahre Berufserfahrung verfügen und die Ergebnisse bei jüngeren Erzieherinnen vielleicht anders gewesen wären. Bzgl. der nicht-konfessionellen Einrichtungen kann die geringe angegebene Unsicherheit auch ausdrücken, dass religiöse Bildung kein Thema für sie ist, sie deshalb diesbezüglich auch nicht unsicher sind. Diese Interpretation legen einige Kommentare nahe (z.B. Fragebogen 104: »Wir sind eine städtische Einrichtung und Folge dessen spielt der religiöse Aspekt überhaupt keine Rolle; das ist in allen städtischen Einrichtungen so, auch das Personal ist nicht so geprägt, von 13 Mitarbeiterinnen sind drei türkisch, zehn nicht in der Kirche, das zeigt schon alles!!«), die auf dem Fragebogen von Erzieherinnen nicht-konfessioneller Einrichtungen ergänzt wurden.

Betrachtet man die Zusammenhänge zwischen angegebener Unsicherheit bzgl. der Vermittlung von Religion und der Zufriedenheit mit der Ausbildung in diesem Bereich (siehe Anhang 6.2.3.1, Tab. 6), so fällt auf, dass folgerichtig diejenigen unter den Erzieherinnen, die weniger zufrieden mit ihrer Aus- und Weiterbildung im religiösen Bereich sind, sich unsicherer sind, ob sie die christliche Religion im Kindergarten vermitteln dürfen (geringe, aber signifikante bzw. hochsignifikante Zusammenhänge). Erstaunlicherweise hängt jedoch die Zufriedenheit mit der Aus- und Weiterbildung im interreligiösen Bereich nicht mit dem Wunsch, nicht-christlichen Religionen mehr gerecht zu werden, oder der Unsicherheit bzgl. der Vermittlung von islamischer Religion zusammen. Es widerspricht sich, dass sich die Erzieherinnen in diesem Bereich als nicht gut ausgebildet, aber dennoch kompetent erleben, was die obige Interpretation des Verleugnens von Unsicherheit aus sozialer Erwünschtheit stützt.

Es ist auffällig, dass die Erzieherinnen, die mehr interreligiöse Bildung betreiben, vermehrt den Wunsch haben, den Kindern nicht-christlicher Religion gerecht zu werden (schwacher, aber hochsignifikanter Zusammenhang, siehe Anhang 6.2.3.1, Tab. 7), also den Eindruck haben, nicht genug in diesem Bereich zu tun. Es scheint also eine Gruppe zu geben, die ein Problembewusstsein für den interreligiösen Bereich hat, und eine, die dies als kein wichtiges Thema betrachtet.

Dagegen geben die Erzieherinnen, die besonders wenig »christliche Bildung« und besonders wenig »allgemeine Unterstützung religiöser Bildung« betreiben, an, sich unsicher zu fühlen, inwieweit sie überhaupt christliche Erziehung durchführen dürfen (mittlerer und hochsignifikanter Zusammenhang, siehe Anhang 6.2.3.1, Tab. 7).

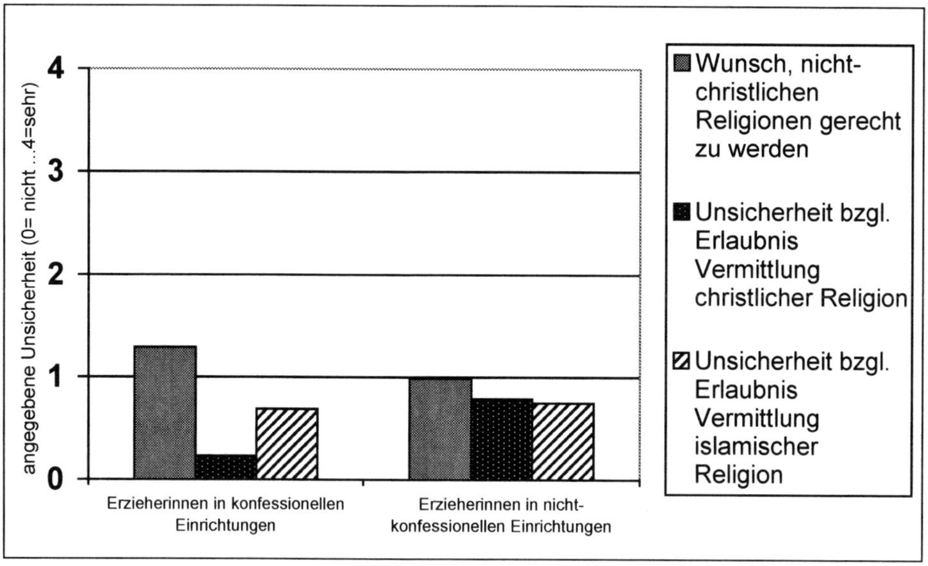

Abb. 17: Unsicherheit der Erzieherinnen bezüglich Vermittlung von Religion (mögliche Werte: 0–4)

4.6 Team und Konzept

4.6.1 Multireligiosität des Teams

In fast allen Einrichtungen gibt es christliche Erzieherinnen (95,6 Prozent), gefolgt von muslimischen Erzieherinnen (21,8 Prozent). Jüdische Erzieherinnen (2,5 Prozent) und Erzieherinnen anderer Religionen (2,2 Prozent) gibt es nur selten. In einigen wenigen Einrichtungen (4,7 Prozent) wusste die Ausfüllende nicht über die Religion der Erzieherinnen Bescheid. Erzieherinnen ohne Bekenntnis gibt es ebenfalls häufiger (34,2 Prozent).

In 4,1 Prozent der Einrichtungen gibt es nur Erzieherinnen ohne Bekenntnis, in 71,7 Prozent außerdem nur Christinnen, in 21,5 Prozent noch eine weitere Religion bei den Erzieherinnen, nur in 1,9 Prozent der Einrichtungen gibt es drei Religionen und nur in einem einzigen Fall (0,3 Prozent) vier Religionen.

Die nicht konfessionell gebundenen Kindergärten haben verglichen mit den konfessionell gebundenen Kindergärten signifikant mehr Erzieherinnen, die einer anderen Religion als dem Christentum angehören (t-Test 16, Anhang 6.2.3.2.1), insbesondere deutlich mehr Muslime. Sie haben auch um ein Vielfaches mehr Erzieherinnen ohne Bekenntnis. Dies ist an sich nicht verwunderlich, da bei vielen konfessionellen Einrichtungen die christliche Religionszugehörigkeit eine Einstellungsvoraussetzung ist. Die hohe Zahl von Erzieherinnen ohne Bekenntnis kann zum Teil das deutlich geringere Interesse an religiöser Bildung bei den nicht-konfessionellen Kindergärten erklären.

Insgesamt hängt die Anzahl unterschiedlicher Religionen im Team leicht negativ mit der »christlichen Bildung« zusammen, d.h. dass Einrichtungen mit mehr unterschiedlichen Religionen bei den Erzieherinnen weniger »christliche Bildung« bieten. Dagegen hängt die Anzahl unterschiedlicher Religionen bei den Erzieherinnen leicht positiv mit der »islamischen« und »interreligiösen Bildung« zusammen, d.h. dass Einrichtungen mit höherer Multireligiosität im Team auch mehr »islamische« und »interreligiöse Bildung« anbieten (alle Zusammenhänge sind hochsignifikant, siehe Tab. 3 und Abb. 18). Allerdings ist der Zusammenhang nicht sehr eng, möglicherweise ist es im gegenwärtigen Klima (11. September, Kopftuchdiskussion etc., siehe auch Interviews) für die muslimischen Erzieherinnen schwierig, den Kindern ihre Religiosität zu vermitteln.

	Gesamtwert »christliche Bildung«	Gesamtwert »islamische Bildung«	»Allgemeine Unterstützung religiöser Bildung«	Gesamtwert »interreligiöse Bildung«
Anzahl Religionen im Team	-0,169**	0,205**	-0,081	0,199**

Tab. 3: Zusammenhänge zwischen Gesamtwert religiöse und interreligiöse Bildung und Anzahl Religionen im Team (: Korrelation auf dem Niveau von <0,05 (zweiseitig) signifikant; **: Korrelation auf dem Niveau von <0,01(zweiseitig) signifikant = hochsignifikant)*

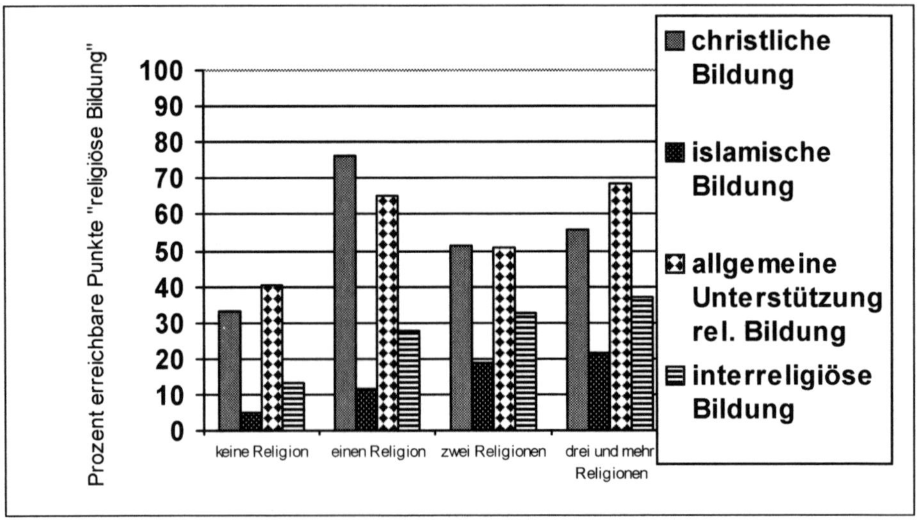

Abb. 18: Religiöse und interreligiöse Bildung abhängig von Anzahl der Religionen bei den Erzieherinnen

4.6.2 Teamsitzung und Konzeption

Insgesamt scheint das Thema religiöse und interreligiöse Bildung bei nicht-konfessionellen Einrichtungen auch in Teambesprechungen und Konzeption eher ausgeblendet zu werden: Während in konfessionellen Einrichtungen die religiöse Bildung ein häufiges Thema in Teamsitzungen ist und fast immer in der Konzeption vorkommt, kommt beides in nicht-konfessionellen Einrichtungen selten bis gar nicht vor (Unterschiede hochsignifikant; siehe Abb. 18; t-Test 17, Anhang 6.2.3.2.1). Diese Unterschiede werden bei der »interreligiösen Bildung« geringer, sind aber noch immer hochsignifikant. »Interreligiöse Bildung« wird bei konfessionellen Einrichtungen manchmal bis häufig in der Teamsitzung thematisiert und wird manchmal in der Konzeption bearbeitet, beides kommt wieder nur selten in nicht-konfessionellen Einrichtungen vor (siehe Abb. 18, Unterschiede hochsignifikant, t-Test 17, Anhang 6.2.3.2.1). Aus den Interviews wurde teilweise ein völliges Fehlen des Bewusstseins der Notwendigkeit, religiöse Unterschiede zu verstehen, deutlich. So berichtete eine der interviewten muslimischen Erzieherinnen, dass die anderen Erzieherinnen mit Unverständnis darauf reagierten, dass sie im Ramadan fastet (»Es gab schon ab und zu mal solche komischen Sprüche in der Zeit, wo ich gefastet hab.«[44]).

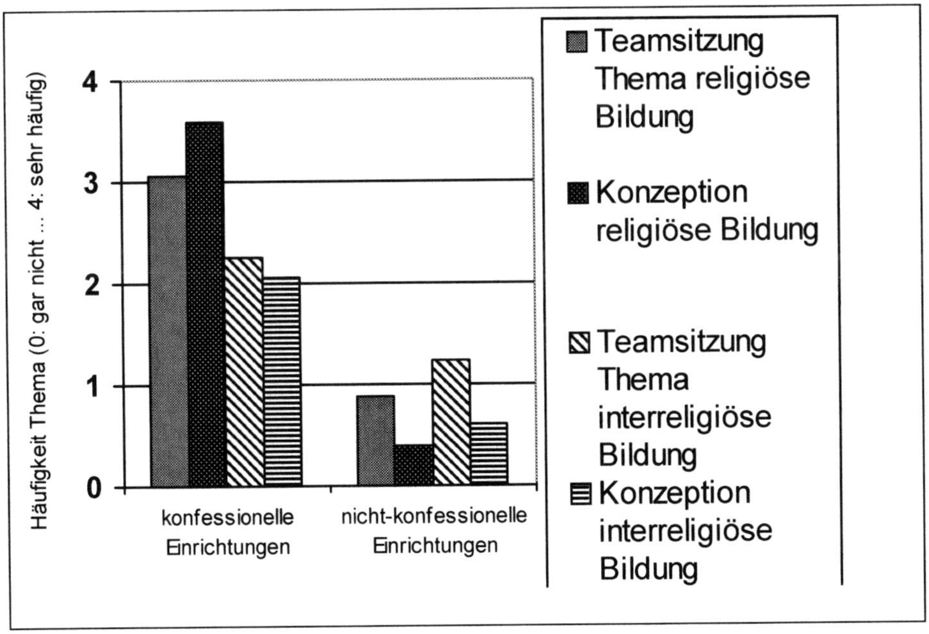

*Abb. 19: religiöse und interreligiöse Bildung als Thema in Teamsitzungen und Konzeption (mögliche Werte: 0–4; *: Unterschied signifikant, <0,05; **: Unterschied hochsignifikant <0,01)*

44 Interview 34, Aussage 98.

4.6.3 Orientierungspläne

Insgesamt scheinen die Kindergärten, insbesondere die nicht-konfessionellen Einrichtungen, bzgl. der Orientierungspläne Vorbehalte zu haben: Diese wurden »manchmal« bis »häufig« zur Kenntnis genommen, »manchmal« umgesetzt und als nur mäßig gut umsetzbar beurteilt (siehe Abb. 20). Bei allen drei Bereichen gaben die konfessionellen Einrichtungen an, besser damit zurechtzukommen (hochsignifikanter Unterschied; t-Test 18, Anhang 6.2.3.2.1). Möglicherweise ist dies eine Folge davon, dass der weltanschauliche Bereich, der in den meisten Orientierungsplänen einen mehr oder weniger großen Bereich ausmacht, in den konfessionellen Einrichtungen schon vorher umgesetzt wurde, für die nicht-konfessionellen Einrichtungen jedoch eine Neuorientierung bedeutet.

Die Umsetzung der Orientierungspläne wird behindert besonders durch die schlechten Rahmenbedingungen (7,1 Prozent: Zeit- und Personalmangel, zu große Gruppengröße, Kinder werden immer jünger...), gefolgt von Schwierigkeiten auf Seiten der Eltern und Kinder (3,8 Prozent: fehlende Offenheit, Sprachprobleme...). Genauso häufig wurde von Hindernissen auf Seiten der Erzieherinnen berichtet (3,8 Prozent: fehlende Bereitschaft, sich mit religiösen Themen auseinanderzusetzen und fehlende Kenntnisse). Daneben gibt es aber auch den Orientierungsplänen inhärente Mängel (1,6 Prozent: unklare Formulierung und fehlende Praxisbeispiele) und Schwierigkeiten vonseiten des Trägers (0,8 Prozent: Diskrepanz zu den Zielen des Trägers; siehe Häufigkeitstabelle 2, Anhang 6.2.3.3).

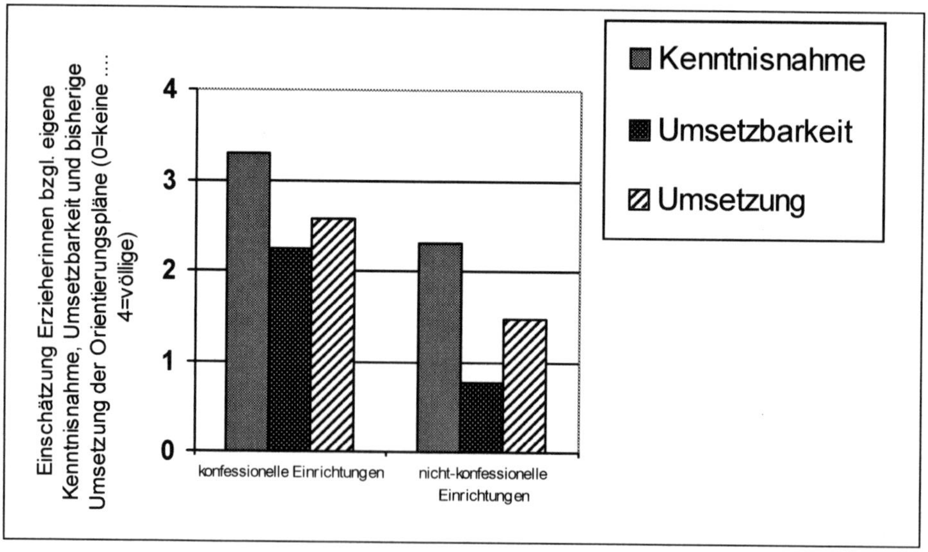

Abb. 20: Kenntnisnahme, Umsetzbarkeit und bisherige Umsetzung der Orientierungspläne (mögliche Werte: 0–4)

4.7 Eltern

4.7.1 Wichtigkeit religiöser Themen

Die Eltern in konfessionellen Einrichtungen legen nach Wahrnehmung der Erzieherinnen zumindest mittelmäßig Wert auf religiöse Themen (Mittelwert 2,2 von 4), wogegen die Eltern in nicht-konfessionellen Einrichtungen kaum Wert darauf legen (Mittelwert 1,1 von 4; Unterschiede sind hochsignifikant; t-Test 19, Anhang 6.2.3.2.1). Dies lässt sich wahrscheinlich darauf zurückführen, dass Eltern, denen die religiöse Erziehung wichtig ist, eher ihre Kinder in konfessionelle Einrichtungen bringen, wenn sie die Wahl wie in den von uns einbezogenen Großstädten haben. So berichtete die Leiterin eines konfessionellen Kindergartens, dass sich muslimische Familien mitunter ganz bewusst für ihre Einrichtung entschieden, und berichtet z.B. von einer kopftuchtragenden muslimischen Mutter: »... Und die sagt: Nein. Das ist vollkommen in Ordnung, meine Tochter kann dran teilnehmen [jeden Donnerstag feiert die Pfarrerin der Gemeinde einen Kindergottesdienst in der Einrichtung], äh, wir haben unsere Religion und die kriegt sie ganz klar zu Hause mit und sie soll erfahren, was glauben die Menschen hier.« (Interview 11, Aussage 86)

Allerdings kann es sich bei dem berichteten erhöhten Interesse der Eltern an Religion auch teilweise um einen Wahrnehmungseffekt handeln: Da den Erzieherinnen in konfessionellen Einrichtungen die religiöse Erziehung wichtig ist, fragen sie die Eltern danach und nehmen auch eher deren Bedürfnisse in dieser Richtung wahr. Möglicherweise handelt es sich auch um eine Interaktion: Die Erzieherinnen zeigen sich interessierter an diesem Bereich und als Folge davon zeigen auch die Eltern ihr tatsächlich vorhandenes Interesse offener. Dazu passt, dass in Einrichtungen, in denen im Erstgespräch das Thema Religion grundsätzlich angesprochen wird, die Eltern das Thema Religion eher wichtig nehmen und auch eher bereit sind (oder ermutigt werden), sich an der Vorbereitung christlicher Feste zu beteiligen (mittlere und niedrige, jeweils hochsignifikante Korrelationen, siehe Anhang 6.2.3.1, Tab. 8).

4.7.2 Häufigkeit Vorbereitung christlicher Feste

Die christlichen Eltern bereiten in gut 15 Prozent der Einrichtungen christliche Feste mit vor, auch nicht-christliche Eltern engagieren sich dabei ab und zu (ca. 5 Prozent). Im islamischen Bereich engagieren sich islamische Eltern ungefähr genauso stark (gut 16 Prozent) bei der Vorbereitung islamischer Feste. Dies zeigt das relativ starke Engagement der zahlenmäßig geringer vertretenen muslimischen Eltern. Allerdings hängen diese Zahlen auch davon ab, inwieweit der Kindergarten es den Eltern überhaupt ermöglicht oder sie ermutigt, die Feste mitzugestalten (siehe 4.7.1).

4.8 Kinder

Die konfessionellen Einrichtungen hatten im Durchschnitt 62 Kinder, die nicht-konfessionellen sind mit durchschnittlich 89 Kindern etwas größer (hochsignifikanter Unterschied, siehe t-Test 20, Anhang 6.2.3.2.1).

Im Durchschnitt gibt es in den befragten Kindergärten Kinder recht vieler Nationalitäten (ca. 8,6), was sicherlich mit der Auswahl der Befragungsorte zusammenhängt und für das Sample auch angestrebt war. Dabei unterscheiden sich die Kindergärten sehr. Über die Hälfte der befragten Einrichtungen haben relativ viele (vier bis zehn) verschiedene Nationalitäten, viele aber auch deutlich mehr (über zehn Nationalitäten). Nur rund ein Sechstel der befragten Einrichtungen haben Kinder aus nur drei oder weniger Nationalitäten (Häufigkeitstabelle 2, Anhang 6.2.3.3). Dabei unterscheiden sich die nicht-konfessionellen nicht von den konfessionellen Einrichtungen (t-Test 22, Anhang 6.2.3.2.1). In nicht-konfessionellen Einrichtungen gibt es signifikant mehr Kinder mit nicht-deutscher Muttersprache als in konfessionellen Einrichtungen (t-Test 22, Anhang 6.2.3.2.1).

In den befragten Einrichtungen gab es vor allem christliche Kinder (ca. 13 000), auch viele muslimische Kinder (ca. 5 000), etwas mehr ohne Bekenntnis (ca. 7 000) und wenig Kinder mit anderen Religionen (ca. 700). Die Anzahl der Kinder ohne Bekenntnis war relativ hoch: ungefähr halb so hoch wie die der christlichen Kinder.

Dabei zeigt sich, dass die Verteilung der Kinder mit nicht-christlicher Religionszugehörigkeit sehr ungleich ist[45]: Es gibt viele Einrichtungen mit sehr wenigen nicht-christlichen Kindern, einige mit mehreren, sehr wenige mit vielen. In konfessionellen Einrichtungen gibt es einen größeren Anteil christlicher, dagegen einen kleineren Anteil muslimischer Kinder und insgesamt einen kleineren Anteil Kinder anderer Religionen als in nicht-konfessionellen Einrichtungen (hochsignifikante Unterschiede, siehe Abb. 21; t-Test 21 und 22, Anhang 6.2.3.2.1). Die anderen Religionen kommen gleich selten vor. Auch der Anteil an Kindern ohne Bekenntnis unterscheidet sich nicht zwischen den Gruppen. Auf diesem Hintergrund ist das vorher beschriebene Ergebnis, dass die nicht-konfessionellen Einrichtungen nur wenig »interreligiöse Bildung« betreiben, besonders problematisch, da dies heißt, dass ein Teil der nicht-christlichen Kinder in ihrer Religiosität nicht wahrgenommen wird.

Dennoch zeigt sich, dass die Multireligiosität der Kinder (gemessen als Prozentsatz der Kinder mit nicht-christlicher Religion) deutlich und hochsignifikant mit

45 Aus diesem Grund wurden die gesamten Berechnungen ein zweites Mal ausschließlich an den Einrichtungen durchgeführt, die mindestens 10 Prozent Kinder nicht-christlicher Religion betreuen (N= 216). Die Ergebnisse verändern sich durch die eingeschränkte Stichprobe kaum, außer in folgenden Aspekten: Es zeigt sich zwischen konfessionellen und nicht-konfessionellen Einrichtungen kein Unterschied mehr bei den Lebensmittelverboten, dagegen dürfen die Kinder in konfessionellen Einrichtungen signifikant häufiger an bestimmten Festen und Veranstaltungen aus religiösen Gründen nicht teilnehmen (allerdings ist dies noch immer sehr selten), worin sich bei der Gesamtstichprobe kein Unterschied zeigt.

dem Gesamtwert der »islamischen« und der »interreligiösen Bildung« zusammenhängt, dagegen deutlich negativ (ebenfalls hochsignifikant) mit der »christlichen Bildung«. In die jeweils gleichen Richtungen (allerdings etwas geringer, jedoch noch immer hochsignifikant) besteht der Zusammenhang zwischen dem Anteil der Kinder mit nicht-deutscher Muttersprache und den Gesamtwerten »religiöser« und »interreligiöser Bildung« (Tab. 4). Die Anzahl der Nationen, aus denen die Kinder kommen, hängt ebenfalls hochsignifikant mit den Gesamtwerten »islamische und interreligiöse Bildung« zusammen.

Auch dieses Ergebnis kann wieder dahingehend interpretiert werden, dass bei höherer Multinationalität und damit verbunden höherer Multireligiosität die Unterschiede häufiger vonseiten der Kinder angesprochen werden und dann entsprechend dem Situationsansatz vonseiten der Einrichtungen zumindest teilweise aufgenommen werden. Dieser Zusammenhang ist jedoch deutlich schwächer als der Zusammenhang zwischen Trägerschaft und Gesamtwerten »religiöser« und »interreligiöser Bildung«, so dass die nicht-konfessionellen Einrichtungen, die ja mehr Kinder anderer Religion und Nationalität haben, dennoch insgesamt weniger »interreligiöse Bildung« betreiben.

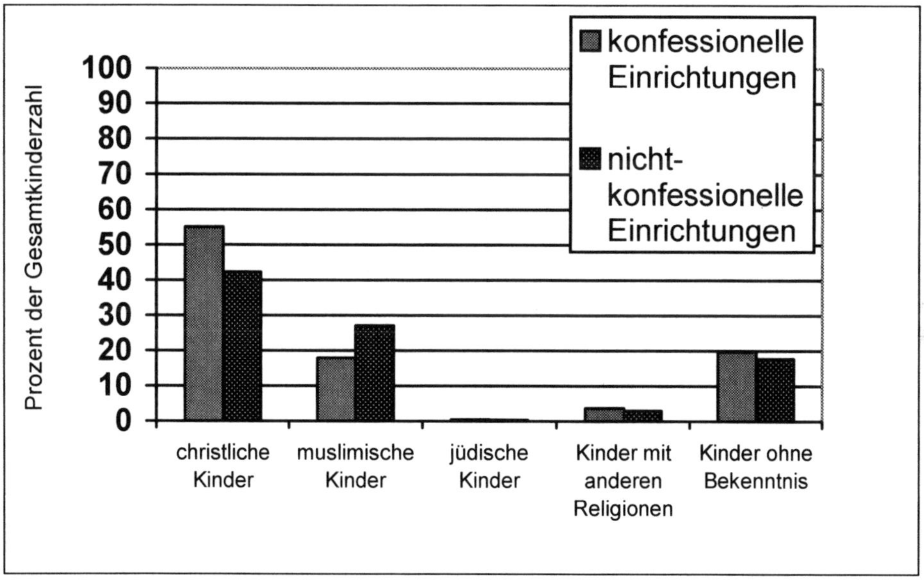

Abb. 21: Prozentualer Anteil Kinder der unterschiedlichen Religionen bzgl. konfessionelle und nicht-konfessionelle Einrichtungen (: Unterschied signifikant, <0,05; **: Unterschied hochsignifikant, <0,01)*

	Gesamtwert »christliche Bildung«	Gesamtwert »islamische Bildung«	»Allgemeine Unterstützung religiöser Bildung«	Gesamtwert »interreligiöse Bildung«
Prozent Kinder mit nicht-christlicher Religion	-0,219**[46]	0,480**[47]	-0,184**[48]	0,497**[47]
Prozent Kinder nicht deutscher Muttersprache	-0,148**[46]	0,371**[47]	-0,090	0,369**[47]
Anzahl Nationen Kinder	-0,002	0,254**[47]	-0,010	0,304**[47]

Tab. 4: Korrelation zwischen Multireligiosität und -nationalität der Kinder und den Gesamtwerten religiöse und interreligiöse Bildung (: Korrelation auf dem Niveau von <0,05 (zweiseitig) = signifikant; **: Korrelation auf dem Niveau von <0,01(zweiseitig) = hochsignifikant)*

4.9 Regionale Unterschiede

Im Folgenden wollen wir die regionalen Unterschiede der verschiedenen Kennwerte betrachten, wobei dies immer unter Vorbehalt geschieht, weil die Aussagen sich teilweise auf eine sehr geringe Stichprobe (in Dresden z.B. weniger als zehn pro Einrichtungsart) beziehen.

Die einzelnen Städte unterscheiden sich – wenn man die unterschiedliche Anzahl der befragten konfessionellen und nicht-konfessionellen Einrichtungen statistisch kontrolliert – nicht signifikant bzgl. der »christlichen Bildung« und der »allgemeinen Unterstützung religiöser Bildung«. Dagegen unterscheiden sie sich hochsignifikant bzgl. der »islamischen« und signifikant bzgl. der »interreligiösen Bildung« (F-Test 3–6, Anhang 6.2.3.2.2).

46 Diese Werte bedeuten, dass Einrichtungen mit einem höheren Anteil an Kindern nicht-christlicher Religionen und Einrichtungen mit einem höheren Anteil an Kindern mit nicht-deutscher Muttersprache weniger christliche Bildung betreiben.

47 Diese Werte bedeuten, dass Einrichtungen mit einem höheren Anteil an Kindern nicht-christlicher Religionen, Einrichtungen mit einem höheren Anteil an Kindern nicht-deutscher Muttersprache und Einrichtungen mit einer höheren Anzahl unterschiedlicher Nationen der Kinder mehr islamische und interreligiöse Bildung betreiben.

48 Dieser Wert bedeutet, dass Einrichtungen mit einem höheren Anteil an Kindern nicht-christlicher Religionen weniger »allgemeine Unterstützung religiöser Bildung« betreiben.

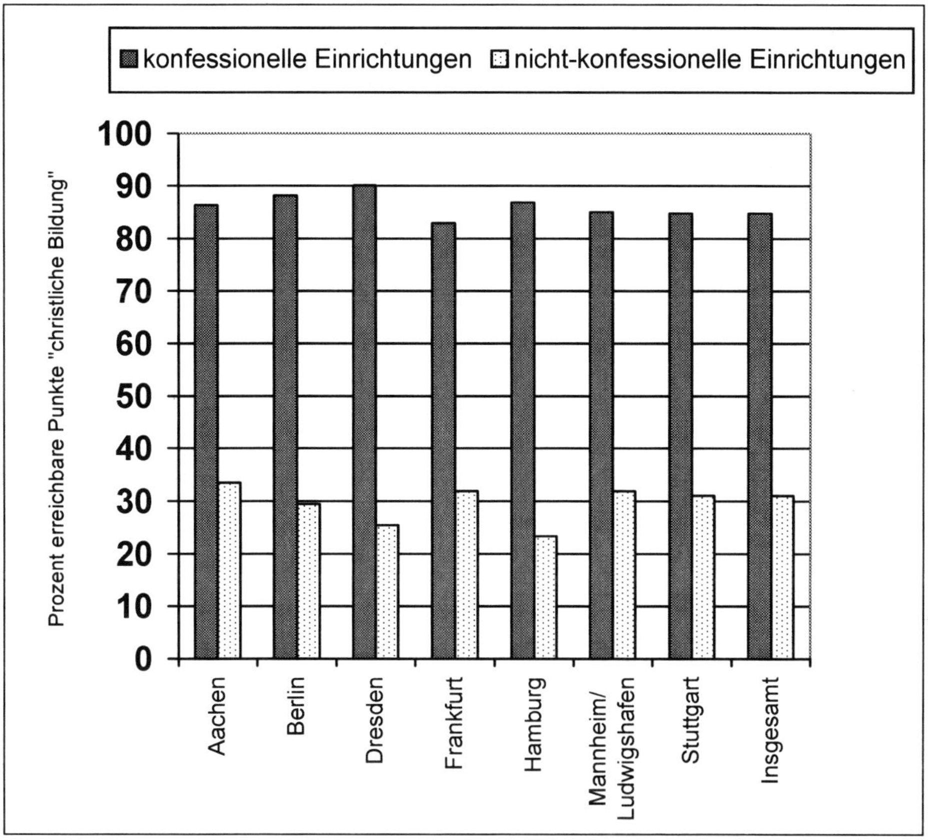

Abb. 22: Regionale Unterschiede bzgl. Gesamtwerte »christliche Bildung«

Betrachtet man die Einzelunterschiede der Bundesländer bzgl. der »christlichen Bildung« trotz der fehlenden Signifikanz[49] (siehe Abb. 21), fällt auf, dass die konfessionellen Einrichtungen Dresdens den höchsten Wert aller Städte überhaupt erreichen und dass die Differenz zwischen den konfessionellen und den nichtkonfessionellen Einrichtungen hierbei am größten ist. Dies bestätigt den Eindruck aus den Interviews, dass dort in den konfessionellen Einrichtungen die Religion eine sehr große Bedeutung hat.[50] Diese große Bedeutung der Religion in den konfessionellen Einrichtungen hängt sicherlich mit der starken Diasporasituation und der

49 Diese fehlende Signifikanz könnte ein Effekt der teilweise sehr geringen Häufigkeiten der Einrichtungen der einzelnen Bundesländer sein, wie z.B. 17 Fragebögen aus Dresden insgesamt.

50 Es wird z.B. erwartet, dass die Eltern die religiöse Arbeit mittragen (Interview 28, Aussage 14). Es ist jedoch fraglich, inwieweit das Einverständnis der Eltern ein Lippenbekenntnis ist. Die Kindergartenplätze sind knapp (Aussage 92). Es gibt Hunderte von Bewerbern und die Eltern tun alles dafür, dass ihr Kind in die Einrichtung kommen kann. Sie würden sich nicht gegen den religiösen Aspekt wehren (Aussage 94).

Rolle der Religion als Gegenpol zur staatlichen atheistischen Haltung während der DDR-Zeit zusammen. Dies kann auch eine Erklärung sein für die recht hohen Werte der konfessionellen Einrichtungen in Berlin, in denen Ost-Berliner Einrichtungen enthalten sind. Die sehr niedrigen Werte der nicht-konfessionellen Einrichtungen in Dresden passen zu dem Befund, dass Dresden die einzige Stadt ist, in der die durchschnittliche Anzahl der Religionen der Erzieherinnen unter eins liegt (und das deutlich), was bedeutet, dass viele Einrichtungen auch keine christlichen Erzieherinnen haben, so dass es nicht verwundert, dass in diesen Einrichtungen sehr wenig »christliche« aber auch wenig »religiöse Bildung« stattfindet.

In Aachen haben die nicht-konfessionellen Einrichtungen im Vergleich zu den nicht-konfessionellen der anderen Städte relativ hohe Werte bzgl. »christlicher Bildung«. In der sehr katholischen Stadt gehört Religion möglicherweise mehr zum Allgemeingut als in anderen Städten. Allerdings hatten auch die nicht-konfessionellen Einrichtungen Frankfurts und Mannheims leicht erhöhte Werte.

Insgesamt wird deutlich, dass der Effekt der verschiedenen Träger (konfessionell vs. nicht-konfessionell) bzgl. der »christlichen Bildung« deutlich höher ist als der der Einzelunterschiede der Bundesländer. Demzufolge ist es legitim, die Antworten bzgl. der »christlichen Bildung« aus den einzelnen Städten zusammen auszuwerten, die Ergebnisse können als aussagekräftig gelten.

Bezüglich der »islamischen Bildung« fällt auf, dass die Werte zwar hochsignifikant unterschiedlich sind, jedoch nur in einem recht kleinen Bereich variieren (Abb. 23). Dresden hat hier eine Außenseiterposition: In den konfessionellen Einrichtungen wird gar keine »islamische Bildung« betrieben, in den nicht-konfessionellen sehr wenig. Dies lässt sich mit dem sehr geringen Anteil muslimischer Kinder und Erzieherinnen in den befragten Einrichtungen (in keiner der befragten Einrichtungen arbeitet eine Muslimin, s. Abb. 26) erklären. Besonders hoch sind die Werte in Mannheim/Ludwigshafen in den nicht-konfessionellen, aber auch den konfessionellen Einrichtungen, sicherlich erklärbar durch den hohen Anteil der Bevölkerung mit Migrationshintergrund in der Region. Ebenso finden sich etwas erhöhte Werte in Frankfurt, erwartbar in einer derart multikulturellen Stadt. In beiden Städten sind dementsprechend auch besonders viele muslimische Erzieherinnen angestellt (siehe Abb. 26), die zumindest zum Teil auch ihre Religion in die Erziehung der Kinder mit einzubringen scheinen. Die überdurchschnittlich hohe Anzahl von muslimischen Erzieherinnen in Hamburg bedingt allerdings keinen erhöhten Gesamtwert »islamische« oder »interreligiöse Bildung«, möglicherweise gibt es andere hemmende Faktoren, die dies verhindern.

Neben dem Haupteffekt der Bundesländer auf den Gesamtwert »islamische Bildung« findet sich – genau wie im t-Test 1 zwischen den über die Bundesländer zusammengefassten Trägern – kein Haupteffekt der Trägergruppe der Einrichtung (konfessionell vs. nicht-konfessionell) und auch kein Interaktionseffekt der beiden Variablen (siehe F-Test 4, Anhang 6.2.3.2.2), was wiederum eine Zusammenfassung der Daten der einzelnen Bundesländer erlaubt.

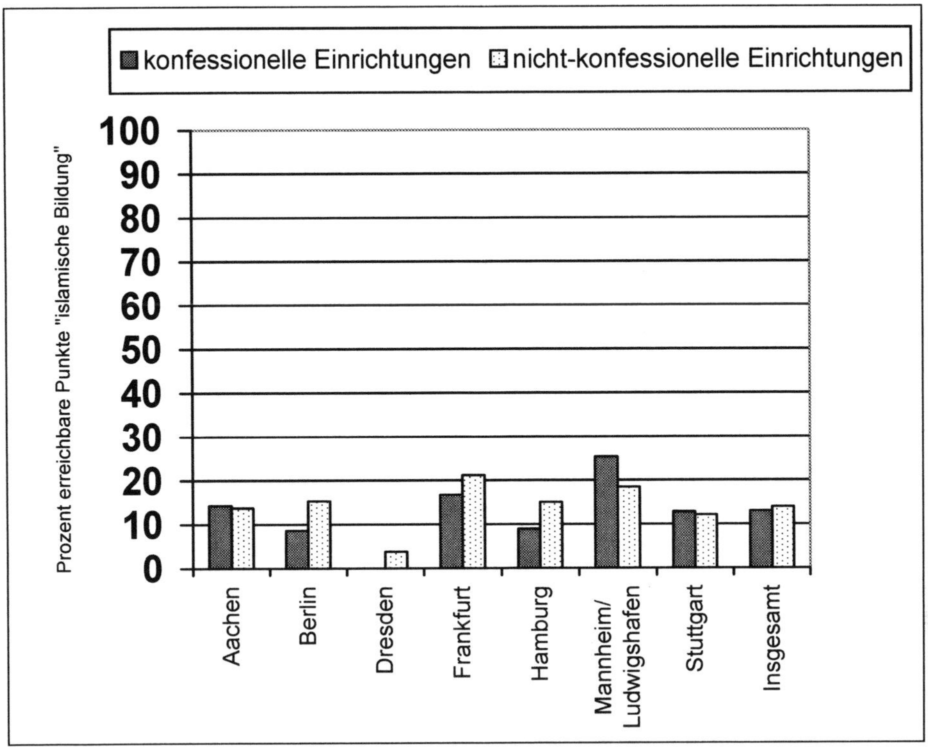

Abb. 23: Regionale Unterschiede bzgl. Gesamtwerte »islamische Bildung«

Bezüglich der »interreligiösen Bildung« unterscheiden sich die Bundesländer signifikant untereinander (Abb. 24). Die Unterschiede zwischen den Einrichtungsarten in den einzelnen Regionen sind recht gleichmäßig, es gibt keine Interaktion. Wiederum haben Mannheim/Ludwigshafen und Frankfurt etwas erhöhte Werte (entsprechend sind wieder mehr Erzieherinnen mit anderen Religionen angestellt, s. Abb. 25 und 26), jedoch sind die Unterschiede zwischen den einzelnen Bundesländern diesmal geringer. Vielleicht ist Interreligiosität eher ein bundesweites Phänomen, wird möglicherweise auch stärker von der Politik gefördert, während die »islamische Bildung«, die sehr stark nach Regionen variiert, möglicherweise tatsächlich nach dem Situationsansatz von den Kindern angeregt, also nur in Einrichtungen mit höherem Anteil Kinder mit Migrationshintergrund durchgeführt wird.

Neben dem Haupteffekt der Bundesländer auf den Gesamtwert »interreligiöse Bildung« findet sich – genau wie im t-Test 1 zwischen den über den Bundesländern zusammengefassten Trägern – ein hochsignifikanter Haupteffekt der Trägergruppe der Einrichtung (konfessionell vs. nicht-konfessionell, siehe F-Test 6, Anhang 6.2.3.2.2), was wiederum eine Zusammenfassung der Daten der einzelnen Bundesländer erlaubt.

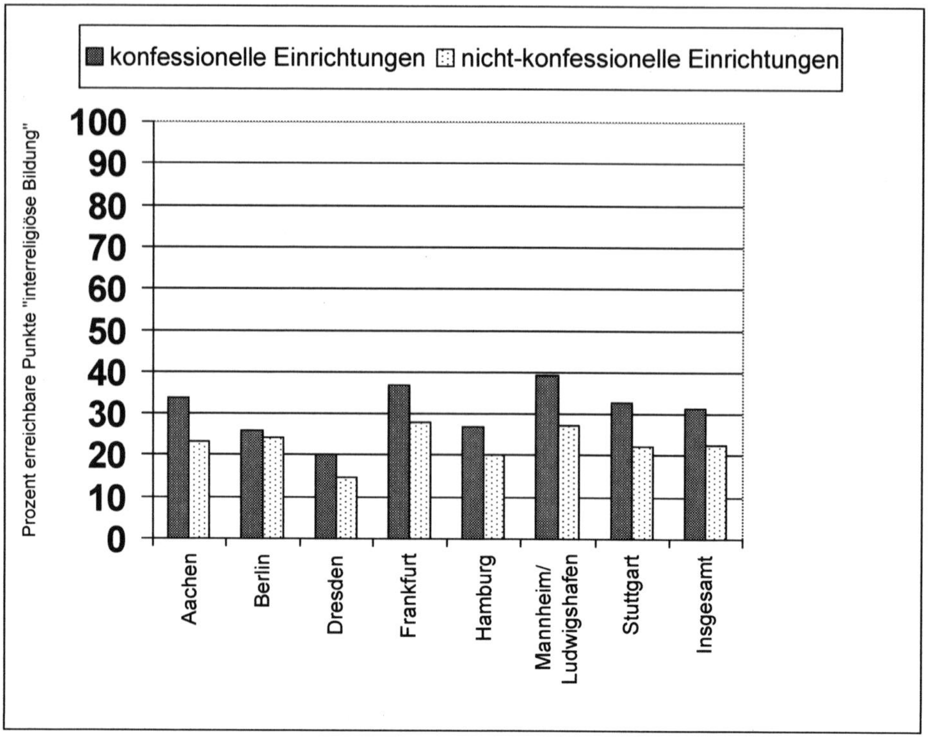

Abb. 24: Regionale Unterschiede bzgl. Gesamtwerte »interreligiöse Bildung«

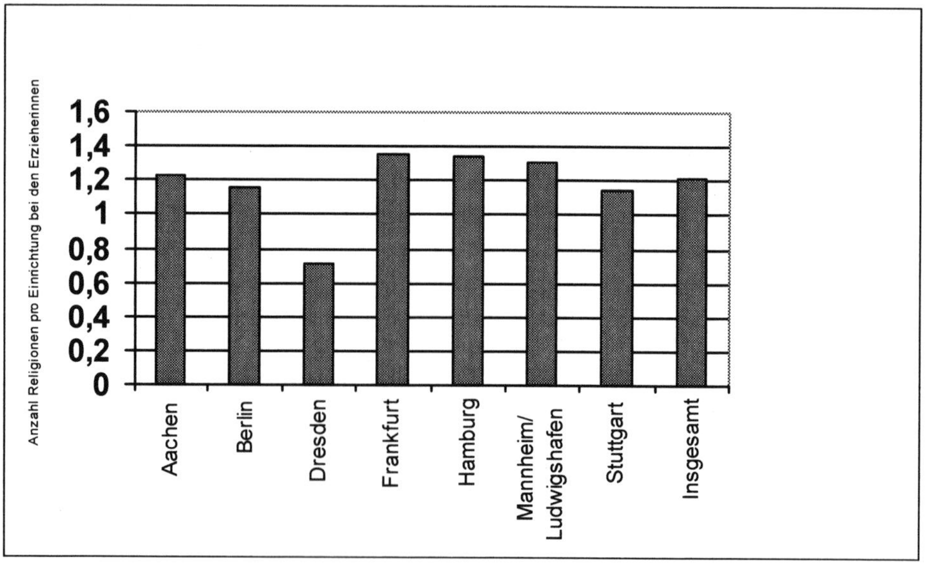

Abb. 25: Anzahl Religionen bei den Erzieherinnen pro Einrichtungen nach Bundesländern getrennt

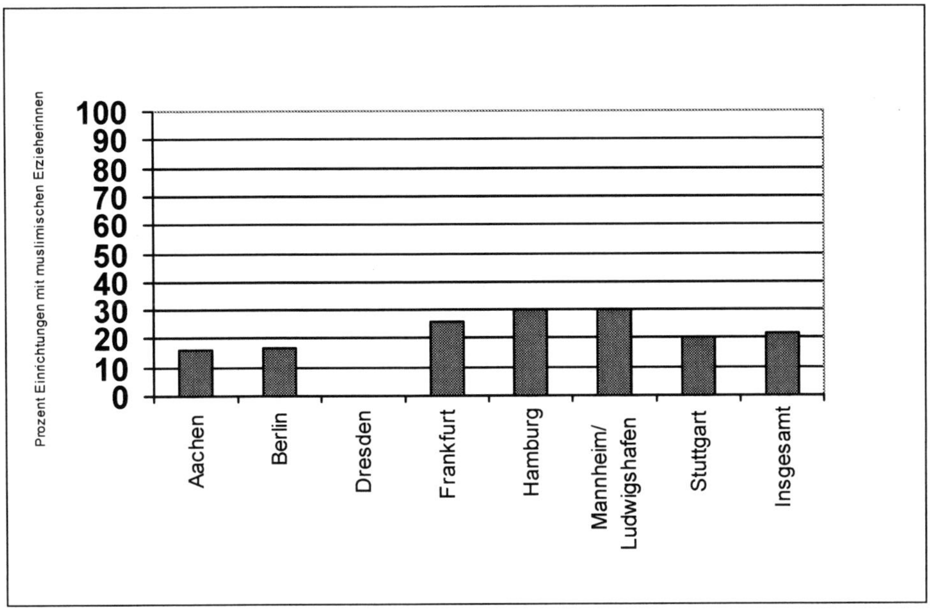

Abb. 26: Prozent Einrichtungen, in denen muslimische Erzieherinnen beschäftigt sind, nach Bundesländern getrennt

4.10 Konfessionelle Unterschiede

Es gibt keine signifikanten Unterschiede zwischen den Einrichtungen der verschiedenen Konfessionen bzgl. der Gesamtwerte »christliche«, »islamische« und »interreligiöse Bildung« oder »allgemeine Unterstützung religiöser Bildung«, die einzelnen Werte sind sogar bemerkenswert ähnlich (siehe Abb. 27, t-Test 23, Anhang 6.2.3.2.1).

»Religiöse« und »interreligiöse Bildung« scheinen also in den Kindergärten der beiden großen Konfessionen einen sehr ähnlichen Stellenwert einzunehmen und auch – zumindest von der Gesamtquantität und der Häufigkeit der einzelnen Elemente wie Feste etc. her – sehr ähnlich durchgeführt zu werden. Die inhaltliche Ausformung wurde hierbei weniger erfasst. Die Werte der einzelnen Items sind meist fast identisch, einzige konkrete Unterschiede sind, dass die katholischen Einrichtungen etwas mehr Materialien zur »religiösen Bildung« nutzen (signifikanter Unterschied) und die »interreligiöse Bildung« einen etwas größeren Raum in der Teambesprechung der katholischen Einrichtungen (signifikanter Unterschied) einnimmt. Möglicherweise hängt letzteres damit zusammen, dass in katholischen Einrichtungen hochsignifikant mehr Kinder mit nicht-deutscher Muttersprache betreut werden und die Anzahl Nationen der Kinder etwas (signifikant) höher ist (siehe t-Test 25, Anhang 6.2.3.2.1).

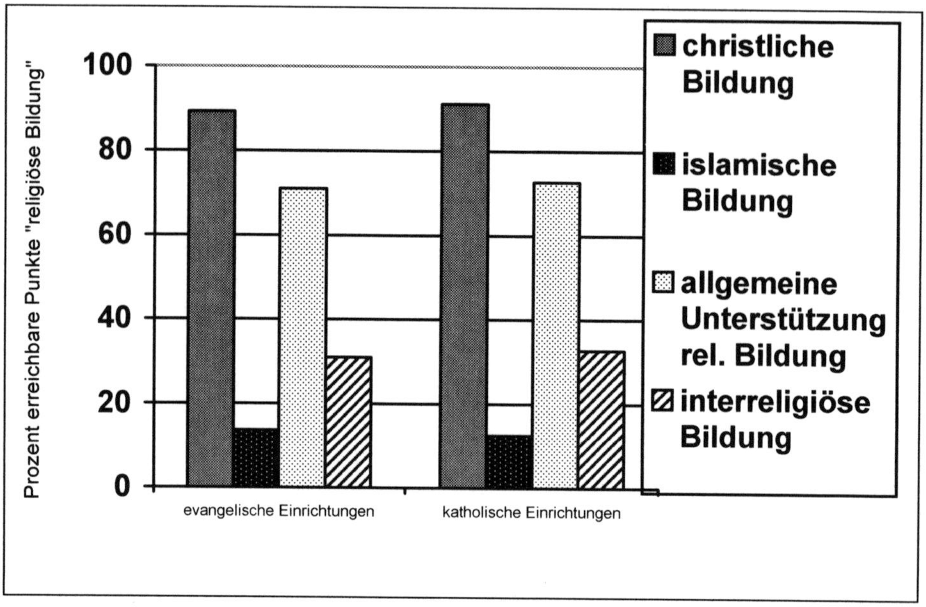

Abb. 27: Gesamtwerte religiöse und interreligiöse Bildung verglichen nach den unterschiedlichen Konfessionen

Klare Unterschiede zeigen sich einzig im Trägerengagement. Die evangelischen Träger sind sowohl im religiösen (hochsignifikant) als auch im interreligiösen (signifikant) Bereich engagierter, insbesondere in der konkreten Hilfestellung sind sie deutlich aktiver (t-Test 24, Anhang 6.2.3.2.1).
Die katholischen Erzieherinnen schätzen sich etwas religiöser ein als die evangelischen (signifikanter Unterschied) und haben etwas mehr Erfahrung. Interessant ist die religiöse Zusammensetzung der Erzieherinnen: Obwohl in den meisten konfessionellen Einrichtungen die Regel gilt, nur Angehörige der eigenen Konfession einzustellen, arbeiten auch einige Muslime, sehr wenige Juden und Mitarbeiter anderer Religionen und einige Mitarbeiter ohne Bekenntnis in den Einrichtungen.
Auch die Rahmenbedingungen der Einrichtungen sind bis auf die Unterschiede bzgl. der Herkunft der Kinder gleich: Es zeigen sich keine Unterschiede bzgl. des religiösen Engagements der Eltern und bzgl. der Wichtigkeit, die die Eltern spirituellen Themen zumessen und auch keine Unterschiede bzgl. der Auswirkungen der unterschiedlichen Religionen auf den Alltag im Kindergarten.

4.11 Auswirkungen der verschiedenen Religionen auf den Alltag der Kindertagesstätten und Kindergärten

In vielen Einrichtungen ist das Verbot bestimmter Lebensmittel aus religiösen Gründen die sichtbarste Auswirkung der nicht-christlichen Religionen. Dies kommt häufig vor, sogar fast immer in nicht-konfessionellen Einrichtungen (hochsignifikanter Unterschied; t-Test 26, Anhang 6.2.3.2.1), was wahrscheinlich unter anderem auf die größere Anzahl von Muslimen in diesen Einrichtungen zurückzuführen ist, da dieser Unterschied verschwindet, wenn man nur Kindergärten untersucht, die mindestens 10 Prozent Kinder nicht-christlicher Religion betreuen. Manchmal erzählen die Kinder über ihre Religion, interessanterweise etwas häufiger (hochsignifikanter Unterschied, t-Test 26, Anhang 6.2.3.2.1) in konfessionellen Einrichtungen, obwohl es dort weniger Kinder mit nicht-christlicher Religion gibt. Es ist anzunehmen, dass Religion dort eher ein Thema ist, und so werden sie dort mehr zum Berichten über ihre Religion ermutigt. In beiden Arten von Einrichtungen kommt es eher selten vor (kein signifikanter Unterschied), dass Kinder an bestimmten Veranstaltungen aus religiösen Gründen nicht teilnehmen dürfen.[51]

5. Zusammenfassung

Trotz aller Begrenzung der Studie (nicht-repräsentative Stichprobenauswahl, teilweise geringer Rücklauf, Fragebögen nur vom Erzieherinnenstandpunkt ausgefüllt), möglicherweise gerade wegen der Auswahl der Brennpunkte als Befragungsorte, haben sich recht eindrückliche Ergebnisse abgezeichnet, von denen die wichtigsten kurz zusammengefasst werden sollen:

Insgesamt zeigt sich, dass konfessionelle Kindergärten viel christliche und religiöse Erziehung anbieten und dabei auch – wenngleich in geringerem Maße – auf andere Religionen eingehen. Dagegen ist Religion für die nicht-konfessionellen Kindertagesstätten kaum ein Thema: Christliche Feste werden – teilweise auch mit dem christlichen Hintergrund – noch gefeiert, ansonsten aber spielt explizit christliche Tradition dort nur eine untergeordnete Rolle, und – obwohl die nicht-konfessionellen Träger den interreligiösen Bereich noch eher fördern als den religiösen – das Miteinander der Religionen wird noch weniger angesprochen. Das bedeutet, die 10 455 Kinder, die in den von uns angefragten nicht-konfessionellen Einrichtungen betreut werden, bleiben hier – bei aller Offenheit der Einrichtungen für Religion im Allgemeinen – ohne konkrete religiöse Begleitung. Der christliche Ursprung vieler in Deutschland gefeierter Feste wird ihnen z.B. kaum nahe gebracht. Da die befragten nicht-konfessionellen Einrichtungen von besonders vielen Kindern anderer Religionen besucht werden (2 719), bleiben diese Kinder dann in einem Teil ihrer Lebenswirklichkeit nicht oder nur unzureichend begleitet. Dementsprechend haben die nicht-konfessionellen Einrichtungen eher Schwierigkeiten mit den neuen Orientierungsplänen, in denen Werteerziehung und zum Teil auch Religion einen wichtigen Raum einnimmt.

51 Wie oben berichtet: signifikant häufiger bei konfessionellen Einrichtungen, wenn nur Kindergärten mit mindestens 10 Prozent Kinder nicht-christlicher Religion betrachtet werden.

Die »religiöse« und »interreligiöse Bildung« ist am stärksten vom Träger abhängig. Auffällig ist, dass die konfessionellen Einrichtungen sich sehr viel mehr um diese Themen kümmern und dabei auch mehr konkrete Unterstützung geben als die nichtkonfessionellen. Im interreligiösen Bereich bestehen zwar Forderungen (besonders vonseiten der konfessionellen Träger), aber leider gibt es nur wenig Unterstützung. Sehr wichtig ist die Person der Erzieherin: Je eher diese mit ihrer persönlichen Einstellung und Lebensgeschichte (Ausbildung etc.) hinter dem christlichen Glauben steht, desto größer ist die Rolle der religiösen Bildung in ihrer Arbeit. Parallel dazu (allerdings weniger eng) gibt es einen Zusammenhang zwischen Multireligiosität des Erzieherinnenteams und der interreligiösen Bildung.
Weitere Faktoren, die untersucht wurden und eine etwas geringere Rolle spielen, sind die Multinationalität und -religiosität der Kinder, das Engagement der Eltern und die Haltung des Teams.

III. Diskussion und Interpretation der Befunde

In vieler Hinsicht sprechen die berichteten Befunde für sich selbst. Sie sind nicht repräsentativ, aber doch insofern höchst aussagekräftig, als genügend Einrichtungen in verschiedenen Teilen der Bundesrepublik in die Untersuchung einbezogen werden konnten und die Annahme kaum plausibel wäre, dass diese Einrichtungen eben Ausnahmen wären. Zugleich sind die Befunde aber nicht leicht zu interpretieren, eben weil sich die Interpretation nicht auf einen Vergleich mit anderen Untersuchungen zu interreligiöser Bildung in der Kindertagesstätte stützen kann. So bleibt es von vornherein etwa ausgeschlossen, Trendaussagen hinsichtlich einer zeitlichen Entwicklung treffen zu wollen. Ob Fragen interreligiöser Bildung im Untersuchungszeitraum 2006/2007 mehr Beachtung fanden als noch vor fünf Jahren, das lässt sich aufgrund einer einzelnen Untersuchung nicht beantworten. Schwierig ist auch eine Bewertung von Prozentangaben im Sinne von »wenig« oder »viel«. Denn auch solche Bewertungen beruhen stets auf Vergleichen oder zumindest auf begründeten Erwartungen. Wie viel Engagement für interreligiöse Bildung etwa von kommunalen Einrichtungen erwartet werden darf, kann nicht am grünen Tisch oder in der reinen Theorie entschieden werden. Insofern stellen die berichteten Befunde einen wichtigen Ausgangspunkt für weitere, auch repräsentative Untersuchungen dar und können in Zukunft wichtige Vergleiche ermöglichen.

Im Folgenden sollen sechs Gesichtspunkte, die uns besonders bedeutsam erscheinen, noch einmal aufgenommen und genauer beleuchtet werden. Dabei greifen wir ebenso auf die qualitative wie auf die quantitative Untersuchung zurück.

(1) Wie auch das Fehlen entsprechender Untersuchungen zu Religion und Religionen in der Kindertagesstätte belegt, wird vielfach angenommen, die religiöse Dimension von Erziehung und Bildung sei nicht von allgemeiner Bedeutung.

Sie werde vielleicht von bestimmten Trägern, vor allem kirchlichen Trägern, hervorgehoben oder sogar, wie es manchmal heißt, den Kindern und Eltern von entsprechenden Einrichtungen aufgedrängt. Demgegenüber belegen die Gespräche mit den Erzieherinnen und Eltern, dass Religion und religiöse Vielfalt zum Alltag der Kindertagesstätte gehören. Gerade am Beispiel der Ernährung und gemeinsamer Mahlzeiten wird dies in exemplarischer Weise deutlich. Religiös motivierte Verhaltensweisen sind den Eltern und Kindern wichtig. Einrichtungen, die sich auf die Kinder einlassen wollen, müssen sich deshalb auch den damit verbundenen religiösen Herausforderungen stellen.

Diese Notwendigkeit lässt sich im Übrigen gerade ausgehend vom Situationsansatz der Elementarpädagogik, der für die heutige Arbeit in der Kindertagesstätte weithin prägend geworden ist, einsichtig machen. Anders als etwa in der Schule gibt es in der Kindertagesstätte keinen speziellen Religionsunterricht, an den Aufgaben der religiösen Begleitung delegiert werden könnten. Ein solcher spezialisierter Unterricht wäre für die Kindertagesstätte auch nicht sinnvoll. Stattdessen müssen religiöse Fragen und Vollzüge dort aufgenommen werden, wo sie situativ vorkommen – eben im nicht weiter aufgegliederten pädagogischen Alltag der Kindertagesstätte.[52]

Wenn in vielen Einrichtungen pragmatische Lösungen gesucht werden und wenn solche Lösungen, wie sie der allgemeine Verzicht auf Schweinefleisch und Gelatine oder die Umstellung auf vegetarische Ernährung darstellen, als hilfreich und weiterführend angesehen und praktiziert werden, so muss aus religionspädagogischer Perspektive die Frage aufgeworfen werden, welche möglichen Lern- und Denkanlässe damit für die Kinder entfallen. Die Differenzen werden tendenziell ausgegrenzt und ausgespart, so dass es auch keine Notwendigkeit mehr dafür gibt, den Anderen zu verstehen und eine tolerante und respektvolle Haltung gegenüber dem, was für einen selbst fremd ist, auszubilden.

(2) Die Befunde sowohl der qualitativen als auch der quantitativen Untersuchung werfen noch weitere Fragen im Blick auf die Präsenz von Religion und Religionen in der Kindertagesstätte auf. Dies gilt bereits in dem – an und für sich selbstverständlichen – Sinne, dass in den Einrichtungen, seien es konfessionelle oder nicht-konfessionelle Einrichtungen, drei Gruppen besonders prägend sind: christliche Kinder, muslimische Kinder sowie Kinder ohne Religionszugehörigkeit. In den von uns einbezogenen kommunalen Einrichtungen gehörten 27,1 Prozent der Kinder zum Islam, in den konfessionellen Einrichtungen waren es 17,9 Prozent. Die aus dem deutschen Bildungsbericht bekannten Befunde werden dadurch einerseits erneut bestätigt und werden andererseits in wichtiger Hinsicht weitergeführt. Für die 0–6jährigen wird im Bildungsbericht ein Anteil

52 Zur Verankerung von Religion im Alltag des Kindergartens vgl. auch die gleichnamige Buchreihe „Religion im Alltag des Kindergartens“, bes. *C.T. Scheilke/F. Schweitzer* (Hg.), Kinder brauchen Hoffnung. Religion im Alltag des Kindergartens Bd. 1: Mit Geheimnissen leben, Münster ^{2}2006.

von 32,5 Prozent von Kindern mit Migrationshintergrund für das Jahr 2005 berichtet.[53] Nicht erwähnt wird im Bildungsbericht die Tatsache, dass ein großer Anteil dieser Kinder islamischen Glaubens ist und offenbar ein enger Zusammenhang zwischen Migration und Religion besteht.

Die Befunde unserer Untersuchung belegen weiterhin, dass die religiöse Zusammensetzung von Kindergruppen Folgen für solche Bereiche mit sich bringt, die für die Elementarpädagogik zentral, wenn nicht sogar entscheidend sind. Wie bereits gesagt, betreffen sie das gemeinsame Essen, darüber hinaus aber auch das Feiern von Festen sowie insgesamt die Rituale in der Kindertagesstätte. Feste, die als religiös zu bezeichnen sind oder zumindest einen religiösen Ursprung haben, werden, so vor allem im Falle islamischer Feste, gar nicht gefeiert, oder der religiöse Gehalt und seine Bedeutung werden ausgeblendet. Hier wäre in weiteren Untersuchungen zu klären, ob Feste das eigentlich »aushalten« – oder ob sie bei einer solchen Art und Weise, sie gleichsam selektiv, nur unter Berücksichtigung bestimmter Aspekte zu begehen, einfach banal werden. Feste brauchen einen Bedeutungsüberschuss, der vielfach eng mit dem Sinn des Lebens verbunden ist. Aus dem Valentinstag beispielsweise lässt sich deshalb von vornherein kein wirkliches Fest machen. Umgekehrt kann auch gefragt werden, welche anderen Bedeutungen eines Festes aufgewertet und aufgeladen werden, wenn die religiöse Bedeutung zurücktreten soll. Was genau heißt es etwa, wenn an Ostern »der Frühling« gefeiert wird?

Ähnliche Fragen stellen sich im Blick auf Rituale, deren pädagogische Bedeutung nicht zuletzt für die Arbeit der Kindertagesstätte in den letzten Jahren und Jahrzehnten wieder neu entdeckt worden ist. Viele Rituale weisen einen religiösen Ursprung auf oder schließen zumindest religiöse Aspekte ein. Die Religionen sind besonders reich an Ritualen, die auch in der Elementarpädagogik aufgenommen werden. Morgenkreis und Morgenfeier, die rituelle Strukturierung von Tagesabläufen und Wochenrhythmen, die rituelle Hervorhebung bestimmter Vollzüge – all dies ist für Kinder wichtig und verleiht der pädagogischen Arbeit im Elementarbereich eine besondere Kraft, die von Kindern offenbar als Gewährung von Sicherheit und als Vergewisserung empfunden und wahrgenommen wird. In den Gesprächen mit den Erzieherinnen traten solche Aspekte exemplarisch beim Beten vor gemeinsamen Mahlzeiten hervor. Dies ist kein Zufall, weil ein gemeinsames Beten ohne Berücksichtigung der religiösen Unterschiede auch theologisch und religionspädagogisch problematisch wäre und im Extremfall auf einen abzulehnenden religiösen Zwang hinauslaufen könnte. Der Verzicht auf jede Form des Gebets mit Kindern bedeutet aber ebenfalls einen gravierenden Verlust, weil Kindern damit eine für die gesamte Menschheitsgeschichte bedeutsame Form der Begegnung mit Gott und der Welt vorenthalten bleibt.

53 *Konsortium Bildungsberichterstattung*, Bildung in Deutschland. Ein indikatorengestützter Bericht mit einer Analyse zu Bildung und Migration, Bielefeld 2006, 143.

An dieser Stelle wird noch ein weiterer Gesichtspunkt sichtbar. Religion und Religionen sind auch mit der elementarpädagogisch zentralen Aufgabe der Elternarbeit verbunden. Eltern haben vielfach religiöse Erwartungen. Dies gilt offenbar besonders für muslimische Eltern, deren Erwartungen auch Vorbehalte gegenüber der christlichen Religion einschließen. Dazu kommen Unsicherheiten von Eltern, die oft selbst nicht so genau wissen, wie sie sich im religiösen Bereich orientieren sollen, und die zugleich doch wünschen, dass ihre Kinder eine Begleitung in religiöser Hinsicht erfahren und die von den Religionen, insbesondere vom Christentum, geprägten Werte kennenlernen. Eine religiöse Begleitung von Kindern in der Kindertagesstätte, die nicht auch die religiösen Prägungen, Orientierungen und Erwartungen von Eltern wahrnehmen und aufnehmen kann, bleibt ebenfalls hinter den religionspädagogischen Erfordernissen zurück.

(3) Die Befunde machen sehr deutlich, dass die Praxis der religiösen und interreligiösen Bildung in der Kindertagesstätte differenziert eingeschätzt werden muss. Zu differenzieren ist offenbar zum einen im Blick auf unterschiedliche Trägerschaften, zum anderen hinsichtlich unterschiedlicher Realisierungsformen von religiöser Bildung. Da wir die Unterscheidung zwischen unterschiedlichen Formen der religiösen Bildung der gesamten Auswertung zugrunde gelegt haben, muss zunächst auf diese genauer eingegangen werden. Die vierfache Unterscheidung zwischen »christlicher Bildung«, »religiöser Bildung im Sinne einer allgemeinen Unterstützung«, »islamischer Bildung« und »interreligiöser Bildung« besitzt nur heuristischen Wert. Sie kann entsprechende theoretische Konzepte nicht ohne Weiteres abbilden, lässt dafür aber umso deutlicher erkennen, ob und wie Schwerpunkte gelegt werden. Zunächst zum Gesamtbild: Lediglich zwei Formen der religiösen Bildung erreichen Werte von mehr als 50 Prozent. Dabei handelt es sich um »christliche Bildung« einerseits sowie um »allgemeine Unterstützung religiöser Bildung« andererseits, in beiden Fällen in konfessionellen Einrichtungen. In nicht-konfessionellen Einrichtungen bleibt »religiöse Bildung« in allen Fällen unterhalb der 50-Prozent-Schwelle und vielfach bei noch weit geringeren Werten. Dies muss als eine wichtige Problemanzeige in mehrfacher Hinsicht wahrgenommen werden, auch wenn sich das Bild durch die weiteren Einzelbefunde durchaus noch einmal differenziert. Wenn Religion zur Bildung gehört, dann kommt sie in den nicht-konfessionellen Einrichtungen aufs Ganze gesehen bei Weitem zu kurz!

In dieser kritischen Einschätzung liegt umgekehrt noch keine Bestätigung der entsprechenden Praxis in konfessionellen Einrichtungen. Denn hohe und höchste Werte werden auch hier nur für »allgemeine Unterstützung religiöser Bildung« und »christliche« Bildung erreicht, während die entsprechenden Werte für »islamische Bildung« deutlich unter 20 Prozent bleiben und auch bei der »interreligiösen Bildung« nur Werte von ca. 30 Prozent realisiert werden. Zumindest im Blick auf »islamische Bildung« und »interreligiöse Bildung« bedeutet dies ein klares Defizit auch der konfessionellen Einrichtungen.

Das Defizit bei »islamischer Bildung« und »interreligiöser Bildung« fällt bei den nicht-konfessionellen Einrichtungen allerdings keineswegs geringer aus, sondern ist bei der »interreligiösen Bildung« sogar noch stärker ausgeprägt als in konfessionellen Einrichtungen.

So ist festzuhalten, dass, wenigstens den Angaben der Erzieherinnen zufolge, lediglich die »allgemeine Unterstützung religiöser Bildung« sowie eine »christliche Bildung« in konfessionellen Einrichtungen gesichert ist, während alle anderen Formen der religiösen Bildung tendenziell vernachlässigt werden und besonders die nicht-konfessionellen Einrichtungen die religionspädagogischen Herausforderungen noch wenig aufgenommen haben.

Allerdings ist mit Nachdruck vor zweierlei zu warnen: Es führt nicht weiter, wenn Defizite der religionspädagogischen Praxis in der Kindertagesstätte einfach den Erzieherinnen angelastet werden. Hier sind offenbar weitere Faktoren im Spiel (s. dazu noch unten). Zum anderen darf die Kindertagesstätte nicht isoliert betrachtet werden. Ihre Praxis ist nicht losgelöst von der Gesellschaft oder von anderen pädagogischen Einrichtungen. Ob die Kindertagesstätte beispielsweise bei einem Vergleich mit der Grundschule (vom Religionsunterricht einmal abgesehen) ebenfalls defizitär erschiene, wäre eine interessante und eigens zu untersuchende Frage.

Jenseits von überflüssigen und letztlich lähmenden Schuldvorhaltungen bleibt die Herausforderung von den Kindern her jedoch bestehen. Soweit es zutrifft, dass Kinder eine religiöse Begleitung und entsprechende Bildungsmöglichkeiten brauchen, erhalten sie diese jedenfalls von der Kindertagesstätte her bislang nicht in einer verlässlichen Weise.

Hinweise darauf, dass dies nicht zwangsläufig so ist oder so bleiben muss, ergeben sich aus unserer Untersuchung ebenfalls. Offenbar gibt es durchaus Einrichtungen, die einen deutlichen Akzent auf die religiöse Begleitung *aller* Kinder legen und die eine interreligiöse Bildung bewusst in den Vordergrund stellen. Und immerhin sind es ca. 50 Prozent der nicht-konfessionellen Einrichtungen, die sich zumindest mittelmäßig oder mehr um eine »allgemeine Unterstützung religiöser Bildung« bemühen. Hier könnte ein Potenzial liegen, das noch nicht genügend genutzt worden ist.

Eigene Fragen wirft noch einmal die tendenzielle Ablehnung einer »christlichen Bildung« in nicht-konfessionellen Einrichtungen auf. Wenn sich mehr als 80 Prozent dieser Einrichtungen in dieser Hinsicht nicht engagieren, so liegt darin eine deutliche Problemanzeige. Welche Befürchtungen stehen hinter der Ablehnung einer christlichen Bildung? Wie sollen solche Einrichtungen christlich geprägten Kindern gerecht werden? Gibt es pädagogische Konzepte, wie auch christliche Kinder durch eine lediglich allgemeine Unterstützung der religiösen Bildung gefördert werden können? Erhalten Kinder mit nicht-christlicher Religionszugehörigkeit oder Kinder, die keiner Religionsgemeinschaft angehören, in solchen Einrichtungen wenigstens erste Einsichten dazu, wofür das Christentum oder andere Religionen stehen?

(4) Auch wenn die Erzieherinnen vor allzu wohlfeilen Schuldzuweisungen bereits in Schutz zu nehmen waren, steht doch außer Zweifel, dass den Erzieherinnen in der Kindertagesstätte eine Schlüsselstellung zukommt, ganz allgemein, aber eben auch bei der religiösen Bildung. In der qualitativen Untersuchung wurde insofern eine Unsicherheit der Erzieherinnen festgestellt, als für sie auch dann, wenn sie alle Kinder in religiöser Hinsicht unterstützen wollen, unklar war, wie dies erreicht werden könnte. Dabei ist ebenso an die fehlende Vertrautheit mit religiösen Inhalten insbesondere im nicht-christlichen Bereich zu denken wie an die Schwierigkeiten einer Begleitung von Kindern mit einer Religionszugehörigkeit, die sich von der eigenen unterscheidet. Demgegenüber, das zeigt die quantitative Untersuchung, spielt die Unsicherheit im Blick auf die Erlaubnis der Vermittlung religiöser Inhalte eine geringere Rolle. Allerdings machen die dort berichteten Ergebnisse auch deutlich, dass der Wunsch, nicht-christlichen Religionen gerecht zu werden, in der Breite ebenfalls nicht besonders stark ausgeprägt ist. Dies bestätigt noch einmal den bereits oben (3) angesprochenen Befund, dass die größten Defizite heute in der Begleitung muslimischer Kinder sowie bei der interreligiösen Bildung bestehen.
Die These, dass die Erzieherinnen und ihre (religions-)pädagogische Praxis nicht isoliert betrachtet werden dürfen, kann im vorliegenden Zusammenhang noch in zwei Hinsichten präzisiert werden – mit der Frage nach den Trägern sowie nach Ausbildung und Fortbildung.

(5) Der Blick auf die Interessen der Träger unterstreicht erneut, wie wichtig es ist, die Erzieherinnen nicht isoliert zu betrachten. Denn zumindest in der Wahrnehmung der Erzieherinnen ist das Trägerinteresse an religiöser Bildung vor allem in nicht-konfessionellen Einrichtungen sehr wenig ausgeprägt, und auch in den konfessionellen Einrichtungen, die hier ein weit stärkeres Trägerinteresse wahrnehmen, wäre eine stärkere Ausprägung solcher Interessen beim Träger zumindest vorstellbar. »Interreligiöse Bildung« stößt offenbar bei nicht-konfessionellen Trägern auf mehr Interesse als »religiöse Bildung«, gewinnt aber ebenfalls kein ausgeprägtes Profil.
Die Frage nach der von den Erzieherinnen erfahrenen Hilfe oder Unterstützung durch die Träger bei religiöser und interreligiöser Bildung ist ebenfalls einschlägig. Demnach bleibt die Hilfe vor allem für »interreligiöse Bildung« aus, und dies ganz unabhängig von der Trägerschaft. Konfessionelle Träger bieten insgesamt in fast allen religionspädagogischen Bereichen erwartungsgemäß mehr Unterstützung als nicht-konfessionelle Träger, aber gerade bei interreligiöser Bildung lassen sie es ebenso an Unterstützung fehlen wie die nicht-konfessionellen Träger.
Fazit: Die konstatierten Defizite bezeichnen ebenso sehr Herausforderungen für die Träger wie für die Erzieherinnen.

(6) Die Wurzeln, aus denen die religionspädagogischen Defizite in der Praxis der Kindertagesstätte erwachsen, lassen sich mit Hilfe der Angaben der Erzieherinnen noch weiter zurückverfolgen. Schon die Ausbildung hat ihnen offenbar eine

nur wenig befriedigende Vorbereitung auf religionspädagogische Tätigkeiten geboten. Nur bei der Weiterbildung für »religiöse Bildung« in konfessionellen Einrichtungen tendiert die Zufriedenheit in Richtung von 75 Prozent, während die Werte bei »interreligiöser Bildung« sowohl im Blick auf die Ausbildung als auch hinsichtlich der Fortbildung deutlich unter der 50-Prozent-Grenze bleiben, im Falle der nicht-konfessionellen Einrichtungen sogar bei ca. 25 Prozent liegen. Solche Angaben machen einen nicht zu unterschätzenden Nachholbedarf sichtbar. Aktuell kann vor allem die Fortbildung Ausbildungsdefizite ausgleichen.

IV. Ausblick und Konsequenzen für die Weiterarbeit

Nachdem an anderer Stelle im vorliegenden Band bereits inhaltliche Konsequenzen aus unserer Untersuchung gezogen wurden (s.o., S. 28ff.), sollen an dieser Stelle die Konsequenzen für die weitere Forschung im Vordergrund stehen.

Zunächst belegt die vorliegende Untersuchung, dass das eingangs konstatierte Fehlen von empirischen Befunden zu Religion und Religionen in der Kindertagesstätte keineswegs auf eine prinzipielle Nicht-Realisierbarkeit entsprechender Untersuchungen zurückzuführen ist. Religion und Religionen in der Kindertagesstätte lassen sich, unter Berücksichtigung ihrer Eigenart, genauso untersuchen wie andere Bereiche und Aufgaben in der Elementarpädagogik.

Die vorliegende Untersuchung kann jedoch nur ein erster Schritt sein, dem – möglichst bald – weitere Schritte folgen sollten. Anzustreben ist vor allem eine repräsentative Untersuchung, bei der die im vorliegenden Beitrag berichteten Tendenzen noch einmal überprüft werden. Bewährt hat sich die Kopplung qualitativer und quantitativer Verfahren, auf die auch in Zukunft nicht verzichtet werden sollte.

Anders als in der vorliegenden Untersuchung sollten bei weiteren Studien auch die Kinder selbst einbezogen werden. Zumindest ab einem gewissen Alter ist eine mündliche Befragung von Kindern (etwa in Gruppen) durchaus möglich. Auch dies macht eine u.a. qualitative Vorgehensweise erforderlich.

Die Perspektive der Eltern wurde bei unserer Untersuchung lediglich gestreift. Den Eltern und der Elternarbeit kommt jedoch gerade bei der religiösen Bildung eine große Bedeutung zu. Elternbefragungen sollten deshalb ebenfalls Teil künftiger Untersuchungen sein.

Mehrfach wurde bei den Interviews darauf hingewiesen, dass zumindest einzelne Einrichtungen einen besonderen Schwerpunkt bei der religiösen Bildung setzen, zum Teil auch bei interreligiöser Bildung und bei der Begleitung muslimischer Kinder. Hier stellt sich die Frage, ob es möglich wäre, modellhafte Einrichtungen zu identifizieren und ihre Erfahrungen systematisch auszuwerten. Solche Einrichtungen könnten auf diese Weise wichtige Anregungen für andere Einrichtungen bieten.

Die in Ausbildung und Fortbildung zu konstatierenden Defizite sprechen stark dafür, dass es sinnvoll wäre, Module und Modelle für die Ausbildung und Fortbildung verfügbar zu machen, ggf. auch Module, die in die Praxis übertragen werden können. Solche Module und Modelle lassen sich freilich keinesfalls allein von der Wissenschaft entwickeln, sondern nur in enger Kooperation mit der Praxis, in Zusammenarbeit mit Fachkräften sowie Expertinnen und Experten aus dem Bereich der Kindertagesstätten, der Ausbildung und der Fortbildung.

Die vorliegende Untersuchung geht zurück auf die Initiative eines unabhängigen Teams sowie auf die Bereitschaft der Stiftung Ravensburger Verlag, sich auf ein solches Unternehmen einzulassen. Wir sind davon überzeugt, dass Kindertagesstätten und Eltern gleichermaßen dankbar wären, wenn sie noch mehr Unterstützung in dieser Hinsicht finden könnten. Die Kinder jedenfalls würden gewiss davon profitieren!

V. Anhang

6.1 Qualitative Untersuchung: Interviewleitfaden

1. Block: Die Kinder

Die Kinder in der Einrichtung
- Wie viele Kinder sind in der Einrichtung? Welches Alter?
- Welche familiären Hintergründe haben die Kinder?

Wahrnehmungen der Erzieherinnen bzgl. der Zusammensetzung der Kinder (kulturelle und religiöse Vielfalt):
- Gibt es bei den Kindern, die den hiesigen Kindergarten besuchen, eine kulturelle oder religiöse Vielfalt?
- Wenn ja, können Sie mir die kulturelle Vielfalt etwas genauer beschreiben? (Kommen die Kinder aus Elternhäusern mit unterschiedlichen Nationen? Welche Nationen sind vertreten?)
- Können sich die Kinder in der deutschen Sprache verständigen?
- Und wie ist es mit einer religiösen Vielfalt der Kinder? Wissen Sie, ob in den Familien der Kinder die religiöse Erziehung eine Rolle spielt? (Erzählen die Kinder selbst davon? Fragen Sie nach? Lehnen Sie ein Nachfragen, das die Religion der Kinder betrifft, ab?)
- Gibt es Sorgen oder Konflikte in den Gruppen aufgrund der kulturellen und religiösen Vielfalt?

Nehmen die Kinder Unterschiede in der eigenen Gruppe wahr?
- Wenn ja, welche? (Sprache? Sonstige Anhaltspunkte – Kopftuch der Mutter?)

Bedeutung der Religion für die Kinder und deren Familien
- Haben Sie den Eindruck, dass die eigene Religion für die Kinder wichtig oder unwichtig ist? Woran machen Sie Ihren Eindruck fest?

- Stellen die Kinder religiöse Fragen?
- Feiern alle Kinder Weihnachten in ihren Familien?
- Werden andere Feste gefeiert?
- Bringen die Eltern ihre Kultur ganz konkret ein, z.B. bei ... ?

2. Block: Konkretes interkulturelles und interreligiöses Leben/Lernen in der Einrichtung:

a) Was läuft?

- Wirkt sich die kulturelle und religiöse Vielfalt der Kinder auf das tägliche, gemeinsame Leben in der Einrichtung aus? Wenn ja, welche konkreten Auswirkungen sind das? (Sprache? Andere Wertvorstellungen?)
- Findet in Ihrer Kindertagesstätte das Christentum bei der Arbeit mit den Kindern eine Berücksichtigung? Wenn ja, wann und wie? (christliche Feste?) Was machen Sie mit Ihren Kindern zur Advents- und Weihnachtszeit? Besuche von Kirchen oder Gottesdiensten?
- Finden andere Religionen in der Arbeit mit den Kindern Berücksichtigung? Wenn ja, welche? (Die Religionen, die durch die Kinder vertreten sind? Darüber hinaus noch andere Religionen?) Wie finden die anderen Religionen Berücksichtigung? (Feste, Einbringen der Eltern?...)
- Haben sich bestimmte Inhalte/Methoden/Materialen im Bereich interkulturellen und interreligiösen Lernens besonders bewährt?
- Haben Sie schon einmal eine Fortbildung zum interkulturellen und interreligiösen Arbeiten besucht? Konnten Sie positive Aspekte für die Weiterarbeit mitnehmen?
- Wo sehen Sie die Grenzen Ihrer Arbeit/ Ihrer Möglichkeiten?
- Gibt es Momente, wo Sie manchmal nicht weiter wissen?

b) Was läuft nicht?

- Wo gibt es Probleme im Miteinander?
- Wie würden Sie das Miteinander am liebsten gestalten? Was hätten Sie gerne?
- Ist ein Vorhaben zum interkulturellen und interreligiösen Lernen bei Ihnen schon einmal z.B. aufgrund mangelnder Resonanz im Sande verlaufen?
- Gibt es über das bestehende Fortbildungsangebot hinaus Themen, die Sie bei Fortbildungen vermissen und die sie behandelt haben möchten?

c) Was ist Ihr persönliches Ziel bei dieser Arbeit?

- Was ist Ihnen ganz persönlich angesichts der kulturellen und religiösen Vielfalt im Umgang mit den Kindern wichtig? Was sollen die Kinder im Idealfall am Ende ihrer Kindergartenzeit gelernt haben?

3. Block: Eltern

- Gibt es im Gespräch mit den Eltern Fragen zum Thema »Kultur und Religion«? Was bringen die Eltern ein? Gibt es Fragen, die von besonders vielen Eltern gestellt werden?
- Wird der konkrete kulturelle und religiöse Familienhintergrund der Kinder mit den Eltern besprochen? Welche Einzelthemen kommen zur Sprache?
- Werden bei den Eltern bzgl. der interkulturellen und interreligiösen Erziehung bestimmte Erwartungshaltungen deutlich?
- Werden in den Elterngesprächen Fragen zur religiösen Erziehung angesprochen? Wenn ja, von wem? Vonseiten der Einrichtung? Vonseiten der Eltern?
- Gibt es vonseiten der Eltern Druck oder Streit? Werden Diskussionen geführt? Gibt es Konfliktfelder oder -themen?
- Gibt es gegenüber den Migrantenkindern so etwas wie eine Abwehrhaltung von den Menschen, die schon über Generationen in Deutschland leben?

4. Block: (religions-)pädagogisches Konzept

- Hat die Einrichtung, in der Sie arbeiten, ein (religions-)pädagogisches Konzept?
- Finden die Bereiche der interkulturellen und interreligiösen Bildung in diesem Konzept Berücksichtigung?

5. Block: Träger

- Wer ist der Träger?
- Hat der Träger der Einrichtung klare Vorgaben für die Bearbeitung kultureller und religiöser Themen formuliert?
- Hemmt Sie der Träger bei Ihrer Arbeit?
- Unterstützt Sie der Träger bei Ihrer Arbeit? Z.B. der Pfarrer/die Pfarrerin, der Priester? Die Stadt/der Bürgermeister...?

6. Individuelle Ergänzungen, Bemerkungen, Anmerkungen der Interviewten?

6.2 Anhang quantitative Untersuchung

6.2.1 Verschickte Materialien

6.2.1.1 Fragebogen (hier etwas verkleinert, Original DIN A 4)

Religionen in Kindertagesstätten und Kindergärten - Fragebogen -

EBERHARD KARLS UNIVERSITÄT TÜBINGEN

Projekt: „Interkulturelle und interreligiöse Erziehung in Kindertagesstätten"

Bitte füllen Sie den Fragebogen alleine aus, ohne andere Personen um ihre Meinung zu bitten. Geben Sie Ihre Antworten möglichst spontan, ohne zu lange darüber nachzudenken. Wenn keine Antwort richtig passt, wählen Sie bitte die Möglichkeit, die am besten passt. Selbstverständlich werden Ihre Angaben vertraulich behandelt. Die am Ende des Fragebogens erscheinende Zahl dient der Zuordnung zum Bundesland.

1. Wie viele Kinder werden in Ihrer Einrichtung betreut? ____________________

2. Wie viele Kinder gehören den folgenden Religionen an? (ungefähre Angabe)

O christlich ________ O islamisch ________ O ohne Bekenntnis ________

O jüdisch ________ O andere ________

3. Wie viele Kinder sprechen die deutsche Sprache nicht als Muttersprache? (ungefähre Angabe) ________

4. Aus wie vielen verschiedenen Nationen kommen die Kinder? ______

5. In den ersten Gesprächen mit den Eltern wird über die religiöse Erziehung der Kinder gesprochen.

O ist bei uns kein Thema

O wenn die Eltern es einbringen

O vonseiten der Einrichtung, wenn es angebracht erscheint, weil z.B. (bitte ergänzen Sie den Satz)

____

O auf jeden Fall vonseiten der Einrichtung

	trifft völlig zu	trifft ziemlich zu	trifft teils teils zu	trifft wenig zu	trifft nicht zu
6. Ich weiß darüber Bescheid, welche Rolle die Religion in den einzelnen Familien spielt.	☐	☐	☐	☐	☐
Der religiöse Familienhintergrund hat auf das tägliche Miteinander in der Einrichtung Auswirkungen in ganz konkreten Situationen:					
7. Die Kinder erzählen, wie bei ihnen zuhause Religion gelebt wird.	☐	☐	☐	☐	☐
8. Es gibt einzelne Lebensmittel (Fleisch, Gelatine etc.), die bestimmte Kinder nicht essen dürfen.	☐	☐	☐	☐	☐
9. Manche Kinder dürfen an bestimmten Festen/Veranstaltungen nicht teilnehmen.	☐	☐	☐	☐	☐

10. Der religiöse Familienhintergrund wird bei uns in ganz anderen Sachverhalten greifbar, nämlich: (bitte beschreiben Sie die Sachverhalte)

____

____

	trifft völlig zu	trifft ziemlich zu	trifft teils teils zu	trifft wenig zu	trifft nicht zu
11. Ich rede mit den Kindern über Fragen wie z.B. „Wohin kommen die Menschen, wenn sie sterben?", „Gibt es eine höhere Macht außerhalb der Welt?".	☐	☐	☐	☐	☐
12. Eltern ist es wichtig, dass über solche Fragen geredet wird.	☐	☐	☐	☐	☐
13. Mir ist es wichtig, dass die Kinder in ersten Ansätzen die Unterschiede und Gemeinsamkeiten der Weltreligionen kennen lernen.	☐	☐	☐	☐	☐
14. Die unterschiedliche Religionszugehörigkeit spielt im Alltag unserer Einrichtung eine Rolle.	☐	☐	☐	☐	☐

	trifft völlig zu	trifft ziemlich zu	trifft teils teils zu	trifft wenig zu	trifft nicht zu
15. Das Christentum spielt in unserem Alltag eine Rolle.	☐	☐	☐	☐	☐

16. Wenn das Christentum eine Rolle spielt, in welcher Form? (Mehrfachnennung möglich)
O biblische Geschichten
O Besuch von Kirchen
O Kontakt zu einer christlichen Gemeinde
O Gebet
O Informationen über die christliche Religion
O christliche Lieder
O anderes, nämlich:

____

17. Der Islam spielt in unserem Alltag eine Rolle.	☐	☐	☐	☐	☐

18. Wenn der Islam eine Rolle spielt, in welcher Form? (Mehrfachnennung möglich)
O Geschichten aus dem Koran
O Besuch von Moscheen
O Kontakt zu einer islamischen Gemeinde
O islamisches Gebet/Lernen einzelner Suren
O Informationen über die islamische Religion
O islamische Lieder
O anderes, nämlich:

____

19. Folgende andere Religion(en) spielt/spielen in unserem Alltag eine Rolle:
____

	trifft völlig zu	trifft ziemlich zu	trifft teils teils zu	trifft wenig zu	trifft nicht zu
20. Ich würde mir wünschen, auch den Kindern mit nicht-christlicher Religionszugehörigkeit in ihrer Prägung gerecht zu werden, weiß aber nicht genau wie.	☐	☐	☐	☐	☐
21. Wir nutzen in unserer Einrichtung Bücher oder andere Materialien zu religiösen Themen.	☐	☐	☐	☐	☐
22. Zum Sankt-Martins-Fest basteln wir Laternen und/oder gehen mit den Kindern „Laterne-Laufen".	☐	☐	☐	☐	☐
23. Zum Sankt-Martins-Fest lernen die Kinder durch Erzählen, Vorlesen oder Theater etwas von der Sankt-Martins-Geschichte kennen.	☐	☐	☐	☐	☐
24. Weihnachten feiern wir als „Lichterfest" (o.ä.) und stellen keinen Bezug zur christlichen Tradition her.	☐	☐	☐	☐	☐
25. Zur Weihnachtszeit vermitteln wir den Kindern, dass die Geburt Jesu gefeiert wird.	☐	☐	☐	☐	☐
26. Zur Osterzeit nehmen wir den Frühlingscharakter des Festes auf, indem wir z.B. Ostereier bemalen, Osterkörbchen basteln oder Frühlingslieder singen.	☐	☐	☐	☐	☐
27. Zu Ostern nehmen wir den christlichen Aspekt des Festes auf, indem wir den Kindern die Geschichte von Jesu Auferstehung nahe bringen.	☐	☐	☐	☐	☐

28. Wir feiern mit den Kindern unserer Einrichtung das islamische Opferfest.
O regelmäßig O manchmal O nie

29. Beim Opferfest erklären wir den Kindern die religiöse Bedeutung und erzählen dazu Geschichten, z.B. aus dem Koran.	☐	☐	☐	☐	☐

30. Wir feiern mit den Kindern unserer Einrichtung das Fest des Fastenbrechens (Ende des Ramadans).
O regelmäßig O manchmal O nie

31. Beim Fest des Fastenbrechens verteilen wir Süßigkeiten an die Kinder.	☐	☐	☐	☐	☐
32. Beim Fest des Fastenbrechens erfahren die Kinder den religiösen Hintergrund des Festes. Wir erzählen z.B. vom Fasten der Muslime im Monat Ramadan.	☐	☐	☐	☐	☐

33. Die Vorbereitung und Durchführung christlicher Feste wie Ostern, Sankt Martin oder Weihnachten übernehmen:

O Erzieherinnen der Einrichtung O christliche Mütter oder Väter

O andere, nämlich ______________________________

34. Die Vorbereitung und Durchführung islamischer Feste wie das Opferfest oder das Fest des Fastenbrechens übernehmen:

O Erzieherinnen der Einrichtung O muslimische Mütter oder Väter

O andere, nämlich ______________________________

35. Darüber hinaus werden in unserer Einrichtung folgende andere religiöse Feste regelmäßig gefeiert:

____

36. In unserem Team sind verschiedene Glaubensrichtungen vertreten:

O Christentum O Judentum O Islam O ohne Bekenntnis O weiß ich nicht

O andere, nämlich: ______________________

	trifft völlig zu	trifft ziemlich zu	trifft teils teils zu	trifft wenig zu	trifft nicht zu
37. In unseren Teamsitzungen wird die religiöse Erziehung der Kinder zum Thema gemacht.	☐	☐	☐	☐	☐
38. Wir reden dort über Fragen des Miteinanders der verschiedenen Religionen.	☐	☐	☐	☐	☐
39. In unserer Konzeption wird die religiöse Erziehung ausführlich behandelt.	☐	☐	☐	☐	☐
40. In unserer Konzeption werden Fragen des interreligiösen Lernens ausführlich behandelt.	☐	☐	☐	☐	☐
41. Ich fühle mich unsicher, ob ich den Kindern christliche Glaubensinhalte vermitteln darf.	☐	☐	☐	☐	☐
42. Ich fühle mich unsicher, ob ich etwas vom Islam und von anderen Religionen vermitteln darf.	☐	☐	☐	☐	☐
43. Durch meine Ausbildung fühle ich mich für den Bereich der religiösen Erziehung gut vorbereitet.	☐	☐	☐	☐	☐
44. Für den Bereich der religiösen Erziehung werden in der Weiterbildung genügend Veranstaltungen angeboten.	☐	☐	☐	☐	☐
45. Durch meine Ausbildung fühle ich mich für den Bereich der interreligiösen Erziehung gut vorbereitet.	☐	☐	☐	☐	☐
46. Für den Bereich der interreligiösen Erziehung werden in der Weiterbildung genügend Veranstaltungen angeboten.	☐	☐	☐	☐	☐
47. Ich halte mich selbst für einen religiösen Menschen.	☐	☐	☐	☐	☐

48. Ich bin für meine Arbeit mit den Kindern ausgebildet worden an einer

O staatlichen Einrichtung

O kirchlichen Einrichtung

O anderen Einrichtung, nämlich: ______________________

49. Ich arbeite in einer Einrichtung mit Kinder seit

O weniger als 1 Jahr O 1-5 Jahren O 5-10 Jahren O 10-20 Jahren O über 20 Jahren

50. Der Träger unserer Einrichtung ist

O eine katholische Gemeinde oder ein anderer katholischer Träger

O eine evangelische Gemeinde oder ein anderer evangelischer Träger

O eine Stadt/ Kommune oder entsprechendes

O ein anderer Träger, nämlich:

____

	trifft völlig zu	trifft ziemlich zu	trifft teils teils zu	trifft wenig zu	trifft nicht zu
51. Der Träger hat Erwartungen und Ziele für die religiöse Erziehung formuliert.	☐	☐	☐	☐	☐
52. Der Träger hat Erwartungen und Ziele für die interreligiöse Erziehung formuliert.	☐	☐	☐	☐	☐

53. Seine Ziele sind:

O Hineinwachsen in eine Religionsgemeinschaft O eigene religiöse Wurzeln kennen lernen

O andere Religionen kennen lernen O Taufversprechen einlösen / zur Taufe hinführen

O neutrale Informationen über Religionen

O anderes, nämlich ______________________________

54. Bei der religiösen Erziehung gibt uns der Träger folgende konkrete Hilfe (Mehrfachnennung möglich):

O Mitarbeit O gezielte Vermittlung von Fortbildung O keine

O Beratung O Unterstützung bei der Konzeptionsentwicklung

55. Bei der interreligiösen Erziehung gibt uns der Träger folgende konkrete Hilfe (Mehrfachnennung möglich):

O Mitarbeit O gezielte Vermittlung von Fortbildung O keine

O Beratung O Unterstützung bei der Konzeptionsentwicklung

In einigen der neuen Orientierungs- und Bildungspläne für den Elementarbereich sind Bildungsaufgaben im Blick auf Werte und Religion vorgeschrieben.

	trifft völlig zu	trifft ziemlich zu	trifft teils teils zu	trifft wenig zu	trifft nicht zu
56. Habe ich schon zur Kenntnis genommen.	☐	☐	☐	☐	☐
57. Ich hatte schon die Möglichkeit, die Anregungen für den Bereich Religion in der Arbeit mit den Kindern umzusetzen.	☐	☐	☐	☐	☐
58. Die Anregungen lassen sich gut in die Praxis umsetzen.	☐	☐	☐	☐	☐

59. Bei der Umsetzung zeigten sich folgende Probleme:

____

____

____

Vielen Dank für Ihre Mitarbeit!

4

6.2.1.2 Anschreiben

Projekt: „Interkulturelle und interreligiöse Erziehung in Kindertagesstätten"
Albert Biesinger/Friedrich Schweitzer

EBERHARD KARLS UNIVERSITÄT TÜBINGEN

Universität Tübingen · Liebermeisterstr. 12 · 72076 Tübingen

Anke Edelbrock
Telefon: 0 70 71 · 29 77486
e-mail: anke.edelbrock@uni-tuebingen.de

Tübingen, 9. Oktober 2006

Guten Tag,

wir bitten Sie um Ihre Mithilfe. Wie Sie wissen, gibt es bisher kaum gesammelte Erkenntnisse darüber, wie das tägliche Miteinander verschiedener Kulturen und Religionen in Kindergärten und Kindertagesstätten gestaltet wird. Es ist auch unklar, ob es bestimmte Bedingungen gibt, die das Miteinander besonders gut gelingen oder auch mühsam werden lassen. Um zukunftsfähige Konzepte interkultureller und interreligiöser Erziehung entwickeln zu können, ist dieses Wissen aber sehr wichtig. In dem Projekt „Interkulturelle und interreligiöse Erziehung in Kindertagesstätten", welches von der Stiftung Ravensburger Verlag unterstützt und von Albert Biesinger (kath. Religionspädagogik) und Friedrich Schweitzer (evang. Religionspädagogik) geleitet wird, möchten wir dieses Wissen zusammentragen und sind deshalb auf Ihre Meinung gespannt!

Sie erleben den Alltag mit Kindern hautnah und verfügen über viel Erfahrung und Wissen auf diesem Gebiet. Uns interessieren *Ihre* Erfahrung und *Ihre* Meinung zu unseren Fragen: Wie gestalten Sie das Miteinander der verschiedenen Nationen in Ihrem Kindergarten? Spielt Religion in Ihrem Alltag mit den Kindern eine Rolle oder nicht? Sie wissen, was sich mit den Kindern im täglichen Zusammensein umsetzen lässt und was nicht! Gerade auch wenn Religion und/oder interreligiöse Arbeit in Ihrer Einrichtung *keine* Rolle spielen, interessiert uns Ihre Meinung zu diesem Thema.

Mit dem beiliegenden Fragebogen möchten wir an Ihren Erfahrungen Anteil nehmen. Wichtig ist uns, dass der Bogen von einer Person ausgefüllt wird, die alltäglich mit den Kindern arbeitet. Man braucht rund 10 Minuten Zeit zum Ausfüllen und bitte bedenken Sie dabei, dass wir kein Interesse daran haben, die Arbeit in Ihrem Kindergarten zu überprüfen oder zu beurteilen. Es geht uns darum zu helfen, langfristig die Rahmenbedingungen für gelingendes interkulturelles und interreligiöses Lernen zu verbessern. Der Fragebogen wird anonym ausgewertet.

Unter allen Einrichtungen, die den Fragebogen zurückschicken, verlosen wir

5 Spielzeuggutscheine über 100 EURO !
(einzulösen in einem Spielzeuggeschäft Ihrer Wahl)

Bitte schicken Sie den ausgefüllten Fragebogen bis Freitag, den 27. Oktober 2006, im beigelegten frankierten Umschlag an uns zurück und gestalten Sie damit die Kindergarten-Arbeit von morgen.

Wir bedanken uns herzlich für Ihre Mitarbeit!
Mit freundlichen Grüßen, Ihre

6.2.2 Zuordnung Fragebogenitems zu Gesamtwerten

6.2.2.1 Gesamtwert »christliche Bildung«

Bereich:	Fragebogenitems:	Maximale Punktzahl
generelle Selbsteinschätzung	15. Das Christentum spielt in unserem Alltag eine Rolle.	4
Einzelne Aspekte	16. Wenn das Christentum eine Rolle spielt, in welcher Form? (Mehrfachnennung möglich) O biblische Geschichten (2P) O Besuch von Kirchen O Kontakt zu einer christlichen Gemeinde O Gebet (2P) O Informationen über die christliche Religion O christliche Lieder (2P)	9
Materialien	21. Wir nutzen in unserer Einrichtung Bücher oder andere Materialien zu religiösen Themen.	4
Feste: St. Martin religiös Weihnachten religiös Ostern religiös	23. Zum Sankt-Martins-Fest lernen die Kinder durch Erzählen, Vorlesen oder Theater etwas von der Sankt-Martins-Geschichte kennen. 25. Zur Weihnachtszeit vermitteln wir den Kindern, dass die Geburt Jesu gefeiert wird. 27. Zu Ostern nehmen wir den christlichen Aspekt des Festes auf, indem wir den Kindern die Geschichte von Jesu Auferstehung nahe bringen.	12
Teamgespräch	37. In unseren Teamsitzungen wird die religiöse Erziehung der Kinder zum Thema gemacht.	4
Konzeption	39. In unserer Konzeption wird die religiöse Erziehung ausführlich behandelt.	4
	Maximale Gesamtpunktzahl	37

6.2.2.2 Gesamtwert »islamische Bildung«

Bereich:	Fragebogenitems:	Maximale Punktzahl
generelle Selbsteinschätzung	17. Der Islam spielt in unserem Alltag eine Rolle.	4
Einzelne Aspekte	18. Wenn der Islam eine Rolle spielt, in welcher Form? (Mehrfachnennung möglich) O Geschichten aus dem Koran (2 Punkte) O Besuch von Moscheen O Kontakt zu einer islamischen Gemeinde O islamisches Gebet/Lernen einzelner Suren (2 Punkte) O Informationen über die islamische Religion O islamische Lieder (2 Punkte)	9
Feste: Opferfest Ramadan	28. Wir feiern mit den Kindern unserer Einrichtung das islamische Opferfest. O regelmäßig O manchmal O nie 30. Wir feiern mit den Kindern unserer Einrichtung das Fest des Fastenbrechens (Ende des Ramadans) O regelmäßig O manchmal O nie	8
	Maximale Gesamtpunktzahl	21

6.2.2.3 Gesamtwert »allgemeine Unterstützung religiöser Bildung«

Bereich:	Fragebogenitems:	Maximale Punktzahl
Elterngespräche	5. In den ersten Gesprächen mit den Eltern wird über die religiöse Erziehung der Kinder gesprochen.	4
Wissen als Voraussetzung	6. Ich weiß darüber Bescheid, welche Rolle die Religion in den einzelnen Familien spielt.	4
Spiritualität	11. Ich rede mit den Kindern über Fragen wie z.B. »Wohin kommen die Menschen, wenn sie sterben?«, »Gibt es eine höhere Macht außerhalb der Welt?«	4
	Maximale Gesamtpunktzahl	12

6.2.2.4 Gesamtwert »interreligiöse Bildung«

Bereich:	Fragebogenitems:	Maximale Punktzahl
Gesamtwert islamische Erziehung		21
Unterschiede/ Gemeinsamkeiten Weltreligionen kennen lernen	13. Mir ist es wichtig, dass die Kinder in ersten Ansätzen die Unterschiede und Gemeinsamkeiten der Weltreligionen kennen lernen.	4
Rolle unterschiedlicher Religionen im Alltag	14. Die unterschiedliche Religionszugehörigkeit spielt im Alltag unserer Einrichtung eine Rolle.	4
Teamgespräch	38. Wir reden dort über Fragen des Miteinanders der verschiedenen Religionen.	4
Konzeption	40. In unserer Konzeption werden Fragen des interreligiösen Lernens ausführlich behandelt.	4
	Maximale Gesamtpunktzahl	37

6.2.2.5 Gesamtwert Trägerengagement religiöser Bereich

Bereich:	Fragebogenitems:	Maximal Punktzahl
Ziele formuliert	51. Der Träger hat Erwartungen und Ziele für die religiöse Erziehung formuliert.	4
Konkrete Ziele	53. Seine Ziele sind: O Taufversprechen einlösen/zur Taufe hinführen O eigene religiöse Wurzeln kennen O Hineinwachsen in eine Religionsgemeinschaft	6 (pro Ankreuzung 2 Punkte)
Konkrete Hilfe	54. Bei der religiösen Erziehung gibt uns der Träger folgende konkrete Hilfe (Mehrfachnennung möglich): O Mitarbeit O gezielte Vermittlung von Fortbildung O Beratung O Unterstützung bei der Konzeptionsentwicklung	8 (pro Ankreuzung 2 Punkte)
	Maximale Gesamtpunktzahl	18

6.2.2.6 Gesamtwert Trägerengagement interreligiöser Bereich

Bereich:	Fragebogenitems:	Maximale Punktzahl
Ziele formuliert	51. Der Träger hat Erwartungen und Ziele für die religiöse Erziehung formuliert.	4
Konkrete Ziele	52. Der Träger hat Erwartungen und Ziele für die interreligiöse Erziehung formuliert. O eigene religiöse Wurzeln kennen O andere Religionen kennen lernen O neutrale Informationen über Religionen	6 (pro Ankreuzung 2 Punkte)
Konkrete Hilfe	54. Bei der interreligiösen Erziehung gibt uns der Träger folgende konkrete Hilfe (Mehrfachnennung möglich): O Mitarbeit O gezielte Vermittlung von Fortbildung O Beratung O Unterstützung bei der Konzeptionsentwicklung	8 (pro Ankreuzung 2 Punkte)
	Maximale Gesamtpunktzahl	18

6.2.3 Berechnungen quantitative Untersuchung[1]

6.2.3.1 Korrelationstabellen

	Gesamtwert »islamische Bildung«	Gesamtwert »allgemeine Unterstützung religiöser Bildung«	Gesamtwert »interreligiöse Bildung«
Gesamtwert »christliche Bildung«	0,013	0,753**	0,292**
Gesamtwert »islamische Bildung«		0,096	0,844**
Gesamtwert »allgemeine Unterstützung religiöser Bildung«			0,340**
(*: Korrelation auf dem Niveau von <0,05 (zweiseitig) signifikant; **: Korrelation auf dem Niveau von <0,01(zweiseitig) signifikant = hochsignifikant)			

Tab. 5: Korrelation der Gesamtwerte untereinander

1 Die unterschiedlich großen Stichproben bei den jeweiligen Tests beruhen darauf, dass wir uns bzgl. der fehlenden Werte gegen einen listenweisen Fallausschluss, sondern für einen Ausschluss nur bei den betreffenden Tests entschieden haben, um eine möglichst große Stichprobe auswerten zu können.

	Zufriedenheit mit Ausbildung im religiösen Bereich	Zufriedenheit mit Weiterbildung im religiösen Bereich	Zufriedenheit mit Ausbildung im interreligiösen Bereich	Zufriedenheit mit Weiterbildung im interreligiösen Bereich
Wunsch, nicht-christlichen Religionen gerecht zu werden	0,007	0,082	-0,061	0,036
Unsicherheit Erlaubnis Vermittlung christliche Religion	-0,134*[2]	-0,206**[2]	-0,018	-0,080
Unsicherheit Erlaubnis Vermittlung islamische Religion	-0,003	-0,020	-0,053	-0,085
(*: Korrelation auf dem Niveau von <0,05 (zweiseitig) signifikant; **: Korrelation auf dem Niveau von <0,01(zweiseitig) signifikant = hochsignifikant)				

Tab. 6: Korrelationen Unsicherheit bzgl. Vermittlung von Religion und Zufriedenheit mit Aus- und Weiterbildung

	Gesamtwert »christliche Bildung«	Gesamtwert »islamische Bildung«	Gesamtwert »allg. Unterstützung rel. Bildung«	Gesamtwert »interreligiöse Bildung«
Wunsch, nicht-christlichen Religionen gerecht zu werden	0,071	0,101	0,064	0,211**
Unsicherheit Erlaubnis Vermittlung christlicher Religion	-0,301**	0,090	-0, 238**	0,030
Unsicherheit Erlaubnis Vermittlung islamischer Religion	-0,057	0,016	-0,87	0,032
(*: Korrelation auf dem Niveau von <0,05 (zweiseitig) signifikant; **: Korrelation auf dem Niveau von <0,01(zweiseitig) signifikant = hochsignifikant)				

Tab. 7: Korrelationen Unsicherheit bzgl. Vermittlung von Religion und Gesamtwerte religiöse und interreligiöse Bildung

2 Dieser Wert bedeutet, dass je höher die Zufriedenheit mit der Aus- und Weiterbildung im religiösen Bereich ist, desto weniger Unsicherheit bezüglich der Erlaubnis zu Vermittlung christlicher Religion angegeben wird.

	Wert, den Eltern auf religiöse Themen legen	Vorbereitung christlicher Feste durch Eltern
Erstgespräch Thema Religion vonseiten der Einrichtung	0,453**	0,144**
(*: Korrelation auf dem Niveau von <0,05 (zweiseitig) signifikant; **: Korrelation auf dem Niveau von <0,01(zweiseitig) signifikant = hochsignifikant)		

Tab. 8: Zusammenhang Ansprechen von Religion im Erstgespräch und Wertlegung auf und Engagement der Eltern in diesem Bereich

6.2.3.2 Unterschiedsuntersuchungen

6.2.3.2.1 Mittelwertsunterschiedsuntersuchungen

t-Test 1: Unterschiede zwischen konfessionellen und nicht-konfessionellen Einrichtungen bzgl. der Gesamtwerte religiöse und interreligiöse Bildung[3]

Gruppenstatistiken

	Träger Gruppe konfessionell /nicht konfessionell	N	Mittelwert	Standardabweichung	Standardfehler des Mittelwertes
Gesamtwert christliche Bildung	konfessionell	216	33,3704	4,20651	,28622
	nicht konfessionell	107	9,6355	6,03979	,58389
Gesamtwert islamische Bildung	konfessionell	213	2,7230	3,26405	,22365
	nicht konfessionell	96	2,9271	4,20337	,42900
Gesamtwert allgem. Unterstützung religiöser Bildung	konfessionell	234	8,6111	1,95399	,12774
	nicht konfessionell	115	4,7565	1,95381	,18219
Gesamtwert interreligiöse Bildung	konfessionell	188	11,6543	6,07023	,44272
	nicht konfessionell	89	8,3820	6,15428	,65235

3 Siehe Anmerkung 33.

Test bei unabhängigen Stichproben

		Levene-Test der Varianzgleichheit		T-Test für die Mittelwertgleichheit						
									95% Konfidenzintervall der Differenz	
		F	Signifikanz	T	df	Sig. (2-seitig)	Mittlere Differenz	Standardfehler der Differenz	Untere	Obere
Gesamtwert christliche Bildung	Varianzen sind gleich	12,477	,000	41,070	321	,000	23,73486	,57791	22,59789	24,87183
	Varianzen sind nicht gleich			36,500	158,548	,000	23,73486	,65027	22,45055	25,01916
Gesamtwert islamische Bildung	Varianzen sind gleich	,334	,564	-,464	307	,643	-,20408	,44023	-1,07032	,66216
	Varianzen sind nicht gleich			-,422	148,732	,674	-,20408	,48380	-1,16009	,75193
Gesamtwert allgem. Unterstützung religiöser Bildung	Varianzen sind gleich	,508	,476	17,323	347	,000	3,85459	,22252	3,41694	4,29224
	Varianzen sind nicht gleich			17,323	226,804	,000	3,85459	,22251	3,41614	4,29304
Gesamtwert interreligiöse Bildung	Varianzen sind gleich	2,670	,103	4,171	275	,000	3,27223	,78451	1,72782	4,81665
	Varianzen sind nicht gleich			4,151	170,687	,000	3,27223	,78839	1,71598	4,82849

t-Test 2: Unterschiede zwischen »christlicher« und »interreligiöser Bildung«, sowie »allgemeiner Unterstützung religiöser Bildung«

Statistik bei gepaarten Stichproben

		Mittelwert	N	Standardabweichung	Standardfehler des Mittelwertes
Paaren 1	Gesamtwert christliche Bildung (Prozent)	69,2037	261	32,72063	2,02536
	Gesamtwert interreligiöse Bildung (Prozent)	28,2282	261	16,91532	1,04703
Paaren 2	Gesamtwert allgemein religiöse Bildung (Prozent)	61,0911	278	21,89133	1,31295
	Gesamtwert interreligiöse Bildung (Prozent)	28,4659	278	16,95492	1,01689
Paaren 3	Gesamtwert christliche Bildung (Prozent)	68,3253	321	33,18137	1,85200
	Gesamtwert allgemein religiöse Bildung (Prozent)	60,9553	321	22,40538	1,25055

Korrelationen bei gepaarten Stichproben

		N	Korrelation	Signifikanz
Paaren 1	Gesamtwert christliche Bildung (Prozent) & Gesamtwert interreligiöse Bildung (Prozent)	261	,292	,000
Paaren 2	Gesamtwert allgemein religiöse Bildung (Prozent) & Gesamtwert interreligiöse Bildung (Prozent)	278	,340	,000
Paaren 3	Gesamtwert christliche Bildung (Prozent) & Gesamtwert allgemein religiöse Bildung (Prozent)	321	,753	,000

Test bei gepaarten Stichproben

		Gepaarte Differenzen					T	df	Sig. (2-seitig)
		Mittelwert	Standardabweichung	Standardfehler des Mittelwertes	95% Konfidenzintervall der Differenz: Untere	95% Konfidenzintervall der Differenz: Obere			
Paaren 1	Gesamtwert christliche Bildung (Prozent) - Gesamtwert interreligiöse Bildung (Prozent)	40,97546	32,14060	1,98945	37,05797	44,89295	20,596	260	,000
Paaren 2	Gesamtwert allgemein religiöse Bildung (Prozent) - Gesamtwert interreligiöse Bildung (Prozent)	32,62525	22,68207	1,36038	29,94725	35,30325	23,982	277	,000
Paaren 3	Gesamtwert christliche Bildung (Prozent) - Gesamtwert allgemein religiöse Bildung (Prozent)	7,36999	22,00233	1,22805	4,95391	9,78606	6,001	320	,000

t-Test 3: Unterschiede zwischen den konfessionellen und nicht-konfessionellen Einrichtungen bzgl. der Einzelitems der Gesamtwerte »christliche Bildung« und »allgemeine Unterstützung religiöser Bildung« (ausgenommen Feste, siehe t-Test 5)

Gruppenstatistiken

	Träger Gruppe konfessionell /nicht konfessionell	N	Mittelwert	Standardabweichung	Standardfehler des Mittelwertes
Erstgespräch Thema Religion	nicht konfessionell	116	1,1466	,98028	,09102
	konfessionell	238	3,3950	1,05717	,06853
Wissen Rolle Religion in Familie	nicht konfessionell	118	2,0763	,87858	,08088
	konfessionell	240	2,4667	,78087	,05041
Spirituelle Themen	nicht konfessionell	117	1,5470	1,08672	,10047
	konfessionell	238	2,7563	1,12108	,07267
Rolle Christentum im Alltag	nicht konfessionell	117	1,1966	,90248	,08343
	konfessionell	239	3,5900	,71542	,04628
Gesamtwert Einzelaktivitäten Christentum im Alltag	nicht konfessionell	117	1,0171	2,74171	,25347
	konfessionell	240	7,9542	1,64214	,10600
Teamsitzung Thema religiöse Erziehung	nicht konfessionell	117	,8803	,85261	,07882
	konfessionell	237	3,0464	1,01366	,06584
Konzeption: religiöse Erziehung	nicht konfessionell	113	,3982	,77390	,07280
	konfessionell	223	3,5830	,72353	,04845

Test bei unabhängigen Stichproben

		Levene-Test der Varianzgleichheit		T-Test für die Mittelwertgleichheit						
		F	Signifikanz	T	df	Sig. (2-seitig)	Mittlere Differenz	Standardfehler der Differenz	95% Konfidenzintervall der Differenz Untere	Obere
Erstgespräch Thema Religion	Varianzen sind gleich	6,603	,011	-19,228	352	,000	-2,24841	,11694	-2,47839	-2,01842
	Varianzen sind nicht gleich			-19,735	244,247	,000	-2,24841	,11393	-2,47282	-2,02400
Wissen Rolle Religion in Familie	Varianzen sind gleich	,481	,488	-4,264	356	,000	-,39040	,09155	-,57045	-,21034
	Varianzen sind nicht gleich			-4,096	210,022	,000	-,39040	,09530	-,57826	-,20253
Spirituelle Themen	Varianzen sind gleich	,214	,644	-9,650	353	,000	-1,20929	,12532	-1,45576	-,96283
	Varianzen sind nicht gleich			-9,753	237,332	,000	-1,20929	,12399	-1,45356	-,96503
Rolle Christentum im Alltag	Varianzen sind gleich	3,591	,059	-27,137	354	,000	-2,39338	,08820	-2,56683	-2,21992
	Varianzen sind nicht gleich			-25,085	189,604	,000	-2,39338	,09541	-2,58158	-2,20518
Gesamtwert Einzelaktivitäten Christentum im Alltag	Varianzen sind gleich	,068	,795	-29,767	355	,000	-6,93707	,23304	-7,39539	-6,47875
	Varianzen sind nicht gleich			-25,249	157,779	,000	-6,93707	,27474	-7,47972	-6,39443
Teamsitzung Thema religiöse Erziehung	Varianzen sind gleich	16,948	,000	-19,896	352	,000	-2,16607	,10887	-2,38019	-1,95195
	Varianzen sind nicht gleich			-21,090	269,797	,000	-2,16607	,10271	-2,36828	-1,96386
Konzeption: religiöse Erziehung	Varianzen sind gleich	,056	,813	-37,230	334	,000	-3,18473	,08554	-3,35300	-3,01646
	Varianzen sind nicht gleich			-36,417	212,182	,000	-3,18473	,08745	-3,35711	-3,01234

t-Test 4: Unterschiede zwischen den konfessionellen und nicht-konfessionellen Einrichtungen bzgl. der Einzelitems des Gesamtwertes »interreligiöse Bildung« (ausgenommen Feste, siehe t-Test 5)

Gruppenstatistiken

	Träger Gruppe konfessionell /nicht konfessionell	N	Mittelwert	Standardabweichung	Standardfehler des Mittelwertes
Rolle Islam im Alltag	nicht konfessionell	109	1,1193	1,16845	,11192
	konfessionell	233	1,2403	1,20083	,07867
Gesamtwert Einzelaktivitäten Islam im Alltag	nicht konfessionell	118	,7119	2,17248	,19999
	konfessionell	241	,6390	1,01570	,06543
Unterschiede/ Gemeins. Weltreligionen	nicht konfessionell	117	2,1453	1,15419	,10670
	konfessionell	237	2,5865	1,13771	,07390
Rolle unterschiedl. Religionen im Alltag	nicht konfessionell	118	1,4746	1,14513	,10542
	konfessionell	237	1,8397	1,29521	,08413
Teamsitzung Thema interreligiöse Erziehung	nicht konfessionell	115	1,2435	1,09698	,10229
	konfessionell	235	2,2596	1,22852	,08014
Konzeption: interreligiöse Erziehung	nicht konfessionell	109	,6147	,95169	,09116
	konfessionell	220	2,0545	1,35375	,09127

Test bei unabhängigen Stichproben

		Levene-Test der Varianzgleichheit		T-Test für die Mittelwertgleichheit						
									95% Konfidenzintervall der Differenz	
		F	Signifikanz	T	df	Sig. (2-seitig)	Mittlere Differenz	Standardfehler der Differenz	Untere	Obere
Rolle Islam im Alltag	Varianzen sind gleich	1,321	,251	-,876	340	,381	-,12108	,13817	-,39285	,15069
	Varianzen sind nicht gleich			-,885	216,488	,377	-,12108	,13680	-,39071	,14855
Gesamtwert Einzelaktivitäten Islam im Alltag	Varianzen sind gleich	,354	,552	,433	357	,665	,07286	,16817	-,25787	,40359
	Varianzen sind nicht gleich			,346	142,587	,730	,07286	,21042	-,34309	,48881
Unterschiede/ Gemeins. Weltreligionen	Varianzen sind gleich	,613	,434	-3,416	352	,001	-,44120	,12917	-,69523	-,18717
	Varianzen sind nicht gleich			-3,399	228,171	,001	-,44120	,12980	-,69695	-,18544
Rolle unterschiedl. Religionen im Alltag	Varianzen sind gleich	2,342	,127	-2,598	353	,010	-,36509	,14055	-,64151	-,08867
	Varianzen sind nicht gleich			-2,707	261,016	,007	-,36509	,13487	-,63067	-,09951
Teamsitzung Thema interreligiöse Erziehung	Varianzen sind gleich	3,084	,080	-7,522	348	,000	-1,01610	,13509	-1,28179	-,75041
	Varianzen sind nicht gleich			-7,819	250,846	,000	-1,01610	,12995	-1,27202	-,76017
Konzeption: interreligiöse Erziehung	Varianzen sind gleich	20,828	,000	-9,950	327	,000	-1,43987	,14472	-1,72456	-1,15517
	Varianzen sind nicht gleich			-11,162	289,567	,000	-1,43987	,12899	-1,69375	-1,18598

t-Test 5: Unterschiede zwischen den konfessionellen und nicht-konfessionellen Einrichtungen bzgl. Feiern religiöser Feste

Gruppenstatistiken

	Träger Gruppe konfessionell /nicht konfessionell	N	Mittelwert	Standardabweichung	Standardfehler des Mittelwertes
St. Martin nicht-religiös	konfessionell	239	3,9079	,46731	,03023
	nicht konfessionell	117	3,1026	1,32212	,12223
St. Martin religiös	konfessionell	239	3,8954	,55905	,03616
	nicht konfessionell	117	2,3248	1,53032	,14148
Weihnachten nicht-religiös	konfessionell	236	,2458	,89857	,05849
	nicht konfessionell	113	1,7788	1,51619	,14263
Weihnachten religiös	konfessionell	239	3,9372	,36701	,02374
	nicht konfessionell	118	2,1780	1,41198	,12998
Ostern nicht-religiös	konfessionell	237	3,3460	1,05692	,06865
	nicht konfessionell	118	3,5763	,78888	,07262
Ostern religiös	konfessionell	239	3,7866	,65503	,04237
	nicht konfessionell	117	,7094	,95646	,08843
Opferfest	konfessionell	230	,3130	,86023	,05672
	nicht konfessionell	108	,3333	,92726	,08923
Opferfest religiös	konfessionell	214	,4019	,92295	,06309
	nicht konfessionell	108	,4815	1,08068	,10399
Fastenbrechen	konfessionell	224	,5089	1,12450	,07513
	nicht konfessionell	107	,6729	1,28691	,12441
Fastenbrechen nicht-religiös	konfessionell	220	,5864	1,21512	,08192
	nicht konfessionell	107	,7103	1,31040	,12668
Fastenbrechen religiös	konfessionell	225	,8756	1,30335	,08689
	nicht konfessionell	110	,7636	1,27738	,12179

Test bei unabhängigen Stichproben

		Levene-Test der Varianzgleichheit		T-Test für die Mittelwertgleichheit						
									95% Konfidenzintervall der Differenz	
		F	Signifikanz	T	df	Sig. (2-seitig)	Mittlere Differenz	Standardfehler der Differenz	Untere	Obere
St. Martin nicht-religiös	Varianzen sind gleich	186,621	,000	8,414	354	,000	,80539	,09572	,61714	,99363
	Varianzen sind nicht gleich			6,396	130,385	,000	,80539	,12591	,55629	1,05448
St. Martin religiös	Varianzen sind gleich	310,363	,000	14,079	354	,000	1,57061	,11156	1,35121	1,79001
	Varianzen sind nicht gleich			10,756	131,379	,000	1,57061	,14603	1,28174	1,85948
Weihnachten nicht-religiös	Varianzen sind gleich	107,197	,000	-11,804	347	,000	-1,53300	,12987	-1,78843	-1,27757
	Varianzen sind nicht gleich			-9,944	150,806	,000	-1,53300	,15416	-1,83759	-1,22841
Weihnachten religiös	Varianzen sind gleich	364,488	,000	18,087	355	,000	1,75927	,09727	1,56798	1,95056
	Varianzen sind nicht gleich			13,314	124,868	,000	1,75927	,13213	1,49776	2,02078
Ostern nicht-religiös	Varianzen sind gleich	14,944	,000	-2,094	353	,037	-,23028	,10999	-,44660	-,01395
	Varianzen sind nicht gleich			-2,304	300,561	,022	-,23028	,09994	-,42694	-,03361
Ostern religiös	Varianzen sind gleich	50,731	,000	35,559	354	,000	3,07721	,08654	2,90701	3,24740
	Varianzen sind nicht gleich			31,383	170,989	,000	3,07721	,09805	2,88366	3,27076
Opferfest	Varianzen sind gleich	,202	,653	-,197	336	,844	-,02029	,10290	-,22270	,18212
	Varianzen sind nicht gleich			-,192	196,003	,848	-,02029	,10573	-,22880	,18822
Opferfest religiös	Varianzen sind gleich	1,968	,162	-,689	320	,491	-,07961	,11550	-,30685	,14762
	Varianzen sind nicht gleich			-,655	187,508	,514	-,07961	,12163	-,31955	,16033
Fastenbrechen	Varianzen sind gleich	4,709	,031	-1,183	329	,238	-,16397	,13858	-,43659	,10865
	Varianzen sind nicht gleich			-1,128	185,679	,261	-,16397	,14534	-,45069	,12276
Fastenbrechen nicht-religiös	Varianzen sind gleich	1,481	,225	-,843	325	,400	-,12392	,14697	-,41305	,16522
	Varianzen sind nicht gleich			-,821	196,560	,412	-,12392	,15086	-,42143	,17360
Fastenbrechen religiös	Varianzen sind gleich	,406	,524	,743	333	,458	,11192	,15065	-,18443	,40827
	Varianzen sind nicht gleich			,748	220,409	,455	,11192	,14961	-,18293	,40677

t-Test 6: Unterschiede zwischen den religiösen und den nicht-religiösen Feiern der einzelnen Festen

Statistik bei gepaarten Stichproben

		Mittelwert	N	Standardabweichung	Standardfehler des Mittelwertes
Paaren 1	St. Martin nicht-religiös	3,6379	359	,94089	,04966
	St. Martin religiös	3,3621	359	1,24726	,06583
Paaren 2	Weihnachten nicht-religiös	,7365	353	1,33623	,07112
	Weihnachten religiös	3,3371	353	1,21646	,06475
Paaren 3	Ostern nicht-religiös	3,4106	358	,99387	,05253
	Ostern religiös	2,7514	358	1,64740	,08707

Korrelationen bei gepaarten Stichproben

		N	Korrelation	Signifikanz
Paaren 1	St. Martin nicht-religiös & St. Martin religiös	359	,576	,000
Paaren 2	Weihnachten nicht-religiös & Weihnachten religiös	353	-,585	,000
Paaren 3	Ostern nicht-religiös & Ostern religiös	358	-,074	,160

Test bei gepaarten Stichproben

		Gepaarte Differenzen							
					95% Konfidenzintervall der Differenz				
		Mittelwert	Standardabweichung	Standardfehler des Mittelwertes	Untere	Obere	T	df	Sig. (2-seitig)
Paaren 1	St. Martin nicht-religiös - St. Martin religiös	,27577	1,04333	,05507	,16747	,38406	5,008	358	,000
Paaren 2	Weihnachten nicht-religiös - Weihnachten religiös	-2,60057	2,27304	,12098	-2,83850	-2,36263	-21,496	352	,000
Paaren 3	Ostern nicht-religiös - Ostern religiös	,65922	1,98624	,10498	,45277	,86567	6,280	357	,000

t-Test 7: Unterschiede zwischen den religiösen Feiern von Ostern vs Weihnachten bzw. St. Martin (nur nicht-konfessionelle Einrichtungen)

Statistik bei gepaarten Stichproben

		Mittelwert	N	Standardabweichung	Standardfehler des Mittelwertes
Paaren 1	St. Martin religiös	2,3190	116	1,53566	,14258
	Ostern religiös	,7069	116	,96023	,08915
Paaren 2	Weihnachten religiös	2,1709	117	1,41598	,13091
	Ostern religiös	,7094	117	,95646	,08843

Korrelationen bei gepaarten Stichproben

		N	Korrelation	Signifikanz
Paaren 1	St. Martin religiös & Ostern religiös	116	,247	,008
Paaren 2	Weihnachten religiös & Ostern religiös	117	,495	,000

Test bei gepaarten Stichproben

		Gepaarte Differenzen					T	df	Sig. (2-seitig)
		Mittelwert	Standardabweichung	Standardfehler des Mittelwertes	95% Konfidenzintervall der Differenz Untere	Obere			
Paaren 1	St. Martin religiös - Ostern religiös	1,61207	1,59767	,14834	1,31824	1,90590	10,867	115	,000
Paaren 2	Weihnachten religiös - Ostern religiös	1,46154	1,25628	,11614	1,23150	1,69158	12,584	116	,000

t-Test 8: Unterschiede zwischen den religiösen Feiern von Ostern vs Weihnachten bzw. St. Martin (nur konfessionelle Einrichtungen)

Statistik bei gepaarten Stichproben

		Mittelwert	N	Standardabweichung	Standardfehler des Mittelwertes
Paaren 1	St. Martin religiös	3,8954	239	,55905	,03616
	Ostern religiös	3,7866	239	,65503	,04237
Paaren 2	Weihnachten religiös	3,9372	239	,36701	,02374
	Ostern religiös	3,7866	239	,65503	,04237

Korrelationen bei gepaarten Stichproben

		N	Korrelation	Signifikanz
Paaren 1	St. Martin religiös & Ostern religiös	239	,145	,025
Paaren 2	Weihnachten religiös & Ostern religiös	239	,591	,000

Test bei gepaarten Stichproben

		Gepaarte Differenzen					T	df	Sig. (2-seitig)
		Mittelwert	Standardabweichung	Standardfehler des Mittelwertes	95% Konfidenzintervall der Differenz Untere	Obere			
Paaren 1	St. Martin religiös - Ostern religiös	,10879	,79698	,05155	,00723	,21034	2,110	238	,036
Paaren 2	Weihnachten religiös - Ostern religiös	,15063	,52890	,03421	,08323	,21802	4,403	238	,000

t-Test 9: Unterschiede zwischen den konfessionellen und nicht-konfessionellen Einrichtungen bzgl. Trägerengagement im religiösen und interreligiösen Bereich[4]:

Gruppenstatistiken

	Träger Gruppe konfessionell /nicht konfessionell	N	Mittelwert	Standardabweichung	Standardfehler des Mittelwertes
Trägerengagement religiös	konfessionell	239	11,7573	3,89566	,25199
	nicht konfessionell	115	1,5652	2,43559	,22712
Trägerengagement interreligiös	konfessionell	236	6,2924	4,37149	,28456
	nicht konfessionell	114	4,5877	4,27756	,40063

Test bei unabhängigen Stichproben

		Levene-Test der Varianzgleichheit		T-Test für die Mittelwertgleichheit						
									95% Konfidenzintervall der Differenz	
		F	Signifikanz	T	df	Sig. (2-seitig)	Mittlere Differenz	Standardfehler der Differenz	Untere	Obere
Trägerengagement religiös	Varianzen sind gleich	37,000	,000	25,730	352	,000	10,19210	,39611	9,41306	10,97115
	Varianzen sind nicht gleich			30,044	328,776	,000	10,19210	,33924	9,52475	10,85945
Trägerengagement interreligiös	Varianzen sind gleich	,000	,998	3,443	348	,001	1,70465	,49515	,73079	2,67852
	Varianzen sind nicht gleich			3,469	227,887	,001	1,70465	,49141	,73638	2,67293

t-Tests 10: Unterschiede bzgl. der Gesamtwerte religiöse und interreligiöse Bildung nach unterschiedlicher Ausbildungsstätte der Erzieherinnen:

Gruppenstatistiken

	Ausbildungsstätte	N	Mittelwert	Standardabweichung	Standardfehler des Mittelwertes
Gesamtwert christliche Bildung	staatliche Einrichtung	172	21,6570	12,90423	,98394
	kirchliche Einrichtung	136	30,8382	8,97504	,76960
Gesamtwert islamische Bildung	staatliche Einrichtung	165	2,7758	3,65151	,28427
	kirchliche Einrichtung	132	2,6061	3,45695	,30089
Gesamtwert allgemein religiöse Bildung	staatliche Einrichtung	184	6,7337	2,70392	,19934
	kirchliche Einrichtung	148	8,2027	2,35305	,19342
Gesamtwert interreligiöse Bildung	staatliche Einrichtung	154	10,5130	6,52220	,52557
	kirchliche Einrichtung	112	10,5536	5,96512	,56365

4 Siehe Anmerkung 33.

Test bei unabhängigen Stichproben

		Levene-Test der Varianzgleichheit		T-Test für die Mittelwertgleichheit						
									95% Konfidenzintervall der Differenz	
		F	Signifikanz	T	df	Sig. (2-seitig)	Mittlere Differenz	Standardfehler der Differenz	Untere	Obere
Gesamtwert christliche Bildung	Varianzen sind gleich	84,406	,000	-7,056	306	,000	-9,18126	1,30121	-11,74172	-6,62080
	Varianzen sind nicht gleich			-7,350	301,361	,000	-9,18126	1,24917	-11,63946	-6,72306
Gesamtwert islamische Bildung	Varianzen sind gleich	,039	,843	,407	295	,684	,16970	,41647	-,64993	,98932
	Varianzen sind nicht gleich			,410	286,744	,682	,16970	,41394	-,64504	,98444
Gesamtwert allgemein religiöse Bildung	Varianzen sind gleich	10,851	,001	-5,210	330	,000	-1,46901	,28196	-2,02366	-,91435
	Varianzen sind nicht gleich			-5,289	327,930	,000	-1,46901	,27775	-2,01541	-,92261
Gesamtwert interreligiöse Bildung	Varianzen sind gleich	,132	,717	-,052	264	,959	-,04058	,78162	-1,57959	1,49842
	Varianzen sind nicht gleich			-,053	250,530	,958	-,04058	,77067	-1,55840	1,47723

t-Tests 11: Unterschiede zwischen den konfessionellen und nicht-konfessionellen Einrichtungen bzgl. Selbsteinschätzung Religiösität der Erzieherinnen:

Gruppenstatistiken

	Träger Gruppe konfessionell /nicht konfessionell	N	Mittelwert	Standardabweichung	Standardfehler des Mittelwertes
Selbsteinschätzung Religiösität	konfessionell	240	3,4792	,69033	,04456
	nicht konfessionell	114	1,8421	1,56046	,14615

Test bei unabhängigen Stichproben

		Levene-Test der Varianzgleichheit		T-Test für die Mittelwertgleichheit						
									95% Konfidenzintervall der Differenz	
		F	Signifikanz	T	df	Sig. (2-seitig)	Mittlere Differenz	Standardfehler der Differenz	Untere	Obere
Selbsteinschätzung Religiösität	Varianzen sind gleich	186,358	,000	13,690	352	,000	1,63706	,11959	1,40187	1,87225
	Varianzen sind nicht gleich			10,714	134,436	,000	1,63706	,15279	1,33487	1,93925

t-Test 12: Unterschiede zwischen den konfessionellen und nicht-konfessionellen Einrichtungen bzgl. der Zufriedenheit der Erzieherinnen mit der Aus- und Weiterbildung im religiösen und interreligiösen Bereich:

Gruppenstatistiken

	Träger Gruppe konfessionell /nicht konfessionell	N	Mittelwert	Standardabweichung	Standardfehler des Mittelwertes
Zufriedenheit rel Ausbildung	konfessionell	241	2,4232	1,34293	,08651
	nicht konfessionell	115	1,1217	1,31888	,12299
Zufriedenheit rel Weiterbildung	konfessionell	239	2,8787	1,02793	,06649
	nicht konfessionell	115	,8783	1,14054	,10636
Zufriedenheit interrel Ausbildung	konfessionell	237	1,3840	1,16091	,07541
	nicht konfessionell	114	1,0614	1,19945	,11234
Zufriedenheit interrel Weiterbildung	konfessionell	229	1,8122	1,18271	,07816
	nicht konfessionell	112	1,2054	1,28146	,12109

Test bei unabhängigen Stichproben

		Levene-Test der Varianzgleichheit		T-Test für die Mittelwertgleichheit						
									95% Konfidenzintervall der Differenz	
		F	Signifikanz	T	df	Sig. (2-seitig)	Mittlere Differenz	Standardfehler der Differenz	Untere	Obere
Zufriedenheit rel Ausbildung	Varianzen sind gleich	,167	,683	8,600	354	,000	1,30150	,15133	1,00388	1,59912
	Varianzen sind nicht gleich			8,656	228,176	,000	1,30150	,15036	1,00522	1,59777
Zufriedenheit rel Weiterbildung	Varianzen sind gleich	1,911	,168	16,540	352	,000	2,00040	,12095	1,76253	2,23827
	Varianzen sind nicht gleich			15,948	205,491	,000	2,00040	,12543	1,75311	2,24770
Zufriedenheit interrel Ausbildung	Varianzen sind gleich	,055	,815	2,412	349	,016	,32256	,13376	,05949	,58564
	Varianzen sind nicht gleich			2,384	216,711	,018	,32256	,13530	,05589	,58924
Zufriedenheit interrel Weiterbildung	Varianzen sind gleich	2,896	,090	4,329	339	,000	,60687	,14020	,33109	,88265
	Varianzen sind nicht gleich			4,211	205,397	,000	,60687	,14412	,32273	,89101

t-Test 13: Unterschiede zwischen der Zufriedenheit mit der Ausbildung und der mit der Weiterbildung im religiösen und interreligiösen Bereich bei Erzieherinnen in konfessionellen Einrichtungen:

Statistik bei gepaarten Stichproben

		Mittelwert	N	Standardabweichung	Standardfehler des Mittelwertes
Paaren 1	Zufriedenheit rel Ausbildung	2,4142	239	1,34413	,08694
	Zufriedenheit rel Weiterbildung	2,8787	239	1,02793	,06649
Paaren 2	Zufriedenheit interrel Ausbildung	1,3991	228	1,15473	,07647
	Zufriedenheit interrel Weiterbildung	1,8158	228	1,18408	,07842

Korrelationen bei gepaarten Stichproben

		N	Korrelation	Signifikanz
Paaren 1	Zufriedenheit rel Ausbildung & Zufriedenheit rel Weiterbildung	239	,350	,000
Paaren 2	Zufriedenheit interrel Ausbildung & Zufriedenheit interrel Weiterbildung	228	,434	,000

Test bei gepaarten Stichproben

		Gepaarte Differenzen					T	df	Sig. (2-seitig)
		Mittelwert	Standardabweichung	Standardfehler des Mittelwertes	95% Konfidenzintervall der Differenz Untere	Obere			
Paaren 1	Zufriedenheit rel Ausbildung - Zufriedenheit rel Weiterbildung	-,46444	1,37726	,08909	-,63994	-,28893	-5,213	238	,000
Paaren 2	Zufriedenheit interrel Ausbildung - Zufriedenheit interrel Weiterbildung	-,41667	1,24422	,08240	-,57903	-,25430	-5,057	227	,000

t-Test 14: Unterschiede zwischen den Absolventen kirchlicher und staatlicher Ausbildungsstätten bzgl. Zufriedenheit mit Aus- und Weiterbildung im religiösen und interreligiösen Bereich:

Gruppenstatistiken

	Ausbildungsstätte	N	Mittelwert	Standardabweichung	Standardfehler des Mittelwertes
Zufriedenheit rel Ausbildung	staatliche Einrichtung	188	1,3723	1,35223	,09862
	kirchliche Einrichtung	152	2,8224	1,16290	,09432
Zufriedenheit rel Weiterbildung	staatliche Einrichtung	189	1,8519	1,47290	,10714
	kirchliche Einrichtung	150	2,6933	1,21482	,09919
Zufriedenheit interrel Ausbildung	staatliche Einrichtung	186	1,1129	1,14521	,08397
	kirchliche Einrichtung	149	1,5101	1,19468	,09787
Zufriedenheit interrel Weiterbildung	staatliche Einrichtung	181	1,5193	1,31060	,09742
	kirchliche Einrichtung	146	1,6986	1,16483	,09640

Test bei unabhängigen Stichproben

		Levene-Test der Varianzgleichheit		T-Test für die Mittelwertgleichheit						
									95% Konfidenzintervall der Differenz	
		F	Signifikanz	T	df	Sig. (2-seitig)	Mittlere Differenz	Standardfehler der Differenz	Untere	Obere
Zufriedenheit rel Ausbildung	Varianzen sind gleich	7,257	,007	-10,458	338	,000	-1,45003	,13865	-1,72276	-1,17729
	Varianzen sind nicht gleich			-10,625	336,692	,000	-1,45003	,13647	-1,71846	-1,18159
Zufriedenheit rel Weiterbildung	Varianzen sind gleich	12,250	,001	-5,638	337	,000	-,84148	,14925	-1,13505	-,54791
	Varianzen sind nicht gleich			-5,763	336,487	,000	-,84148	,14600	-1,12868	-,55429
Zufriedenheit interrel Ausbildung	Varianzen sind gleich	1,243	,266	-3,094	333	,002	-,39716	,12836	-,64965	-,14467
	Varianzen sind nicht gleich			-3,080	311,187	,002	-,39716	,12896	-,65090	-,14342
Zufriedenheit interrel Weiterbildung	Varianzen sind gleich	5,964	,015	-1,292	325	,197	-,17929	,13879	-,45233	,09375
	Varianzen sind nicht gleich			-1,308	321,921	,192	-,17929	,13705	-,44892	,09034

t-Test 15: Unterschiede zwischen den konfessionellen und nicht-konfessionellen Einrichtungen bzgl. Unsicherheit der Erzieherinnen bzgl. Erlaubnis zur Vermittlung von Religion

Gruppenstatistiken

	Träger Gruppe konfessionell /nicht konfessionell	N	Mittelwert	Standardabweichung	Standardfehler des Mittelwertes
Unsicherheit Erlaubnis Vermittlung chr Rel	konfessionell	235	1,2340	,67345	,04393
	nicht konfessionell	117	1,7863	1,12057	,10360
Unsicherheit Erlaubnis Vermittlung isl Rel	konfessionell	235	1,6936	1,10155	,07186
	nicht konfessionell	114	1,7544	1,13326	,10614
Wunsch nicht-christlicher Rel gerecht werd	konfessionell	219	2,2922	1,11967	,07566
	nicht konfessionell	108	1,9907	1,10644	,10647

Test bei unabhängigen Stichproben

		Levene-Test der Varianzgleichheit		T-Test für die Mittelwertgleichheit						
									95% Konfidenzintervall der Differenz	
		F	Signifikanz	T	df	Sig. (2-seitig)	Mittlere Differenz	Standardfehler der Differenz	Untere	Obere
Unsicherheit Erlaubnis Vermittlung chr Rel	Varianzen sind gleich	67,507	,000	-5,755	350	,000	-,55228	,09597	-,74103	-,36354
	Varianzen sind nicht gleich			-4,908	158,923	,000	-,55228	,11253	-,77452	-,33004
Unsicherheit Erlaubnis Vermittlung isl Rel	Varianzen sind gleich	,160	,690	-,479	347	,632	-,06077	,12692	-,31039	,18886
	Varianzen sind nicht gleich			-,474	218,190	,636	-,06077	,12818	-,31339	,19185
Wunsch nicht-christlicher Rel gerecht werd	Varianzen sind gleich	2,198	,139	2,299	325	,022	,30150	,13114	,04350	,55949
	Varianzen sind nicht gleich			2,308	215,398	,022	,30150	,13061	,04405	,55894

t-Test 16: Unterschiede zwischen den konfessionellen und nicht-konfessionellen Einrichtungen bzgl. Multireligiosität des Teams

Gruppenstatistiken

	Träger Gruppe konfessionell /nicht konfessionell	N	Mittelwert	Standardabweichung	Standardfehler des Mittelwertes
Anzahl Religionen Erzieherinnen	konfessionell	229	1,1572	,45083	,02979
	nicht konfessionell	96	1,3333	,67538	,06893

Test bei unabhängigen Stichproben

		Levene-Test der Varianzgleichheit		T-Test für die Mittelwertgleichheit						
									95% Konfidenzintervall der Differenz	
		F	Signifikanz	T	df	Sig. (2-seitig)	Mittlere Differenz	Standardfehler der Differenz	Untere	Obere
Anzahl Religionen Erzieherinnen	Varianzen sind gleich	48,202	,000	-2,749	323	,006	-,17613	,06406	-,30217	-,05009
	Varianzen sind nicht gleich			-2,345	131,888	,020	-,17613	,07509	-,32467	-,02758

t-Test 17: Unterschiede zwischen den konfessionellen und nicht-konfessionellen Einrichtungen bzgl. religiöse und interreligiöse Erziehung als Thema in Teamsitzung und Konzeption

Gruppenstatistiken

	Träger Gruppe konfessionell /nicht konfessionell	N	Mittelwert	Standardabweichung	Standardfehler des Mittelwertes
Teamsitzung Thema rel Erziehung	konfessionell	238	3,0504	1,01340	,06569
	nicht konfessionell	117	,8803	,85261	,07882
Teamsitzung Thema interrel Erziehung	konfessionell	235	2,2596	1,22852	,08014
	nicht konfessionell	115	1,2435	1,09698	,10229
Konzeption: rel Erziehung	konfessionell	223	3,5830	,72353	,04845
	nicht konfessionell	113	,3982	,77390	,07280
Konzeption: interrel Erziehung	konfessionell	220	2,0545	1,35375	,09127
	nicht konfessionell	109	,6147	,95169	,09116

Test bei unabhängigen Stichproben

		Levene-Test der Varianzgleichheit		T-Test für die Mittelwertgleichheit						
									95% Konfidenzintervall der Differenz	
		F	Signifikanz	T	df	Sig. (2-seitig)	Mittlere Differenz	Standardfehler der Differenz	Untere	Obere
Teamsitzung Thema rel Erziehung	Varianzen sind gleich	17,128	,000	19,947	353	,000	2,17008	,10879	1,95612	2,38404
	Varianzen sind nicht gleich			21,149	269,461	,000	2,17008	,10261	1,96806	2,37209
Teamsitzung Thema interrel Erziehung	Varianzen sind gleich	3,084	,080	7,522	348	,000	1,01610	,13509	,75041	1,28179
	Varianzen sind nicht gleich			7,819	250,846	,000	1,01610	,12995	,76017	1,27202
Konzeption: rel Erziehung	Varianzen sind gleich	,056	,813	37,230	334	,000	3,18473	,08554	3,01646	3,35300
	Varianzen sind nicht gleich			36,417	212,182	,000	3,18473	,08745	3,01234	3,35711
Konzeption: interrel Erziehung	Varianzen sind gleich	20,828	,000	9,950	327	,000	1,43987	,14472	1,15517	1,72456
	Varianzen sind nicht gleich			11,162	289,567	,000	1,43987	,12899	1,18598	1,69375

t-Test 18: Unterschiede zwischen den konfessionellen und nicht-konfessionellen Einrichtungen bzgl. Umgang mit Orientierungsplänen

Gruppenstatistiken

	Träger Gruppe konfessionell /nicht konfessionell	N	Mittelwert	Standardabweichung	Standardfehler des Mittelwertes
Orientierungspläne Umsetzbarkeit	konfessionell	219	2,2420	1,37503	,09292
	nicht konfessionell	108	,7685	1,02862	,09898
Orientierungspläne Umsetzung	konfessionell	177	2,5763	1,01472	,07627
	nicht konfessionell	87	1,4828	1,32824	,14240
Orientierungspläne Kenntnisname	konfessionell	231	3,2987	1,08826	,07160
	nicht konfessionell	113	2,3097	1,56456	,14718

Test bei unabhängigen Stichproben

		Levene-Test der Varianzgleichheit		T-Test für die Mittelwertgleichheit						
									95% Konfidenzintervall der Differenz	
		F	Signifikanz	T	df	Sig. (2-seitig)	Mittlere Differenz	Standardfehler der Differenz	Untere	Obere
Orientierungspläne Umsetzbarkeit	Varianzen sind gleich	19,786	,000	9,856	325	,000	1,47349	,14950	1,17938	1,76760
	Varianzen sind nicht gleich			10,854	274,173	,000	1,47349	,13576	1,20623	1,74075
Orientierungspläne Umsetzung	Varianzen sind gleich	10,730	,001	7,409	262	,000	1,09351	,14760	,80288	1,38415
	Varianzen sind nicht gleich			6,769	136,913	,000	1,09351	,16154	,77407	1,41295
Orientierungspläne Kenntnisname	Varianzen sind gleich	43,525	,000	6,815	342	,000	,98897	,14512	,70352	1,27441
	Varianzen sind nicht gleich			6,042	166,740	,000	,98897	,16367	,66583	1,31211

t-Test 19: Unterschiede zwischen den konfessionellen und nicht-konfessionellen Einrichtungen bzgl. des Wertes, den die Eltern auf spirituelle Themen legen

Gruppenstatistiken

	Träger Gruppe konfessionell /nicht konfessionell	N	Mittelwert	Standardabweichung	Standardfehler des Mittelwertes
Wert Eltern spirituelle Themen	konfessionell	238	2,2143	1,09095	,07072
	nicht konfessionell	113	1,0619	,91888	,08644

Test bei unabhängigen Stichproben

		Levene-Test der Varianzgleichheit		T-Test für die Mittelwertgleichheit						
									95% Konfidenzintervall der Differenz	
		F	Signifikanz	T	df	Sig. (2-seitig)	Mittlere Differenz	Standardfehler der Differenz	Untere	Obere
Wert Eltern spirituelle Themen	Varianzen sind gleich	10,326	,001	9,710	349	,000	1,15234	,11868	,91892	1,38576
	Varianzen sind nicht gleich			10,318	257,562	,000	1,15234	,11168	,93241	1,37226

t-Test 20: Unterschiede zwischen den konfessionellen und nicht-konfessionellen Einrichtungen bzgl. der Anzahl der Kinder

Gruppenstatistiken

	Träger Gruppe konfessionell /nicht konfessionell	N	Mittelwert	Standardabweichung	Standardfehler des Mittelwertes
Gesamtanzahl Kinder	konfessionell	241	61,61	28,355	1,826
	nicht konfessionell	118	88,60	47,427	4,366

Test bei unabhängigen Stichproben

		Levene-Test der Varianzgleichheit		T-Test für die Mittelwertgleichheit						
									95% Konfidenzintervall der Differenz	
		F	Signifikanz	T	df	Sig. (2-seitig)	Mittlere Differenz	Standardfehler der Differenz	Untere	Obere
Gesamtanzahl Kinder	Varianzen sind gleich	43,655	,000	-6,722	357	,000	-26,996	4,016	-34,894	-19,098
	Varianzen sind nicht gleich			-5,704	159,159	,000	-26,996	4,733	-36,343	-17,649

t-Test 21: Unterschiede zwischen den konfessionellen und nicht-konfessionellen Einrichtungen bzgl. des Anteils der verschiedenen Religionen bei den Kindern

Gruppenstatistiken

	Träger Gruppe konfessionell /nicht konfessionell	N	Mittelwert	Standardabweichung	Standardfehler des Mittelwertes
Prozent christliche Kinder	konfessionell	229	54,9982	22,67111	1,49815
	nicht konfessionell	98	42,1868	26,92794	2,72013
Prozent jüdischer Kinder	konfessionell	229	,4833	3,32003	,21939
	nicht konfessionell	98	,3794	1,57022	,15862
Prozent muslimischer Kinder	konfessionell	229	17,8611	19,32640	1,27712
	nicht konfessionell	98	27,0985	22,81028	2,30419
Prozent Kinder andere Religionen	konfessionell	229	3,7480	5,06447	,33467
	nicht konfessionell	98	3,0298	5,51437	,55704
Prozent Kinder ohne Bekenntnis	konfessionell	229	19,7190	15,71988	1,03880
	nicht konfessionell	98	17,7380	24,23810	2,44842

Test bei unabhängigen Stichproben

		Levene-Test der Varianzgleichheit		T-Test für die Mittelwertgleichheit						
									95% Konfidenzintervall der Differenz	
		F	Signifikanz	T	df	Sig. (2-seitig)	Mittlere Differenz	Standardfehler der Differenz	Untere	Obere
Prozent christliche Kinder	Varianzen sind gleich	8,223	,004	4,418	325	,000	12,81143	2,89954	7,10720	18,51567
	Varianzen sind nicht gleich			4,126	158,566	,000	12,81143	3,10541	6,67813	18,94474
Prozent jüdischer Kinder	Varianzen sind gleich	,332	,565	,296	325	,768	,10388	,35128	-,58718	,79495
	Varianzen sind nicht gleich			,384	321,913	,701	,10388	,27073	-,42873	,63650
Prozent muslimischer Kinder	Varianzen sind gleich	6,210	,013	-3,746	325	,000	-9,23741	2,46592	-14,08860	-4,38623
	Varianzen sind nicht gleich			-3,506	159,354	,001	-9,23741	2,63445	-14,44035	-4,03448
Prozent Kinder andere Religionen	Varianzen sind gleich	,306	,580	1,144	325	,254	,71821	,62803	-,51731	1,95373
	Varianzen sind nicht gleich			1,105	170,230	,271	,71821	,64984	-,56457	2,00099
Prozent Kinder ohne Bekenntnis	Varianzen sind gleich	19,010	,000	,879	325	,380	1,98104	2,25409	-2,45341	6,41548
	Varianzen sind nicht gleich			,745	133,228	,458	1,98104	2,65967	-3,27961	7,24168

t-Test 22: Unterschiede zwischen den konfessionellen und nicht-konfessionellen Einrichtungen bzgl. Multinationalität und Anzahl Nationen der Kinder

Gruppenstatistiken

	Träger Gruppe konfessionell /nicht konfessionell	N	Mittelwert	Standardabweichung	Standardfehler des Mittelwertes
Prozent "andersgläubiger" Kinder	konfessionell	229	22,0923	21,35130	1,41093
	nicht konfessionell	98	30,5076	24,55006	2,47993
Anz Nationen Kinder	konfessionell	241	45,27	188,325	12,131
	nicht konfessionell	118	51,20	200,318	18,441
Prozent Kinder nicht deutsche Muttersprache	konfessionell	228	35,4060	27,25647	1,80510
	nicht konfessionell	110	42,5691	35,03820	3,34076

Test bei unabhängigen Stichproben

		Levene-Test der Varianzgleichheit		T-Test für die Mittelwertgleichheit						
									95% Konfidenzintervall der Differenz	
		F	Signifikanz	T	df	Sig. (2-seitig)	Mittlere Differenz	Standardfehler der Differenz	Untere	Obere
Prozent "andersgläubiger" Kinder	Varianzen sind gleich	3,890	,049	-3,119	325	,002	-8,41532	2,69835	-13,72375	-3,10689
	Varianzen sind nicht gleich			-2,949	162,707	,004	-8,41532	2,85321	-14,04941	-2,78123
Anz Nationen Kinder	Varianzen sind gleich	,208	,649	-,275	357	,784	-5,938	21,610	-48,438	36,562
	Varianzen sind nicht gleich			-,269	220,084	,788	-5,938	22,073	-49,440	37,564
Prozent Kinder nicht deutsche Muttersprache	Varianzen sind gleich	2,922	,088	-2,057	336	,040	-7,16310	3,48303	-14,01440	-,31180
	Varianzen sind nicht gleich			-1,886	174,783	,061	-7,16310	3,79725	-14,65746	,33126

t-Test 23: Unterschiede zwischen den Einrichtungen der beiden Konfessionen bzgl. der Gesamtwerte religiöse und interreligiöse Bildung

Gruppenstatistiken

	Träger	N	Mittelwert	Standardabweichung	Standardfehler des Mittelwertes
Gesamtwert christliche Bildung	katholisch	99	33,7475	4,22660	,42479
	evangelisch	115	33,0522	4,19867	,39153
Gesamtwert islamische Bildung	katholisch	105	2,6286	2,87649	,28072
	evangelisch	106	2,8679	3,62551	,35214
Gesamtwert allgemein religiöse Bildung	katholisch	110	8,7182	1,80789	,17238
	evangelisch	122	8,5246	2,07788	,18812
Gesamtwert interreligiöse Bildung	katholisch	88	12,1136	5,64553	,60182
	evangelisch	98	11,4694	6,29712	,63610

Test bei unabhängigen Stichproben

		Levene-Test der Varianzgleichheit		T-Test für die Mittelwertgleichheit						
									95% Konfidenzintervall der Differenz	
		F	Signifikanz	T	df	Sig. (2-seitig)	Mittlere Differenz	Standardfehler der Differenz	Untere	Obere
Gesamtwert christliche Bildung	Varianzen sind gleich	,496	,482	1,204	212	,230	,69530	,57741	-,44291	1,83351
	Varianzen sind nicht gleich			1,204	206,883	,230	,69530	,57770	-,44364	1,83424
Gesamtwert islamische Bildung	Varianzen sind gleich	5,408	,021	-,531	209	,596	-,23935	,45083	-1,12810	,64940
	Varianzen sind nicht gleich			-,531	199,510	,596	-,23935	,45034	-1,12739	,64868
Gesamtwert allgemein religiöse Bildung	Varianzen sind gleich	2,312	,130	,753	230	,452	,19359	,25699	-,31277	,69995
	Varianzen sind nicht gleich			,759	229,718	,449	,19359	,25515	-,30915	,69633
Gesamtwert interreligiöse Bildung	Varianzen sind gleich	2,366	,126	,731	184	,465	,64425	,88084	-1,09360	2,38210
	Varianzen sind nicht gleich			,736	184,000	,463	,64425	,87568	-1,08341	2,37191

t-Test 24: Unterschiede zwischen den Einrichtungen der beiden Konfessionen bzgl. des Trägerengagements

Gruppenstatistiken

	Träger	N	Mittelwert	Standardabweichung	Standardfehler des Mittelwertes
Trägerengagement religiös	katholisch	112	11,0357	3,92021	,37043
	evangelisch	125	12,4720	3,74936	,33535
Trägerengagement interreligiös	katholisch	111	5,6847	4,06757	,38608
	evangelisch	123	6,9431	4,52552	,40805

Test bei unabhängigen Stichproben

		Levene-Test der Varianzgleichheit		T-Test für die Mittelwertgleichheit						
									95% Konfidenzintervall der Differenz	
		F	Signifikanz	T	df	Sig. (2-seitig)	Mittlere Differenz	Standardfehler der Differenz	Untere	Obere
Trägerengagement religiös	Varianzen sind gleich	,013	,908	-2,881	235	,004	-1,43629	,49845	-2,41829	-,45428
	Varianzen sind nicht gleich			-2,874	229,507	,004	-1,43629	,49968	-2,42083	-,45175
Trägerengagement interreligiös	Varianzen sind gleich	3,619	,058	-2,228	232	,027	-1,25840	,56483	-2,37126	-,14555
	Varianzen sind nicht gleich			-2,240	231,997	,026	-1,25840	,56175	-2,36519	-,15162

t-Test 25: Unterschiede zwischen den Einrichtungen der beiden Konfessionen bzgl. der relevanten Einzelitems

Gruppenstatistiken

	Träger	N	Mittelwert	Standardabweichung	Standardfehler des Mittelwertes
Bücher/ Materialen zur Religion	katholisch	112	3,6696	,60610	,05727
	evangelisch	125	3,4720	,76807	,06870
Teamsitzung Thema interreligiöse Erziehung	katholisch	109	2,4587	1,20594	,11551
	evangelisch	124	2,1210	1,20698	,10839
Selbsteinschätzung Religiösität	katholisch	113	3,6018	,60563	,05697
	evangelisch	125	3,3680	,74635	,06676
Prozent Kinder nicht deutsche Muttersprache	katholisch	107	40,9568	27,82716	2,69015
	evangelisch	119	30,8864	25,89923	2,37418
Anz Nationen Kinder	katholisch	113	53,11	204,520	19,240
	evangelisch	126	38,89	174,623	15,557

Test bei unabhängigen Stichproben

		Levene-Test der Varianzgleichheit		T-Test für die Mittelwertgleichheit					95% Konfidenzintervall der Differenz	
		F	Signifikanz	T	df	Sig. (2-seitig)	Mittlere Differenz	Standardfehler der Differenz	Untere	Obere
Bücher/ Materialen zur Religion	Varianzen sind gleich	9,071	,003	2,182	235	,030	,19764	,09059	,01917	,37612
	Varianzen sind nicht gleich			2,210	231,395	,028	,19764	,08944	,02142	,37386
Teamsitzung Thema interreligiöse Erziehung	Varianzen sind gleich	,353	,553	2,132	231	,034	,33775	,15841	,02564	,64986
	Varianzen sind nicht gleich			2,132	227,234	,034	,33775	,15840	,02563	,64987
Selbsteinschätzung Religiösität	Varianzen sind gleich	10,151	,002	2,636	236	,009	,23377	,08868	,05906	,40848
	Varianzen sind nicht gleich			2,664	233,356	,008	,23377	,08776	,06086	,40668
Prozent Kinder nicht deutsche Muttersprache	Varianzen sind gleich	2,445	,119	2,817	224	,005	10,07043	3,57430	3,02689	17,11398
	Varianzen sind nicht gleich			2,807	217,111	,005	10,07043	3,58799	2,99869	17,14218
Anz Nationen Kinder	Varianzen sind gleich	1,010	,316	,580	237	,563	14,217	24,531	-34,110	62,544
	Varianzen sind nicht gleich			,575	221,493	,566	14,217	24,742	-34,543	62,977

t-Test 26: Unterschiede zwischen den konfessionellen und nicht-konfessionellen Einrichtungen bzgl. Auswirkungen der verschiedenen Religionen auf den Alltag im Kindergarten

Gruppenstatistiken

	Träger Gruppe konfessionell /nicht konfessionell	N	Mittelwert	Standardabweichung	Standardfehler des Mittelwertes
K erzählen über eigene Rel	konfessionell	239	1,9916	1,04918	,06787
	nicht konfessionell	111	1,5676	,94985	,09016
Lebensmittelverbot	konfessionell	240	2,9750	1,52229	,09826
	nicht konfessionell	118	3,5593	,97439	,08970
Verbot Teilnahme Feste/Veranst	konfessionell	239	1,3808	1,50119	,09710
	nicht konfessionell	117	1,3077	1,48824	,13759

Test bei unabhängigen Stichproben

		Levene-Test der Varianzgleichheit		T-Test für die Mittelwertgleichheit					95% Konfidenzintervall der Differenz	
		F	Signifikanz	T	df	Sig. (2-seitig)	Mittlere Differenz	Standardfehler der Differenz	Untere	Obere
K erzählen über eigene Rel	Varianzen sind gleich	,045	,832	3,624	348	,000	,42406	,11702	,19390	,65423
	Varianzen sind nicht gleich			3,758	235,094	,000	,42406	,11284	,20175	,64638
Lebensmittelverbot	Varianzen sind gleich	54,373	,000	-3,803	356	,000	-,58432	,15366	-,88652	-,28213
	Varianzen sind nicht gleich			-4,392	332,144	,000	-,58432	,13305	-,84605	-,32260
Verbot Teilnahme Feste/Veranst	Varianzen sind gleich	,004	,949	,433	354	,666	,07306	,16891	-,25912	,40524
	Varianzen sind nicht gleich			,434	232,254	,665	,07306	,16840	-,25873	,40485

6.2.3.2.2 Varianzanalysen

F-Test 1: Unterschiede zwischen den Absolventen von kirchlichen und staatlichen Ausbildungsstätten (F48) bzgl. des Gesamtwertes »christlicher Bildung« unter Berücksichtigung des gegenwärtigen Arbeitsplatzes (konfessionelle oder nicht-konfessionelle Einrichtung, F50 Gruppiert)

Zwischensubjektfaktoren

		Wertelabel	N
Ausbildungsstätte	1	staatliche Einrichtung	169
	2	kirchliche Einrichtung	135
Träger Gruppe konfessionell /nicht konfessionell	1,00	konfessionell	206
	3,00	nicht konfessionell	98

Tests der Zwischensubjekteffekte

Abhängige Variable: Gesamtwert christliche Bildung

Quelle	Quadratsumme vom Typ III	df	Mittel der Quadrate	F	Signifikanz
Korrigiertes Modell	37729,396[a]	3	12576,465	536,589	,000
Konstanter Term	73851,626	1	73851,626	3150,962	,000
Ausbildungsstätte	19,850	1	19,850	,847	,358
Träger	24082,246	1	24082,246	1027,496	,000
Ausbildungsstätte * Träger	36,032	1	36,032	1,537	,216
Fehler	7031,341	300	23,438		
Gesamt	248190,000	304			
Korrigierte Gesamtvariation	44760,737	303			

a. R-Quadrat = ,843 (korrigiertes R-Quadrat = ,841)

F-Test 2: Unterschiede zwischen den Absolventen von kirchlichen und staatlichen Ausbildungsstätten (F48) bzgl. des Gesamtwertes »allgemeine Unterstützung religiöser Bildung« unter Berücksichtigung des gegenwärtigen Arbeitsplatzes (konfessionelle oder nicht-konfessionelle Einrichtung, F50 Gruppiert)

Zwischensubjektfaktoren

		Wertelabel	N
Ausbildungsstätte	1	staatliche Einrichtung	180
	2	kirchliche Einrichtung	147
Träger Gruppe konfessionell /nicht konfessionell	1,00	konfessionell	222
	3,00	nicht konfessionell	105

Tests der Zwischensubjekteffekte

Abhängige Variable: allgemeine Unterstützung religiöser Bildung

Quelle	Quadratsumme vom Typ III	df	Mittel der Quadrate	F	Signifikanz
Korrigiertes Modell	1073,033[a]	3	357,678	95,347	,000
Konstanter Term	7893,015	1	7893,015	2104,052	,000
Ausbildungsstätte	,047	1	,047	,013	,911
Träger	632,257	1	632,257	168,542	,000
Ausbildungsstätte * Träger	1,149	1	1,149	,306	,580
Fehler	1211,683	323	3,751		
Gesamt	20209,000	327			
Korrigierte Gesamtvariation	2284,716	326			

a. R-Quadrat = ,470 (korrigiertes R-Quadrat = ,465)

F-Test 3: Unterschiede zwischen den Bundesländern bzgl. der Gesamtwerte »christliche Bildung« unter Berücksichtigung der Verteilung konfessioneller/nicht-konfessioneller Einrichtungen

Zwischensubjektfaktoren

		Wertelabel	N
Träger Gruppe konfessionell /nicht konfessionell	1,00	konfessionell	216
	3,00	nicht konfessionell	107
Bundesland	1	Aachen	21
	2	Berlin	72
	3	Dresden	17
	4	Frankfurt	63
	5	Hamburg	46
	6	Mannheim/ Ludwigshafen	29
	7	Stuttgart	75

Tests der Zwischensubjekteffekte

Abhängige Variable: Gesamtwert christliche Bildung

Quelle	Quadratsumme vom Typ III	df	Mittel der Quadrate	F	Signifikanz
Korrigiertes Modell	40584,271[a]	13	3121,867	130,421	,000
Konstanter Term	97437,064	1	97437,064	4070,603	,000
Träger	29759,706	1	29759,706	1243,264	,000
Bundesland	119,502	6	19,917	,832	,546
Träger * Bundesland	145,211	6	24,202	1,011	,418
Fehler	7396,460	309	23,937		
Gesamt	258139,000	323			
Korrigierte Gesamtvariation	47980,731	322			

a. R-Quadrat = ,846 (korrigiertes R-Quadrat = ,839)

F-Test 4: Unterschiede zwischen den Bundesländern bzgl. der Gesamtwerte »islamische Bildung« unter Berücksichtigung der Verteilung konfessioneller/nicht-konfessioneller Einrichtungen

Zwischensubjektfaktoren

		Wertelabel	N
Träger Gruppe konfessionell /nicht konfessionell	1,00	konfessionell	216
	3,00	nicht konfessionell	107
Bundesland	1	Aachen	21
	2	Berlin	72
	3	Dresden	17
	4	Frankfurt	63
	5	Hamburg	46
	6	Mannheim/ Ludwigshafen	29
	7	Stuttgart	75

Tests der Zwischensubjekteffekte

Abhängige Variable: Gesamtwert islamische Bildung

Quelle	Quadratsumme vom Typ III	df	Mittel der Quadrate	F	Signifikanz
Korrigiertes Modell	347,744[a]	13	26,750	2,197	,010
Konstanter Term	1522,221	1	1522,221	125,010	,000
Träger	7,335	1	7,335	,602	,438
Bundesland	211,515	6	35,253	2,895	,009
Träger * Bundesland	49,848	6	8,308	,682	,664
Fehler	3592,159	295	12,177		
Gesamt	6339,000	309			
Korrigierte Gesamtvariation	3939,903	308			

a. R-Quadrat = ,088 (korrigiertes R-Quadrat = ,048)

F-Test 5: Unterschiede zwischen den Bundesländern bzgl. der Gesamtwerte »allgemeine Unterstützung religiöser Bildung« unter Berücksichtigung der Verteilung konfessioneller/nicht-konfessioneller Einrichtungen

Zwischensubjektfaktoren

		Wertelabel	N
Träger Gruppe konfessionell /nicht konfessionell	1,00	konfessionell	213
	3,00	nicht konfessionell	96
Bundesland	1	Aachen	21
	2	Berlin	72
	3	Dresden	16
	4	Frankfurt	56
	5	Hamburg	45
	6	Mannheim/ Ludwigshafen	27
	7	Stuttgart	72

Tests der Zwischensubjekteffekte

Abhängige Variable: allgemeine Unterstützung religiöser Bildung

Quelle	Quadratsumme vom Typ III	df	Mittel der Quadrate	F	Signifikanz
Korrigiertes Modell	1225,562[a]	13	94,274	25,370	,000
Konstanter Term	9708,888	1	9708,888	2612,721	,000
Träger	824,852	1	824,852	221,973	,000
Bundesland	18,716	6	3,119	,839	,540
Träger * Bundesland	44,668	6	7,445	2,003	,065
Fehler	1244,862	335	3,716		
Gesamt	21278,000	349			
Korrigierte Gesamtvariation	2470,424	348			

a. R-Quadrat = ,496 (korrigiertes R-Quadrat = ,477)

F-Test 6: Unterschiede zwischen den Bundesländern bzgl. der Gesamtwerte »interreligiöse Bildung« unter Berücksichtigung der Verteilung konfessioneller/nicht-konfessioneller Einrichtungen

Zwischensubjektfaktoren

		Wertelabel	N
Träger Gruppe konfessionell /nicht konfessionell	1,00	konfessionell	188
	3,00	nicht konfessionell	89
Bundesland	1	Aachen	20
	2	Berlin	64
	3	Dresden	15
	4	Frankfurt	52
	5	Hamburg	39
	6	Mannheim/ Ludwigshafen	23
	7	Stuttgart	64

Tests der Zwischensubjekteffekte

Abhängige Variable: Gesamtwert interreligiöse Bildung

Quelle	Quadratsumme vom Typ III	df	Mittel der Quadrate	F	Signifikanz
Korrigiertes Modell	1469,301[a]	13	113,023	3,162	,000
Konstanter Term	17228,295	1	17228,295	481,974	,000
Träger	382,418	1	382,418	10,698	,001
Bundesland	481,085	6	80,181	2,243	,040
Träger * Bundesland	107,040	6	17,840	,499	,809
Fehler	9401,017	263	35,745		
Gesamt	42011,000	277			
Korrigierte Gesamtvariation	10870,318	276			

a. R-Quadrat = ,135 (korrigiertes R-Quadrat = ,092)

6.2.3.2.3 Rangtests

Mann-Whitney-U-Test 1: Unterschiede zwischen konfessionellen und nicht-konfessionellen Trägern bzgl. Menge konkreter Hilfe im religiösen und interreligiösen Bereich

Ränge

	Träger Gruppe	N	Mittlerer Rang	Rangsumme
Träger Hilfe rel	konfessionell	240	225,54	54129,00
	nicht konfessionell	115	78,79	9061,00
	Gesamt	355		
Träger Hilfe interrel	konfessionell	241	184,28	44412,50
	nicht konfessionell	117	169,65	19848,50
	Gesamt	358		

Statistik für Test[a]

	Träger Hilfe rel	Träger Hilfe interrel
Mann-Whitney-U	2391,000	12945,500
Wilcoxon-W	9061,000	19848,500
Z	-12,924	-1,350
Asymptotische Signifikanz (2-seitig)	,000	,177

a. Gruppenvariable: Träger Gruppe konfessionell /nicht konfessionell

Mann-Whitney-U-Test 2: Unterschiede zwischen konfessionellen und nicht-konfessionellen Einrichtungen bzgl. der Länge der Arbeitserfahrung des Ausfüllenden

Ränge

	Träger Gruppe	N	Mittlerer Rang	Rangsumme
Arbeitsjahre	konfessionell	239	170,54	40759,50
	nicht konfessionell	116	193,37	22430,50
	Gesamt	355		

Statistik für Test[a]

	Arbeitsjahre
Mann-Whitney-U	12079,500
Wilcoxon-W	40759,500
Z	-2,074
Asymptotische Signifikanz (2-seitig)	,038

a. Gruppenvariable: Träger Gruppe konfessionell /nicht konfessionell

Wilcoxon-Test 1: Unterschiede zwischen der Menge konkreter Hilfe im religiösen und interreligiösen Bereich (nur nicht-konfessionellen Trägern)

Ränge

		N	Mittlerer Rang	Rangsumme
Träger Hilfe interrel - Träger Hilfe rel	Negative Ränge	3[a]	12,00	36,00
	Positive Ränge	33[b]	19,09	630,00
	Bindungen	79[c]		
	Gesamt	115		

a. Träger Hilfe interrel < Träger Hilfe rel

b. Träger Hilfe interrel > Träger Hilfe rel

c. Träger Hilfe interrel = Träger Hilfe rel

Statistik für Test[b]

	Träger Hilfe interrel - Träger Hilfe rel
Z	-4,826[a]
Asymptotische Signifikanz (2-seitig)	,000

a. Basiert auf negativen Rängen.

b. Wilcoxon-Test

6.2.3.2.4 Häufigkeitsuntersuchungen

Chi-Quadrat-Test 1: Unterschiede zwischen den Bundesländern bzgl. des Rücklaufs

Bundesland

Bundesland		Beobachtetes N	Erwartete Anzahl	Residuum
Aachen	zurückgeschickte FB	25	19,29	5,71
	nicht zurückgeschickte FB	65	70,71	-5,71
Berlin	zurückgeschickte FB	82	96,25	-14,25
	nicht zurückgeschickte FB	367	352,75	14,25
Dresden	zurückgeschickte FB	17	24,01	-7,01
	nicht zurückgeschickte FB	95	87,99	7,01
Frankfurt	zurückgeschickte FB	69	53,81	15,19
	nicht zurückgeschickte FB	182	197,19	-15,19
Hamburg	zurückgeschickte FB	53	69,88	-16,88
	nicht zurückgeschickte FB	273	256,12	16,88
Mannheim/ Ludwigshafen	zurückgeschickte FB	32	36,44	-4,44
	nicht zurückgeschickte FB	138	133,56	4,44
Stuttgart	zurückgeschickte FB	86	64,31	21,69
	nicht zurückgeschickte FB	214	235,70	-21,69
Gesamt	zurückgeschickte FB	364		
	nicht zurückgeschickte FB	1334		

Statistik für Test

Chi-Quadrat[a]	28,09
df	6
Signifikanz[a]	0,000
[a]Bei 0 Zellen werden weniger als 5 Häufigkeiten erwartet. Die kleinste erwartete Zellhäufigkeit ist 19,29.	

Chi-Quadrat-Test 2: Unterschiede zwischen den konfessionellen und nicht-konfessionellen Einrichtungen bzgl. des Rücklaufs

		Beobachtetes N	Erwartete Anzahl	Residuum
Konfessionelle Einrichtungen	zurückgeschickte FB	241	160,73	80,27
	nicht zurückgeschickte FB	517	597,27	-80,27
Nicht-konfessionelle Einrichtungen	zurückgeschickte FB	118	198,27	-80,27
	nicht zurückgeschickte FB	817	736,73	80,27
Gesamt	zurückgeschickte FB	359		
	nicht zurückgeschickte FB	1334		

Statistik für Test

Chi-Quadrat[a]	92,11
df	1
Signifikanz	0,000
[a]Bei 0 Zellen werden weniger als 5 Häufigkeiten erwartet. Die kleinste erwartete Zellhäufigkeit ist 160,73.	

Chi-Quadrat-Test 3: Unterschiede zwischen den Trägern bzgl. des Zieles »Hineinwachsen in Religionsgemeinschaft«

		Beobachtetes N	Erwartete Anzahl	Residuum
Konfessionelle Einrichtungen	Ziel vorhanden	199	134,64	64,36
	Ziel nicht vorhanden	42	106,36	-64,36
Nicht-konfessionelle Einrichtungen	Ziel vorhanden	1	65,36	-64,36
	Ziel nicht vorhanden	116	51,63	64,36
Gesamt	Ziel vorhanden	200		
	Ziel nicht vorhanden	158		

Statistik für Test

Chi-Quadrat[a]	213,32
df	1
Signifikanz	0,000
[a]Bei 0 Zellen werden weniger als 5 Häufigkeiten erwartet. Die kleinste erwartete Zellhäufigkeit ist 51,63.	

Chi-Quadrat-Test 4: Unterschiede zwischen den Trägern bzgl. des Zieles »andere Religionen kennen lernen«

		Beobachtetes N	Erwartete Anzahl	Residuum
Konfessionelle Einrichtungen	Ziel vorhanden	90	80,11	9,89
	Ziel nicht vorhanden	151	160,89	-9,89
Nicht-konfessionelle Einrichtungen	Ziel vorhanden	29	38,89	-9,89
	Ziel nicht vorhanden	88	78,11	9,89
Gesamt	Ziel vorhanden	119		
	Ziel nicht vorhanden	238		

Statistik für Test

Chi-Quadrat[a]	5,6
df	1
Signifikanz	0,018
[a]Bei 0 Zellen werden weniger als 5 Häufigkeiten erwartet. Die kleinste erwartete Zellhäufigkeit ist 38,89.	

Chi-Quadrat-Test 5: Unterschiede zwischen den Trägern bzgl. des Zieles »neutrale Information über Religion«

		Beobachtetes N	Erwartete Anzahl	Residuum
Konfessionelle Einrichtungen	Ziel vorhanden	64	86,84	-22,84
	Ziel nicht vorhanden	177	154,16	22,84
Nicht-konfessionelle Einrichtungen	Ziel vorhanden	65	42,16	22,84
	Ziel nicht vorhanden	52	74,84	-22,84
Gesamt	Ziel vorhanden	129		
	Ziel nicht vorhanden	229		

Statistik für Test

Chi-Quadrat[a]	28,74
df	1
Signifikanz	0,000
[a]Bei 0 Zellen werden weniger als 5 Häufigkeiten erwartet. Die kleinste erwartete Zellhäufigkeit ist 42,16.	

Chi-Quadrat-Test 6: Unterschiede zwischen den Trägern bzgl. des Zieles »eigene religiöse Wurzeln kennen lernen«

		Beobachtetes N	Erwartete Anzahl	Residuum
Konfessionelle Einrichtungen	Ziel vorhanden	170	118,48	51,52
	Ziel nicht vorhanden	71	122,52	-51,52
Nicht-konfessionelle Einrichtungen	Ziel vorhanden	6	57,52	-51,52
	Ziel nicht vorhanden	111	59,48	51,52
Gesamt	Ziel vorhanden	176		
	Ziel nicht vorhanden	182		

Statistik für Test

Chi-Quadrat[a]	134,84
df	1
Signifikanz	0,000
[a]Bei 0 Zellen werden weniger als 5 Häufigkeiten erwartet. Die kleinste erwartete Zellhäufigkeit ist 57,52.	

Chi-Quadrat-Test 7: Unterschiede zwischen den Trägern bzgl. des Zieles »Taufversprechen einlösen/Taufe«

		Beobachtetes N	Erwartete Anzahl	Residuum
Konfessionelle Einrichtungen	Ziel vorhanden	52	35,06	16,94
	Ziel nicht vorhanden	188	204,94	-16,94
Nicht-konfessionelle Einrichtungen	Ziel vorhanden	0	16,94	-16,94
	Ziel nicht vorhanden	116	99,06	16,94
Gesamt	Ziel vorhanden	52		
	Ziel nicht vorhanden	304		

Statistik für Test

Chi-Quadrat[a]	29,43
df	1
Signifikanz	0,000
[a]Bei 0 Zellen werden weniger als 5 Häufigkeiten erwartet. Die kleinste erwartete Zellhäufigkeit ist 16,94.	

Chi-Quadrat-Test 8: Unterschiede zwischen den Einrichtungen bzgl. der Ausbildungsstätte der Auszufüllenden

		Beobachtetes N	Erwartete Anzahl	Residuum
Konfessionelle Einrichtungen	Staatliche Ausbildungsstätte	94	126,39	-32,39
	Kirchliche Ausbildungsstätte	135	102,60	32,39
Nicht-konfessionelle Einrichtungen	Staatliche Ausbildungsstätte	92	59,61	32,39
	Kirchliche Ausbildungsstätte	16	48,39	-32,39

Statistik für Test

Chi-Quadrat_{emp}[a]	59,58
df	1
Signifikanz	0,000

[a]Bei 0 Zellen werden weniger als 5 Häufigkeiten erwartet. Die kleinste erwartete Zellhäufigkeit ist 48,39.

6.2.3.3 Häufigkeitstabellen

Häufigkeitstabelle 1: Arbeitsjahre der ausfüllenden Erzieherin

Arbeitsjahre

		Häufigkeit	Prozent	Gültige Prozente	Kumulierte Prozente
Gültig	weniger als 1 Jahr	2	,5	,6	,6
	1-5 Jahre	43	11,8	11,9	12,5
	5-10 Jahre	57	15,7	15,8	28,3
	10-20 Jahre	113	31,0	31,4	59,7
	über 20 Jahre	144	39,6	40,0	99,7
	keine Antwort	1	,3	,3	100,0
	Gesamt	360	98,9	100,0	
Fehlend	System	4	1,1		
Gesamt		364	100,0		

Häufigkeitstabelle 2: Ursachen der Probleme bei der Umsetzung der neuen Orientierungspläne (in Kategorien)

Orientierungspl Kategorien Probleme Umsetzung

		Häufigkeit	Prozent	Gültige Prozente	Kumulierte Prozente
Gültig	Rahmenbedingungen	26	7,1	36,1	36,1
	Eltern/ Kinder (fehlende Offenheit, Sprachprobleme)	14	3,8	19,4	55,6
	Erzieherinnen	14	3,8	19,4	75,0
	Orientierungsplan	6	1,6	8,3	83,3
	Träger	3	,8	4,2	87,5
	anderes	9	2,5	12,5	100,0
	Gesamt	72	19,8	100,0	
Fehlend	System	292	80,2		
Gesamt		364	100,0		

Häufigkeitstabelle 3: Anzahl Nationen Kinder (in Kategorien)

Anzahl Nationen (Gruppiert)

		Häufigkeit	Prozent	Gültige Prozente	Kumulierte Prozente
Gültig	1-3 Nationen	61	16,8	17,6	17,6
	4-10 Nationen	192	52,7	55,3	72,9
	11-20 Nationen	80	22,0	23,1	96,0
	mehr als 20 Nationen	14	3,8	4,0	100,0
	Gesamt	347	95,3	100,0	
Fehlend	System	17	4,7		
Gesamt		364	100,0		

Verzeichnis der Autorinnen und Autoren

Ina ter Avest, Dr., Dipl.-Psychologin, Fakultät für Psychologie und Erziehung, Freie Universität Amsterdam/Niederlande.

Harry Harun Behr, Dr., Professor für Islamische Religionspädagogik, Friedrich-Alexander-Universität Erlangen-Nürnberg.

Monika Benedix, Geschäftsführerin der Bundesvereinigung Evangelischer Tageseinrichtungen für Kinder (BETA) in Berlin.

Albert Biesinger, Dr., Professor für Religionspädagogik, Kerygmatik und Erwachsenenbildung, Katholisch-Theologisches Seminar, Eberhard-Karls-Universität Tübingen.

Elisabeth Dörler, Dr., Islambeauftragte der katholischen Diözese Feldkirch/Österreich.

Anke Edelbrock, Dr., Ravensburger Projekt »Interkulturelle und interreligiöse Erziehung in Kindertagesstätten«, Evangelisch-Theologisches Seminar, Eberhard-Karls-Universität Tübingen; Studienrätin für Ev. Theologie/Religionspädagogik, Pädagogische Hochschule Schwäbisch-Gmünd.

Volker Elsenbast, Dipl.-Psychologe, Direktor des Comenius Instituts, Evangelische Arbeitsstätte für Erziehungswissenschaft e.V., Münster.

Regine Froese, Dr., Pfarrerin und Religionspädagogin, Stuttgart.

Marion Gierden-Jülich, Dr., Staatssekretärin, Ministerium für Generationen, Familie, Frauen und Integration, Land Nordrhein-Westfalen.

Frieder Harz, Dr., Professor für Religionspädagogik, Evangelische Fachhochschule Nürnberg.

Matthias Hugoth, Professor (Vertretung) für Soziale Arbeit mit Schwerpunkt Erziehungswissenschaft und Pädagogik der frühen Kindheit, Katholische Fachhochschule Freiburg; langjähriger Mitarbeiter des Verbandes Katholischer Tageseinrichtungen für Kinder (KTK).

Margarete Patak, Dipl.-Psychologin, Eberhard-Karls-Universität Tübingen.

Rabeya Müller, Islamwissenschaftlerin und Pädagogin, Leiterin des Instituts für Interreligiöse Pädagogik und Didaktik (IPD), Köln.

Renate Thiersch, Dipl.-Pädagogin, Institut für Erziehungswissenschaft (IfE), Eberhard-Karls-Universität Tübingen.

Friedrich Schweitzer, Dr., Professor für Praktische Theologie/Religionspädagogik, Evangelisch-Theologisches Seminar, Eberhard-Karls-Universität Tübingen.

Heinrich de Wall, Dr., Professor für Kirchenrecht, Staats- und Verwaltungsrecht, Friedrich-Alexander-Universität Erlangen-Nürnberg.